Ullstein Sachbuch

Ullstein Sachbuch
Ullstein Buch Nr. 34228
im Verlag Ullstein GmbH,
Frankfurt/M – Berlin – Wien

Ungekürzte Ausgabe

Umschlagentwurf:
Hansbernd Lindemann
unter Verwendung des Fotos
Geheimbundmaske. Ambrym, Vanuatu
Museum für Völkerkunde, Staatliche
Museen Preußischer Kulturbesitz)

Mit freundlicher Genehmigung
des R. Piper & Co. Verlages, München

Printed in Germany 1984
Druck und Verarbeitung:
Elsnerdruck GmbH, Berlin
ISBN 3 548 34228 0

Juli 1984

CIP-Kurztitelaufnahme
der Deutschen Bibliothek

Seger, Imogen:
Wenn die Geister wiederkehren: Weltdeutung u. religiöses Bewußtsein in primitiven Kulturen / Imogen Seger. – Ungekürzte Ausg. – Frankfurt/M; Berlin; Wien: Ullstein 1984.
(Ullstein-Buch; Nr. 34228:
Ullstein-Sachbuch)
ISBN 3-548-34228-0

NE: GT

Imogen Seger

Wenn die Geister wiederkehren

Weltdeutung und religiöses Bewußtsein in primitiven Kulturen

Mit 37 Abbildungen

Ullstein Sachbuch

To my Guardian Spirit
Rushton Coulborn
1901–1968

Inhaltsverzeichnis

Vorwort zur Taschenbuchausgabe

Es soll bei uns einen »Ethnologie-Boom« geben. Nur eine modische geistige Wanderlust? Wahrscheinlicher das ständig weiterwachsende Umwelt-Bewußtsein und die damit verwandte Erkenntnis, daß uns etwas Wichtiges verlorengegangen ist! Vielleicht können wir von »Naturvölkern« und »Naturreligionen« etwas lernen?

Vielleicht. Aber nicht, wenn wir »lernen« mit »nachahmen« verwechseln. Diesem Mißverständnis bin ich bei freundlichen ebenso wie bei kritischen Lesern begegnet. Primitive, das heißt ursprüngliche Kulturen haben nicht *eine* Antwort für uns bereit, sie bieten uns *kein Rezept* an. Auf die großen Fragen der Menschheit haben sie immer unterschiedliche Antworten gefunden. Was wir lernen können, ist gerade die kaum faßbare Einfallskraft, die den Menschen bisher das Überleben ermöglicht hat.

Seit es vergleichende Religionsethnologie gibt, gibt es auch ein anderes Mißverständnis: Es wird als »Irrationalismus« gescholten, fremde religiöse Erlebnisse ernst zu nehmen. Für jene Dimensionen, die sich jenseits der Grenze des rational Faßbaren befinden, »deren Erfahrung und Erkenntnis jedoch gerade die rationale Anstrengung zur Grundlage haben«, hat der Hamburger Professor Gunter Martens den Begriff »transrational« geprägt. Wenn die Geister wiederkehren in unsere Welt, so werden sie sich mit der Göttin Vernunft arrangieren müssen.

I. S.

Vorbemerkung

Im Anhang des Buches findet der Leser Literaturanmerkungen, eine Bibliographie und ein Glossar.

Das *Glossar* erläutert die wichtigsten Stammesnamen und Begriffe. Gleichzeitig wird auf die Stellen im Text verwiesen, an denen solche Namen und Begriffe ausführlich behandelt werden.

Die *Anmerkungen* sind nach Kapiteln geordnet. Sie verweisen in Kurzform auf die kommentierte *Bibliographie*, die die wichtigsten benutzten Bücher und Quellen enthält.

Diese Liste kann allerdings nicht vollständig sein. Für das, was ich im Lauf der Jahre in Gesprächen gelernt habe, kann ich nur danken im Bewußtsein, alle Grundlagen für das, was ich zu wissen glaube, von anderen Menschen erhalten zu haben.

Mainz, im November 1981 I. S.

Einleitung
Die vermittelte Wirklichkeit

Eine Vodu-Priesterin auf Haiti singt:

> Mutter Trommel rufe die Gemeinde!
> Ich verehre mächtige Geister in meinem Tempel!
> Ich habe mächtige Amulette in meinem Tempel!

Ein Ethnologe steht mit seinem Tonbandgerät dabei.

Zur gleichen Zeit mißt ein Neurologe im Labor die elektrischen Ströme im Gehirn eines träumenden Schläfers.

Unter Einsatz von Computern werden Art und Zahl der Tiere, deren Knochen in einer altsteinzeitlichen Wohnstätte von den Mahlzeiten der Menschen zurückblieben, verglichen mit Art und Zahl der Tiere, die diese Menschen auf Höhlenwänden malten, und so wissen wir, daß die Bilder nicht die alltägliche Wirklichkeit darstellten, sondern etwas anderes. Wunsch, Beschwörung, Traum?

Im gebirgigen Innern von Neuguinea finden Forscher einen vorbereiteten Landeplatz. Die Eingeborenen erwarten die baldige Ankunft von Raketen mit ihren Ahnen. Sie haben einem auserwählten Menschen ihre Hilfe schon über Radio angekündigt. Immer hieß es: In großer Not werden die Ahnengeister wiederkehren!

*

Noch nie konnten wir so viel über die Menschen – uns selber und andere – erfahren. Noch nie wurde uns so viel Widersprüchliches angeboten. Das Bewußtsein von Einzigartigkeit und Wahrheit der eigenen Weltsicht schwindet, doch zugleich konkurrieren zahllose alte und neue Erklärungen der Wirklichkeit um unsere Aufmerksamkeit.

Dieses Buch ist einer der Versuche zu zeigen, wie solche Erklärungen durch Kommunikation entstehen, erhalten und verändert werden, wie uns Wirklichkeit vermittelt wird innerhalb einer kommunizierenden kulturellen Gemeinschaft. Dies geschieht mit Hilfe von Beispielen aus der Ethnologie (Völkerkunde) und der Ethnohistorie, und zwar mit Beispielen, die sich auf Weltdeutung und religiöses Bewußtsein beziehen.

Warum Beispiele aus primitiven (soll heißen: kleinen und technisch einfachen) Kulturen? Was können sie über unsere Probleme aussagen? Damit befassen sich die Kapitel I bis VI. *Ein* Problem zieht sich nicht nur durch dieses Buch, sondern durch alle modernen Wissenschaften vom Menschen: die Bestimmung von Einheit oder Vielfalt der Menschheit.

Einheit und Vielfalt der Menschheit lassen sich an nichts deutlicher zeigen als an religiösen Vorstellungen und Sitten: allgegenwärtig, aber unfaßbar mannigfaltig, kann Religion stets als Beispiel für einander widersprechende Thesen dienen. Daraus folgere ich, daß beides, Einheit und Vielfalt, nicht als Alternativen zu betrachten sind, sondern als miteinander verwobene Aspekte desselben Gegenstandes unserer Betrachtung. *Wir* sind es, die eine Einheit sehen, *wir* sind es, die Vielfalt erkennen. Die Neigung, Einheit oder Vielfalt zu betonen, unterliegt dem durch Kommunikation aufgebauten Konsens innerhalb einer Kultur, bildet eine vermittelte Wirklichkeit.

So ist es auch mit der rasch wachsenden Überzeugung, daß die rationalistisch-technische Entwicklung der westlichen Zivilisation zu einseitig und eng war und daß es angebracht wäre, freundliche Ahnengeister zu Hilfe zu rufen. In Zeiten besonders großer Ungewißheit ist es notwendig, alle dem Menschen offenstehenden Möglichkeiten daraufhin zu überprüfen, ob sich unsere Weltsicht vielleicht erweitern ließe.

Gewißheit und Ungewißheit

Die Menschen sind die einzigen Lebewesen, die wissen: eines Tages werden wir sterben. Das ist ihre einzige Gewißheit. Werden wir morgen noch leben? Das wissen wir nicht.

Aber wir müssen handeln, als wüßten wir es. Als einzelne wären wir unserer Ungewißheit ausgeliefert. Als Menschen, denen von allen Seiten Zuversicht mitgeteilt wird, wissen wir, was wir tun müssen. Das gilt nicht nur für die Ungewißheit des Überlebens.

★

Ich habe meinen Teil der Arbeit geleistet, habe das Gemüse gepflanzt, die Schrauben festgezogen, die Bausteine aufgehäuft oder Zahlen auf ein Formular geschrieben. Ich bin gewiß, daß ein anderer nun die Arbeit da weiterführen wird, wo ich sie – nach den Regeln unserer Arbeitsteilung – weggelegt habe.

Das Brot, die Jacke, das Bild tragen Preisschilder. Ich kann mich darauf verlassen, daß ich sie bekomme, wenn ich die ausgezeichnete Summe auf den Tisch lege.

Wird meine Mutter, mein Freund, meine Freundin mir zum tausendsten und zum tausendundeinten Male verzeihen, daß ich sie habe warten lassen? Doch, sicher!

»Liebst Du mich?« »Natürlich liebe ich Dich! Du bist doch mein Mann – meine Frau – mein Kind!«

Eine Frau hat eine Panne und steht neben ihrem Auto auf der Landstraße. Wird jemand anhalten und ihr helfen? Das ist es, was sie erwartet. Es könnte sein, daß sie ausgeraubt wird, vergewaltigt, niedergeschlagen. Von solchen Vorkommnissen hat sie gelesen. Aber sie erwartet, daß ihr jemand hilft.

Ein Mann geht jeden Sonntag in die Kirche. Er betet. Danach geht er zufrieden nach Hause. Aber an einem Sonntag geschieht etwas *Unerwartetes*: Auf einmal sieht er Licht rings um sich, hört Stimmen, weiß mit absoluter Gewißheit, daß Gott ihn ruft. Von nun an ist er kein gewöhnliches Gemeindemitglied mehr. Gefürchtet und verdächtigt von den einen, bewundert, um Rat und Hilfe gebeten von den anderen, wird er schließlich aus der Gemeinde hinausgedrängt in die Einsamkeit derer, die *anders* sind, die ein privates, nicht mitteilbares Wissen besitzen.

★

Wenn unser Alltag nicht so banal wäre, so langweilig voraussehbar, so voller eingefahrener Routine und immer wiederholter Beziehungen zu anderen Menschen, dann könnten wir nicht existieren. Wäre unsere Welt so voller Überraschungen, wie wir es uns oft erträumen, wir würden wahnsinnig werden. (Gregory Batesons berühmte »double-bind«-Theorie sagt gerade das: Schizophrenie entwickelt sich, wenn ein Mensch ständig sich widersprechende Signale von den Menschen empfängt, die ihm am nächsten stehen, wenn er die Folgen seines Verhaltens nicht vorhersehen kann.) So entwickeln die Menschen, um zu überleben, kollektive Vorstellungen von dem, was ist, was möglich ist und was sein soll. Sie entwickeln eine *Kultur.*

Was ist eine Kultur?

Kultur ist ein Fachwort der Ethnologen – die sich in den USA Kulturanthropologen nennen – und wie alle wissenschaftlichen Fachwörter ist es ein Kürzel für ein sehr komplexes Phänomen. Kultur wird auch von sich befehdenden wissenschaftlichen Schulen recht verschieden definiert, denn der Streit um die richtige Definition von Begriffen ist den Sozialwissenschaften wesenseigen. Aber die folgende Definition gibt, so hoffe ich, genügend Halt, ohne die Beispiele der nächsten Kapitel einzuschnüren.

Eine *Kultur* ist ein Symbolsystem, mit dem eine menschliche Gemeinschaft die erfahrene Wirklichkeit ordnet, darstellt, erklärt. Eine Kultur ist die gemeinsame Anstrengung, das Miteinander der Menschen innerhalb der Gemeinschaft und ihre Beziehungen zur gesamten Umwelt zu regeln, vorhersehbar und beherrschbar zu machen. Eine Kultur ist das Ergebnis kollektiver Erfahrungen, die durch Kommunikation verarbeitet, gesiebt und interpretiert werden, wobei die häufigsten und wichtigsten Erfahrungen die Leitthemen abgeben und von nun an bestimmen, wie die Angehörigen dieser Kultur neuen Erfahrungen begegnen. Die Leitthemen, ausgedrückt in Symbolen – Worten, Bildern, Riten –, filtern aus den von innen und außen andrängenden Eindrücken diejenigen, die Aufmerksamkeit verlangen; sie geben die Möglichkeiten der Interpretation vor.

Eine *Kultur* wird von Generation zu Generation weitergegeben, wird dem neugeborenen Mitglied der Gesellschaft dargeboten wie die Luft, das Licht, die Nahrung – es gibt keine andere. Aber doch verändert sich die Kultur ständig im Wechselspiel mit neuen individuellen und kollektiven Erfahrungen. Durch Umwelteinwirkungen, aus der Spannung zwischen älteren und neueren Elementen und aus der Spannung zwischen individuellen Besonderheiten und kollektivem Symbolsystem entstehen Brüche, Widersprüche und Veränderungen. Frühzeitliche und primitive Kulturen veränderten sich langsam, für unsere Begriffe unendlich langsam. Das Tempo hat sich zunehmend beschleunigt, bis uns heute oft schon schwindlig wird. Doch immer noch sind den Veränderungen Grenzen gesetzt.

Die Entwicklung der Kulturen wird mit der biologischen Evolution verglichen. Der Psychoanalytiker Erik Erikson hat sogar, zur Freude der Biologen, Kulturen als »Pseudo-Spezies« bezeichnet, also als soziale Gemeinschaften, die sich ähnlich wie Tierarten immer weiter spezialisieren, bis sie in ihrem Verhalten einer besonderen Art vergleichbar sind. Allerdings werden die Besonderheiten von Kulturen nicht in den Genen gespeichert und vererbt, sondern als Traditionen weitergegeben, und auch die körperlichen Kennzeichen wie Kleidung, Schmuck, Haartracht, Körperbemalung bleiben die einer *Pseudo*-Spezies. Zueinander aber verhalten sich Menschen verschiedener Kulturen oft so, als wären die anderen gar keine Menschen, besonders dann, wenn um Territorien und Ressourcen gekämpft wird.

Die Entwicklung menschlicher Kulturen wird auch in die Evolutionstheorie integriert. Man betrachtet Kultur als eine Art geistiges Organ, das es dem Menschen ermöglicht, sich verschiedenen Umwelten und auch Umweltveränderungen anzupassen, und zwar unvergleichlich viel schneller, als es eine genetische Anpassung durch Selektion der Geeignetsten in jeder Generation vermag. Mit Hilfe ihrer verschiedenen Kulturen können Menschen unter schwierigsten Bedingungen überleben. Die Kulturentwicklungen, und nicht die weiter langsam fortschreitende biologische Entwicklung, bestimmen die Zukunft.

Die Spezialisierung von Kulturen ist zwar begrenzt, da alle Menschen *einer* Art mit gemeinsamen Eigenschaften angehören, doch sind die Möglichkeiten sicher noch nicht ausgeschöpft. In den von George P. Murdock begründeten »Human Relations Area Files«[1] an der Yale-Universität sind jetzt an die fünfhundert verschiedene Kulturen so katalogisiert, daß auch das Auftreten einzelner Charakteristika ausgezählt werden kann. Universell sind nach Murdock unter anderem: Seelenvorstellungen, Kosmologien, Lehren vom Weltende, Ethik, Weissagung, Traumdeutung, Glaubensheilung, Bestattungsriten, Magie, Besänftigung übernatürlicher Wesen, religiöse Rituale. Was hier einzeln aufgezählt wurde, bildet zusammen das Grundmuster der Religionen. Die unerschöpflichen Abwandlungen des Grundmusters demonstrieren bewegend menschliche Erfindungsgabe und Hoffnung.

Die Kultur wurde ein *System* genannt, und das heißt, daß die einzelnen Elemente der Kultur miteinander in Wechselbeziehungen stehen. So wirken technische Erfindungen (zum Beispiel der Gebrauch des Feuers, die Computer) auf die Arbeitsteilung, diese auf die Heiratssitten, aber auch auf künstlerische Gestaltung, Riten, Mythen und Denkweisen ein, und diese Wirkungen bestimmen wiederum, welche weiteren Neuerungen erfunden, erprobt, angenommen werden. Wenn die Hopi-Indianer glauben, es wäre ehrfurchtslos, unsere Mutter Erde mit dem Stahlpflug zu verletzen, so werden sie bei ihrer Unterhaltswirtschaft bleiben, bei ihrer zeremoniell geordneten Lebensweise, die ihren Glauben bestärkt. Da ist kein Anfang und keine erste Ursache, da ist ein »vernetztes System« oder, wie die Alten sagten, eine Schlange, die sich in den Schwanz beißt.

Und dasselbe läßt sich über die Beziehungen von Kultur mit anderen Systemen sagen: der nicht-menschlichen Umwelt, der Spezies Mensch, dem einzelnen menschlichen Organismus.

Immer noch werden Fragen in der Öffentlichkeit hin und her gewendet, die in der alternativen Form, in der sie gestellt werden, Scheinfragen sind:

Bringen Glauben und Ideen das Verhalten hervor, oder bestimmen die materiellen Lebensbedingungen das Verhalten und das Denken?

Was ist größer und wichtiger – die genetische, vererbte Natur der einzelnen Menschen oder ihre erlernte Kultur?

Was überwiegt in der Menschheit – das biologische Erbe, das allen Menschen gemein ist, oder das vielfältige Kulturerbe?

Was entscheidet über die Zukunft – die Ähnlichkeiten der Kulturen oder die Unterschiede?

Wir werden Lebensvorgänge nie begreifen, wenn wir uns nicht von dem gewohnten linearen Denken lösen, das alles Geschehen in Ursachen und Wirkungen teilt und übersieht, daß in jedem lebendigen System – sei es ein Organismus, eine menschliche Person, ein Stamm, eine Kultur – die Wirkungen auf die Ursachen zurückwirken.

Alle Züge eines lebenden Organismus sind zu hundert Prozent das Ergebnis der Interaktion zwischen Genen und Umwelt, und zwar in jedem Augenblick der Entwicklung dieses Organismus. Aufteilungen zu versuchen ist, wie der Evolutionsforscher Dobzhansky einmal bemerkte, so sinnlos wie die Frage, ob die Fläche eines Raumes mehr das Ergebnis seiner Länge oder seiner Breite sei. Es gibt keinen Menschen ohne eine ererbte Natur *und* eine erlernte Kultur, die einander von Anfang an beeinflussen in einem Prozeß, der sich weder rückgängig machen noch entwirren läßt.

Ebenso sinnlos ist es, auseinanderdividieren zu wollen, was sich im Laufe einiger hunderttausend Jahre aus dem Zusammenspiel von menschlichem Biogramm und Kultur entwickelt hat. Hinter dem Versuch steht meist die Hoffnung, über biologisch ähnlich programmierte Verhaltensweisen zu einer Überwindung der trennenden Unterschiede zwischen den Menschen gelangen zu können. Aber es ist eben das Hauptkennzeichen des menschlichen Biogramms, daß es so viele kulturelle Ausformungen erlaubt – nicht nur erlaubt, sondern verlangt. Nur diejenigen Menschengruppen haben überlebt, die effiziente Kulturen aufbauen konnten. Kultur ist der entscheidende selektive Faktor in der menschlichen Evolution.

Auch auf die letzte der genannten Scheinfragen ist Leidenschaft verschwendet worden: Sollen Wissenschaftler ihr Interesse auf die Ähnlichkeiten der Kulturen richten oder auf die Unterschiede? Auch hier gibt es kein Entweder-Oder. Um uns zu erklären, wie Kulturen funktionieren, müssen wir sowohl ihre Variabilität beobachten wie auch die Grenzen, die dieser Variabilität gesetzt sind. Wir müssen das ganz besonders dann, wenn wir kulturelle Entwicklungen gezielt beeinflussen möchten.

Damit ist die Liste der falschen Alternativen nicht vollständig. Andere werden im Zusammenhang mit Beispielen auftauchen. Alternativen erleichtern das Denken: was wir in gut und böse, schwarz und weiß einteilen können, das glauben wir zu beherrschen. Dabei übersehen wir das ineinander übergehende Spektrum der Farben. Dabei vergessen wir, daß sich das Gute nur aus dem Bösen, das Böse nur aus dem Guten definiert und beide kaum im Reinzustand vorkommen.

Das Denken in Systemen ist unschärfer, unbestimmter, weniger befriedigend. Es versucht, sich der Komplexität der Welt zu nähern. Es bedeutet, in Prozessen zu denken, in Bedingtheiten und Wahrscheinlichkeiten. Es versucht, jeden Teil als Teil eines Ganzen zu verstehen. Was an Klarheit verloren geht, wird an Nähe zu den von uns wahrgenommenen Phänomenen gewonnen.

Die Wirklichkeit der Masken

Ein Wolf ist ein Wolf und will kein Mensch sein. Aber die Natur hat den Menschen unfertig gelassen – er muß zusehen, wie er fertig wird. So ist er das einzige Lebewesen, das nie mit sich selber zufrieden ist, das immer versucht, etwas anderes zu sein. Der Mensch macht sich Werkzeuge und Waffen, kleidet sich, schmückt sich, geht auf Stelzen, versucht, sich die Kräfte anderer Wesen anzueignen, verwandelt sich, schlüpft in fremde Gestalten, fertigt sich Masken.

Die ältesten bekannten Masken stammen aus der späteren Altsteinzeit, wir kennen sie von Funden und Höhlenbildern. Es sind vor allem Geweihe und andere Kennzeichen von starken, fruchtbaren und klugen Tieren. Masken erlauben dem Menschen, alles zu werden, was er werden will: Wolf oder Wild, Adler oder Schmetterling, Sonne oder Blitz, böser Geist, Hexe, hilfreicher Geist, Clown oder sein eigener Urahn. Unter der Maske stellt der Mensch die Mythen seines Stammes dar und erlebt sie selber – er *wird* zum Fruchtbarkeitsgott, er *wird* zum Kriegsgott, er *wird* zur heilenden Kraft, die den Kranken gesund macht.

So drückt sich in den Masken das aus, was einer Kultur am wichtigsten ist, was sie als die bestimmenden Mächte ihrer Welt sieht. Die Masken sind nicht Ausdruck individueller Phantasien, sondern wie die Mythen Ausdruck kollektiver Vorstellungen, sind die heilig gehaltene, fest gewordene Erfahrung von Generationen. Sie dienen mit ihrer Symbolsprache der Verständigung zwischen den Angehörigen einer Gemeinschaft. Selbst Kinder erkennen Drohung und Versprechen in den »Falschen Gesichtern«, den Masken der anarchisch-wilden Ordnungshüter der Irokesen (Abb. 3). Deshalb erkennen auch wir in den Masken, die eine Kultur hervorbringt, ganz unmittelbar mehr von ihrem Wesen, als uns viele Beschreibungen vermitteln können.

*

Der mexikanische Maler David Alfaro Siqueiros (1896–1973) hat ein Ölgemälde von 1939 »Ethnographie« genannt (Abb. 1). Es zeigt einen typischen indianischen »Peón«, einen Landarbeiter mit seinem losen Hemd und dem breitrandigen Strohhut, doch es zeigt nicht das Gesicht des Mannes, es zeigt eine Maske. Eine fein gearbeitete Maske mit dem Ohren-, Wangen- und Lippenschmuck, den man von altmexikanischen Skulpturen her kennt.

Wahrscheinlich hat Siqueiros, der wie seine Kollegen Orozco und Rivera dem Wiedererwachen indianischen Selbstbewußtseins Ausdruck geben wollte, dieses Bild als Kritik an der von Fremden betriebenen Ethnographie gemeint: Diese Gringos, die uns Mexikaner zu beschreiben vorgeben, sehen die Menschen nicht, sie sehen nur ihre exotischen Masken! Doch ob Siqueiros dies oder etwas anderes sagen wollte – für mich drückt der Peón mit der Maske gerade die Aufgabe der Ethnographie aus: das Überindividuelle, das Gemeinsame, das Einmalige einer Kultur zu beschreiben.

Hinter der Maske liegt ein Gesicht mit seinen zufälligen Unebenheiten. Durch die Augenschlitze blicken die Augen eines Menschen, der weiß: in diesem Augenblick stellt er mehr dar als sich selber, nämlich sein Volk, seine Tradition, sein Schicksal, sein Wesen. Der Blick, den ich nur ahnen kann, sagt mir: Dies sind WIR!

Sehübungen

Wenn ein ethnographischer Bericht von seinem Gegenstand so viel zeigt, wie die Masken es tun, dann hat er das Mögliche erreicht. Wissenschaftliche Beschreibung kann immer nur eine Abstraktion von der ganzen, vollen Wirklichkeit bieten. Aber Abstraktionen brauchen wir, wenn wir die nächsten Schritte von der Ethnographie zur Ethnologie tun wollen: vergleichen, erklären, verallgemeinern, Unterschiede und Gemeinsamkeiten – auch mit unserer eigenen Kultur – betrachten.

Dieses Buch will kein Beitrag zur theoretischen Auseinandersetzung über Sinn, Ziel, Zweck und Methode der Ethnologie sein – davon gibt es schon reichlich viele, scheint mir. Dieses Buch will auch nicht eine exotische Völkerschau vorstellen. Es will versuchen, Ausblicke zu öffnen, die Aufmerksamkeit hinzulenken auf von uns nicht genutzte Möglichkeiten des menschlichen Denkens und Daseins – durch Beispiele. Menschen anderer Kulturen ordnen ihre Erfahrungen anders, sie sehen die Wirklichkeit anders als wir. Wenn wir uns bemühen, diese Wirklichkeiten mit den Augen der anderen zu sehen und als sinnvolle Ganzheiten zu erfassen, so eröffnet sich ein erweitertes Verständnis dafür, was es heißt, Mensch zu sein.

Der kognitive Zugang zu den großen Hochkulturen ist durch zahllose Veröffentlichungen und moderne Verkehrsmittel, oberflächlich betrachtet, leicht. In jeder Großstadt kann man Yoga- oder Zen-Unterricht nehmen. Doch übersteigt es unsere Fähigkeit, diese riesigen Kulturgebilde mit ihrer Geschichte, Kunst, Religion, Philosophie, Sozialethik, Technologie, Wirtschaft als Ganzheiten zu erfassen. Bei der Betrachtung kleiner, stabiler Stammesgesellschaften können wir uns zunächst auf einige auch uns bewegende Fragen konzentrieren. Der daraus resultierende Erkenntnisschock: »Die wissen ja mehr über meine Probleme als ich!« liegt wohl, in Kombination mit dem Reiz des Exotischen, dem wachsenden Interesse an primitiven Völkern und archaischen Vorstellungen und Gebräuchen zugrunde.

Dabei ist auffällig, wie die alte Verbindung zwischen Glauben und Heilen wiederbelebt wird. Die fälschlich totgesagten Schamanen finden in ihrer Rolle als Heiler von körperlichen und seelischen Leiden in den größten Städten der Welt ihre Klienten. Die in finstere Ecken verjagten Geister aller Art kommen wieder hervor, ein wenig an die veränderte Umwelt angepaßt, doch mit denselben alten Funktionen. Und die Wissenschaftler entdecken das Irrationale oder wenigstens die Notwendigkeit, sich damit zu beschäftigen. Welche zentrale Rolle der Ethnologie als Wissenschaft von den Kulturen für das Verständnis solcher Vorgänge zukommt, soll in diesem Buch verdeutlicht werden.

Jedes der folgenden sechs Kapitel enthält Beispiele, wie verschiedene Kulturen sich mit den Grundproblemen des Menschseins auseinandersetzen: mit der Stellung des Menschen im Kosmos, mit seinem Selbstverständnis gegenüber den anderen Lebewesen, mit Krankheit und Tod, mit der Möglichkeit menschlicher Erkenntnis und Wahrheitsfindung, mit der Sehnsucht der Menschen, über sich selbst hinauszuwachsen, mit Krisen des kollektiven Selbstverständnisses und ihrer Bewältigung. Das Schlußkapitel greift die zentralen Themen, losgelöst von den Beispielen, noch einmal auf.

Man kann andere Probleme als die der Bedeutungssuche für grundlegender, wichtiger, dringender halten. Zum Beispiel Kooperation und Konflikt, Produktionsweisen und Eigentum, Macht und Prestige, also soziale, wirtschaftliche, politische, technische Organisation des Zusammenlebens. Darüber geben Einführungen in die Ethnologie Auskunft.

Man kann sagen, das Bild, das sich Menschen von der Welt machen, sei nur ein Überbau ihrer realen, materiellen Interessen, eine nachträgliche Erklärung und Rechtfertigung. Das halte ich für einen Irrtum. Es ist das alte lineare Denken, mit dem etwas als Ursache und etwas anderes als Wirkung definiert wird und die gegenläufigen Prozesse übersehen oder geleugnet, oder für sekundär erklärt werden. Es zwingt die farbige Fülle der Kulturerfindungen in ein starres Theoriekonzept.

Man kann daran festhalten, daß es eine einzige, objektiv feststellbare Wirklichkeit gibt – oder eine unseren Vorvätern offenbarte Wahrheit –, von der aus wir beurteilen können, was andere als die Wirklichkeit ansehen. Die eine wie die andere Position ist nicht mit dem zu versöhnen, was Natur- und Sozialwissenschaften fast gleichzeitig, aber auf unterschiedliche Art über den Aufbau unserer Vorstellungen von Wirklichkeit herausgefunden haben.

Man kann auch – als ginge man auf eine Reise – einfach schauen und fragen. Dazu vor allem fordert dieses Buch auf.

Kapitel I
Ist Gott ein Indianer?

Der Philosoph Xenophanes (im 6. Jahrhundert v. Chr. in Unteritalien geboren) meinte: Die Götter der Thraker haben blaue Augen und rotes Haar, aber die Götter der Äthiopier haben schwarze Haut und flache Nasen, und würden Löwen oder Stiere über ihre Götter reden, so würden sie uns bestimmt sagen, sie wären Löwen oder Stiere.

Aristoteles (384–322 v. Chr.) erklärte: Alle sagen, daß die Götter einen Herrscher haben, weil sie selber auch Herrscher haben, ... denn die Menschen erschaffen die Götter zu ihrem eigenen Bilde.

Die Philosophen verachteten diesen »Anthropomorphismus«, mit dem Priester und Volk das Göttliche in menschliche Worte und Gestalten kleideten. Auch von den Weisen des Fernen Ostens, insbesondere von Buddha, dem Erleuchteten, ist überliefert, daß sie die menschliche Sprache und Denkweise für unzulänglich hielten. Die religiösen Denker des Christentums beklagten durch die Jahrhunderte, wie Gott auf die menschliche Ebene heruntergezogen würde. Aber sie hatten keine allgemein praktikablen Mittel gegen dieses Übel vorzuschlagen. Denn wie, außer mit menschlichen Worten, sollen Menschen von etwas sprechen, was für sie unbegreiflich ist? Und wie sollen sie selbst nur ein wenig von diesem Unbegreiflichen erfahren, wenn sie nicht darüber sprechen?

Wenn wir also Gott immer nur ahnen können, vielleicht können wir dann versuchen, die Menschen mit ihren Ahnungen zu verstehen? In unserer Zeit machen Wissenschaftler die Aussagen von Xenophanes und Aristoteles ohne Vorwurf und Mißbilligung zum Ausgangspunkt ihrer Betrachtungen: Alle Menschengemeinschaften verehren etwas Göttliches oder zumindest etwas Nicht-Sichtbares, nur an seinen Wirkungen Erkennbares, das Macht über die Menschen besitzt – und wenn es »Schicksal« oder »historische Entwicklung« genannt wird –, und diese Vorstellungen nehmen vielerlei Formen an. Jede davon ist »wahr« für die Gläubigen. Der Sozialwissenschaftler ist weder Theologe noch Philosoph. Er studiert die Tatsache des Glaubens, der Glaubenshandlungen, der Glaubenswirkungen und fragt nicht nach endgültiger Wahrheit. Er fragt: Was haben Mythen, Rituale, religiöse Verhaltensvorschriften mit der übrigen Kultur eines Volkes zu tun, mit der sozialen Organisation, der Lebensweise, der Umwelt? So simpel wie die von den alten Philosophen angeführten Beispiele sind die Entsprechungen im allgemeinen nicht. Und er fragt: Welche Antworten geben die Kulturen auf die Grundfragen des menschlichen Daseins? Wie ähnlich sind sich diese Antworten, wie verschieden sind sie?

Wenn Menschen beieinandersitzen, sprechen sie zuerst und zumeist über Menschen, sich selber und andere. Kein Grund anzunehmen, daß das nicht immer so war. Dann reden die Menschen über andere Lebewesen und alles, was sie um sich herum sehen und wie man sich dazu verhalten sollte. Schließlich reden sie über die unsichtbaren Kräfte und wie man mit ihnen umgehen muß.

Meinungen, letztlich Gewißheiten bilden sich aus Gespräch und Erfahrung. Als Tradition wird weitergegeben, was sich in tausendfacher Wiederholung und Erprobung bewährt. Wie verschieden von unseren Gewißheiten können die Gewißheiten der anderen sein?

Wie viele Seelen hat der Mensch?

Wenn wir sagen: »Der Mensch hat eine unsterbliche Seele«, dann wissen wir, was wir meinen. Oder etwa nicht?

»Seele«, das ist, was den Körper lebendig macht und was übrig bleibt, wenn er stirbt; das sind unsere Gefühle, unser Bewußtsein, unsere Persönlichkeit; das ist, was uns Menschen von Tieren und Pflanzen unterscheidet. So ungefähr würden den Begriff »Seele« wohl auch die zwei Drittel der Bundesbürger beschreiben, die an ihrer Unsterblichkeit zweifeln oder sie leugnen. Wenn wir eine Seele bildlich darstellen sollten, so würden die meisten von uns ihr ein langes, weißes Gewand anziehen, so, wie es die Seelen der biblischen Gerechten im Himmel tragen.

Wenn nun aber ein kalifornischer Indianer vom Pit River und sein weißer Freund sich bemühen, diese Geschichte mit den Seelen zu klären, dann gibt es höchst verwirrende Übersetzungsschwierigkeiten. »Der Atem Gottes«, »der Lebenshauch« – »Aber hat denn Gott nicht auch die Tiere gemacht und die Pflanzen, die Erde, Sonne, Mond und Sterne? Und sind die etwa nicht lebendig? Haben sie etwa keine Seelen?«

»Unsterblich?« fragen australische und viele andere Stammesangehörige. »Da muß es ja sehr voll werden dort, wo die Seelen eurer Toten hingehen! Unsere wollen immer wiedergeboren werden!«

Und die sibirischen Burjaten fragen: »Träumt ihr denn nicht? Weil ihr sagt, eure Seelen verlassen den Körper nie bis zum Tode! Wird bei euch niemand so krank, daß seine Seele aus dem Körper schlüpft und wandert und vom Schamanen zurückgeholt werden muß?«

Die Burjaten haben eine Vorliebe für Dreiteilungen[1]: das Obere, das Mittlere, das Untere. Ebenso wie die Geisterwelt und der einzelne Mensch war früher auch ihre Gesellschaft so gegliedert. Der Mensch besteht aus dem Körper, dem Atem oder Lebensprinzip und der Seele. Die Seele ist wiederum dreifach: Erstens gibt es eine Seele, die wie ein unsichtbares Duplikat seines Knochengerüsts im Skelett des Menschen wohnt. Eine solche Seele haben auch die Tiere. Die zweite Seele des Menschen kann den Körper verlassen, als Biene oder in Gestalt eines anderen Tieres umherfliegen. Das ist allerdings sehr gefährlich, denn wenn diese Seele erschrickt, findet sie nicht in den Körper zurück, und der Mensch wird krank. Auch kann es passieren, daß ein Geist sie sich als Sklaven einfängt. Solange sie im Körper weilt, hält sie sich in den Organen auf, in Herz, Leber, Lunge. Nach dem Tode des Menschen behält sie sein Aussehen bei und irrt an den Stätten seines Lebens umher. Schließlich gibt es eine dritte und höchste Seele. Wird sie in das Reich der Toten gerufen, dann kann selbst der Schamane nicht mehr helfen. War der Mensch gut, so kann diese Seele beim Herrscher der Toten für die Verwandten bitten. War der Mensch aber schlecht, so richtet auch seine Seele Unheil an und muß mit Opfern besänftigt werden; denn mit einer unsichtbaren Seele kann man nicht so umgehen, wie man das mit einem bösen lebenden Menschen täte! Man kann sie nicht umbringen.

»Bei uns«, sagen die Jivaro-Indianer in Ecuador, »können die Männer drei Arten von Seelen haben!«

Die Jivaro waren berühmt als unermüdliche Kopfjäger. Von ihnen kamen viele der bei weißen Sammlern beliebten Schrumpfköpfe (Abb. 6). Wenige Männer wurden alt.

Die Jivaro lieben ihre »gewöhnliche« Seele, die allen Menschen gemein ist, nur wenig. Sie hat ein recht trauriges Schicksal, denn sie muß nach dem Tode das ganze Leben des Menschen wiederholen. So zieht sie von einer der zeitweisen Wohnstätten zur nächsten, pflanzt Geistergärten und jagt Tiergeister, ist aber ständig hungrig, weil sie nur von Luft lebt. Hat sie die ganze Lebensgeschichte wiederholt, muß sie gleich ein zweites Mal von vorn anfangen, diesmal in Gestalt eines Dämons, der nicht nur hungrig, sondern dazu sehr einsam ist, und danach sogar ein drittes Mal in Gestalt eines wie eine Eule gezeichneten Schmetterlings. Erst dann findet sie endlich als feuchter Nebel im Walde Ruhe.

Viel wichtiger als seine gewöhnliche Seele ist für den Jivaro-Kopfjäger eine Seele, die »Arutam wakanI« genannt wird, und die er *erwerben* kann. Dazu geht er auf die rituelle Suche nach einer Vision, übt sich in Askese, besteht mystische Abenteuer, bis ein Vorfahr ihm die Arutam-Seele verleiht. Nun ist er vor Mord und Zauberei geschützt und macht sich seinerseits auf, einen Mann zu töten und eine Kopftrophäe heimzubringen. Manche Männer besitzen zwei Arutam-Seelen gleichzeitig, werden damit fast unverletzlich und der Schrecken ihrer Nachbarn.

Es gibt allerdings noch eine dritte Art von Seele, die »rächende« Seele, die erst beim durch Gewalt oder Zauberei herbeigeführten Tod eines Mannes entsteht und die trachtet, den Mörder oder einen nahen Verwandten zu töten, und zwar als Giftschlange, als Wasser-Anakonda, die das Kanu umkippt, oder als stürzender Baum, der ihn erschlägt. Die Zeremonie des Kopfschrumpfens dient dazu, sich vor der rächenden Seele des Getöteten zu schützen. Die Jivaro denken ständig ans Töten und Getötetwerden – auch wenn sie ihre Frauen und Kinder lieben wie andere Männer.

So war es jedenfalls noch vor wenigen Jahrzehnten, als Michael Harner mit ihnen lebte und sie ausfragte. Nun sollen sie nicht mehr auf Kopfjagd gehen. Die ferne Staatsregierung verbietet es. Das Gefüge von Sitten und Glauben bricht auseinander. Was ist ein Jivaro ohne eine Arutam-Seele? Kaum mehr als Nebel im Walde.

*

Wenn man es überlegt: Auch wir kommen mit *einer* Seele oft nicht aus. Nicht nur Faust seufzt: »Zwei Seelen wohnen, ach, in meiner

Brust.« Das Problem, daß Menschen oft Dinge tun, die sie eigentlich nicht wollen, und manche anderen Erscheinungen wie tiefe Bewußtlosigkeit, Visionen, Träume, ekstatische Zustände, Trance können erklärt werden, wenn das Leben des Körpers nicht an die eine und einzige Seele gebunden wird.

Eine andere Überlegung: Mit mehreren Seelen erscheint die Besonderheit des Menschen als nur graduell: Tiere, oft auch Pflanzen und andere Naturerscheinungen haben Leben, haben Seelen, aber die Menschen haben noch einige zusätzliche – durchaus nicht moralisch bessere – Seelen, entsprechend ihren besonderen Lebensformen. Es ist ja nicht zufällig, daß Freud in seine Psychologie eine dreifache Seele wiedereinführen mußte, wobei das Über-Ich die Kultur in der Persönlichkeit vertritt.

Was aber ist das Bewußtsein? Nicht dasselbe wie der Geist, den Klages als den Widersacher der Seele ansah und Jung als ihre Ergänzung. Von »Animus« und »Anima« spricht er, doch deren Beziehungen zum Körper bleiben unbestimmt, ebenso die zum Bewußtsein. Damit gerade befassen sich heute Psychiater, Psychologen und Neurophysiologen. Und sie sind dabei, das wieder zusammenzufügen, was Platon vor zweieinhalb Jahrtausenden so scharf trennen wollte: Leib und Seele.

Wir haben wirklich keinen Grund, uns über die drei oder drei mal drei Seelen von Sibirern und Indios zu wundern. Unsere stolze Rationalität kann sich selber nicht erklären. An den ausgefransten Rändern geht sie über in mythisches Denken. Wie andere Menschen reden wir in Metaphern über Vorgänge, die wir nur an ihren physischen Wirkungen erkennen. Wir haben eine Reihe von Bildern, die wir als Heranwachsende gelernt haben. Wir teilen eine Reihe von Symbolen mit den anderen Angehörigen unserer Kultur. Wir wissen und sie wissen – so ungefähr –, was wir meinen, wenn wir sagen: »Der Mensch hat eine unsterbliche Seele«, und wenn wir widersprechen und sagen: »Nein, das sind nur elektrochemische Vorgänge im Gehirn!« können wir uns doch weiter unterhalten, solange sie wissen, was wir ungefähr meinen, wenn wir »Chemie« sagen und »Gehirnzellen«. Aber mit dem Jivaro, der eine Vision gehabt hat und mit absoluter Sicherheit weiß, daß seine Arutam-Seele töten will, gibt es keine gemeinsame Sprache.

Wir können nur unsere Vorstellungen und seine Vorstellungen und die der Menschen aller anderen Kulturen als Versuche erkennen, Vorgänge in Worte und Bilder zu fassen, die sie mitteilbar machen, selbst wenn sie unbegreiflich sind. Unwissenheit kann wie Wissen aussehen, wenn sie allgemein ist.

Mana ist, was Mana tut

Was *haben* die Menschen, die von dem unsichtbaren Stoff, der Lebenskraft, *mehr* haben als andere? Offenbar müssen Worte dafür gefunden werden: *Power* (Kraft) und *Charisma* sind in die Sprache der Massenmedien eingegangen. *Mana*, ein polynesisches Wort, meint Ähnliches. Die Sioux-Indianer nennen die unpersönliche heilige Kraft *Wakan*, die Algonkin *Manitu* und die Irokesen *Orenda*.

Mana ist einer der Begriffe, über den sich Ethnologen Jahre hindurch erbittert streiten, wobei dann die ganze Fragwürdigkeit unseres Verständnisses anderer Kulturen zutage tritt.

Ist Mana eine erklärende Vorstellung, die in allen oder beinahe allen Kosmologien primitiver Jäger- und Sammlerkulturen wie auch in einigen anderen vorkommt? Ein Versuch, Erfahrungen zu deuten, weil Menschen in allem eine Bedeutung suchen und Unerklärtes nicht ertragen können? Marcel Mauss und Claude Lévi-Strauss meinen, daß gerade die Unbestimmtheit Mana als Erklärung für vielerlei brauchbar macht: es ist eine Kraft, die in Geistern und Naturphänomenen enthalten ist und die Menschen erwerben können; es ist allgegenwärtig und lokalisiert; aktiv und passiv; es ist unpersönlich und einer Person zugehörig; ein Mensch kann es erwerben und verlieren, aber auch als Gabe erhalten.

Der englische Ethnologe Evans-Pritchard bestreitet die Universalität einer unpersönlichen Naturkraft wie Mana. Bei den Azande, dem zentralafrikanischen Stamm, den er lange studiert hat, ist die magische Kraft ein kultureller Besitz, den der Mensch durch asketische Übungen und die Kenntnis der Tradition erwirbt. Aber zugleich spricht er in diesem Zusammenhang darüber, wie schwer es ist, Begriffe aus anderen Religionen in unseren Sprachen wiederzugeben oder, wenn man das ursprüngliche Wort benutzt wie bei Mana oder Wakan, zu beschreiben, was sich ein Bewohner der Südseeinsel Tikopia oder ein Sioux darunter vorstellt. Wobei hinzugefügt werden muß, daß es auch unter den 1288 Menschen auf Tikopia verschiedene Meinungen gibt, verschiedenen Informationsstand, verschieden großes Interesse und verschieden große Bereitwilligkeit, dem Ethnologen auf seine endlosen Fragen zu antworten.

Auf Tikopia hat sich ein anderer englischer Ethnologe, Raymond Firth[2], im Jahre 1928, als die isolierte Kultur noch ziemlich intakt war, auch um den Mana-Begriff bemüht. Er kam zu dem Ergebnis, daß es unmöglich ist, ein einziges entsprechendes Wort in einer europäischen Sprache zu finden, weil Mana sowohl das *Ergebnis* einer Aktivität ist wie auch zugleich die *Erklärung* für das Ergebnis. Mana ist, was Mana bewirkt.

Die Tikopia sprechen von Mana niemals als von einer abstrakten Kraft, sondern stets von einer konkreten Wirkung. Zum Beispiel: Das Mana-Kanu und das Mana-Netz sind die, welche ungewöhnlich viele Fische fangen. Der Mana-Häuptling heilt Kranke, beruhigt die Stürme, bringt Regen, läßt die Brotfrucht wachsen – je mehr Mana desto besser. Er kann das aber nur, weil er gute Beziehungen zu den Geistern und Ahnen hat, denn sie müssen ihm Mana verleihen. Die guten Beziehungen erhält er, indem er die Rituale zu Ehren der Geister und Ahnen traditionsgemäß zelebriert, so, wie sie einst von ihnen eingesetzt wurden.

Vor allem muß der Häuptling alle Namen richtig und vollständig rezitieren, sonst sind die vernachlässigten Geister böse und geben ihm kein Mana und dann sind seine Leute unzufrieden.

Ein jüngerer Häuptling klagte Firth, daß er noch ein Kind war, als sein Vater starb und er deshalb die Litanei nicht von ihm gelernt hatte. Er erhielt sein rituelles Wissen von den Häuptlingen anderer Clans und, so glaubte er, wahrscheinlich nur unvollständig. Jedenfalls waren seine Bitten um Regen, Windstille und viele Fische zuerst nicht erfolgreich – er hatte kein Mana. Dann versuchte er es damit, noch weitere Namen in seine Liste einzufügen und hatte Erfolg. Wenn wir sein neugewonnenes Mana als größere Erfahrung und gestärktes Selbstvertrauen bezeichnen wollen, so tun wir wohl dem Denken der Tikopia keine Gewalt an.

Offensichtlich ist auch bei den polynesischen Tikopia Mana ein zu erwerbender »kultureller Besitz«. Außer den Häuptlingen haben auch die Medien, die mit den Geistern sprechen, Mana. In anderen Kulturen kann jeder, der die richtigen Beziehungen zum Übermenschlichen aufbaut, Mana erwerben, oder er kann es in Gegenständen, wie seltsam geformten Wurzeln und Steinen, an besonderen Orten und in Naturereignissen finden. So unbestimmt und wechselnd sind die Vorstellungen, daß der amerikanische Ethnologe und Psychiater Weston La Barre[3] meint, wir sollten nicht versuchen, zwischen Seele und Mana zu unterscheiden, denn sie wären nur zwei Stadien der Ich-Entwicklung oder Individuation, die jeder Mensch durchläuft.

Nicht zu übersehen ist aber doch, wie die Menschen auch in den egalitären, offenen Jäger- und Sammlergesellschaften nach Erklärungen dafür suchen, daß manche mehr Glück, mehr Zuversicht, mehr Erfolg, mehr Wirkung haben als andere. Diese Menschen müssen – ist das nicht offensichtlich? – bessere Beziehungen zu den unsichtbaren Quellen aller Kraft besitzen. Das heißt nicht immer, daß sie moralisch besser sind. Doch es heißt, daß sie gewisse Verpflichtungen allen anderen gegenüber haben.

Wie man einen Schutzgeist gewinnt

Präziser als die Vorstellungen von Mana sind die von Schutzgeistern – vielleicht sind sie für uns auch deshalb besser verständlich, weil wir alle einmal von Schutzengeln und Schutzheiligen gehört haben. Schutzgeister übernehmen, manchmal nur gezwungen, die Aufgabe, für einen bestimmten Menschen zu sorgen. Sie können Ahnen sein, Tier- oder Naturgeister oder Wesen unbekannter Herkunft. Oft besteht eine gewisse Wesensähnlichkeit zwischen Schützer und Beschütztem: der Adler sorgt für den tapferen Krieger, der Rabe für den klugen Redner und Politiker.

Wie zwingt man einen Geist? Meistens durch Askese und Opfer. Bei zahlreichen Stämmen, von Ostsibirien über Alaska und ganz Nordamerika bis hinunter nach Südamerika, bildet dieses Prinzip den Mittelpunkt der Initiationsriten für junge Männer: die Suche nach einer Vision und damit der Erwerb eines Schutzgeistes, eines heiligen Gesanges oder Gegenstandes, den dieser Schutzgeist als Talisman verleiht, und eines neuen Namens. Dafür ist keine Anstrengung zu groß, Hunger, Durst, Kälte, Einsamkeit, Angst und Schmerzen werden oft jahrelang gesucht und ertragen. Der junge Jivaro-Indianer erwirbt so seine Arutam-Seele. Sie lebt in ihm. Der Schutzgeist der Sioux oder

Winnebago bleibt ein eigenes Wesen. Aber vielleicht ist auch dies ein Unterschied, der nur unserer Logik wichtig erscheint.

Paul Radin sammelte Mythen der Winnebago, die mitten in den großen Ebenen Nordamerikas lebten. Darunter die Geschichte von dem jungen Mann, der fastete:[4]

Es war einmal ein Mann, der hatte einen einzigen Sohn, und er sagte zu ihm: »Mein Sohn, ohne Hilfe der Geister bist du schutzlos.« So ging der Sohn und fastete in der Einsamkeit. Nach einiger Zeit besuchte ihn sein Vater und fragte, ob er eine Gabe von den Geistern empfangen habe. »Vater«, sagte der junge Mann, »ich habe viele Gaben erhalten. Ich kann einen Feind töten, wann immer ich will, und ich habe die Gabe eines langen Lebens erhalten. Die Geister sagten, ich solle aufhören zu fasten. Aber ich fastete weiter. Da kamen die Geister aus der Tiefe und gaben mir Sieg im Kriege, die Fähigkeit, Kranke zu heilen, Erfolg bei der Jagd, ein langes und zufriedenes Leben – in der Tat, jeder Geist, dem Erdmacher Macht verliehen hat, gab mir etwas. Sie sagten: ›Du hast genug gefastet.‹ Aber, mein Vater, was ich am meisten wünsche, ist, daß ich niemals sterben muß. Deshalb will ich nicht aufhören zu fasten, bis ich dies erreicht habe.«

So fastete der junge Mann weiter. Die Geister kamen zu ihm und sagten: »Erdmacher hat dir ein hohes Alter gegeben und dir jeden Wunsch erfüllt. Höre auf zu fasten!« »Ich bin dankbar«, sagte der junge Mann, »aber was ich mir wünsche ist, niemals zu sterben.«

Als die Geister ihn nicht überreden konnten, kamen sie überein, daß er sterben müsse. Sie blickten auf ihn herab, und da lag er, tot. Dann sprachen sie zu dem Vater: »Alles, was wir deinem Sohn versprochen haben, sollst du bekommen. Begrabe ihn und denke nicht mehr darüber nach.« Der Vater gehorchte. Und nach einiger Zeit sah er einen Baum aus dem Grab wachsen. Das war sein Sohn. Nur Bäume leben immer und deshalb verwandelten die Geister den jungen Mann in einen Baum.

Der Vater lebte lange und zufrieden. Er selber erzählte diese Geschichte, damit junge Leute nicht zu lange fasteten.

Geister sind mächtig, aber keineswegs allmächtig. Der Mensch sollte nicht zuviel von ihnen verlangen.

Er sollte sie auch nicht besinnungslos fürchten, denn durch Selbstbeherrschung kann er sie beherrschen.

*

Die Spezialisten im Umgang mit Geistern sind die Schamanen. nen ist das ganze Kapitel V gewidmet.) Gewöhnlich haben sie einen oder mehrere Hilfsgeister oder Vertraute, die sie rufen können, denen sie Aufträge geben – zum Beispiel einen weit entfernten Feind zu töten – und von denen sie Informationen erhalten. Auch bei Krankenheilungen bedienen sie sich ihrer Vertrauten: der sibirische Schamane reitet auf einem Tiergeist ins Totenreich und mit der geretteten Seele des Patienten zurück, der Eskimo-Schamane läßt seine Vertrauten die bösen Geister aus dem Kranken hinausjagen.

Bei den Netsilik-Eskimo im höchsten Norden erwarben die Schamanen ihre »Tunraq« genannten Hilfsgeister manchmal als Geschenk von anderen Schamanen, oder die Geister suchten sich ihre Herren selber aus. Der letzte bedeutende Schamane starb dort 1940. Er besaß nicht weniger als sieben Tunraqs. Jeder hörte auf seinen persönlichen Namen. Drei waren die Geister Verstorbener, einer davon der Großvater des Schamanen. Zwei waren Tiergeister: ein Mörderwal und ein schwarzer Hund ohne Ohren. Und zwei waren kleine, häßliche Ungeheuer, die meist im Munde des Schamanen lebten, aber manchmal auch herauskamen und zu sehen waren.

Solche Tunraqs bleiben gewöhnlich in der Nähe ihrer Besitzer, haben es gern, wenn sie oft gerufen und beschäftigt werden, können aber auch böse und tückisch werden, besonders wenn ihnen ein Auftrag mißlingt. Dann wird aus dem Tunraq ein »umgedrehter Hilfsgeist«, ein wütendes, unkontrollierbares Wesen, das vor allem seinen Herrn und dessen Verwandte mit Krankheit und Unheil verfolgt. Nur andere Schamanen mit stärkeren Tunraqs können helfen (Abb. 35).

Etwas lebt von dem Bild des mächtigen Heilkundigen und Wissenden und seinem vertrauten Tiergeist noch in den Legenden von christlichen Heiligen und ihren zahmen Löwen, Bären oder Schlangen. Der Einsiedler, der alle menschlichen Schwächen bezwungen hat, besitzt die Kraft, Naturgeister zu zähmen.

Gute und böse Geister

Das eine Wort »Seele« muß für vieles herhalten – das Wort »Geist« für noch viel mehr. (Im Englischen gibt es wenigstens drei Worte: *mind* für den innewohnenden menschlichen Geist, *ghost* für den wahrnehmbaren Geist eines Verstorbenen, *spirit* für alle übrigen Geister.)

Zwischen Kamtschatka, Haiti und den Philippinen – alles Länder voll höchst aktiver Geister – gibt es sicherlich mehr Arten Geister als Menschen. Denn in den meisten Kulturen sind die Menschen sicher, daß zahllose nicht-menschliche Wesen neben ihnen existieren, die meist unsichtbar, manchmal aber auch sichtbar und gewöhnlich an ihren Taten erkennbar sind, die oft mit den Menschen in freundliche oder feindselige Verbindung treten, oft aber auch uninteressiert sind, die man beeinflussen kann oder auch nicht, die sehr oder nur wenig mächtig, gut oder böse sind. Aber viel häufiger böse. Warum wohl? Nehmen Menschen vielleicht das Gute, das ihnen begegnet, unbesehen hin und suchen nach Erklärungen nur bei dem, was schmerzt? Oder ist es wahr, daß die meisten Wesen in dieser Welt den Menschen als habgierigen Eindringling betrachten und ihn jagen, wie er sie jagt?

Eine grobe Aufzählung der weitverbreiteten Arten von Geistern muß zumindest folgende Kategorien enthalten:

Die Seelen der kürzlich Gestorbenen, die sich noch nicht ganz vom Körper, ihrem Heim, ihrer Familie lösen können. Eine solche Übergangszeit kann Tage oder auch viel länger dauern. (Darüber wird in Kapitel III noch zu sprechen sein.)

Ahnengeister, das heißt die schon länger toten Vorfahren, die sich noch für ihre Nachkommen interessieren, sie beschützen oder auch überwachen, die Verehrung oder Opfer verlangen, um weiterleben zu können.

Die Geister der Stammesväter und -mütter. Oft sind sie ein mythischer Held, ein halbgöttlicher Erfinder und Kulturbringer oder auch ein »Totem« – ein Tier oder anderes Wesen –, das die Einheit des Stammes symbolisiert und das verehrt wird.

Eine andere Art von Geistern wird manchmal als »Dämonen«, als »böse Geister« oder einfach als »Geister« bezeichnet, wenn Fremde, die gar nichts verstehen, die Namen dieser Wesen in ihrer dürftigen Sprache wiedergeben wollen.

Ein solcher Name ist uns aus den Märchen aus Tausendundeiner Nacht bekannt: Jinn. Die Jinn haben bei den nordafrikanischen und nahöstlichen Völkern aus der Stammeszeit die Bekehrung zum Islam überlebt. Sie wurden vor den Menschen geschaffen, leben jahrhundertelang, sterben aber schließlich oder können getötet werden. Sie vermehren sich auch, und ihre Zahl übersteigt die der Menschen. Sie sind unsichtbar und haben keine bestimmte Form, können aber jede gewünschte Gestalt annehmen, auch die von Männern und Frauen. Sie sind böse oder boshaft, doch ein kluger Mensch kann sich einen Jinn dienstbar machen und damit Macht über andere Menschen gewinnen, wie die Geschichte von dem Jinn, der in einer Flasche gefangen wurde, berichtet. Sie werden nicht verehrt, aber es ist besser, sie nicht zu ärgern und ihnen notfalls ein Opfer zu bringen.

Schlimmer sind die Geister, die in den Urwäldern des Amazonasbeckens hausen und zum Beispiel auf die Scharanahua-Jäger lauern, denn ihre Gier nach menschlichem Blut, Fleisch, Fett und besonders nach der Leber ist unersättlich. Sie sind klein und schwach, aber zahlreich und oft listig, und schon mancher Jäger ist im Wald verschwunden. Höchstens, daß noch ein paar Knochen gefunden wurden.

Krankheiten, die mit den üblichen Mitteln nicht zu heilen sind, sinnloses Mißgeschick, böse Zufälle, die Angst, die Menschen bei plötzlichen, unerklärlichen Geräuschen packt – die Existenz solcher Geister erklärt diese Erscheinungen, gibt ihnen zumindest einen Namen und macht es so möglich, darüber zu sprechen. Der Jäger, der erst in der Dunkelheit aus dem Walde zurückkam, hat eine blutunterlaufene Stelle am Bein. Ein Geist wollte sein Blut saugen, aber er ist noch einmal davongekommen. Alle sind mit ihm froh. Alle werden wieder einmal daran erinnert, daß man im Wald rechtzeitig umkehren muß. Männer und Frauen bestätigen einander die Ausgesetztheit des Menschen zugleich mit der Hoffnung, daß man mit Klugheit und Vorsicht doch überleben kann, vor allem wenn man zusammenhält, nach den weisen Regeln der Vorfahren lebt. Die Kinder hören zu. Später, wenn sie einmal selbst im Wald sind und ein unbekanntes Geräusch hören, wenn das Gefühl einer fremden Gegenwart sie überkommt, dann wissen sie: ein Geist giert nach ihrem Blut!

Es ist noch nicht so lange her, da war auch Europa noch voller böser Geister, Teufel genannt. Kleine und große Teufel, kluge und dumme, solche, die furchterregend aussahen und solche, die in täuschend schöner und angenehmer Gestalt auftraten, um die Menschen zu verführen. Die Teufel hatten es zwar vor allem auf die unsterblichen Seelen der Menschen abgesehen, aber sie warteten nicht immer ab, bis so eine Seele aus dem Körper fuhr. Durch Unglück und Krankheit versuchten sie, Zweifel an Gott zu wecken – wie schon im Alten Testament bei dem frommen Hiob –, oder sie versprachen irdisches Glück, wenn der Mensch nur Gottes Gebote mißachten würde. In dieser Verbindung zwischen bösem Geist und moralischem Gesetz liegt ein fundamentaler Unterschied zwischen der Schar der Teufel und der Schar der bösen Geister: Letztere, ob sie nun in Sibirien, im Amazonas-Dschungel, auf den Philippinen oder in Afrika die Menschen peinigen, stellen keine moralische Instanz dar, ihnen ist es gleichgültig, ob ihr Opfer ein guter oder ein schlechter Mensch ist. Sie sind amoralisch wie die Natur. Sie stellen die Menschen nicht vor die Frage, warum auch die Guten leiden müssen.

Anders ist es mit den Geistern, die eine Dauerbeziehung zu bestimmten Menschen suchen oder dafür gewonnen werden können. Die Schutzgeister und die Vertrauten der Schamanen sind von dieser Art. Daneben gibt es eine noch engere, wenn auch nur zeitweilige Beziehung zwischen Mensch und Geist: »Besessenheit«. Manche Geister lieben es, sich in einem Menschen zu verkörpern, ihn in Besitz zu nehmen.

Besessenheit

Besessenheit ist ein Phänomen, auf das wir in den nächsten Kapiteln noch mehrmals stoßen werden. Die Symptome sind in allen Kulturen ähnlich, doch die Interpretationen verschieden. Einzelne Menschen können in allen Kulturen spontane Bewußtseinsteilungen erleben, und wenn die betreffende Tradition Besessenheit kennt, so wird dieser Zustand als Besessenheit gedeutet. Dagegen setzt die Besessenheit von vielen Menschen, die zur rituellen Anrufung der Geister oder eines Geistes zusammengekommen sind, die entsprechende Erwartung voraus.

Die nicht bewußt gesuchte, individuelle Besessenheit ist zunächst angsterregend und wird meist erst bei allmählich kontrollierten Wiederholungen beglückend. Die gesuchte Massen-Besessenheit wird wenigstens von den Teilnehmern immer positiv bewertet, von der übrigen Gesellschaft allerdings dann nicht, wenn es sich um so etwas wie eine »schwarze Messe« oder einen »Hexensabbat« von Außenseitern handelt.

Wo die Welt voller böser Geister ist, werden auch Symptome, die wir einer »Geisteskrankheit« zuschreiben, als Besessenheit definiert: Zustände von Verwirrtheit, Wahn, Halluzinationen, Verhaltensstörungen. Von einem Eskimo sagen die Stammesgenossen dann vielleicht: »Ein Fuchs ist in ihn gefahren!«, denn Fuchsgeister sind im hohen Norden für viel gefährlichen Unfug verantwortlich. Der Schamane wird versuchen, den Fuchsgeist zu vertreiben. Gelingt ihm das nicht, läßt man den Mann gewähren, solange er nicht gewalttätig wird. Nur wenn er andere gefährdet, wird er allein in einen Iglu gesperrt.

Harmloser sind Besessenheiten, die vorwiegend bei jungen Frauen auftreten, sich in langen Ohnmachten manifestieren und in unnatürlichem Betragen, wobei wohlerzogene und gehorsame Wesen oft ganz unpassende Dinge sagen. Besonders anfällig scheinen junge Ehefrauen zu sein, die sehr plötzlich aus ihrer Familie herausgerissen und in eine fremde hineinversetzt werden. Beschreibungen von Fällen in Nordindien, Ostafrika und Mittelamerika zeigen eine auffällige Ähnlichkeit. Unsere Psychiater würden den »Geist« als Depression oder Neurose bezeichnen, aber an der üblichen Behandlung des Zustandes nicht viel aussetzen können: Die Familie schließt sich hilfsbereit um die Besessene zusammen, wendet ihr alle nur mögliche Aufmerksamkeit zu, stärkt ihre Abwehrkräfte, vertreibt den fremden, bösen Geist.

Gar nicht so unberechenbar wie die Geister, die plötzlich in einen einzelnen Menschen hineinfahren, sind zum Beispiel die »Loa«, die in Vodu-Zeremonien auf Haiti gerufen werden. Man kennt ihre Namen, ihre Charaktere, ihre Accessoires. Auch auf Haiti gibt es Besessenheit durch böse Geister. Das sind furchtbare Ereignisse, ganz anders als die dramatischen, aber erhebenden Begegnungen mit den Loa.

Ehe sich das Interesse eines größeren Lesepublikums den afro-amerikanischen Religionen in der Karibik und in Brasilien zuwandte, hat Alfred Métraux 1958 in seinem Buch »Le Vaudou haïtien« eine sozialwissenschaftliche Analyse dieser Volksreligion geliefert. Die Beziehung zwischen Gläubigen und Geistern, die sich ganz nach ihrem Belieben in einem Menschen verkörpern, ist völlig einseitig. Man spricht von dem – oder häufiger der – Besessenen als dem »Pferd«, das von dem Geist »geritten« wird. Der Geist benutzt den menschlichen Körper, um sich zu zeigen. Wenn der Besessene aus dem Trancezustand aufwacht, weiß er nichts mehr von dem, was er gesagt oder getan hat. Das ist jedenfalls die Theorie.

Manche Menschen werden für den Dienst als Priester von einem bestimmten Geist ausgewählt. Einer solchen Berufung nicht zu folgen, ist lebensgefährlich. So wurde ein Mann, der mehrfach von den Symbolen der Vodu-Priesterschaft geträumt hatte, aber sich immer noch nicht den Geistern widmen wollte, ernstlich krank. Da gab er seinen Widerstand auf und wurde ein »Hungan«. Die Träume waren übrigens nicht verwunderlich, da schon seine Mutter ihm von ungewöhnlichen Dingen bei seiner Geburt erzählt hatte. Verwunderlich war höchstens sein Zögern – aber manche Menschen ziehen ein ruhiges Alltagsleben dem Erlebnis, wie ein Pferd von einem Geist geritten zu werden, vor, auch wenn damit Ansehen, Macht und Vermögen verbunden sein können. In einem anderen Fall handelte es sich um eine besonders fromme Katholikin, die von einem Geist bedrängt wurde, eine »Mambo«, eine heilkundige Priesterin zu werden. Schließlich wurde ein Kompromiß gefunden: Der Geist erlaubte ihr, die Kirchenpflichten weiter zu erfüllen, während sie die Kranken in seinem Namen heilte. Auf ihrem Altar stand das Gebetbuch neben den Spielkarten und der Rassel der Mambo.

Dies ist die ernste Seite des Vodu-Glaubens: die Furcht vor den Geistern, die Hingabe, die Bereitwilligkeit und für die Priester die Pflicht zu heilen, zu weissagen, die Gläubigen anzuleiten. Aber Besessensein ist auch gesellige Zusammenkunft, dramatischer Tanz, spannende Vorstellung, Anlaß, Kummer und Sorgen zu vergessen, Gelegenheit, in der Trance Geschicklichkeit, Einfälle und Witz vorzuführen.

Die Wesen, die bisher als »Geister« bezeichnet wurden, werden von den Gläubigen »Loa« genannt und als göttliche Personen oder Gottheiten betrachtet. Unzweifelhaft waren sie Gottheiten in der afrikanischen Heimat der Haitianer, Dahomey und Kongo, aber sie haben in der neuen Welt und unter dem Einfluß katholischer Heiligenbilder neue Eigenschaften und Attribute angenommen. Noch ist allerdings der afrikanische Schlangengott Damballah deutlich zu erkennen, der die von ihm Besessenen sich schlangengleich am Boden winden läßt. Ogu ist ein Kriegsgott und Schmied und spielt gern mit Säbeln. Ezili ist eine Göttin der Liebe und des freigebig verteilten Reichtums. Guédé ist Herrscher über die Toten, aber zugleich ein Spaßmacher, wie auch die zahlreichen Mitglieder seiner Familie.

Das theatralische Element der Vodu-Zeremonien wird keineswegs vertuscht, tut aber der Ernsthaftigkeit keinen Abbruch. In den Räumen des Heiligtums, wo die Zeremonie stattfindet, liegen die Gewänder und Gegenstände bereit, mit denen die Loa umzugehen lieben:

Kopfschmuck, Waffen, Stöcke, Flaschen, Zigarren ... Weibliche oder männliche Loa verkörpern sich nach Belieben in Männern oder Frauen, die dann durch ihr Benehmen einen eventuellen Geschlechtswandel anzeigen. Auch machen die Zuschauer Bemerkungen darüber, wie gut oder wie unterhaltsam einzelne Besessene das Wesen der Loa auszudrücken vermögen. Wenn sich mehrere Besessene gegenseitig anspornen, kann die Stimmung höchst ausgelassen werden. Schließlich greift der Hungan oder die Mambo ein und hält – natürlich als Loa – allen eine Moralpredigt.

Aber ein Besessener ist kein Schauspieler – weder in seinen eigenen Augen noch in denen der Zuschauer. Er *stellt* keinen Gott *dar*, er *ist* der Gott. In Trance zu fallen ist erlernbar und wird bei häufiger Übung leichter. Vodu-Trancen dauern von wenigen Sekunden bis zu mehreren Tagen, aber schließlich ist »das Pferd« erschöpft und kommt wieder zu sich selbst.

Wo es eine so natürliche Sache ist, von einem Loa in Besitz genommen zu werden, wie auf Haiti, da geschieht das oft auch außerhalb des zeremoniellen Kontextes, besonders unter großer nervöser Anspannung, bei Unfällen zum Beispiel oder plötzlichen großen Schmerzen. Und eine alte und rheumatische Mambo wurde auf einer Wallfahrt auf steinigem Weg plötzlich von einem Loa besessen, was sich nur darin äußerte, daß sie wie eine Junge lebhaft weitergehen konnte. In Trance tun Menschen Dinge, die sie sich im Normalzustand niemals zutrauen würden.

Bei Vodu-Zeremonien lassen die Götter nie lange auf sich warten. Wenn Alkohol in hellen Flammen zu Ehren von Ogu auflodert oder Pulver detoniert, wenn Hungan oder Mambo zu tanzen beginnen und die Trommeln in den richtigen Rhythmen ertönen, dann springen die Funken von einem zum anderen über und auch unbeteiligte Zuschauer werden plötzlich ergriffen.

In den Berichten von Alfred Métraux wird sehr deutlich, wie die zeremonielle und kollektive Wiederholung spontaner, individueller Erfahrungen eine gemeinsame Interpretation von Vorgängen aufbaut, eine allgemein akzeptierte Deutung, die auch den neuen Adepten mitgeteilt werden kann. Diese Deutung – »Loa verkörpert sich in einem Menschen« – verleiht dem Vorgang einen positiven Wert, macht es wünschenswert, daran teilzunehmen, macht es ehrenvoll, besessen zu werden. Diese positive Wertung prägt wiederum die Zeremonie und führt zu ihrer immer neuen Wiederholung, zur stets erneuerten Bestätigung des Glaubens. Auch eine gewisse Routine stellt sich ein, das Verhalten der Hauptakteure wird stilisiert, Hilfsmittel werden eingeführt und Tricks zur Überbrückung toter Punkte erfunden.

Doch sollte das etwa nicht erlaubt sein, wenn der Mensch in unmittelbaren Kontakt zu den Übermenschlichen treten kann und das in der Geborgenheit der Gemeinde und der Gewißheit sozialer Billigung?

Die ganze Natur lebt

Die Loa, so meint man auf Haiti, möchten sich den Menschen zeigen und tun dies, indem sie sich in Menschen verkörpern, auf im ganzen freundliche Art. Doch viel zahlreicher auf der Welt sind *böse* Geister. Ihnen, wie auch den Seelen der jüngst Verstorbenen, wird oft ein schrecklicher Hunger nach menschlichem Fleisch und Blut, nach dem Duft von Brandopfern, nach Aufmerksamkeit, nach etwas menschlicher Wärme zugeschrieben. Sie sind oder sie werden böse, weil sie körperlos sind und dadurch einsam, unbehaust. Sie sind neidisch auf die Menschen, die sie beieinander ums Feuer sitzen sehen, und sie rächen sich durch Krankheiten und Unglück für ihr Ausgeschlossensein. Die Idee, daß es erstrebenswert sein könnte, den eigenen Leib abzuwerfen wie ein gebrauchtes Kleid und als immaterielles Wesen weiterzuleben, kommt den Menschen der Stammesgesellschaften nicht. Viel zu sehr sind sie an die ständige Nähe anderer Menschen gewöhnt, sind sie aufeinander angewiesen.

Körperlos und deshalb hungrig und neidisch-böse zu sein, das kann man den *Natur*geistern nicht nachsagen. Eher könnte man sagen, daß ihre Geisterhaftigkeit von einer anderen, allgemeineren, weniger personifizierten Art ist. Vielleicht sollte man von »Seelen« sprechen, aber ohnehin sind unsere Worte ganz ungenügend und der Leser möge sich die Begriffe bitte so weit denken wie nur möglich.

Naturgeister stellen das Lebensprinzip der Tiere, Pflanzen, Gestirne, Elemente und aller Naturerscheinungen dar, unterscheiden sich aber von den menschlichen Seelen durch eine weniger ausgeprägte Individualität.

»Der Geist des Rehs« ist für Indianer nicht der Geist oder die Seele eines bestimmten Rehs, das sie gerade jagen, sondern die schützende

Stamm-Mutter aller Rehe, die in jedem einzelnen Reh zwar verkörpert ist, doch auch unabhängig von seinem Tod existiert, diesem Tod sogar zustimmen kann, wenn man sie darum bittet. Die alten Griechen gaben den Quellnymphen wohl Namen – wie ja auch wir jeder Quelle einen Namen geben –, aber kaum persönliche Eigenschaften. Der Charakter von Blitz und Donner, Sonne und Mond und der Charakter des sie belebenden Gottes sind identisch, bekannt und beständig. Alle diese Erscheinungen sind also einigermaßen berechenbar. Man kann sich auf sie einstellen, kann bestimmte Umgangsformen ihnen gegenüber entwickeln, das heißt Rituale.

Die Menschen, die vor der Jagd die Geister des Wildes beschwören, konzentrieren sich auf das kommende Unternehmen, denken sich in das Wild hinein, erinnern sich an alles, was sie über Wild und die Jagd wissen, stärken die eigene Zuversicht durch die Darstellung von Erfolg. Und wenn sie nach einer guten Jagd feiern, dann danken sie den Geistern des Wildes, weil sie wissen, daß »Jagdglück« nicht allein von ihrer Geschicklichkeit abhängt (Abb. 15).

Die Menschen, die tanzen, um den Regen herbeizurufen, tun das zu Beginn der gewöhnlichen Regenzeit. Es wäre nicht nur dumm, es wäre blasphemisch, einen wolkenlosen Himmel in der Trockenzeit um Regen zu bitten. Wenn sie tanzen, dann zeigen die Menschen den Geistern, daß sie alles vorbereitet haben, daß die Felder nun auf den Regen warten. Beim gemeinsamen Tanz vergessen sie persönliche Wünsche und Ängste, das Wohl aller steht auf dem Spiel und im gemeinsamen Ritual vervielfacht sich die Kraft der Bitten. Wenn aber die regenspendenden Geister sich versagen? Dann wendet sich die gesammelte Energie des Stammes der Aufgabe zu, die Ursache dafür zu finden und zu beseitigen. Doch ob das gelingt oder nicht – das gemeinsame Ziel wird gemeinsam verfolgt: Die Beziehungen zwischen Menschen und Regengeistern müssen wieder ins richtige Gleichgewicht gebracht werden.

»Animismus« nennt man die Überzeugung, daß nicht nur die Menschen, sondern auch alle anderen lebenden oder sich bewegenden Wesen beseelt sind. Soweit ist diese Grundüberzeugung in primitiven und zivilisierten Gesellschaften verbreitet, daß Ethnologen des 19. Jahrhunderts darin die Ur-Religion zu erkennen meinten. Die theoretische Suche nach »ersten« Religionen hat man inzwischen als zu spekulativ aufgegeben. Auch kann Animismus sich mit allen möglichen religiösen und ethischen Ideen verbinden und ist an sich noch keine Religion. Noch dazu muß Animismus nicht einer primitiven Gesellschaftsform entsprechen. Die Griechen waren Animisten noch zu der Zeit, da ihre Philosophen schon die Grundlagen für das moderne westliche Denken entwickelten, und die großartigen spekulativen Gedankengebäude der Inder verbinden sich mit einer Lehre von Seelenwanderung, wonach noch der Wurm auf meinem Wege die Verkörperung einer unsterblichen Seele ist.

Der Entwicklungspsychologe Jean Piaget hat der Theorie, Animismus sei eine primitive, ursprüngliche Form nicht-rationalen Denkens, noch einmal Auftrieb gegeben. Er und seine Schüler meinen, daß jedes Kind auf einer bestimmten Entwicklungsstufe Animist ist, alle Dinge als Erweiterungen der eigenen Aktivität betrachtet, alle Dinge für belebt ansieht, so, wie es selber ist – auch den Tisch, an dem es sich stößt, oder den Ball, der davonrollt. Das Kind würde – so die bestechende Idee – die religiöse Menschheitsentwicklung in seiner individuellen Entwicklung nachvollziehen. Die Ontogenese wiederholt die Phylogenese.

Aber vielleicht sind solche Vorstellungen immer mit uns, vielleicht sind sie in der allgemein menschlichen Erfahrung begründet, daß andere Lebewesen und auch die Dinge auf uns zurückwirken, wenn wir auf sie einwirken? Vielleicht ändert sich nur die Ausdrucksweise, mit der wir von ihnen zu anderen Menschen sprechen, nachdem neue Erfahrungen in unserem alltäglichen Leben wichtiger geworden sind? Da wir gelernt haben, uns nicht mehr an dem Tisch zu stoßen, ist er für uns nun ein lebloses Ding. Außer in bestimmten Augenblicken. Wo wären Tausende von Gedichten, wenn die Belebtheit der Natur sich nicht als menschliche Erfahrung immer wiederholte? Öffnen nicht auch die höheren Halluzinogene die Tore der Wahrnehmung für gerade diese Erfahrungen?

Die ganze Natur ist belebt. So denkt der Animist. Die ganze Natur ist von Gott durchdrungen. So denkt der Pantheist.

Aus den Geistern, welche die Natur beleben, entstanden Götter. Sturm- und Donnergötter wie Wotan und Zeus, Mondgöttinnen, schön und schrecklich, Erdmütter, Wachstumsgötter. Was ist der Unterschied zwischen einem Natur*geist* und einem Natur*gott*? Er ist von den Betrachtern geschaffen, die an die menschenähnlichen Götter der Germanen und Griechen denken und an die Götter, denen die alten

Israeliten entsagen mußten, um nur noch dem einen Gott Jaweh zu dienen, und die alles, was nicht schriftlich überliefert ist, in die Kategorie »Geister« relegieren. Zum Beispiel die Regenbogenschlange der australischen Eingeborenen, eine schöpferische und zugleich zerstörerische Lebenskraft, »die Mutter von uns allen«, »der Vater von uns allen«, der/die Leben gibt, Geistkinder macht, die Menschen beschützt. Wenn aber unser Gott unbegreiflich ist und unvorstellbar, wie wollen wir dann entscheiden, ob die Regenbogenschlange sein Wesen nicht ebensogut vermittelt wie das Bild des weißbärtigen Mannes in unseren Heiligtümern? (Abb. 5)

Für die Indianer der weiten nordamerikanischen Ebenen ist Wakan Tanka, »das Heilige«, ein Teil der Natur. Weder dieses Göttliche noch die anderen Geister sind »übernatürlich«, so, wie die Natur nirgends seelenlos, »bloße Natur« ist. Was bedeutet das für die Stellung des Menschen im Kosmos? Es gibt viele Möglichkeiten, *unsere* Sicht vom Menschen *zwischen* der Natur und dem Göttlichen einer ganz anderen gegenüberzustellen. Ich wähle als Beispiel die Weltsicht nordamerikanischer Indianer-Religionen. Von ihnen geht seit einigen Jahren eine Herausforderung aus, die niemand erwartete.

»God is Red«

Was die christliche Glaubenslehre den Menschen anzubieten habe, die nicht oder nur halb an einen persönlichen Gott glauben, das beschäftigte manche Theologen seit langem. Dennoch etwas plötzlich tauchten diese Überlegungen vor einigen Jahren in den Massenmedien – zunächst den amerikanischen – unter dem Stichwort der »Gott-ist-tot-Theologie« auf. Da reimte ein Indianer: »God is not dead – God is red!« – Gott ist eine Rothaut! Gott ist ein Indianer!

Eine doppelte Herausforderung an die ganze hochindustrialisierte Welt, »Ost« und »West«: Gott ist nicht tot, aber er ist ganz anders als ihr meint! Als Autoaufkleber war »God is Red« nicht nur bei Indianern beliebt. Dann nahm der indianische Rechtsanwalt und Schriftsteller Vine Deloria den Slogan 1973 als Buchtitel auf für seine vehemente Auseinandersetzung mit dem Christentum nordamerikanischer Prägung und mit der Weltanschauung, die sich auf den Grundlagen dieses Christentums und moderner Wissenschaft gebildet hat. Die Behauptung »Gott ist ein Indianer« wendet sich nicht nur an Indianer. Ihr Ziel ist nicht vergleichbar dem Aufstellen eines schwarzen oder zumindest dunkelhäutigen Gekreuzigten über dem Altar. Die Behauptung besagt nicht, daß Gott *auch* ein Indianer sei, *auch* zu Indianern spreche. Vielmehr wird gesagt, daß der Gott des Universums immer und heute so war und ist, wie ihn Indianer kannten und daß der Gott der Weißen immer ein falscher Gott war, den sich diese Weißen zurechtgemacht haben, zu ihrem eigenen Verderben und zum Verderben der ganzen Menschheit.

Diese These kommt zu einer Zeit, wo sie auch unter Weißen Gehör findet und auf Zustimmung trifft. Natürlich besonders in den USA, wo man nun eine Alternative zu fernöstlichen und anderen exotischen Weltanschauungen mitten im eigenen Land entdeckt. Mit großer Überraschung übrigens, denn hatte man nicht immer wieder gehört, daß die indianischen Religionen tot oder völlig verkommen, die Indianer selber fast ausgestorben seien? Nun war die Rede von einer *religiösen* Renaissance der Indianer, nicht nur einer *politischen* Bewußtwerdung. Und diese Entwicklung unter den Indianern zeigte sich zur gleichen Zeit wie das unruhige Suchen und Fragen unter jungen weißen Amerikanern. Es gibt Versuche, diese beiden Prozesse zusammenzuführen. Indianische Medizinmänner, die weiße Bewunderer nicht zurückweisen, haben Hochkonjunktur.

Doch fundamentale Unterschiede trennen unseren christlich bestimmten Begriff von Religiosität von der Religiosität stammesgebundener Indianer oder anderer stammesgebundener Menschen. Der Ethnologe Barre Toelken[5], der viele Jahre unter den Navajo gelebt hat, sagt es so: »In unserer westlichen Kultur scheint die Religion in einer Nische zu existieren, die für das Unwirkliche, für die andere Welt reserviert ist, ein Bezugspunkt, den man nur im Tode erreicht oder durch die Vermittlung des Priesters. ... Die Navajo würden sagen, daß es wahrscheinlich *nichts* gibt, das man ›nicht-religiös‹ nennen könnte. Für sie hat fast alles, was irgend jemand gewöhnlich tut, irgendeine religiöse Bedeutung.«

Nun würde man selbstverständlich gleich wieder in die schon bekannten Übersetzungsschwierigkeiten kommen, wenn man exakt beweisen wollte, daß alle Stammesgesellschaften allen kulturell festgelegten menschlichen Handlungen eine religiöse Bedeutung beilegen, das heißt, man müßte sich über die Definition von Begriffen einigen, deren Wesen es ist, daß sie von verschiedenen kulturellen Gemeinschaften *verschieden* definiert werden. Darum ist die Vorstellung, die auf Emile Durkheim, den Vater der Religionssoziologie und Religionsethnologie, zurückgeht, weiterhin brauchbar zur Kennzeichnung einer anderen Art von Weltbetrachtung: Da ist alles Religion! Recht und Gesetz, Kunst, das Verständnis der Umwelt, die festen Beziehungen zu den Mitmenschen, das Heilen der Kranken und das Bestatten der Toten, alles, was durch Sitte und Tradition, durch die Kultur geregelt ist. All das ist heilig. All das ist nicht *nur* menschlich. All das verbindet den Menschen mit etwas, das mächtiger ist als er selbst – mit dem kollektiven Konsens.

Wenn wir versuchen wollen, die Welt mit den Augen von Indianern – oder unseren fernen Vorfahren – zu sehen, so müssen wir einige Denkgewohnheiten fallenlassen.

Das heilende Gelächter

Ein Beispiel für die zwischen Indianern und Weißen bestehenden Verständigungsschwierigkeiten sind die Clowns bei indianischen Zeremonien (Abb. 9). Auch ihre wilden Späße haben eine religiöse Funktion. Doch für uns sind heute »Religion« und groteske Komik unvereinbar – wir haben vergessen, daß auch in Europa Mysterienspiele ihre komischen Episoden hatten. Weiße Zuschauer, einschließlich mancher Ethnologen, sind deshalb vom Verhalten indianischer Clowns schockiert, und das Büro für indianische Angelegenheiten in Washington versuchte noch bis 1934 als »obszön« bezeichnete Späße durch Gefängnisstrafen zu unterdrücken. Es gab da einen besonderen »Kodex religiöser Verbrechen«, zu dem die Berichte von Missionaren, Verwaltungsbeamten und auch gastfreundlich aufgenommenen Ethnologen beigetragen hatten.

Als das Ärgste erschienen danach selbstverständlich die komischen Darstellungen des Geschlechtsaktes vor versammeltem Volk einschließlich der Kinder. Und das auch in den Pueblos von Arizona und Neu-Mexiko, deren ackerbautreibende Bewohner sonst als Muster eines zurückhaltenden, würdigen Benehmens gelten. In seinem Tagebuch von 1880 erzählt Adolph Bandelier[6] von einer Zeremonie im Cochiti-Pueblo:

»Sie (die Clowns) jagten sie, trugen sie zurück und legten sie mitten in der Plaza nieder. Dann vollzog einer den Koitus von hinten, während der andere das an ihrem Kopf tat. Natürlich war alles nur simuliert, da die Frau bekleidet war. Zugleich masturbierte der nackte Kerl ... abwechselnd mit einem schwarzen Lappen und mit seiner Hand. Alles lachte.«

Ein Jahrzehnt später sah Alexander Stephen[7] bei den Hopi, den Frömmsten der Frommen, einen simulierten Geschlechtsakt auf dem gerade feierlich aufgebauten Altar ausgeführt. Zwei Clowns, der eine als Frau kostümiert, beide mit gewaltigen, künstlichen Geschlechtsteilen versehen, unterhielten die Zuschauer mit »äußerster Derbheit«. Andere Ethnologen konnten das, was sie gesehen hatten, nur noch auf Lateinisch beschreiben.

Seit Sigmund Freud fällt es leicht, solche Darbietungen als das öffentliche Abreagieren unterdrückter Wünsche zu interpretieren. Doch weder sind die Pueblo-Indianer sexuell sonderlich unterdrückt, noch ist dieser Aspekt der Clownerien für sie so wichtig wie für die weißen Beobachter. Diese wurden von einer anderen häufigen Aktivität der Clowns allerdings *noch* mehr abgestoßen.

Besonders im Südwesten Nordamerikas demonstrieren die Clowns ihre Unabhängigkeit von den Sitten, Regeln und Hemmungen normaler Menschen unter anderem damit, daß sie allen möglichen Dreck und Exkremente essen, ohne daß ihnen übel wird. Zum Beispiel tranken die sieben Hopi-Clowns während des Tanzes zu Ehren der gehörnten Wasserschlange große Mengen abgestandenen, besonders scheußlich stinkenden Urins, streichelten nach jedem Schluck ihre Bäuche und riefen »Sehr süß!« Die Jicarilla-Apache-Clowns haben eine »Medizin« aus Hunde- und Kinderexkrementen, die ihnen gewaltige Kräfte verleiht. Stundenlang können sie tanzen, die Leute unterhalten und die Kranken heilen, aber nicht mit *ihrer*, sondern mit Medizinen für andere.

Wie ist es möglich, daß ein Apache-Medizinmann sagt: »Die Leute meinen, daß der Clown nichts bedeutet, daß er nur zum Spaß da ist. So ist das nicht. ... Die Leute, die diese Dinge verstehen, sagen, daß der Clown der mächtigste (der maskierten Tänzer) ist.«[8] Bei den Sioux und den Cheyenne wurden die Clowns durch die gewaltigste aller Visionen berufen, durch die Offenbarung der Donnergeister, deren Blicke die Blitze sind. Die Männer und Frauen, die so als »Heyoka« berufen wurden, mußten die Aufgabe annehmen und der Gesellschaft der Heyoka beitreten. Bei bestimmten Zeremonien waren sie dann »die Widersprüchler«, personifizierten die Widerspenstigkeit gegen alle Regeln der Menschen und Geister. Sie sagten »nein«, wenn sie »ja« meinten, kleideten sich in Fetzen, gingen rückwärts, setzten sich verkehrt herum aufs Pferd, standen Kopf und bauten ihre Hütte verkehrt herum, während die Leute zusahen und lachten.

Aber die Unabhängigkeit der Clowns von Regeln und von Furcht vor Tabuverletzung macht vor den heiligsten Dingen nicht halt. Bei einem Stamm begleiten Clowns den Medizinmann, äffen ihn nach und machen alles lächerlich, was er tut. Anderswo ist es der Anführer der zeremoniellen Tänze, dem der Clown seinen lachhaften Kontrapunkt entgegensetzt. Bei den Navajo enthüllt der Clown in scheinbarer Ungeschicklichkeit die Tricks der Medizinmänner. Es ist, als ob neben dem Priester, der die heilige Kommunion austeilt, ein zerlumpter Kerl stünde, der sich am Meßwein betrinkt. Kein Teufel oder Satansanbeter, sondern ein Berufener, mindestens so heilig wie der Priester, und ebenso im Dienste der höchsten Wahrheit: die Zeremonie ist nur ein Symbol für die Kraft, die unsichtbar bleibt.

In ihrem kurzen, wichtigen Aufsatz »The Clown's Way« (1975) versucht Barbara Tedlock Nicht-Indianern zu vermitteln, was der Clown für indianische Teilnehmer an den Zeremonien bedeutet. Sie argumentiert nicht gegen die Ethnologen-Kollegen, die eine psychoanalytische Erklärung vorziehen, wie zum Beispiel Anthony F. C. Wallace in seinem Buch über die Seneca. Die Besitzer von Masken, die bei den Seneca »Falsche Gesichter« oder einfach »Gesichter« genannt wurden, spielten die Clown-Rolle. Sie bettelten und stahlen Tabak und Eßbares, tobten wie ungezogene Kinder, krochen am Boden herum und gurgelten wie Säuglinge, während sie zugleich die Kraft besaßen, Kranke zu heilen, Stürme abzuwenden, Hexen zu vertreiben und die ganze Gemeinschaft zu beschützen. »Als Maskierter konnte der Seneca die eingebildete Allmacht der Kindheit wiedergewinnen, das Unmögliche mit Leichtigkeit vollbringen und das Kindische ungestraft tun, sogar unter dem Beifall der Zuschauer.« Deshalb, so glaubt Anthony Wallace[9], »muß man sich eigentlich nicht darüber wundern, daß die Seneca-Männer und -Frauen, die normalerweise so reserviert, so selbstgenügsam, so abgehärtet und unabhängig waren, manchmal von dem unwiderstehlichen und furchterregenden Trieb ergriffen wurden, wie ›die Gesichter‹ zu sein ...« (Abb. 3)

Die Möglichkeit, sich von Zeit zu Zeit von psychischem Druck zu befreien, spielt für die Darsteller der Clowns wohl eine wichtige Rolle, aber wichtiger dürfte ihre von Barbara Tedlock beschriebene *soziale* Funktion sein. In manchen Stämmen können religiöse Zeremonien überhaupt nicht beginnen, ehe nicht alle Teilnehmer gelacht haben. Das Lachen öffnet die Menschen, es vertreibt die Gedanken an die alltäglichen Sorgen, es reinigt und erschüttert das Gemüt, so daß es für die folgende heilige Handlung bereit ist. Auch zur Heilung von Kranken verwenden die Clowns diese Technik: Schock, Erschütterung, Reinigung von eingenisteten Ängsten, Öffnung durch Lachen, Offenheit für neue Eindrücke.

»Wie Zen-Buddhismus«, schreibt Barbara Tedlock, »hat die Religion amerikanischer Indianer einen Platz für Gelächter, die Art von Gelächter, die eine plötzliche Öffnung oder Bewegung des Universums mit sich bringt.« Geistige Barrieren werden niedergerissen, Verstehen bricht wie eine Flutwelle herein, und dann ist Licht. Die heilige Kraft, welche die Zeremonie beschwören will, ist gegenwärtig.

»Ein Platz für Gelächter« ist nicht nur in den Zeremonien der Indianer, sondern auch in ihren Mythen und Legenden. Da wird die Rolle des Clowns meist von einem Tier übernommen. Im Norden vor allem vom Raben, der auch in Sibirien für seine Streiche berühmt ist. Weiter südlich ist es der Coyote, der Trickster, der Trickreiche.

Coyote-Geschichten

Bei den Indianern im Westen und Südwesten Nordamerikas ist es der Coyote, der kleine, schlaue, einzelgängerische Präriewolf, der Held unzähliger Geschichten ist, ernster und unernster (Abb. 11).

Silberfuchs und Coyote wanderten im Nebel, und nachdem sie sich getroffen hatten, machten sie die Welt mit Gesang und Tanz. Oder vielleicht war die Welt auch schon da, und Coyote machte die Leute: Bären, Antilopen, Falken, Flöhe, Schildkröten, Stachelschweine, Salamander, Lachse, Eichhörnchen, ja und auch Menschen, Indianer und andere. Oder vielleicht verbrannte das Wiesel, als es vom Falken gestohlen wurde, aus Wut die Welt und Coyote mußte Regen machen, bis die Welt eine traurige Schlammwüste war und ganz leer. Da machte Coyote dann verschiedene Menschen, aber nachdem er sie gemacht hatte zog er fort nach Westen, fort übers Meer, wo die Sonne untergeht, und wo auch die Menschen hingehen, wenn sie sterben.

Solche Geschichten erzählten die alten Indianer der kalifornischen und anderer westlicher Stämme. Lange Geschichten mit vielen Details, mit vielen Wiederholungen. Es gab Variationen von Stamm zu Stamm, von Lager zu Lager, aber jeder Erzähler blieb bei seiner Form der Geschichte, die er von seinem Großvater gehört hatte. Warum sagte Coyote das? Warum tat Bär jenes? Schsch ... Kinder fragen immer »warum?«. So hat Großvater die Geschichte erzählt, so ist sie immer erzählt worden! Willst du eine Geschichte hören, wie Coyote, der Trickreiche, sich selber austrickste?

Auf seinen Wanderungen kam Coyote an einen See und sah am gegenüberliegenden Ufer die Häuptlingstocher und ihre Freundinnen baden. Er nahm seinen Penis, legte ihn ins Wasser und sagte: »Nun, Brüderlein, sieh zu, daß du die Häuptlingstochter erwischst, aber laß die anderen Mädchen in Ruhe!« Der Penis schwamm schnell wie ein Aal über den See. Als die Mädchen ihn kommen sahen, eilten sie zum Ufer, aber die Häuptlingstochter war nicht schnell genug. Nun versuchten die anderen, ihr zu helfen und Coyotes Glied aus ihr herauszuziehen, aber das steckte fest. Man holte die stärksten Männer des Lagers, aber die konnten auch nicht helfen. Schließlich hinkte die weise alte Frau herbei, die sofort Coyote erkannte. Sie nahm einen langen Dorn und stach auf den Penis ein, wobei sie rief: »Zieh ihn raus, Trickster!« Und plötzlich riß sich der Penis los, während man am anderen Seeufer den Trickreichen gleichzeitig vor Schmerz heulen und lachen hören konnte.

Der Trickreiche hat nicht immer die Gestalt des Coyoten, aber er hat immer Schwierigkeiten mit seinen plötzlichen Impulsen, seinem gierigen Hunger, seinen Eingeweiden, seinem allzu selbständigen Glied. Einmal steckte er es leichtsinnigerweise in einen hohlen Baum und als er es zurückzog, war da nur noch ein kurzer Stummel. Coyote hackte den Baumstamm auf und fand einen Chipmunk, ein gestreiftes Eichhörnchen, das mit seinen scharfen kleinen Zähnen das Glied in Stücke biß. Coyote gab ihm eins über den Kopf und dann verteilte er die nutzlosen Stücke seines Gliedes über die Erde als Kartoffeln, Rüben, Artischocken, Reis, Bohnen und Wasserlilien, damit die Leute sie essen konnten. So begründete er den Gartenbau, wenn auch nicht mit Vorbedacht.

Coyote tut oft zufällig, nebenbei oder aus Versehen etwas Gutes. Er war es, der den Indianern das Feuer brachte, das er von den Feuer-Leuten gestohlen hatte. Aber Verlaß ist auf ihn nur insoweit, als er unendlich wandlungsfähig, nicht vorhersehbar und völlig amoralisch ist. Er ist nicht gut, er ist nicht böse, obwohl die Folgen seiner Handlungen für die Leute, für Menschen und Tiere, mal gut und mal schlimm sind. Man kann keine Verträge, keinen Handel mit ihm machen, Versprechen gelten ihm nichts. Er wandert allein und wenn er einmal Gesellschaft sucht, so muß man gut aufpassen, daß er seine Gastgeber nicht betrügt und lachend verschwindet.

Befriedigend sind die Geschichten, in denen der Trickreiche in die Grube fällt, die er sich selber gegraben hat. Lehrreich sind die Geschichten, die von Coyotes Gaunereien berichten – auf dieser Welt muß man vorsichtig sein! Tröstlich sind die Geschichten, in denen Coyote, ohne es zu wollen, den Leuten hilft – die Welt ist doch mehr gut als schlecht!

Das etwa ist es, was die Coyote-Geschichten lehren, die langen, verschlungenen Erzählungen voller Tiere und Menschen, die auf gleicher Ebene miteinander verkehren, umgeben von anderen Lebewesen, Pflanzen, Wasser, Erde, Luft, Wind und Regen, Sonne, Mond und Sterne: alles was lebt, gehört zusammen. Ein Schöpfergeist schwebt irgendwo fern, aber auf dieser Erde gibt es keinen »Herrn der Erde«. So kann wohl auch nichts ganz schlecht sein und nichts ganz gut. Die Erzählungen erklären nichts, sie wiederholen nur, was der Großvater und der Großvater des Großvaters und sein Großvater erzählten. Aber wer sie in sich aufgenommen hat, sein Leben lang, der *weiß*.

In den Schulen der Weißen verlernen junge Indianer, den Geschichten zuzuhören. J. Barre Toelken [10] saß einmal bei einem alten Navajo und einem Schuljungen, der wissen wollte, woher der Schnee kommt. Der Alte erzählte eine lange Geschichte von einem Ahnen und seinen Verhandlungen mit Geistern, die endlich versprachen, jedes Jahr die Asche von ihrem himmlischen Herd ins Montezuma Canyon zu werfen und nun ihr Versprechen auch einhalten – mehr oder minder gut. »Aber«, sagte der Junge, »es schneit doch auch in Blanding. Wie kommt das?« »Ja«, sagte der alte Mann, »das weiß ich nicht. Dazu mußt du dir eine eigene Geschichte ausdenken!« Er war betrübt, daß der Junge nicht verstand, wovon die Geschichte handelte: von den richtigen gegenseitigen Beziehungen zwischen Menschen und allem Lebendigen. Aber er machte keinen Versuch, es dem Jungen zu erklären. Denn wer nicht schauen kann und zuhören und warten, der erlebt nichts und versteht auch nichts. Die Antworten auf unsere Fragen müssen aus der eigenen Erfahrung kommen. Sagen die Indianer.

Gibt es eine Evolution der Religion?

Konnte man Menschen, die mit Geistern Verträge über den regelmäßigen Schneefall schlossen und erzählten, Großvater Coyote habe Menschen gemacht oder auch Früchte, den christlichen Glauben mitteilen? Waren das überhaupt Menschen? Nicht wenige gute puritanische Christen hielten sie für leibhaftige Teufel und handelten entsprechend. Aber diejenigen, die Indianern den Ehrentitel »Menschen« zugestehen wollten, waren doch sicher, daß alle diese Geister schlimmstes Heidentum darstellten. Manitu, Wakan Tanka oder Erdmacher erinnerten einen zwar manchmal fast an den *einen* und wahren Gott, aber wo blieb das Gefühl von Schuld und Sühne? Es schien nicht vorhanden zu sein. Diese Indianer waren nicht fähig, Satan und seine Werke zu erkennen, schon gar nicht in der Natur.

Nicht nur die christlichen Einwanderer und die Missionare dachten sich die Religionen hierarchisch geordnet und das Christentum als die in jeder Beziehung beste und letzte Wahrheit – abgesehen von einigen Meinungsverschiedenheiten, die sie untereinander hatten –, sondern auch die Ethnologen, die zuerst die Indianer wissenschaftlich studieren wollten, hielten an evolutionären Theorien fest. Paul Radin war einer von denen, die in den zwanziger Jahren vehement gegen diese Einstellung vorgingen, und zwar indem er die *individuellen* Unterschiede zwischen den Menschen aller Kulturen und Zeiten herausstellte.

Radin hat unter anderem mehrfach ein Thema aufgegriffen, das seit Ende des 19. Jahrhunderts diskutiert wurde: Ist der Monotheismus, den wir aus den Schriften des Alten Testaments übernommen haben, das Kennzeichen einer höheren, einer zivilisierten Religion, oder stand die Idee eines allmächtigen, einzigen Schöpfergottes vielmehr am Beginn der primitiven Religionen, gleichsam wie eine Erinnerung an die Schöpfung und das Paradies, die erst allmählich durch unzählige Gottheiten und Geister korrumpiert wurde? Der Missionar und Ethnologe Pater Wilhelm Schmidt und später der Engländer Andrew Lang vertraten eine Degenerationstheorie in einer Zeit allgemeinen Fortschrittsglaubens.

Radin[11] bietet nun eine ganz andere Erklärung für die fernen Schöpfergötter und sogenannten Hochgötter von Stammesgesellschaften an. Von indianischen Religionen sagt er: »Wir sehen also erstens die oberste Gottheit, Schöpfer aller Dinge, gütig und ethisch, nicht direkt ansprechbar und nur wenig an der einmal geschaffenen Welt interessiert, und zweitens den Verwandler, der die gegenwärtige Ordnung der Dinge eingerichtet hat, völlig unethisch, nur zufällig und unzuverlässig gütig, ansprechbar und sich auf eine sehr menschliche Weise in die Angelegenheiten dieser Welt direkt einmischend.« Radin teilt die Vorstellungen von dem einen, unendlich heiligen Schöpfer und von dem Verwandler, der sich auch selber verwandelt und in viele Gottheiten und Geister teilt, verschiedenen menschlichen »Temperamenten« zu. Er meint, daß »der Idealist und der Materialist, der Träumer und der Realist, der Introspektive und der Nicht-Nachdenkliche« überall zu finden sind und ebenso »die verschiedenen religiösen Temperamente, die frommen, die gelegentlich frommen und die gleichgültigen.« Nach Radins Meinung sahen die Nachdenklichen, die Philosophen, Priester und Dichter, die Welt meist als ein einheitliches *Ganzes*, geschaffen von *einem* Gott, während die große Mehrheit die Welt hinnahm, so ungeordnet, wie sie den meisten Menschen begegnet, und über die Ursprünge und letzten Ursachen nicht nachdachte.

Radin, Mircea Eliade und auch andere glauben, daß manche Ideen und Begriffe für den Menschen letztlich unveränderbar und endgültig sind, daß es spontane religiöse Erlebnisse gibt – ein Innewerden und Gewißwerden –, die vom geschichtlichen Kontext unabhängig sind, die den Menschen aller Orte und Zeiten offenstehen, oder doch den besonders begabten Menschen. Es ist aber nicht zu übersehen, daß manche Kulturen zu bestimmten Zeiten solche Begabungen fördern und andere sie hindern, daß Kulturen den religiösen Erlebnissen manchmal große, manchmal geringe Bedeutung beimessen.

Bis vor relativ kurzer Zeit waren wir sicher, daß Säkularisierung und Rationalisierung der Welt unaufhaltsam fortschreiten würden. Heute melden viele Leute Zweifel an, sowohl an der Tatsache an sich wie auch daran, ob diese Entwicklung so wünschenswert wäre. In dem entstandenen Durcheinander von Argumenten ist Radins Mahnung wichtig, die individuellen Unterschiede innerhalb eines kulturellen Kontextes zu bedenken. Auch was die Experten – Schamanen, Priester und so weiter – sagen und was das Volk glaubt, ist nicht dasselbe.

Eine psychologische Erklärung reicht nie aus, um die Vielfalt dessen, was »Religion« genannt wird, zu erhellen. Im Vorwort zu dem von ihnen herausgegebenen Buch »Teachings from the American Earth« sprechen Dennis und Barbare Tedlock[12] von der für Indianer zentralen Bedeutung einer unmittelbaren Erfahrung dessen, was sich mit Worten nur ungenügend wiedergeben läßt und was die Hopi deshalb *'a'ne himu*, das »mächtige Etwas« nennen. Dieses zu erfahren ist, so meinen die Tedlocks, für Indianer nicht einfacher als für uns, sie sind nicht »der Natur näher« und deshalb vielleicht offener für mystische Erlebnisse. Vielmehr wenden sie strenge asketische Methoden an, reinigen Körper und Geist durch Fasten, Schwitzbäder, Konzentrationsübungen und machen sich klein vor allen anderen Wesen, »sogar vor der kleinsten Ameise«. Sie wissen, daß die Reise »an den Rand des tiefen Canyon« führt, oder wie der Medizinmann Lame Deer sagt: »Du steigst auf den Berg, um zu sterben.« Die Vereinigung mit dem »mächtigen Etwas«, die Aufgabe des Ich – das, was die Mystiker aller Religionen zu beschreiben versuchen. Aber in unserer Kultur ist das ein seltenes, ungewöhnliches, anomales Erlebnis, das wenige spontan erfahren und ganz wenige bewußt suchen. Bei den Indianern war es bis vor hundert Jahren das, was *jeder* junge Mann erstrebte, und es ist heute noch nicht vergessen.

Der Unterschied liegt nicht in der Psychologie von Individuen oder einer »kulturellen Entwicklungsstufe«, oder den Produktionsmethoden, er liegt darin, daß wir eine Offenbarungsreligion haben (oder in ihrer Tradition leben) und die Indianer eine Erlebnisreligion. Ein Mitglied der »Eingeborenen Amerikanischen Kirche«, die eine aus christlichen und indianischen Elementen gemischte Religion hat und als Sakrament den halluzinogenen Peyote-Kaktus ißt, faßte den Gegensatz prägnant: »Ihr Weißen redet *über* Jesus, wir reden *zu* Jesus!« Warum sollen sie zufrieden sein mit einer Offenbarung des Göttlichen, die vor zweitausend Jahren geschah, wenn sie heute möglich ist?

Die Tatsache, daß das Christentum eine missionierende Offenbarungsreligion ist und »eine Religion des Buches«, hat noch viele andere

Folgen, und von einer wird gleich die Rede sein, nämlich vom Denken in der Zeitdimension. Aber ich möchte hier noch einen bemerkenswerten Unterschied zwischen indianischem und christlich-jüdischem Mystizismus erwähnen, der bisher kaum oder gar nicht aufgefallen ist: Die beschreibenden Annäherungen an das Erlebnis gebrauchen ganz verschiedene Bilder und Begriffe.

Mindestens seit zweieinhalbtausend Jahren wird in der jüdisch-christlichen Tradition die Liebe zwischen Mann und Frau als Symbol für die Vereinigung der menschlichen Seele mit Gott weitergereicht. Damals beschrieb der Prophet Hosea, den Gott Israels, Jaweh, als das männliche Prinzip und das Volk als seine oft treulose Braut. Im dritten Kapitel stellt Hosea dar, wie Gottes Langmut endlich sein Volk wiedergewinnen wird, und beginnt diese Prophezeiung so:

»Und der Herr sprach zu mir: Gehe noch einmal hin und buhle um ein buhlerisches und ehebrecherisches Weib, wie denn der Herr um die Kinder Israel buhlt, und sie doch sich zu fremden Göttern kehren und buhlen um eine Kanne Wein.«

Hosea lebte in der Zeit, wo die Stellung Jawehs als einziger Gott noch keineswegs gefestigt war. Das treulose, ehebrecherische Weib erschien dem Propheten offenbar als das Schlimmste, mit dem er die wankelmütigen Israeliten vergleichen konnte, eine treu ergebene Frau aber als das geeignetste Sinnbild für den gläubigen Verehrer Jawehs. Und diese Symbolik besaß solche Kraft, daß sie immer weiter wiederholt wurde und die Versuche, das Nicht-Sagbare zu sagen, prägte. Für die christlichen Kirchenväter war der leidenschaftliche Liebhaber des Salomon zugeschriebenen Hohen Liedes nicht mehr Jaweh, sondern Christus, und seine Geliebte war die Kirche oder jede christliche Seele. In der mittelalterlichen Mystik, im protestantischen Pietismus gab es neue Höhepunkte der erotischen Symbolik für das Gott-Seele-Verhältnis. Wenn die heilige Teresa von Avila über ihre Ekstasen sagt: »Es ist wie auf Erden zwischen zwei Personen, die einander sehr liebhaben«, oder ihr Freund, der Mönch Juan de la Cruz die mystische Hochzeit der Seele mit Gott als leidenschaftliche Wonne beschreibt: »Und ich gab mich ihm hin, hielt nichts zurück. Da versprach ich, seine Braut zu sein!«, dann stehen sie in einer sehr alten Tradition.

Nach Freud können wir die Äußerungen von Nonnen und Mönchen des 16. Jahrhunderts oder von ihren derberen Vorläufern, auch die Gedichte des Angelus Silesius, der 1657 einem Buch den Titel gab:

»Heilige Seelen-Lust oder geistliche Hirtenlieder der in ihren Jesum verliebten Psyche«, kaum anders lesen denn als Symptome einer asketisch unterdrückten Sexualität, die sich explosiv durchsetzt. Doch ist diese Sicht wohl zu eng. Die erotische Symbolik war vorgegeben. Sie prägte nicht nur die Worte, die »das Unsagbare« doch sagen sollten, sondern auch die Worte und Bilder, in denen die mystisch Ergriffenen *dachten*, in denen sie sich selber ihr Erlebnis bewußt machten. Wie sie dieses Erlebnis in Worte übersetzt hätten, wenn sie in einer anderen Kultur aufgewachsen wären, ob sie solche Erlebnisse dann überhaupt gehabt hätten, das können wir nicht wissen. Man könnte aber Vergleiche anstellen.

Vergleiche erstens mit anderen Religionen, in denen mystische Visionen bekannt und beschrieben sind, in denen es aber keine Sexualfeindlichkeit gibt wie im Christentum. Geschlechtliche Liebe als Metapher für menschlich-göttliche Liebe ist verbreitet, unter anderem in Indien und China.

Zweitens aber Vergleiche mit Religionen, in denen der Mystizismus andere Worte und Bilder findet – zum Beispiel indianische Religionen. Solche Vergleiche systematisch durchzuführen, wäre eine Arbeit von Jahren, doch läßt sich sagen, daß sexuelle Unterdrückung sicher nicht die *einzige* Quelle von Visionen der Vereinigung mit etwas Göttlichem oder dem Kosmos ist. Askese bedeutet nicht immer vornehmlich *sexuelle* Askese.

In der mit vielen Einzelheiten ausführlich aufgezeichneten Geschichte des Sioux-Medizinmannes Black Elk wie auch in denen anderer indianischer Frauen und Männer fehlt die erotische Symbolik völlig. Dafür versucht der Seher, die Nähe zu dem Geschauten durch die Terminologie der *Blutsverwandtschaft* auszudrücken. Der Suchende, so sagt Black Elk, »muß wissen, daß alle Dinge unsere Verwandten sind«, und so nennt er Tiere, Bäume, Erde, Sonne, Felsen oder einen Klumpen Salz mit den Namen, die er auch geachteten Verwandten gibt. Vielleicht kommen Indianer auf der Visionssuche dem Gesuchten noch näher als die mystischen »Hochzeiter«, denn sie können sagen: »Ich *wurde* ein Adler«, »Ich *werde* der Geist der Erde«, »Ich *bin* mein Urgroßvater«.

Der Verlust des Ich-Bewußtseins oder – positiv ausgedrückt – der Gewinn eines unermeßlich erweiterten Bewußtseins, ein Aufgehen in einer größeren Einheit, ist vielleicht für alle Menschen, die dazu fähig sind, immer dasselbe. Sicher *nicht* gleich ist, in welchem Maß eine Kultur die Entwicklung solcher Fähigkeiten stützt und belohnt. *Nicht* gleich ist, in welche Bilder und Worte die Erlebnisse gekleidet und anderen Menschen mitgeteilt werden. *Nicht* gleich ist, was andere Menschen deshalb erwarten oder fürchten, was sie für gut, schlecht oder für verrückt halten. *Nicht* gleich ist deshalb auch, wie viele Menschen einer kulturellen Gemeinschaft irgendwelche Erfahrungen mit dem Außergewöhnlichen machen, zugeben, suchen, vermeiden.

Gibt es also eine Evolution der Religion? Sicher keine linear fortschreitende, zielgerichtete Entwicklung im ganzen, wenn wir uns auf eine vergleichende Analyse der feststellbaren Tatsachen stützen. Als Akt des Glaubens an die Überlegenheit der eigenen Religion sind allerdings hierarchische Wertungen anderer Religionen immer möglich.

Die indianischen Religionen haben etwas, das viele Menschen bei uns heute wieder angestrengt suchen: die »doppelte Vision«, von der ein Visionär wie William Blake sprach, das Bemühen um rationales *und* intuitives Verstehen, das auf Ziele *und* das auf Bedeutung hin orientierte Denken und wie sonst noch die Begriffspaare lauten, mit denen ausgedrückt werden soll, daß Rationalität nicht den Verzicht auf andere Erfahrungsmöglichkeiten verlangt.

Zeit, Raum und Umwelt

All die Unterschiede zwischen indianischen Religionen und unserer Weltsicht, die genannt wurden – die Allgegenwart von Religion im Alltag, die Rolle der Clowns und der Coyote-Geschichten, das Insistieren auf eigener Erfahrung und auf nichtrationaler Erkenntnis –, können als Herausforderungen verstanden werden. Aber am unmittelbarsten betrifft uns heute die indianische Beziehung zur Umwelt.

Barre Toelken[13] erzählt ein Beispiel: »Die Pueblo-Indianer sagen, daß im Frühjahr Mutter Erde schwanger sei. Deshalb wäre es ganz gegen die Ordnung der Dinge, mit stählernen Pflügen tiefe Furchen in die Felder zu reißen. In manchen Gegenden nehmen die Leute im Frühjahr sogar noch die Hufeisen der Pferde ab und die Hacken von ihren eigenen Stiefeln. Ich fragte einmal einen Hopi: ›Wenn ich nun den Erdboden mit meinen Füßen treten und stoßen würde, würde ich dann alles kaputtmachen? Würde dann nichts mehr wachsen?‹ Der

Hopi antwortete: ›Ich weiß nicht, ob das passieren würde, aber du würdest deutlich zeigen, was für eine Sorte Mensch du bist!‹«

In seinem Buch »God is Red« schreibt Vine Deloria [14] vom Verhältnis der Indianer zu ihrem Land: »Indianer betrachten ihr Land – das heißt den *Raum* – als das Bedeutungsvollste in ihrem Dasein und alle Erklärungen werden von diesem Bezugspunkt aus gegeben.« Für die weißen Einwanderer aber erschien das Denken in der Zeit natürlich. Sie kamen ja mit der Hoffnung, für sich und ihre Kinder ein neues, besseres Leben zu beginnen, wenn nicht sogar mit der Verheißung eines neuen Jerusalem und des Gottesstaates. Mit sich trugen sie die sechzehnhundert Jahre alte Offenbarung, auf der ihre Religion und ihre Hoffnung begründet waren und ebenso der Zivilisationsauftrag, an den sie glaubten. Sie sollten und wollten das neue Land entwickeln. Dazu nahmen sie es den Indianern weg, die sagten: »Wie kann ein Mensch ein Stück unserer Mutter Erde einzäunen und in Besitz nehmen?« »Die Ansicht von Wilden!« meinten die Einwanderer, für die *Freiheit* und *eigener Grund und Boden* fast gleichbedeutend waren.

Nun, nach jahrhundertelangem An-einander-vorbei-reden, haben die verstädterten Nachkommen dieser Einwanderer *Umwelt* und *Umweltschutz*, *ökologisches Gleichgewicht*, *die Grenzen des Wachstums* und vieles mehr entdeckt. Nun sagen sie: »Die Indianer haben es schon immer gewußt! Wir wollen von ihnen lernen!« Aber Indianer, die das hören, sind skeptisch. Die Unterschiede gehen zu tief. Deloria [15] schreibt: »Zwei Aspekte der christlichen Schöpfungslehre betreffen uns heute direkt. Erstens: die natürliche Welt wird als verdorben betrachtet. Zweitens: der Mensch erhält die Herrschaft über den Rest der Schöpfung übertragen. Diese Vorstellung ist von den westlichen Völkern bei ihrer wirtschaftlichen Ausbeutung der Erde freudig benutzt worden. Wenn sie logisch zu Ende gedacht wird, so ist die Schöpfung bloßes Objekt, genau das Gegenteil von dem, was sie in den indianischen Religionen ist.«

Mehr als skeptisch äußert sich Deloria über Versuche christlicher Kirchen, eine andere Einstellung zur natürlichen Umwelt aus christlicher Verantwortung gegenüber Gottes Schöpfung abzuleiten. Der Mensch als *Verwalter* der Erde, so meint er sarkastisch, halte noch immer an seinem alten Hochmut fest, trotz des Desasters, das er angerichtet hat. Mit seiner Ansicht, daß sich biblische Tradition und indianische Weltanschauung nicht vereinen lassen, stimmt Deloria mit denjenigen deutschen evangelischen Christen überein, die vor dem Weltgebetstag der Frauen am 6. März 1981 gegen die von christlichen Indianerinnen gestaltete Gebetsordnung protestierten. Der »Mutter Erde« eine eigene Stimme zu geben, erschien als allzu synkretistisch. Logik und Theologie sprechen gegen eine Aufnahme indianischer Gedanken in eine biblisch geprägte Weltanschauung oder gar ins Christentum. Allerdings verwirklicht die Praxis manchmal das friedliche Nebeneinander von Unvereinbarem.

Und noch einmal die Zeitperspektive. Indianer-Religionen sind Stammesreligionen, und sie sind auf die *Erhaltung* der Stammesgemeinschaft abgestellt. Die Sitten des Stammes und die religiösen Pflichten sind identisch. Die Einheit alles Lebendigen wird verwirklicht in der Einheit des Stammes, in seiner Erhaltung. Das Leben ist statisch – kein Aufbruch in eine bessere Zukunft, bei dem man die historische Vergangenheit wie Ballast zurückläßt, sondern vielmehr ein Festhalten an den Traditionen, die ständige Wiederholung des Gleichen. Es kommt nur darauf an, das Gleichgewicht zu erhalten, die stets gefährdete Harmonie zu bewahren – wozu auch gehört, daß man, im Gegensatz zur biblischen Aufforderung: »Seid fruchtbar und mehret euch!« die eigene Zahl der Umwelt anpaßt.

Wie gefährdet die Harmonie stets ist, zeigt nicht zuletzt die Geschichte der Hopi, die als Muster einer kleinen, stabilen, traditionellen Gesellschaft gelten. Sie versuchen noch heute, »den Plan des Schöpfers zu erfüllen«, so, wie er ihnen überliefert wurde. Im »Buch der Hopi« hat Frank Waters auch die Fehlschläge aufgezeichnet, den historischen Massen-Brudermord und die mythischen Kämpfe zwischen Brüdern, die zeigen, warum die Welt immer wieder untergehen muß, um neu geschaffen zu werden. Auch die jetzige Welt wird bald untergehen, und nur diejenigen Hopi werden in der nächsten wieder auftauchen, die den alten Traditionen gemäß den Plan des Schöpfers erfüllen. Selbst sie wissen aber, daß auch die nächste Welt scheitern wird. Die Wiederholung des Gleichen – im Großen wie im Kleinen.

Wenn Gott ein Indianer ist, dann blickt er weder mit Liebe noch mit Zorn auf uns. Wenn Gott ein Indianer ist, dann sind wir auf uns selber angewiesen.

Wissenschaftler waren genauso überrascht wie die Öffentlichkeit der USA, als sich in den letzten Jahren eine neue Vitalität und Anziehungskraft indianischer Religionen nach Jahrhunderten der Mißachtung und Unterdrückung manifestierte. Nicht nur junge Indianer versuchen heute, zu den Stammestraditionen zurückzukehren – auch junge Weiße erhoffen sich von den Ureinwohnern des Landes Hilfe bei der Suche nach neuen Wegen. Das seltsame Phänomen der Indianer-Begeisterung in Deutschland würde eine besondere Untersuchung verdienen. Haben wir vielleicht die Prärie-Indianer als Ersatz-Urgroßväter adoptiert, weil uns die alten Germanen für diese Rolle nicht geeignet erscheinen, während in Frankreich, England und Irland die wiederentdeckten Kelten ihren Zauber entfalten? Wie dem auch sei: Indianer-Religionen wurden hier als *ein* Beispiel gewählt, um unsere Weltdeutung einer ganz anderen gegenüberzustellen.

Vergleichbare Auseinandersetzungen gab es zum Beispiel im Zusammenhang mit dem Papstbesuch in Afrika Anfang 1980. Damals wurden von gegensätzlichen Positionen aus diejenigen Grundzüge afrikanischer Stammesreligionen herausgearbeitet, die mit dem Katholizismus oder dem Christentum insgesamt vereinbar oder unvereinbar erscheinen. Die Anpassung der Kirche an traditionelle afrikanische Vorstellungen und die Grenzen solcher Anpassung wurden diskutiert, wie auch das ältere Thema der Folgen der Christianisierung in Afrika. Deutlich wurde, daß auch in dieser Region die kulturellen Einflüsse nicht mehr nur eine Richtung nehmen: zu der Herausforderung der westlich-christlichen Weltdeutung durch die anderen Hochreligionen ist die Herausforderung durch die Stammesreligionen getreten.

Diese ist am stärksten auf dem Gebiet, das der westlichen Zivilisation zur Zeit solche Schwierigkeiten macht: den Beziehungen der Menschen zur natürlichen Umwelt. Aber auch die große Unsicherheit gegenüber unseren eigenen, lange vernachlässigten Möglichkeiten nicht-rationaler Erfahrungen macht uns offen für das in Stammesgesellschaften bewahrte Wissen. Wie weit solche Entwicklungen gehen können, ehe sie mit unveränderlichen Grundordnungen unseres Weltbildes kollidieren, ist nicht vorauszusehen.

Offensichtlich, aber oft nicht erwähnt (zum Beispiel auch nicht von

Deloria) ist die Tatsache, daß heute etwa viertausendmal mehr Menschen auf der Erde leben als vor 40 000 Jahren, da unsere Art ihren Platz zwischen den Tieren und den Geistern zu bestimmen versuchte. Nur noch wenige große Tiere wandern im unsicheren Schutz von Reservaten. Ratten und Schaben aber haben sich mit den Menschen in ihren großen Städten eingerichtet. Und welche Geister haben sie vertrieben? Welche hausen unbemerkt mit uns? Welche werden wir hervorrufen?

Kapitel II

Wir, die wahren Menschen

Die Menschen haben es mit Geistern und Göttern zu tun, mit Mächten, die unsichtbar sind und stärker als sie selber, mit denen sie sich irgendwie arrangieren müssen. Und sie haben es mit den Tieren zu tun und anderen Lebewesen, denen sie sich – zumeist – überlegen fühlen können. Schließlich müssen sie sich mit anderen Menschen auseinandersetzen. Das macht ihnen die größten und die meisten Schwierigkeiten.

Woran man einen richtigen Menschen erkennt

Von Alaska bis Feuerland nennen sich die Stämme »die Menschen«, »die wahren, echten Menschen«, »die guten Menschen«. Ihr Eigenname ist »Enit« oder »Inuit«, das heißt »wahre Menschen«, aber ihre indianischen Nachbarn haben sie »Rohfleischesser« genannt, und die Bezeichnung »Eskimo« ist ihnen geblieben. »Scharanahua«, das heißt »gute Leute«, wollen Indios am Purus, einem Nebenfluß des Amazonas sein, doch ihre Nachbarn bezeichnen sie als »Pisinahua« und das heißt »stinkende Leute«. »Mohawk« heißt »Kannibalen«, mit diesem Namen belegten die im Bund der Irokesen zusammengeschlossenen indianischen Stämme der nordamerikanischen Ostküste ihren Verbündeten. Die Mohawk akzeptierten die Kennzeichnung, vielleicht nicht ohne trotzigen Stolz. Ein anderer indianischer Stamm nannte sich »die ersten Menschen«; es gibt »die Leute mit der echten Sprache«, auch die friedlichen, die starken, die hauptsächlichen Menschen. In anderen Erdteilen ist es ebenfalls nicht ungewöhnlich, den Namen »Mensch« allein für die eigene Gemeinschaft zu reklamieren.

Wer sind dann die anderen, die sich aufrecht auf zwei Beinen fortbewegen, eine Sprache – wenn auch die falsche! – sprechen, Sitten und Gebräuche – wenn auch die falschen! – beachten?

Nun, sie sind die Leute aus dem Norden, vom Gebirge, die Waldmenschen, die Kannibalen, die Hexer, die Stinkenden, die Dreckfresser, die Gelben, Schwarzen, Bleichgesichter, Ostmeer-Affen, Hundesöhne.

Wer anderen einen Namen gibt, kann zeigen, was er von ihnen hält. Wer anderen einen Namen gibt, hat Macht über sie, wenigstens in seinem eigenen Denken. Die Vorstellung einer geeinten Menschheit ist noch sehr neu, schwach verwurzelt, selten wirksam – eine von nur wenigen geträumte Wirklichkeit.

Wirklich sind für uns bis zu rund fünfhundert Menschen. So viele, sagen die Hirnforscher neuerdings, könnten wir als Individuen erkennen, im Gedächtnis behalten, somit als vertraut empfinden. Was darüber geht, ist Masse, die sich nicht mehr nach Individuen, sondern nur noch nach Kategorien unterscheiden läßt, nach Männern, Frauen oder Kindern, nach Menschen, die ihrer Kleidung, ihrem Gang oder ihrer Sprache nach eingeteilt werden und denen wir entsprechend begegnen. Sind uns die Kennzeichen solcher Kategorien nicht geläufig, sehen wir nur noch Masse. »Alle Chinesen schauen gleich aus!« So lange, bis wir lernen, die von den unseren verschiedenen Spuren des Alterns zu erkennen, den typischen Ausdruck von Intellektuellen, von Autoritätspersonen, von Freundlichen, Unfreundlichen und Ängstlichen, auch die unterschiedliche Qualität der Kleidung – lauter Dinge, die für Chinesen so auffällig sind wie für uns die entsprechenden Unterschiede bei unseren Landsleuten.

Seit sich – in den einzelnen Gruppen – die sozialen Konventionen über das »richtige« Aussehen von Studenten, Arbeitern, jungen Frauen, alten Frauen, Progressiven, Konservativen so rasch und so allgemein verändern wie in den letzten Jahrzehnten, ist uns bewußt geworden, daß es sich dabei um sozialen Konsens handelt. Das heißt, nicht um die von einer höheren Macht verordneten Regeln, sondern um Übereinkünfte von Menschen, die einerseits ihre Zusammengehörigkeit, andererseits ihre Abgrenzung gegenüber anderen Menschen deutlich machen wollen. Die Mittel, mit denen sie diese Absicht kundtun – lange Haare, Bärte, bunte Hemden, Miniröcke, modischer Perfektionismus, kleine Brillen, große Brillen – sind dabei nebensächlich,

1 David Alfaro Siqueiros (1896–1973) hat immer wieder die Leiden und den Stolz seines mexikanischen Volkes dargestellt. Dies Gemälde, das im New Yorker »Museum of Modern Art« hängt, nannte er ETHNOGRAPHIE, anklagend vielleicht – weil die Wissenschaftler nur die zeremonielle Maske beschreiben und nicht den geschundenen Landarbeiter –, aber zutreffend: seine Kulturtradition prägt das Individuum.

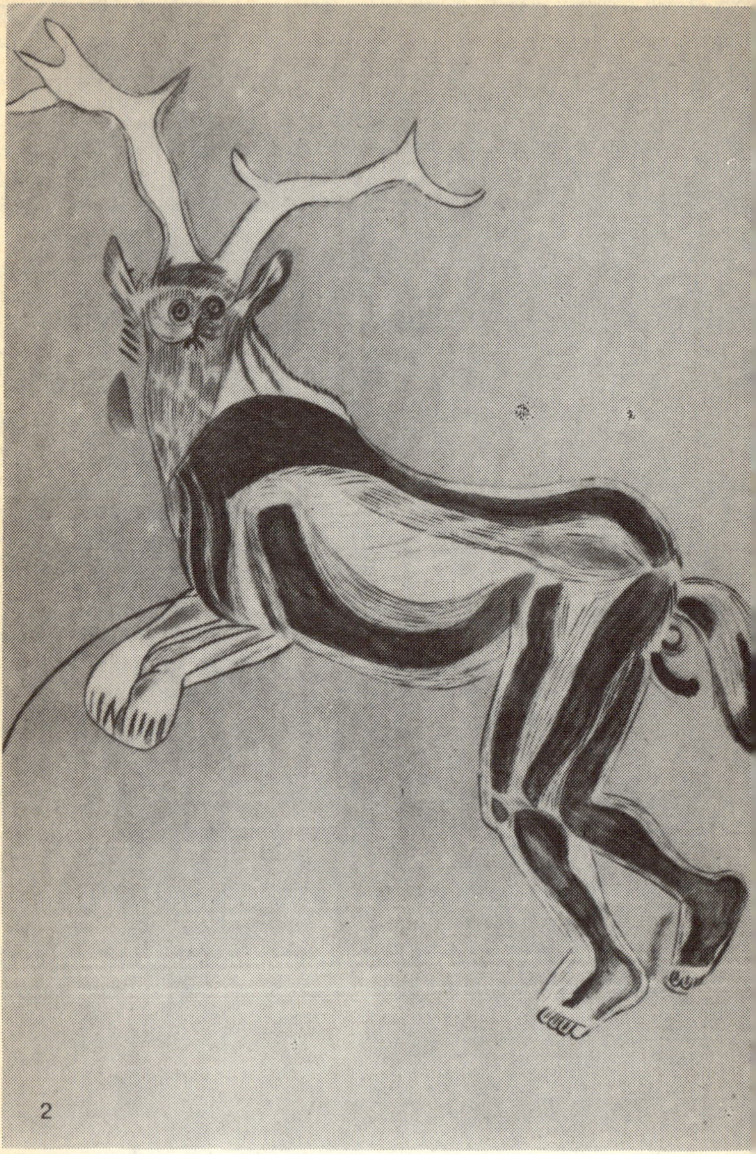

2 Er wird »der gehörnte Gott« oder »der Zauberer von Trois Frères« genannt, nach dem Ort in Südwestfrankreich, wo er während der Eiszeit (vor 35000 bis 10000 Jahren) 4 Meter hoch in der als »Sanktuarium« bezeichneten Höhle eingraviert wie auch mit schwarzer Farbe gemalt wurde, 75 cm groß. Das Selbstporträt eines Schamanen? H. Breuil kopierte das Bild des Geheimnisvollsten der Zunft (vgl. 20, 22, 26, 28, 29, 36).

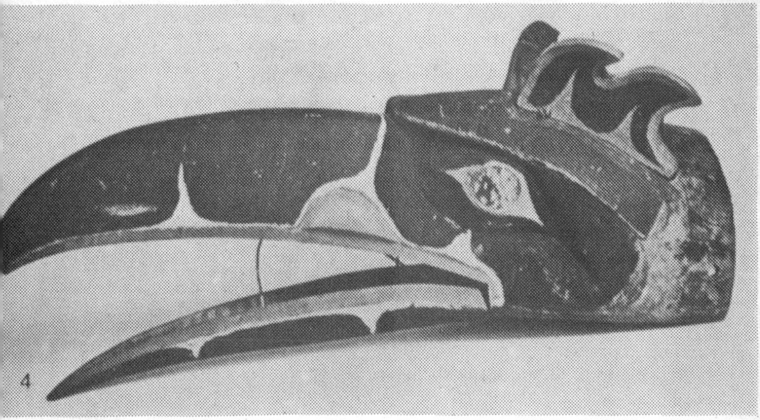

3 »Falsches Gesicht« des Wolf-Clans der Mohawk (Irokesenstamm, amerikanische Nordostküste). Ende des 18. Jhdts. war die Maske in der Obhut des großen Kriegers Joseph Brant, der nach dem Sieg der USA über England nach Kanada fliehen mußte.
4 Rabenmaske von der kanadischen Pazifikküste. Der Rabe ist in nördlichen Breiten ein bevorzugter Vertrauter von Schamanen und hilft ihnen zu weissagen.

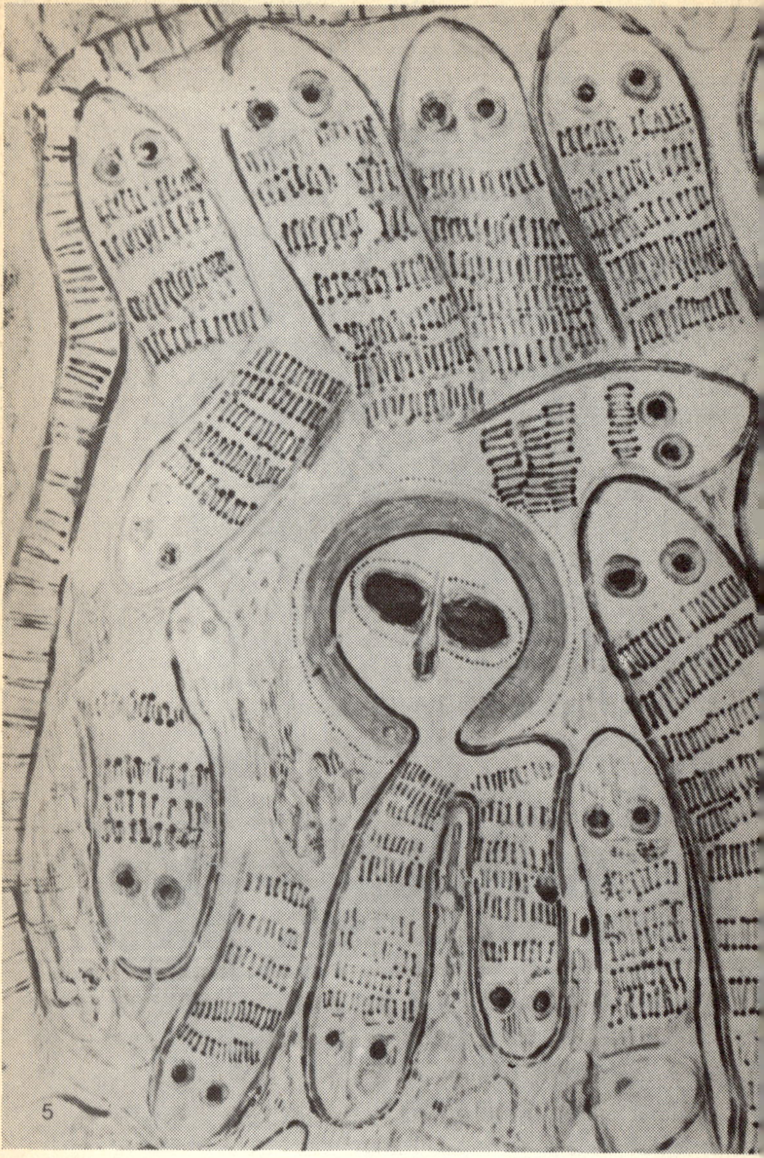

5 Als die Ahnen der australischen Ureinwohner die Erde verließen, blieben ihre Abbilder auf den Felsen zurück, an geschützten Stellen, wo sie immer wieder erneuert werden. Die schöpferischen und zerstörerischen Regenbogenschlangen und Wondschina sind charakteristisch für den Nordwesten Australiens. Die Farben (vgl. 21) sind roter und gelber Ocker, weißer Lehm und schwarze Holzkohle, die Farben der Urzeit.

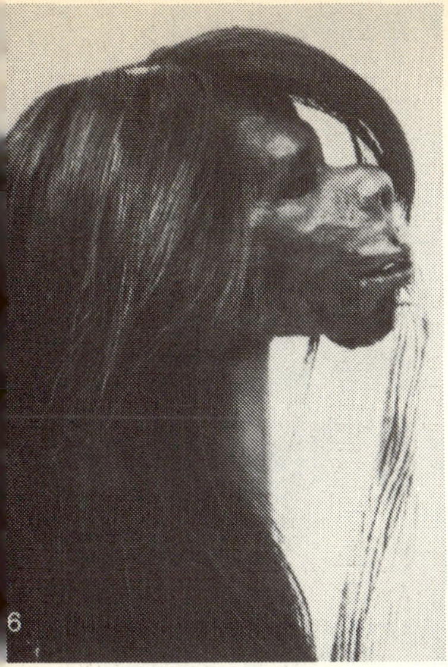

6, 7, 8 Bilder des Todes: Wenn die Jivaro-Indianer (Ekuador) einen Feind getötet hatten, mußte sein Kopf rasch eingeschrumpft werden, um die rächende Seele darin festzuhalten. Die Iatmul (Neuguinea) bewahrten nicht nur die Schädel getöteter Feinde, sondern auch die von besonders schönen Männern und Frauen auf. Das Tongefäß, eine Grabbeigabe aus Peru (1.–2. Jhdt.), könnte sagen wollen, daß die Liebe den Tod überdauert.

9 Zu den Zeremonien der Hopi (Arizona) kommen die »Katchina«, Maskentänzer als Ahnengeister. Dieser »Clown« ist die Spielzeug-Nachbildung des Kostüms.
10 Aztekische Totenmaske aus Türkis und Perlmutt, auf Gottähnlichkeit stilisiert.
11 Die Tonfigur des Coyote (Vera Cruz, Mexiko) porträtiert den »Trickster« indianischer Geschichten.

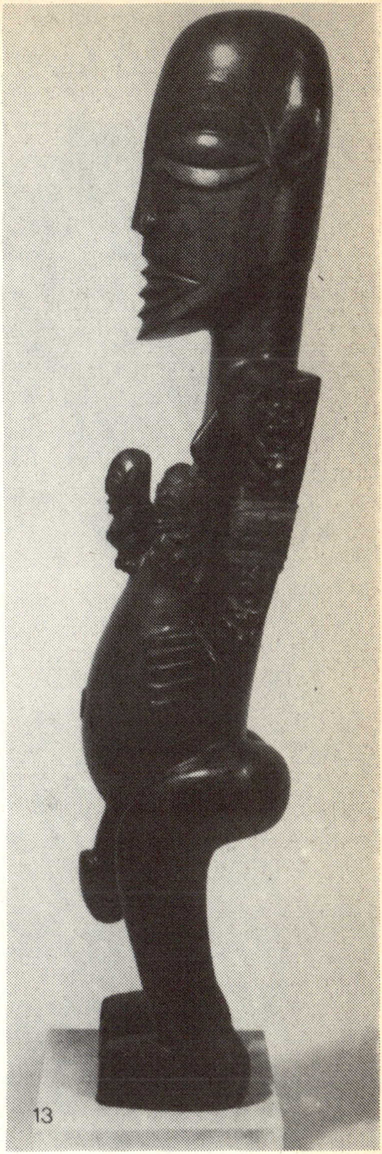

12 Mit Tätowierungen machten die Maori (Neuseeland) den eigenen Körper zum Kunstwerk, wie auch diese Wächterfigur zeigt. **13** »Rongo und seine drei Söhne« (Polynesien) repräsentiert das Thema »Vaterschaft«, die symbolische Aneignung der Gebärfähigkeit in Ritual und Mythos (vgl. 19). **14** Fasziniert von Jaguarmenschen waren die Olmeken. (Rituelles Beil, Mexiko, ca. 1000 v. Chr.)

15

16

15 Die Tanzmaske der Eskimo vom Yukon-Fluß, Alaska, heißt »Der Seehundjäger«: Der Geist hat den Seehund schon im Maul gefangen, so, wie es der Jäger erhofft.
16 Aus Kamerun (westl. Zentralafrika) stammt die wie ein Helm getragene Maske, die ein mythisches Tier darstellt. Der Tänzer führt das allen bekannte Drama vor, zur Bekräftigung traditioneller Wahrheiten, zur Belehrung der Jungen und zur Unterhaltung.

solange der Konsens über ihre Bedeutung besteht und sie ihre Funktion zu verbinden und abzugrenzen erfüllen. Der Konsens beschränkt sich auf die größere sozio-kulturelle Gemeinschaft, zu der diejenigen gehören, die ihre Verbundenheit und Sonderstellung hervorheben wollen – Jeans bedeuten im kapitalistischen Westen etwas anderes als im sozialistischen Osten, Sonnenbrillen bedeuten in New Yorks Harlem etwas anderes als an spanischen Badestränden oder in den Lokalen der jeunesse dorée von Schanghai. Und ihre wie immer geartete Bedeutung gilt nur für begrenzte Zeit. Wir Zivilisationsmenschen legen uns nicht langfristig, schon gar nicht lebenslang fest. Bei aller momentanen Begeisterung für den neuesten Kult ist uns doch bewußt, daß unser Idol »Wechsel« heißt und wir nur zu den Menschen, die zählen, gehören, wenn wir unsere Kennzeichen schnell genug ändern.

In Stammesgesellschaften steht die Zeit zwar nicht still, aber sie bewegt sich unvergleichlich viel langsamer als wir es gewohnt sind. Sie bewegt sich so langsam, daß die Menschen glauben, sie stünde still. Die Menschen halten es für ihre unausweichliche Aufgabe, das Leben ihrer Eltern und Großeltern zu reproduzieren, das Dasein möglichst genauso zu erhalten, wie es die wahren, die ersten, die guten Menschen gelebt haben – auch mit den Kennzeichen, die einen als dazugehörig ausweisen.

In seinem Brasilien-Buch »Traurige Tropen« berichtet Claude Lévi-Strauss von den raffinierten Gesichtsbemalungen der Caduveo. Der Jesuitenpater und Missionar Sanchez-Labrador hatte zwischen 1760 und 1770 bei den Indios am Paraguay-Fluß gelebt und die Malereien, die das Gesicht, manchmal auch den ganzen Körper mit feinen schwarzen Arabesken bedeckten, geschildert. Der Pater grübelte darüber nach, warum diese Leute Tage und Wochen mit solch unnützen Künsten vertaten, warum sie ihre Gesichter, die Gott ihnen gegeben hatte, unkenntlich machen wollten. Aber die Indios fragten die Missionare: »Warum seid ihr so dumm? Warum bemalt ihr euch nicht wie wir?« Sie verachteten diese Leute, die wie die Tiere mit nackten Gesichtern herumliefen, die nicht verstanden, daß ein Mensch seine Würde ausdrückt, indem er sich über die Natur erhebt. Und indem er deutlich macht, daß er ein Mensch ist, differenziert er zugleich sein Menschsein, identifiziert sich als Angehöriger einer bestimmten Art Mensch.

So bemalten sich die verschiedenen Kasten, die Männer und Frauen auf verschiedene Weise und mehr oder weniger. Zugleich war der Stil der Zeichnungen durch die Tradition festgelegt. Lévi-Strauss[1] fand, daß von den vierhundert Zeichnungen, die er im Jahre 1935 sammelte, keine zwei sich glichen, daß aber seine Sammlung einer im Jahre 1895 von dem italienischen Maler G. Boggiani angelegten wie auch einer anderen aus dem Jahre 1950 ganz ähnlich war. »So kam ich zu dem Schluß«, schreibt er, »daß das Repertoire dieser Künstler zwar ungeheuer groß, jedoch trotzdem von der Tradition festgelegt und also begrenzt ist.«

Im Sinne der strukturalistischen Methode, für die er berühmt ist, stellt Lévi-Strauss nun Bezüge her zwischen dem einmaligen und unverkennbaren Stil der Körperzeichnungen und den sozialen Gliederungen und Institutionen dieser Indios, wie sie zur Zeit der europäischen Eroberung gültig waren und überliefert sind. Er beschreibt die Doppelfunktion der Dekorationen: den Menschen über die Natur zu erheben und die soziale Plazierung des einzelnen Trägers dieser Menschenwürde mitzuteilen.

Ein richtiger Mensch unterscheidet sich also zugleich von den Tieren und von anderen Menschen. Daß dies durch Körperbemalung ebensogut möglich ist wie durch Kleidung, scheint dem Pater Sanchez-Labrador nicht aufgegangen zu sein. Zu sehr waren er und seine Missionsbrüder in allen Teilen der Welt in der Vorstellung befangen, zum Menschsein gehörten Über- und Unterkleidung, Kopfbedekkung und Schuhe, seit Gott Adam und Eva, als er sie aus dem Paradies verwies, mit Röcken aus Fellen kleidete. Aber ebensogut wie durch Kleider aus Fellen, Samt und Seide oder Jeansstoff können Menschen – dort, wo es warm genug ist – allein durch einen schmalen Gürtel und Schmuck, durch Blumen, Federn und Ketten aus Muscheln oder Tierzähnen, durch Bemalung, Tätowierung, Schmucknarben, durch teilweise oder vollständige Enthaarung, durch Abfeilen oder Färben der Zähne, durch Verstümmelungen, besonders der Geschlechtsteile, durch Deformierung des Schädels und Halses, der Ohren und Lippen kundtun: Ich bin ein richtiger Mensch, eingeweiht in die Geheimnisse des Stammes und meines Clans, und Identifikationsprobleme gibt es für mich nicht. Indios, die nichts weiter tragen als einen Penisköcher, bringen den doch beim Baden wieder in Ordnung, noch ehe sie ganz aus dem Wasser steigen und schauen geniert weg, wenn der weiße Gast sich ohne seine Kleidung trocknen läßt – wie ein Tier.

Den richtigen Menschen erkennt man daran, daß er weiß, was sich gehört. Das wissen alle richtigen Menschen.

Jäger und Gejagte

Für uns ist es ein relativ geringes Problem, uns als Menschen von den Tieren zu unterscheiden, auch wenn Wissenschaftler sich über einschlägige Details streiten. Was haben wir noch direkt mit Tieren zu tun, außer mit einigen Hunden, Katzen und Ziervögeln? Wir kaufen das Fleisch von Tieren, die wir fast nur von Bildern kennen, und wir kaufen es zerteilt, verpackt, kaum noch als Teil eines einst lebendigen Tieres erkennbar. Es gibt schon viele Leute, die eine Forelle mit Kopf und Schwanz auf ihrem Teller schaudern macht.

In unserer Kultur ist kaum mehr etwas lebendig von dem, was die Menschen Millionen von Jahren hindurch mit den Tieren verband – als Jäger und oft auch als Gejagte. Weder unser Urvater Adam noch seine Söhne waren Jäger. In der christlichen Tradition und der griechischen Philosophie, den Quellen unseres Weltbildes, spielen Jäger die Rolle von Barbaren oder Überlebenden aus wilder Urzeit. Nur als Sport und Vergnügen wird Jagd von zivilisierten Ackerbauern geduldet. Die lange Vergangenheit, in der Menschen davon lebten, daß sie Pflanzen sammelten und Tiere erlegten, war so gründlich verdrängt worden, daß die archäologischen Funde, die eine Vorgeschichte des Menschen von Zehntausenden, dann von Hunderttausenden, dann von Millionen von Jahren nachwiesen, erst einmal auf schieren Unglauben stießen.

Ob unsere frühen Vorfahren »Mörderaffen« waren, wie es die eine Denkschule[2] will, oder eher friedliche, kleine Wesen, die von Pflanzen, Insekten und Kleintieren lebten und von größeren Raubtieren gejagt wurden, oder ob sie, wie Louis S. B. Leakey meint und ausprobierte, sich mit den Hyänen Ostafrikas um von den Großkatzen übriggelassenes Aas rauften – in jedem Fall mußten sie in engstem Kontakt mit Tieren leben. Vor über einer Million Jahren begann homo erectus (noch nicht sapiens!) sich über die Erde zu verbreiten, sich gegen Säbelzahntiger, Höhlenbären, Mammute und andere große Säugetiere durchzusetzen, die unvergleichlich viel stärker waren als er. Aber er hatte Waffen aus Stein und Holz, und mindestens vor 750000 Jahren lernte er, mit Feuer umzugehen. Feuer, das ihn bei seinen Wanderungen nach Norden wärmte, mit dem er die Tiere aus den schützenden Höhlen vertreiben konnte, um selber einzuziehen, mit dem er ganze Herden von Großwild in Schluchten und Sümpfen in den Tod trieb, mit dem er sich beim Kampieren im Freien vor Raubtieren schützte, mit dem er zähe Fleisch- und Pflanzenteile weichkochen konnte.

Dies ist reine Spekulation, aber sollte diese Menschen nicht ein ungeheures Gefühl der Überlegenheit überkommen haben, wenn ein mächtiger Höhlenbär vor ihnen floh oder wenn sie ein riesiges Mammut getötet hatten und zerlegten? Und sollten die Menschen, die große gemeinsame Jagdunternehmen planen und ausführen konnten, nicht auch imstande gewesen sein, vorauszudenken, an mögliche Glücks- und Unglücksfälle, an Zusammenhänge zwischen dem, was sie den Tieren taten und was ihnen von den Tieren geschah, wenn sie nicht ständig wachsam waren? Die zwiespältige Einstellung des Jägers zu seiner Beute, die bis heute bei den Jäger- und Sammlervölkern und selbst bei Freizeitjägern überlebt hat – sollte sie nicht damals schon entstanden sein? (Abb. 22)

Umsonst wenden wir uns an die Wissenschaft, um zu erfahren, wann denn nun aus den verschiedenen Arten von Hominiden und Homo *der Mensch* wurde, der heute die Erde bevölkert, *ein sprechendes Kulturwesen*. Man kann eine allgemeine Tendenz in der Wissenschaft erkennen, diese Zeit immer weiter zurück in die Vergangenheit zu verlegen, wie auch mit jedem neuen Fund in Afrika oder China die Entwicklung eines selbständigen Primatentyps, der später unsere hominiden Vorfahren hervorbrachte, noch früher angesetzt wird. Ähnlich muß man sich die Evolution menschlicher Kulturen als einen ganz langsamen Prozeß ohne bestimmbaren Anfang vorstellen.

Kultur setzt Kommunikation zwischen den Menschen voraus. Deshalb wird gewöhnlich angenommen, daß menschliche Sprache und Kultur sich gleichzeitig und miteinander entwickelten. Ungewiß ist aber, welche Kulturformen welche Verständigungsformen voraussetzen, wann unter anderem aus einem Verständigungssystem von Lauten, Rufen und Gesten die menschliche Wortsprache wurde, die wiederum eine der Voraussetzungen für die heutige Vielfalt der Kulturen bildet. Die Wortsprache kombiniert Laute so, daß beliebig viele Worte gebildet werden können, denen spezifische Bedeutungen beigelegt werden, die sich nicht auf gerade sichtbare Gegenstände, Handlungen oder Gefühle beziehen, sondern auch auf vergangene und zukünftige Dinge, selbst auf spekulative Vorstellungen, wie zum Beispiel das Weiterleben der Seele nach dem Tode.

Die Beweisstücke für den Wandel von einer Verständigung durch *Laute*, *Rufe* und *Gesten* – wahrscheinlich gestützt durch mehr Aufmerksamkeit und Empfindsamkeit als wir heute füreinander aufbringen – zu einer Verständigung durch *Worte*, bestehen in einigen Schädelknochen. *Sprechen* im heutigen Sinne hat nämlich eine anatomische Voraussetzung: den Abstieg des Kehlkopfes, der beim heutigen Menschen gegen Ende des ersten Lebensjahres erfolgt – im Unterschied zu allen anderen Säugetieren –, aber beim Neandertaler vielleicht nicht stattfand. Die Meinungsverschiedenheiten der Anatomen und Physiologen werden sehr viel komplizierter gemacht durch Diskussionen über die nicht-anatomischen Voraussetzungen menschlichen Sprechens und über die Verflechtungen der einen mit den anderen. Unstrittig ist allerdings, daß in der relativ kurzen Zeitspanne vor 50000 und 40000 Jahren miteinander verbundene Entwicklungen stattfanden und daß von da an die *kulturelle* Evolution beim Menschen bestimmend wird. Kulturelle Gemeinschaften geben nun *erlernte* Fähigkeiten weiter, formen ihre kollektiven Erfahrungen zu Traditionen, passen ihre Lebensformen vielen verschiedenen Umweltbedingungen an – bis vor rund 12000 Jahren immer als Jäger und Sammler. Die Erdbevölkerung könnte zehn Millionen erreicht haben.

Die sorgfältige und respektvolle Beobachtung der Überlebensstrategien heute lebender Wildbeuter-Kulturen in Wüsten und Regenwäldern hat die notwendigerweise auf materielle Überreste konzentrierten Vorgeschichtsforschungen wesentlich ergänzt. Wir können uns heute ein sehr viel realistischeres Bild davon machen, wie die Menschen bis vor wenigen tausend Jahren gelebt haben, als das den großen Theoretikern der Menschheitsgeschichte im 19. Jahrhundert möglich war. Kein schlechtes Leben. In mancher Hinsicht ein besseres Leben als das unsere. Mehr Zeit vor allem. Doch ein Paradies war es nicht.

Eine zweifache Angst begleitet das Leben der Jäger: die aus Erfahrung geborene Angst, das Wild könnte verschwinden, wegwandern, von Krankheiten, Raubtieren oder auch anderen Menschen dezimiert oder vertrieben werden, und die aus dem Gefühl geborene Angst, daß wer tötet, auch getötet wird, daß wer jagt, auch gejagt wird. Davon sprechen die unzähligen Mythen und Geschichten, in denen der Jäger plötzlich zum Gejagten wird, wenn das Tier sich unerwartet zur Wehr setzt, seinen Verfolger in eine Falle führt oder sich umdreht und ihn mit menschlicher Stimme anspricht, oder sich in einen Menschen verwandelt, oder in einen gefährlichen Geist. Die Beute wird dem Jäger im letzten Moment entrissen. Der Augenblick des Triumphes ist auch der höchster Gefahr.

Die Scharanahua-Indios erzählten der Ethnologin Janet Siskind[3] eine Geschichte. Ein Mann hatte ein Paca (ein großes, im Wald lebendes Nagetier) geschossen, aber als er ihm nachging, fand er nur noch das Blut auf der Erde. Als er weiter ging, fand er einen Geist, der dabei war, sein Paca zu braten und schon die Leber verzehrte. Der Mann verlangte seinen Paca zurück, und als der Geist Ausflüchte machte, schüttete er ihm das heiße Wasser über und ging mit seinem Paca nach Hause trotz des Geschreis des wütenden Geistes. Aber einige Zeit später ging der Mann wieder in den Wald und der Geist wartete auf ihn. »Ich werde dir zeigen, wo es Genipa-Früchte (aus denen man Farbe zum Bemalen des Körpers gewinnt) gibt«, sagte der Geist und führte ihn tiefer und tiefer in den Wald. Als der Mann auf den Genipa-Baum geklettert war, kamen auf einmal all die Verwandten des Geistes und griffen den Mann an. Sie fällten den Baum und er mußte sich im Erdloch eines Armadillo verstecken. Aber als er schließlich wieder herauskroch, packten ihn die Geister und aßen ihn. Seine Verwandten fanden nur noch die sauber abgenagten Knochen.

In ihrem Kommentar betont Janet Siskind, daß die Scharanahua-Sprache keine Unterschiede zwischen den Körpern, Fleisch, Knochen und Organen von Menschen und Tieren macht, daß in den Mythen sich Tiere wie Menschen verhalten und sprechen und daß aus dieser anerkannten Ähnlichkeit zwischen Tieren und Menschen die Vorstellung folgt: So, wie die Menschen die Tiere jagen, so werden sie selber von den Geistern gejagt. »Wenn ich von einem neuen Tier oder Insekt hörte, lernte ich zu fragen: Essen wir es? Oder ißt es uns?« schreibt Janet Siskind.[4] »Man kann dem Gefühl nicht entkommen, daß man im Wald sowohl Gejagter wie Jäger ist, Beute sowohl wie Raubtier.«

Man »kann diesem Gefühl nicht entkommen«, weil es durch jede Warnung vor dem Weg in den Wald, durch jeden Erfahrungsaustausch, durch die Scharanahua-Version von Jägerlatein, durch Mythen und magische Praktiken immer neu bestätigt wird. Weil auf diese Weise erklärt wird, warum die Welt der Jäger so unberechenbar ist und so grausam.

Jagd- und Fruchtbarkeitszauber

In den Höhlenbildern im Südwesten Frankreichs und am spanischen Rand der Pyrenäen haben uns die Menschen, die dort vor etwa 30000 bis 12000 Jahren lebten, Dokumente ihrer Weltsicht hinterlassen. Allerdings haben wir Schwierigkeiten mit der Deutung.

Offenbar waren Tiere für diese Menschen überaus wichtig, denn sie malten und gravierten Tausende an Höhlenwände und -decken. Warum aber am häufigsten Bison und Pferd? Und andere, zum Beispiel Ren und Bergziege, die ihnen noch häufiger zur Nahrung dienten, relativ am Rande? Warum malten oder gravierten sie die Bilder immer wieder übereinander? Was bedeutet es, daß Darstellungen von Höhlenbären und Löwen in Ecken und Winkeln zu finden sind? Warum wurden etwa 5000 Jahre lang schwer zugängliche, versteckte, lichtlose Höhlen benutzt, vorher und nachher jedoch Höhlen mit etwas Tageslicht? Warum wurden zum Teil bewohnte und zum Teil unbewohnte Höhlen dekoriert? Was bedeutet es, wenn ein Mensch gezeigt wurde, wie er von Tieren verfolgt oder getötet wurde? Waren das Erinnerungen an tatsächliche Vorkommnisse, ein Zauber, um solche zu verhindern, oder Magie, die einem Feind dieses Schicksal zudachte?

Klar scheint, daß die Bilder sowohl dem Jagd- wie dem Fruchtbarkeitszauber dienten. Jagdszenen werden beschworen, in denen Tiere, von Speeren getroffen, sterbend zusammenbrechen. Es gibt auch Tierbilder, auf die man Speere geworfen hat, wie zur Einübung. Außerdem gibt es Darstellungen von Tieren bei der Paarung und von Mensch-Tier-Paarungen, die auf Fruchtbarkeitsmagie hinweisen, am deutlichsten das aus Lehm geformte Bisonpaar, um das rundherum tanzende Menschen ihre Fußspuren hinterließen. Auch die Fruchtbarkeit der Menschen wurde im Bauch der Erde beschworen, doch seltener – oder vielleicht anders – als die der Tiere.

Ab und zu haben sich die Spezialisten für Magie, die Schamanen, die wohl auch die Künstler waren, selbst dargestellt. Man hat bisher rund 55 Figuren von Menschen, die Tierköpfe tragen, identifiziert (Abb. 2, 22, 29). Ihre Nachfolger praktizieren noch.

Es ist mit vielen Einzelheiten belegt, daß Gebräuche über 40000 Jahre und vielleicht mehr im wesentlichen erhalten blieben. Zum Beispiel ein Bärenkult, der noch bei den Ainu in Nordjapan existiert. Am meisten wurde in Sibirien und dem Norden Amerikas bewahrt, wo die Lebensbedingungen jenen der ausgehenden letzten Eiszeit ähnlich blieben. Die Verbindung von Jagdzauber und Magie zur Förderung der Fruchtbarkeit der Tiere ist unter Jägervölkern beinahe eine Selbstverständlichkeit, und häufig besteht eine besondere Beziehung zwischen einer Verwandtschaftsgruppe wie einem Clan und einem bestimmten Tier. So gibt es in Australien Eingeborene, die auch für die Fruchtbarkeit der Krokodile Zeremonien abhalten. Krokodile gehören zu dieser Welt. Wer ist der Mensch, daß er sich anmaßen könnte, sie nicht zu ehren? (Abb. 21)

Es ist denkbar, daß die vielen vorsorglichen Riten für die Erhaltung und Vermehrung der Tiere auf den Erfahrungen beruhen, welche die Menschen am Ende der letzten Eiszeit vor etwa 13000 Jahren in Europa machten. Bislang ist ungeklärt, wieviel ihre verbesserten Jagdtechniken zur Ausrottung der großen Säugetiere beigetragen haben. Manche, wie das Mammut, hatten frühere Wärmeperioden überlebt. Doch die letzte Erwärmung überlebten Mammut, Fellrhinozeros, Steppenbüffel, Riesenelch, Wildesel und andere *nicht*. Noch sehr viel mehr Tierarten waren dann vor 9000 Jahren vom amerikanischen Kontinent verschwunden. Die Menschen mußten sich umstellen auf kleine Landtiere und Vögel, auf Schnecken und Muscheln. Sie hatten erlebt, daß ihre Beute einfach wegbleiben konnte und daß weder Jagdzauber noch Fruchtbarkeitsmagie ihre Rückkehr bewirkten.

Ob die Menschen den Zusammenhang zwischen ihren eigenen Jagdpraktiken und dem Aussterben der Tiere erkannten oder – wie es die Menschen gewöhnlich machen – die Schuld für das Verhängnis nur bei dem veränderten Klima und der anderen Vegetation, bei bösen Mächten und jedenfalls nicht bei sich selber suchten, das können wir nicht wissen. Möglich ist, daß eine Erinnerung an das Desaster blieb, die Angst, daß es sich wiederholen könnte. Allerdings nur undeutlich. Denn immer wieder kam es vor, daß alle Grundregeln vergessen wurden, daß mit Pferden und mit neu erworbenen Feuerwaffen ausgerüstete Indianer sich eifrig an der Ausrottung der Buffaloherden beteiligten, daß die Pelztiere von Sibirien bis Alaska ganz oder beinahe vernichtet wurden, daß Eskimos mit Explosions-Harpunen zehnmal so viele Wale wie früher töteten oder verwundet sterben ließen. Es ist keineswegs ein »Instinkt«, der Jägervölkern sagt, sie müßten das Wild, von dem sie leben, auch erhalten. Es ist eine mühsam erlernte und ebenso mühsam bewahrte Regel ihrer Kultur, die nur im ungebrochenen Zusammenhang ihres Daseins funktioniert.

Zum Wesen kultureller Regeln gehört ihre einleuchtende Begründung im Mythos.

Wie die Buffalo das Rennen verloren

Die Cheyenne-Indianer erzählen, wie der Buffalo dem Menschen zur Jagdbeute und Nahrung wurde.[5]

Vor langer, langer Zeit, als Maheo die Welt gemacht und Menschen und Tiere darauf gesetzt hatte, waren alle gleich. Menschen und Tiere erfreuten sich der Erde. Bald aber begannen die Buffalo untereinander zu reden: »Wir sind die größten Tiere auf der Erde – warum sollten wir die anderen uns gleich sein lassen? Sie sollten uns ehren und respektieren, wie es uns gebührt. Die schwächste unserer Frauen ist stärker als irgendein Mann. Laßt uns den Menschen sagen, daß sie unsere Diener sein sollen, nicht aber Gleichgestellte!«

Es war die Zeit des Sonnentanzes und die Menschen waren alle um das Sonnentanz-Haus herum versammelt. Der Buffalo-Häuptling sagte zu dem Sonnentanz-Priester. »Wir wollen euch zeigen, daß wir eure Herren sind. Wir wollen ein Wettrennen machen: die schwächsten unserer Frauen gegen die Männer, die du auswählst.« »Laß uns ein faires Rennen machen«, sagte der Sonnentanz-Priester, »meine jungen Männer haben jetzt vier Tage lang gefastet und gedurstet und getanzt. Sie sind schwach. Laß uns ein Staffelrennen machen mit vier Läufern auf jeder Seite. Laß die anderen Tiere wählen, zu welchem Team sie gehören wollen.«

Die Buffalo stimmten zu und man rief alle Tiere zusammen. Der Elch wählte das Team der Buffalo, ebenso das Reh und die Antilope. Der Hund sagte: »Ich lebe im Lager der Menschen, ich will mit ihnen laufen.« »Und ich«, sagte der Adler, »weil die Menschen mich ehren, indem sie meine Federn bei ihren heiligen Zeremonien verwenden.«

»Und ich«, sagte der Falke, »denn sie verwenden meine Federn für ihre Gebetsfächer.« »Ich will laufen«, sagte der jüngste der Sonnentänzer. »Ich bin nicht müde. Mein Opfer hat mir Stärke verliehen, ich will für mein Volk laufen.«

So wurde die Rennstrecke bestimmt und die Läufer verteilt. Der junge Sonnentänzer sollte gegen den Elch laufen; der Hund gegen das Reh; die Antilope gegen den Adler; der Falke gegen die Buffalo-Frau. Der junge Sonnentänzer konnte mit dem Elch nicht Schritt halten und als das zweite Paar startete, lag der Hund bereits zurück, und als Antilope und Adler zu laufen begannen, war die Antilope schon weit voraus. Aber der Adler war stark und holte auf, als die Antilope müde wurde. So begannen die Buffalo-Frau und der Falke ihr Wettrennen wieder nebeneinander. Die Buffalo-Frau war schnell, aber der Falke schwebte hoch und ließ sich vom Winde tragen und sparte Kräfte auf bis zuletzt. Als er wirklich seine Flügel gebrauchte, landete er bald auf dem Gipfel des Berges, der das Ziel war, während die Buffalo-Frau an seinem Fuße in die Knie ging.

Nun brachen die Menschen und ihre Freunde in laute Siegesrufe aus, und die Buffalo und die anderen Paarhufer gingen fort, wissend, daß sie nie den Menschen gleich sein würden. Seitdem werden sie von den Menschen für ihre Nahrung, Kleidung und Zelte gejagt. Der Falke wurde als der edelste aller Vögel anerkannt, und ihm zu Ehren gründeten die Cheyenne die erste und wichtigste Krieger-Gesellschaft. Nur die zehn tapfersten Männer konnten ihr angehören, und sie kämpften bis zum Tode, wenn ihre Brüder sie nicht freigaben.

Vielleicht meint nun ein Nicht-Indianer, das wäre doch kein faires Wettrennen gewesen – ohne die Hilfe der Vögel hätten die Menschen es verloren. Aber bei den Indianern – wie auch bei vielen anderen Völkern – sind die Vögel in der Luft den Geistern näher als andere Tiere, sind oft Vermittler zur Geisterwelt, und der Mensch, der sie beherrscht, besitzt magische Kraft. So bedeutet die Hilfe der Vögel, daß die Menschen stärker sind als selbst die Buffalo, weil sie die Macht der Geister herbeirufen können. Das bedeutet aber auch ihre Verpflichtung, den Sonnentanz und andere Zeremonien abzuhalten und kultische Gesellschaften zu bilden und dafür zu sorgen, daß die Ordnung alles Lebendigen erhalten bleibt.

Im Gegensatz zu den Cheyenne, die auf den weiten, offenen Ebenen Nordamerikas jagten, suchten die Mundurucú ihre Beute in den dunklen Urwäldern am brasilianischen Amazonas. Doch auch sie zeigten das typische Verhältnis zwischen Jäger und Beute.

Unter den vielen Geistern, deren Existenz für die Mundurucú zur täglichen Erfahrung gehörten, waren die Geister des Wildes am wichtigsten. Jede Art von Wild hatte eine Geist-Mutter, welche die Tiere beschützte und für ihre Vermehrung sorgte. Die Bedeutung der Geist-Mütter entsprach der Rolle der Tiere in der Ernährung der Mundurucú. Also wurden die Geist-Mütter der großen Tapire und der wilden Schweine am häufigsten angerufen. Es gab auch eine Geist-Mutter *aller* Tiere, die früher in großen Zeremonien geehrt und besänftigt wurde. Denn ohne das Wohlwollen und die Hilfe der Geister konnten die Jäger keinen Erfolg haben.

Als das Ethnologen-Ehepaar Yolanda und Robert Murphy Anfang der fünfziger Jahre die Mundurucú am Amazonas studierten, zeigte sich die Wahrheit dieser alten Warnung: Die Indios hatten ihre großen kriegerischen Unternehmungen zum Erbeuten von Kopftrophäen aufgeben müssen. Die abgeschnittenen und getrockneten Köpfe der Feinde hatten aber nicht nur dazu gedient, die Qualitäten eines Kriegers zu dokumentieren, sie wurden auch auf die Jagd mitgenommen und den Tiergeistern gezeigt, weil sie denen »gefielen«. Ein erfolgreicher Krieger war auch ein erfolgreicher Jäger und umgekehrt – ähnliche Eigenschaften wurden in beiden Rollen gebraucht. Nun, nach dem erzwungenen Ende der Kopfjagden, verfielen auch die Zeremonien zu Ehren der Tiergeister, an denen früher mehrere Dörfer zusammen teilgenommen hatten. Ein Anlaß zu sozialem Beisammensein und Kooperation verschwand. Und die Mundurucú bemerkten, daß die Jagd besser gewesen war, als es die Zeremonien noch gab, und noch besser, als es auch die Kopfjagden noch gab. Übriggeblieben waren nur Versuche, direkte Kränkungen der Tiergeister zu vermeiden. Wenn man sie schon nicht mehr verehrte, so mußte man sie doch noch fürchten. Mehr Tiere zu töten, als das Dorf brauchte, oder sie nur wegen ihrer Felle zu töten, konnte ihre Rache herbeiführen: Unfälle, Schlangenbisse oder sogar den Verlust der Seele.

Es ist anzunehmen, daß inzwischen der Preis für Pelze und das zunehmende Bedürfnis nach Handelswaren auch diese Hemmungen weitgehend verdrängt haben, nicht aber die Erinnerung an bessere Zeiten und die Furcht – die, wie wir wissen, nur allzu berechtigt ist –, daß das beleidigte Wild bald noch seltener werden wird. Wie bei uns bleibt bei den Mundurucú und anderen Stämmen von dem einstigen Glauben, der eine zusammenhängende und aktivierende Weltsicht stützte, nur mehr eine abergläubische Furcht, das halbherzige Bemühen, es auf alle Fälle nicht ganz mit den Mächten zu verderben, die vielleicht doch noch existieren und einem schaden können.

Indianermädchen dürfen nicht mit Hunden spielen

Ja, die Menschen haben das Wettrennen mit den Beutetieren gewonnen und können sich ihr Fleisch, ihre Knochen, Haut, Sehnen und Haare zunutze machen. Die Menschen sind den Tieren überlegen, doch nur mit Hilfe ihrer Schutzgeister und auch nicht immer. Es gibt Tiere, die oft schlauer als die Menschen sind – wie der Coyote oder der Fuchs – und andere, die fast Menschen sind – wie der Hund oder der Bär. Die Grenze zwischen Mensch und Tier ist unscharf und an manchen Stellen brüchig. Da muß der Mensch aufpassen.

Zum Beispiel werden junge Indianermädchen davor gewarnt, mit Hunden zu spielen. Es soll schon vorgekommen sein, daß eine dann Hundekinder zur Welt brachte. Überhaupt wird manchen Tieren ein Appetit auf Menschenfrauen nachgesagt: dem großen südamerikanischen Tapir und dem gefürchteten Jaguar, auch dem großen Braunbären. In Ostsibirien heißt es dagegen, daß ein Bär jungen Mädchen beim Beerensuchen freundlich begegnet, während er einen Mann schon einmal angreift. Männerphantasien. Aber bereits in den Höhlenmalereien dokumentiert und von den Griechen zur hohen Kunst erhoben, ist die Vorstellung, der Mensch könnte sich durch sexuellen Verkehr die Zeugungskraft der Tiere aneignen, könnte ein besonders mächtiges Wesen hervorbringen wie den Minotaurus, dessen Vater ein heiliger weißer Stier, dessen Mutter die Königin von Kreta war.

Auch der Versuch, die eigene, männliche Zeugungskraft den Jagd- und Herdentieren zugute kommen zu lassen, wurde schon vor rund 20000 Jahren abgebildet. Anders als der Verkehr zwischen einer Menschenfrau und einem Jaguar, konnte solche Magie auch praktiziert werden. Rituelle Zoophilie bedeutete aber nicht, daß der Mensch zum Tier wurde, sondern gerade eine Bestätigung seiner Andersartigkeit und Herrschaft. Nur der Mensch ist imstande, die Schranken zwischen den Arten manchmal zu durchbrechen (Abb. 14).

Nur der Mensch kann sich auch des Schutzes bestimmter Tierarten versichern, die zu ihm persönlich oder zu einem sozialen Kollektiv besondere Beziehungen unterhalten. Stämme, Clans oder Bruderschaften in fast allen Teilen der Welt berufen sich auf Tiere, seltener auf Pflanzen oder Naturerscheinungen, als Ahnen und Schutzgeister. Diese Vorstellungen erregten die Verachtung von Reisenden und den Zorn von Missionaren. Auch Generationen von Ethnologen sahen darin ein Kennzeichen von Primitivität, dem sie den Sammelnamen »Totemismus« gaben. (Sigmund Freuds Phantasien über »Totem und Tabu« tragen heute noch zur Weiterverbreitung von Falsch-Informationen bei.) Erst 1962 zeigte Claude Lévi-Strauss[6] in seiner Schrift »Le Totémisme aujourd'hui«, wie man ganz unterschiedliche Kulturelemente unter einer willkürlichen Bezeichnung zusammengefaßt hatte, gleichsam als »das Hinauswerfen von Geisteshaltungen aus unserer Welt, ... die unvereinbar sind mit der Forderung einer Diskontinuität zwischen Mensch und Natur, die das christliche Denken für wesentlich hielt«. Gerade die Verfahren, Beziehungen zwischen Mensch und Natur zu ordnen, wurden als Vermischung der beiden Bereiche mißverstanden oder als ein Nicht-Erkennen der Unterschiede. Die Eingeborenen wiederum, bei denen »totemistische« Vorstellungen eine große Rolle spielten, wie zum Beispiel die Australier und Melanesier, konnten durchaus nicht verstehen, worüber sich die Weißen so empörten. Dazu eine Geschichte:

Der bekannte Führer eines »Cargo-Kultes« an der Nordostküste von Neuguinea nach dem Zweiten Weltkrieg hieß Yali. (Über die nativistischen Cargo-Kulte wird in einem späteren Kapitel mehr zu sagen sein.) Yali hatte während des Krieges mit Auszeichnung als Hauptfeldwebel in der australischen Armee gedient und nutzte zunächst sein ungeheures Ansehen bei seinen Landsleuten im Sinne der australischen Verwaltung. Aber nach einiger Zeit begann er sich von den Missionaren und den christlich bestimmten Erneuerungskulten enttäuscht zu zeigen. Alarmiert ließen ihn die Behörden 1947 nach Port Moresby, der heutigen Hauptstadt von Papua-Neuguinea an der Südküste, kommen, um ihm zu erklären, wie unrealistisch die Erwartungen wunderbarer Schiffsladungen (»cargo«) der Eingeborenen wären. Während dieses Besuches in der Hauptstadt zeigte ein Eingeborener Yali ein Buch über die Evolution den Menschen. Nun sah Yali seinen schlimmsten Verdacht bestätigt: Die Weißen glaubten selber die Geschichten über die Erschaffung des Menschen nicht, die sie den Eingeborenen durch die Missionare erzählen ließen! Die Weißen enthielten ihre Geheimnisse den Eingeborenen bewußt vor. Sie waren Betrüger. Und sie glaubten an ihre Abstammung von den Tieren, wie es seine eigenen Vorfahren getan hatten. Nach seiner Rückkehr an die Nordküste wandte er sich wieder der Religion seines Stammes zu und wollte mit den Missionaren nichts mehr zu tun haben. Neuentstandene Eingeborenenkulte benutzten seinen berühmten Namen und sein Prestige. Mehr und mehr wurde er zum Führer einer religiösen Unabhängigkeitsbewegung, die von der australischen Verwaltung als Bedrohung angesehen werden mußte. 1950 wurde Yali verhaftet und bis 1955 eingesperrt. Seine Bewegung versandete.

*

Der amerikanische Historiker Lynn White veröffentlichte 1967 in der Zeitschrift *Science* einen Aufsatz über »Die historischen Wurzeln unserer ökologischen Krise«, in dem er zeigte, wie die christlichen Vorstellungen des Mittelalters über das Verhältnis zwischen Mensch und Natur auf die Entwicklung westlicher Wissenschaft und Technologie wirkten und bis zum heutigen Tage wirksam sind, die sozialistischen Länder keineswegs ausgenommen. Er verwies auf eine »alternative christliche Einstellung« zur Natur im allgemeinen und den Tieren im besonderen, nämlich die des heiligen Franz von Assisi. Andere Wissenschaftler jedoch antworteten, daß der Heilige mit seiner Lehre ganz allein stehe und eigentlich als Häretiker hätte verbrannt werden müssen.

Unter Berufung auf White wundert sich auch Vine Deloria 1973 in seinem Buch »God is Red« darüber, wie die Weißen von den Indianern verlangen können, daß sie erstens ihre eigenen Vorstellungen von der Einheit der Natur einschließlich der Menschen aufgeben, zweitens die biblische Schöpfungsgeschichte samt der gottgewollten Herrschaft des Menschen über die Natur glauben und drittens die wissenschaftliche Evolutionstheorie akzeptieren.

Somit ist vielleicht der bittere Streit, der nach 1859, dem Jahr, in dem Charles Darwin »Der Ursprung der Arten« veröffentlichte, zwischen Wissenschaft und Kirchen entbrannte, doch noch nicht friedlich beendigt, wie man in den letzten Jahrzehnten geglaubt hatte. Vielleicht beginnt jetzt eine neue Runde, die sich an der Frage entzündet, ob die Menschen ohne ein vollständiges Umdenken mit ihren Umweltproblemen fertig werden können. Wenn es so ist, dann könnte es nichts schaden, die Lehren zu betrachten, welche die Menschen in ihrer langen Zeit als Jäger aus ihren Erfahrungen gezogen haben.

Wie er sie nennen würde, so sollten sie heißen

Die Jäger sind aus dem Weltbild der westlichen Zivilisation mit ihrem jüdisch-christlichen Ursprung fast ganz verdrängt. Dafür spielen die Hirten zumindest in der Symbolik, aber auch in einigen grundlegenden Wertvorstellungen eine Rolle, die wir mit unserer Religion übernommen haben, und die viel größer ist, als es die soziale und wirtschaftliche Bedeutung von Hirten und Herden bei unseren direkten Vorfahren war.

Als die Priester Israels begannen, die Mythen ihres Volkes aufzuzeichnen (etwa 1000 v. Chr.), da hatten die Hirtenvölker der Region schon viele Tausende von Jahren hindurch Ziegen, Schafe und Rinder domestiziert, also nicht nur gezähmt, sondern auch durch kontrollierte und bewußte Züchtung den Bedürfnissen der Menschen angepaßt. Domestizierte Ziegen wurden bei den Ausgrabungen von Jericho seit mindestens 6710 v. Chr. festgestellt.

Stammvater Abraham und seine Nachkommen waren halbnomadische Hirten. Ihre Einstellung den Jägern gegenüber wird im alten Testament relativ spät dargestellt, nämlich in der Geschichte von Abrahams Enkeln, den Söhnen Isaaks, den Zwillingen Esau und Jakob. (I. Mose 25/27)

Rebekka hatte eine schwere Geburt. »Der erste, der herauskam, war rötlich, ganz rauh wie ein Fell; und sie nannten ihn Esau.« Dieser Esau »ward ein Jäger und streifte auf dem Felde«, während Jakob, der Glatte, ein Hirt wurde. So sieht man, daß der Jäger ein halbes Tier ist. Außerdem ist er noch gierig und dumm und verkauft, nur weil er einmal müde und hungrig ist, seinem jüngeren Bruder sein Erstgeburtsrecht für ein bloßes Linsengericht. Und schließlich ist er auch noch böse und droht mit Mord, als sein Bruder den blindgewordenen

Vater überlistet und seinen Segen erschleicht, worauf für Esau keine Segnungen mehr übrigbleiben und er und seine Nachkommen die Knechte des jüngeren Jakob werden.

Der Herr hatte es der Rebekka schon vorausgesagt: »Zwei Völker sind in deinem Leib ... und ein Volk wird dem anderen überlegen sein ...« Und so beginnt die Feindschaft zwischen Hirtenvölkern und Jägervölkern, die ebenso groß ist wie die Feindschaft zwischen Ackerbauern und Jägern oder Ackerbauern und Hirten, wo immer sie das gleiche Land beanspruchen.

Vielleicht ist aber die Feindschaft zwischen Jägern und Hirten am größten, denn sie sind Zwillinge: sie leben beide von den Tieren und stehen den Tieren doch ganz anders gegenüber. Der Ältere, der Jäger, weiß sich abhängig von den Tieren. Der Jüngere, der Hirt, hat die Tiere zu seinen Sklaven gemacht. Gewiß liebt er sie, denn sie sind sein Besitz, sein Ansehen hängt von der Größe seiner Herde ab, und so sorgt er auch für sie. Aber als unbeschränkter Herr tut er mit ihnen was er will.

Diese Haltung überträgt er auch auf seine Knechte, seine Frauen und Kinder. Der Herr der Herde ist der *Patriarch*, wie wir ihn zitieren. Und zwar nicht nur im alten Palästina. Noch zu Beginn unseres Jahrhunderts wanderten in Nordostsibirien Rentierhirten durch die Tundra in einem jährlichen Kreis von Süden nach Norden und zurück, die genauso herrschsüchtig, kampflustig, verschlagen, wild und einsam waren, wie die Bibel die Schaf- und Ziegenhirten Palästinas schildert. Die stumme Ergebenheit der Kreatur, die der Hirt täglich erlebt, hält er natürlich für sein von Gott gegebenes Recht. Zwar ist der erste Mensch, Urvater Adam, noch kein Hirte, aber bereits dessen zweiter Sohn Abel, den Gott dem Ackerbauern Kain vorzieht. Der Hirte hat ja das Gebot, sich die Erde untertan zu machen, auf eine besonders intensive Weise erfüllt, indem er die wilden Tiere gezähmt und verwandelt hat. Sie sind seine Geschöpfe. So kann er sich Gott ein wenig näher glauben. Und um die Annäherung an die Übermenschlichen ging es den Menschen immer wieder, während sie die Tiere beherrschen wollten.

Dies wurde Urvater Adam verhältnismäßig leicht gemacht – eine Entwicklung von zwei Millionen Jahren wurde ihm geschenkt. »Denn als Gott der Herr gemacht hatte von der Erde allerlei Tiere auf dem Felde und allerlei Vögel unter dem Himmel, brachte er sie zu dem Menschen, daß er sähe, wie er sie nennte; denn wie der Mensch allerlei lebendige Tiere nennen würde, so sollten sie heißen.« (1. Moses 2/19) Adam gab jeglichem Tier einen Namen und etablierte seine Herrschaft. Da das mit ausdrücklicher Billigung Gottes geschehen war, wurde er übermütig: Er wollte auch die Grenze nach der anderen Richtung hin ausprobieren. Konnte er nicht sein »wie Gott«? Nein, das konnte er nicht. Sein Platz war ihm zugewiesen zwischen den Tieren und Gott mit seinen Engeln.

An diesem Platz konnte und sollte der Mensch »ein guter Hirte« sein. Gute Hirten sind ganz besondere Menschen. Wir erinnerten schon daran, was die biblischen Hirten von den Jägern hielten und von den Ackerbauern. Auch überall sonst, wo Hirten und Ackerbauern nahe beieinanderleben, beanspruchen die Hirten für sich einen höheren sozialen Status. Und als ihr gutes Recht setzen sie gewöhnlich durch, was eine ökonomische Notwendigkeit für den Herdenbesitzer ist: seine Herde soweit zu vergrößern, wie er, seine Familie und seine Helfer sie noch versorgen können. Für alle Hirten – Kamele züchtende Beduinen, Rinder treibende ostafrikanische Stämme, Rentiere haltende Sibirer, Schafe hütende Navajo – ist wie für die biblischen Hirten das Wachstum der Herde das Hauptziel, der höchste erstrebte Wert.

Es ist ein Glück für die Menschheit, daß nur wenige Völker ganz oder vorwiegend von ihren Herden leben, denn sonst wäre die Welt schon längst kahlgefressen. Es ist schlimm genug, daß die Hirtenethik des ständigen Wachstums auf Gesellschaften übertragen wurde, die es nicht mehr mit Tierherden zu tun hatten und somit nicht von natürlichen Katastrophen, von Dürre und Seuchen bald in ihre Grenzen verwiesen wurden. Wir, späte Erben des Glaubens an einen höheren Auftrag, gebrauchen das Bild vom »Hirt des Seins« selbst dann, wenn wir von der angerichteten Zerstörung sprechen und vor weiterer warnen – als ob es nicht gerade die Hirtenethik gewesen wäre, die unser Verhalten rechtfertigte.

Auch das Adjektiv »friedlich«, das wir gewohnheitsmäßig den Hirten beigeben, paßt durchaus nicht auf Stämme, die hauptsächlich von ihren Herden leben. Weil jeder Herr einer Herde diese soweit wie möglich vergrößert, braucht er mehr und mehr Land und kommt nach gewisser Zeit unweigerlich in Konflikt mit anderen Menschen, entweder anderen Herdenbesitzern oder anderen Hirtenstämmen oder Ackerbauern. So stellten russische Forscher[7] fest, daß in den 300 Jahren zwischen den ersten Kontakten mit den Russen und den ethnographischen Beschreibungen um 1900, die sibirischen Tschuktschen ihre eigene Zahl um ungefähr die Hälfte vermehrt und auch die Zahl der Rentiere kaum mehr gewachsen war, dagegen das Territorium auf dem diese Hirten ihre jährlichen Wanderungen unternahmen, um das acht- bis zehnfache. Hauptsächlich durch Dauerkriege mit anderen Stämmen. Auch Berichte von mörderischen Rivalitäten innerhalb des Stammes und selbst innerhalb der Familien sind zahlreich. Der »gute Hirte« sorgt für seine Herde – koste es was es wolle. Das weiß jeder gute Hirte.

Aber über diese Gemeinsamkeit hinaus finden auch die Hirtenkulturen unterschiedliche Lösungen für ihre Daseinsfragen. Die Tschuktschen konnten im praktisch noch nicht entdeckten, allen Zivilisationen fernen Nordosten Sibiriens ihr Weideland durch Kriege über das Notwendige hinaus ausweiten, allerdings auch deshalb, weil wiederkehrende Seuchen ihren Rentierbestand nicht so wachsen ließen, wie sie es wünschten. Dagegen mußten die Israeliten ihr »Gelobtes Land« erst anderen Stämmen wegnehmen, mußten es ständig verteidigen, und vor allem drängten von allen Seiten religiöse und weltanschauliche Ideen aus alten Reichen mit ihren Hochkulturen und mächtigen Priesterschaften auf sie ein. Wie es ihnen gelang, inmitten eines Wirbels von Völkern und Ideen eine unabhängige kulturelle Identität aufzubauen, steht in der Bibel. Die Propheten selber haben ihre Bemühungen überliefert, den Israeliten ihre göttlich gewollte Sonderstellung mit der dazugehörigen Verpflichtung vor Augen zu halten und einen Konsens herzustellen. Aufbau einer gemeinsamen Weltsicht und Ethik, religiös begründete Abgrenzung nach außen – ein schwieriger, doch schließlich erfolgreicher Kommunikationsprozeß. Sein Ergebnis war ein Weltbild von großer Geschlossenheit und unvergleichlicher Widerstandskraft, das die Veränderungen der sozialen und ökologischen Bedingungen, unter denen es entstand, weit überdauerte.

Es gibt kaum eindrucksvollere Beispiele dafür, wie kollektive Erfahrungen, einmal in Begriffe und Worte gefaßt, einmal zu einem kulturellen Symbolsystem geronnen, fort und fort wirken und die Gedanken, die Normen und Werte, ja selbst die Erfahrungen späterer Generationen prägen. Wie wir heute unsere Erfahrungswirklichkeit aufnehmen und verstehen, das ist niemals unabhängig von der Sehweise, die wir von jenen palästinensischen Hirten gelernt haben. Darum fällt es uns – unter anderem – so schwer zu verstehen, wie Völker, die in einer ununterbrochenen Wildbeutertradition stehen, ihr Verhältnis zu den Tieren bestimmen.

Wir sind doch keine Tiere!

Eines der verknoteten Rätsel, an denen Ethnologen seit Generationen herumzerren, ist die Behauptung vieler australischer und melanesischer Stämme: Nachkommenschaft wird nicht durch den Koitus zwischen Mann und Frau gezeugt, ein Kind beginnt im Mutterleib zu wachsen, wenn ein Geist, der geboren werden möchte, in die Frau eindringt.

Im Jahre 1903 veröffentlichte Walter Roth[8], beamteter australischer »Protektor der Eingeborenen« im Nordosten des Kontinents, einen Bericht unter dem Titel »Aberglauben, Magie und Medizin«. Darin machte er über die sogenannten »Schwarzen vom Tully-Fluß« folgende Bemerkung: »Obwohl die Schwarzen vom Tully-Fluß – soweit es sie selber betrifft – sexuelle Beziehungen nicht als Ursache der Schwangerschaft anerkennen, wird dieser Zusammenhang als wahr für alle Tiere zugegeben. In der Tat bestärkt sie diese Idee in ihrem Glauben an die eigene Überlegenheit über die tierischen Geschöpfe.«

Kein ursächlicher Zusammenhang zwischen Koitus und Empfängnis? Der Mann unnötig oder unwichtig für die Entstehung neuen menschlichen Lebens? Solch ein Aberglaube unter Primitiven erregte bei weißen Verwaltungsbeamten und Gelehrten wie auch beim gebildeten Lesepublikum Aufsehen. Aber nicht nur Roth berichtete darüber von einigen australischen Stämmen, sondern auch in der melanesischen Inselwelt wurden solche Ideen gefunden, zum Beispiel von dem einflußreichen Ethnologen Bronislaw Malinowski auf den Trobriand-Inseln. Also mußte man sich mit diesem unbegreiflichen Aberglaube befassen. Die Versuche herauszufinden, ob diese Leute wirklich so unwissend waren, gehen bis heute weiter, und noch immer streiten sich Gelehrte darüber, wie die Ergebnisse der Feldforschung zu interpretieren seien.

Irgendwo, das spürten viele, berührte uns dieser primitive Aberglaube an einer empfindlichen Stelle unseres Selbstverständnisses, aber niemand wollte es wissen und aussprechen. In einem zweibändigen Werk mit dem Titel »Primitive Vaterschaft« faßte im Jahre 1910 der englische Gelehrte Sidney Hartland alles zusammen, was er an Berichten, Geschichten, Sagen, Mythen finden konnte über »Geburt aus anderen Ursachen als denen, die wir als natürlich kennen«. Hartland kam zu dem Schluß, daß die Unkenntnis biologischer Vaterschaft früher unter Primitiven weit verbreitet war. In seiner berühmten Mythensammlung »Der Goldene Zweig«, die immer wieder neu aufgelegt wird, übernahm Sir James Frazer diese Ansicht. Die Gelehrten meinten, die Unkenntnis müsse in der Frühzeit allgemein gewesen sein, die Mythen wären Überreste dieser Vorstellungen und die Australier wären überlebende Exemplare vorzeitlicher Menschen, die diesem Glauben noch anhingen. Eine ganze Reihe von Wissenschaftlern darunter solche Größen wie Sigmund Freud, Bronislaw Malinowski und Emile Durkheim bauten Anfang unseres Jahrhunderts ihre Theorien auf der Annahme auf, in Australien habe man sozusagen den Urmenschen lebend konserviert vorgefunden. Der Irrtum entstand, weil die technische Kultur der australischen Ureinwohner sehr einfach war und man die hochentwickelten sozialen Organisationsformen nicht erkannte. Diese Mißverständnisse sind inzwischen einigermaßen korrigiert worden, wenigstens unter Fachleuten.

Doch inwiefern sollten diese Vorstellungen von Vaterschaft primitiv sein? Das allgemeine Prinzip ist folgendes: Eine Schwangerschaft entsteht, wenn ein Geistkind in eine Frau eindringt. Geschlechtsverkehr ist nötig, um die Frau zu »öffnen«, ist eine Vorbedingung für Schwangerschaft, aber nicht die Ursache. Der Samen des Mannes trägt nichts zum Entstehen des Kindes bei, der Mann ist mit dem Kind nicht »blutsverwandt«. Dennoch ist er mit dem Kind verwandt, das seine Frau zur Welt bringt. Er trägt – auch mit seinem Samen – zum Wachstum bei und ist für sein Wohlergehen verantwortlich. Er ist der Vater des Kindes. Dabei ist es gleichgültig, ob seine Frau auch noch mit anderen Männern Geschlechtsverkehr hatte, denn ein anderer Mann wäre ja ebensowenig mit dem Kind blutsverwandt wie der Ehemann. Was zählt, ist die eheliche Gemeinschaft. Die ist aber eingebettet in komplexe Clan- und Stammesbeziehungen. Jeder Clan führt seine Abstammung auf ein mythisches Totemtier zurück, so daß Clanmitglieder als blutsverwandt gelten und Ehepartner aus einem anderen Clan heiraten müssen, aber nicht aus irgendeinem. Und so fort. Das allgemeine Prinzip hat viele Variationen.

Zum Beispiel dachte man zuerst, wenn dem Mann schon bei der

Zeugung des Kindes keine Funktion zugeschrieben würde, dann müsse die Abstammung doch immer nach der Mutter gerechnet werden, »matrilinear«. Aber so ist es nur bei einem Teil der Stämme. Bei anderen gehören die Kinder zum Clan des Ehemannes: Wenn zum Beispiel Geistkinder aus dem Clan des Ehemannes dem Paar solange zu folgen pflegen, bis sich eine passende Gelegenheit ergibt, in die Frau hineinzuschlüpfen.

Unter dem Sammelnamen »Geistkinder« haben die Ethnologen unterschiedliche Wesen zusammengefaßt: Ahnen des Mannes oder der Frau, die wiedergeboren werden möchten, oder Wesen eigener Art, oder Kinder des Totem, des mythischen Tier-Ahnen, die sich verkörpern wollen, oder Geschöpfe eines Schöpfergeistes wie der Regenbogenschlange. Sie sind also auch mit der Frau, die sie austrägt, nicht unbedingt so nahe und direkt verbunden, wie wir denken. Man könnte sagen: Vorstellungen von Zeugung und Geburt, die den Koitus als Ursache nicht anerkennen, sind spiritueller als unsere Vorstellungen, sie sehen in dem neuen Lebewesen vor allem eine Seele, die sich verkörpern will. Und in Vater und Mutter die von der sozialen Gemeinschaft des Stammes dazu Verpflichteten, für das Kind zu sorgen und es zu einem guten Stammesmitglied zu erziehen.

Ist das nun primitive Unwissenheit über biologische Tatsachen? Ja und nein. Es kommt darauf an, wie wir »Wissen« und »Unwissenheit« definieren. Die heute bei uns akzeptierte naturwissenschaftliche Beschreibung des Zeugungsvorgangs ist erst seit rund hundertfünfzig Jahren bekannt. Vorher war man auch in der zivilisierten Welt ziemlich »unwissend«. Allerdings paßten die ungenauen und teilweise unrichtigen Vorstellungen in den Gesamtkomplex der Anschauungen über Familie, Vater- und Mutterschaft und so weiter und wurden durch die kulturellen Verhaltensnormen, die Vorstellungen davon, wie es sein sollte, bestätigt. Nicht anders als in der Südsee.

In welches Dickicht von Philosophie, Theologie und Semantik man gerät, wenn man einzelne Dogmen, die Bestandteil einer bestimmten Weltanschauung sind, verändern will, wird am Beispiel der Missionare deutlich, die den Australiern ihre christlich-abendländischen Vorstellungen über Vaterschaft beibringen wollten. Ich folge der Darstellung des Cambridge-Professors Edmund Leach[9].

Der anglikanische Bischof von Nord-Queensland in Australien beklagte sich 1909: »Ihre Unwissenheit über die Beziehung zwischen

Geschlechtsverkehr und Schwangerschaft ist eine Tatsache, die wir bei dem Versuch, einen höheren Standard der Moral unter den Eingeborenen einzuführen, beachten müssen, denn selbst nach ihrer Aufnahme in die Missionsstationen akzeptieren sie die wahre Erklärung von Empfängnis und Geburt nicht selbstverständlich.« Die »höhere Moral«, die man den Eingeborenen beibringen wollte, war eine ihnen völlig fremde sexuelle Enthaltsamkeit und die sollte, wie auch bei schwachen und sündhaften Weißen, durch die Angst vor Schwangerschaft gestützt werden. Aber noch aus einem anderen Grund mußten die Missionare auf einer biologischen Erklärung bestehen: Für die Eingeborenen Australiens war jede Empfängnis eine Empfängnis von einem Geist und somit war das christliche Dogma von der Zeugung Jesu durch den Heiligen Geist etwas ganz Selbstverständliches, Nicht-Besonderes, Nicht-Göttliches. Die Missionare fanden sich also in der merkwürdigen Lage, mit naturwissenschaftlichen Belehrungen die für ihren Glauben so wichtige Ausnahme von der Naturgesetzlichkeit untermauern zu müssen.

Fast ebenso große Schwierigkeiten wie die Missionare, hatten die Ethnologen bei der Interpretation dessen, was ihnen die Eingeborenen versicherten. Edmund Leach heizte vor einigen Jahren die Diskussion wieder heftig an, indem er etwas tat, was alle seine Vorgänger sorgfältig vermieden hatten – er verglich die Vorstellungen der Australier und Melanesier mit den christlichen Traditionen von der jungfräulichen Geburt Jesu und schrieb: »Es ist offensichtlich, daß Christen, die sagen, sie »glauben« an die Lehre von der jungfräulichen Geburt und die verwandte Lehre von der unbefleckten Empfängnis, im allgemeinen nicht aus Positionen der Unwissenheit argumentieren. Im Gegenteil: diese Lehren vertragen sich mit Positionen äußerster philosophischer Verfeinerung des Denkens ... Die Wahrheit, die ein solches religiöses Dogma ausdrückt, bezieht sich nicht auf die gewöhnliche Welt alltäglicher Tatsachen, sondern auf metaphysische Dinge.«

Auch Australier und Trobriander unterscheiden dogmatische Aussagen über metaphysische Dinge von Faktenaussagen über die Alltagswirklichkeit, für sie gibt es verschiedene Arten von Wahrheit in verschiedenen Kontexten – biologische Zeugung und Menschwerdung sind auch für sie zweierlei. Nur ist im Rahmen ihrer sozialen Strukturen, ihrer Familien- und Clanorganisationen die biologische Zeugung bei den Menschen so unwichtig, daß ernsthafte Männer gar nicht darüber reden. Und dies ist eine wirklich wichtige (wenn auch noch umstrittene) Erweiterung unseres Verständnisses: Allmählich sind Ethnologen darauf gekommen, daß die »Unwissenheit« über biologische Vaterschaft und die Vorstellungen von Geistkindern »Männergerede« sind, das heißt Mythen, dogmatische Aussagen über die Ordnung der Welt und die Natur des Menschen, Theologie also. Diese Aussagen werden in formellen Situationen gemacht, zum Beispiel, wenn es um Landbesitz und künftige Heiraten geht oder darum, einem Fremden die förmliche Ansicht des Stammes mitzuteilen. »Männergerede« nennen das die Frauen, die aber nicht widersprechen. Obwohl sie wissen und, wenn jemand sie fragt, es auch sagen, daß Schwangerschaft, wenn auch nicht immer, auf Koitus folgt. Warum aber legen die Männer so viel Wert darauf, ihre eigene biologische Vaterschaft zu leugnen? Das erschien und erscheint Männern der westlichen Kulturen widersinnig und unbegreiflich. Doch erwächst es aus demselben Bedürfnis nach Naturbewältigung und Selbsterhöhung, das Menschen aller Kulturen zeigen.

Der Argumentation des amerikanischen Ethnologen Aram Yengoyan[10] folgend, läßt sich die Sachlage so beschreiben: In Australien wie auch in anderen Kulturen teilen Männer und Frauen das Wissen auf. Dazu hat noch jedes Geschlecht Mittel entwickelt, um sein Wissen gegenüber dem anderen zu mystifizieren, zum Beispiel durch geschlechtsspezifische Geheimsprachen. Die Leugnung physiologischer Vaterschaft ist ein Teil der Vorstellungen über das Verhältnis zwischen Natur und Kultur oder Welt und Menschheit (wobei die eigentliche Menschheit immer nur aus dem eigenen Stamm besteht). Jede Kultur »kultiviert« das Nicht-Menschliche, macht Aussagen darüber, erklärt es, benutzt es, formt es. Am meisten kultivieren die Kulturen die Teile der nicht-menschlichen Natur, die Menschen mit Tieren teilen: Geschlechtsverkehr, Nahrungsaufnahme, Schutz der Jungen und Mütter. Menschen bereiten ihre Nahrung zu und erlegen sich Vorschriften auf, wer was wann essen darf. Sie erfinden die kompliziertesten Regeln dafür, welche Männer mit welchen Frauen zusammensein dürfen oder es nicht dürfen. Dieser Prozeß der Verwandlung des Nicht-nur-Menschlichen im Menschen durch die Kultur ist auch in der Frage der Vaterschaft am Werk. Wenn Menschen sich von den Tieren unterscheiden wollen, dann werten sie entweder die Qualität des tierischen Lebens im Vergleich zu ihrem eigenen ab oder sie schreiben sich besondere Eigenschaften zu, die Tiere nie erlangen können. Indem die Eingeborenen Empfängnis bei Menschen als Werk von Geistern erklären, kultivieren sie einen Teil Natur, der sonst Menschen und Tiere durch eine gleichartige biologische Funktion verbinden würde. Sie schreiben den Tieren nicht – wie wir das tun – »niedrige«, eben »tierische« Instinkte zu, sondern erheben den Menschen zu einer besonderen Kategorie von Lebewesen.

Darum gab es immer wieder solche typischen Verständigungsschwierigkeiten: Auf einer Südseeinsel haben die Bewohner den Ethnologen geduldig darüber belehrt, daß eine Schwangerschaft nur durch ein Geistkind zustande kommt und der Ehemann nichts damit zu tun hat. Eines Tages sieht der Fremde, wie sie einen Eber kastrieren und sagt empört: »Aber ihr wißt ja doch Bescheid über männliche Zeugung!« Die Männer sehen ihn verständnislos an. Schließlich begreift einer und erwidert, nun ebenfalls empört: »Aber Menschen sind doch keine Tiere!«

Nein, sie sind aus anderem Stoff. Vor allem die Männer. Wie einige Ethnologen jetzt meinen, werden Frauen – ausgesprochen oder unausgesprochen – irgendwo zwischen Natur und Kultur eingeordnet. Während die Männer unermüdlich daran arbeiten, die Natur in Kultur zu verwandeln und den Abstand zwischen sich und den Tieren zu halten oder womöglich zu erweitern, gehen die Frauen ihren weitgehend biologisch bestimmten Aufgaben nach, vor allem jener, Kinder auszutragen, sie zu gebären und großzuziehen.

Stimmt es aber, daß diese Beobachtung einer rituellen Dehumanisierung der Frauen durch die Männer allgemein oder fast allgemein nachweisbar ist? Daß also bei Primitiven schon dasselbe Bestreben herrscht, dem wir in unserer Zivilisation überall begegnen, nämlich den Frauen eine größere Gebundenheit an ihre biologische Natur und damit eine geringere Kultur, das heißt Menschlichkeit, zuzuschreiben? Es lassen sich viele Beispiele für Mythen und Rituale anführen, die solchen Zwecken dienen. Aber sie stellen nur die eine Hälfte der Geschichte dar. Die Ambivalenz, die das Verhältnis von Menschen Tieren gegenüber im allgemeinen kennzeichnet, besteht auch im Verhältnis zwischen Männern und Frauen. Die andere Hälfte der Geschichte ist der – wiederum mit kulturellen Mitteln, durch Mythen und Rituale unternommene – Versuch der Männer, sich gerade jene weiblichen Eigenschaften anzueignen, die ihrer allgemeingeschöpflichen Natur zugehören, das heißt vor allem ihre Gebärfähigkeit.

Dies geschieht auf verschiedene Weise. Einmal durch die Behauptung, nur der Vater trage das aktive Prinzip zur Entstehung des Kindes bei, die Mutter gäbe ihm nur ein Nest, in dem es sich entwickeln könne. Diese Ansicht, die es auch bei manchen australischen Stämmen gibt, herrschte bei den alten Ägyptern, wurde von Aristoteles neu formuliert, von den Herausgebern des Hippokratischen Werkes leicht abgewandelt und das ganze europäische Mittelalter hindurch nachgebetet, bis weit ins 17. Jahrhundert hinein. Typisch ist der Ausspruch des heute als großer Naturforscher gepriesenen Paracelsus zu Beginn der Neuzeit: »Die Frau liefert den Boden, in dem der Samen des Mannes die Bedingungen findet, die er für seine Entwicklung benötigt. Sie nährt und reift den Samen, ohne selbst Samen beizutragen. So stammt der Mann nie von der Frau ab, sondern immer vom Manne.« Wenn ein Kind unseligerweise einem Verwandten der Mutter allzu ähnlich sah, so mußte ein Ehebruch vorliegen, oder vielleicht hatte ein geisterhafter oder gar teuflischer Inkubus das Kind gezeugt.

Nicht die fehlenden Mikroskope konservierten solche Ansichten, sondern die ganze traditionsgebundene Weltsicht ließ den Gedanken an naturwissenschaftliche Forschungen gar nicht aufkommen. Selbst der wißbegierige Leonardo da Vinci beugte sich in diesem Punkt der Tradition. Die Bände seiner anatomischen Zeichnungen zeigen, daß er den medizinischen Kenntnissen seiner Zeit, dem 15. Jahrhundert, weit voraus war. Aber bei der Darstellung des Koitus folgte er dem Text Platons, der nach rund neunzehn Jahrhunderten noch immer als Autorität galt. Leonardo zeichnete einen imaginären Leiter, der vom Rückenmark des Mannes zum Penis führt; denn der Same, so hieß es, entsteht im Gehirn. Dreißig sezierte Leichen ohne einen solchen Samenleiter hatten Leonardo nicht irremachen können. Auch bei Leonardo fehlte, wie bei seinen Zeitgenossen, der Antrieb, die überkommene Lehre von Zeugung und Geburt einmal zu überprüfen. Sie paßte zu gut in das ganze soziale Gefüge, in die patriarchalische Familienordnung.

Diese Ordnung geriet allerdings auch dann noch nicht ins Wanken, als ihr die biologischen Grundlagen durch die anatomische und physiologische Forschung entzogen wurden. Sie paßte sich nur langsam und zäh etwas an. Jahrtausendelang akzeptierte »Wahrheiten«, die ein in sich geschlossenes Symbolsystem bilden, sind schließlich mit anderen Symbolsystemen – zum Beispiel religiösen – und auch mit sozialen Institutionen so stark vernetzt, daß noch so eindeutige Beweise objektiver Unwahrheit ihnen wenig anhaben können. Im vorliegenden Fall bemühten sich unter anderem Psychologen »wissenschaftlich«, die Welt wieder in Ordnung zu bringen: Wenn schon nicht bei der Entstehung neuen Lebens die Frau nur »ein Nest« beiträgt, so ist doch das weibliche Prinzip an sich passiv, naturnäher als das männliche Prinzip. Oder Ähnliches.

Früher wurden statt wissenschaftlich verbrämter Philosopheme Geschichten von Göttern erzählt, die konnten, was kein sterblicher Mann kann, nämlich Kinder gebären. Von Kumarbi, dem hethitischen Gott der Zeit, bis zu dem griechischen Göttervater Zeus gaben diese göttlichen Gebärer einem Verlangen Ausdruck, das stets nur auf Umwegen zu befriedigen ist.

Der dritte und fast universelle Umweg, auf dem sich Männer die natürliche weibliche Gebärfähigkeit symbolisch aneignen, führt über eine rituelle zweite Geburt, über Initiatonsriten für heranwachsende Männer.

Ein Mensch muß man erst werden

Bei uns ist der Übergang vom Kind zum Mann zu einem langwierigen Prozeß mit vielen Stufen geworden, mit der Tendenz, sich immer länger hinzuziehen. In einfachen Stammesgesellschaften wird dieser Übergang auf einmal vollzogen, begleitet von Zeremonien, die oft die wichtigsten im Leben eines Mannes sind.

Nur die erwachsenen Männer können aus Knaben Männer machen. Frauen können zwar männliche Kinder zur Welt bringen und sie eine Weile betreuen, aber dann müssen die erwachsenen Männer die Erziehung des Knaben übernehmen, und schließlich müssen sie entscheiden, ob sie ihn in ihre Gemeinschaft aufnehmen, ihm ihre Geheimnisse anvertrauen wollen. Die Initiationsriten sind meist ganz explizit: Um ein Mann zu werden, muß der Knabe noch einmal geboren werden, er muß seiner Kindheit und vor allem seiner Mutter absterben, um das neue Leben als Mann von den anderen Männern zu empfangen. Dieser Gedanke wird oft so dramatisch dargestellt, daß der junge Mann, der nach Wochen der Vorbereitung in der Isolation und nach der Zeremonie zurückkommt, seine eigene Mutter nicht mehr zu kennen vorgibt und sie mit einem neuen Namen anspricht. Oft erhält auch er selber einen neuen Namen. (Abb. 19)

Sigmund Freud hat eine Falsch-Interpretation dieser Initiationsriten in die Welt gesetzt, die von Zeit zu Zeit wieder auftaucht. Er sah darin eine Machtausübung der älteren Männer, in der sie ihren Haß auf die jungen zukünftigen Konkurrenten und ihren sexuellen Neid in oft sadistischer Weise auslebten.

Aber es sind nicht die Väter der Initianden, die von ihnen Mutproben verlangen oder die ihnen Verstümmelungen beibringen, sondern rituelle Spezialisten und Verwandte, die ein Interesse daran haben, daß diese Knaben zu Männern werden. So ist es bei den australischen Aranda und Walbiri der zukünftige Schwiegervater des Knaben, der die Beschneidung durchführen und seinen Schwiegersohn für die Heirat vorbereiten muß. (Abb. 11)

Freuds Interpretation stimmt auch nicht mit den Erfahrungen der Tiefenpsychologie bei gestörten Jugendlichen in unseren Gesellschaften überein. Das hat Bruno Bettelheim[12] ausführlich in seinem zuerst 1954 erschienenen Buch »Die symbolischen Wunden – Pubertätsriten und der Neid des Mannes« dargestellt. Er korrigiert seinen verehrten Lehrmeister Freud im Hinblick auf die Bedeutung von Beschneidung, Superinzision und Subinzision des Penis als symbolische Kastration und meint: »Alle die Erklärungen, die mir am glaubhaftesten vorkommen, scheinen in der großen biologischen Antithese zu wurzeln, die Neid und Anziehung zwischen den Geschlechtern hervorruft. Eine Absicht der männlichen Initiation ist vielleicht, zu behaupten, daß auch Männer Kinder gebären können.«

So stellen Initiationsriten nicht den Antagonismus zwischen älteren Männern und Heranwachsenden dar, sondern die Solidarität der Männer gegenüber den Frauen, ihren Anspruch auf Fähigkeiten, welche ihnen die Natur versagt hat (Abb. 13). Der Anspruch muß durch Opfer erkauft werden. Der Initiand muß sich würdig erweisen, von nun an zu den Männern zu gehören, die aus Knaben Männer machen können.

Es soll nicht behauptet werden, daß dies der einzige Sinn der männlichen Pubertätsriten sei. Aber wenn die Initianden ihre zweite Geburt darstellen, indem sie zwischen den Beinen der älteren Männer hindurchkriechen, dann ist die Bedeutung dieser Handlung nur schwer mißzuverstehen.

Nehmen die Initianden die ihnen von den erwachsenen Männern

angebotene Wahrheit an? Sind sie nach der Vorbereitungszeit und der Zeremonie »Neugeborene«? Ja, obwohl es Ausnahmen gibt, wie bei allem, was Menschen tun.

Der dringende Wunsch, erwachsen zu werden, beherrscht fast alle Kinder in allen Gesellschaften, denn überall gelten Erwachsene mehr als Kinder. Ebenso allgemein ist eine gewisse Angst vor den Pflichten und der Verantwortung des Erwachsenseins, vor der Prüfung, die zu bestehen ist. Beide – der Wunsch nach Veränderung des eigenen Lebens und die Angst davor – werden in den Riten dramatisiert und in Mythen symbolisch dargestellt. Da werden die Knaben wochenlang in abgelegenen Hütten im Wald von alten Männern unterrichtet; da werden sie im Männerhaus von den Geistern verschlungen und, wenn sie sich als stark genug erweisen, als Männer wieder ausgespien; da bekommen sie zum ersten Mal Iboga (oder ein anderes gebräuchliches Halluzinogen) und sehen in ihren Träumen die Ahnen, Geister oder Götter, von denen sie bisher nur hatten erzählen hören; da versammeln sich alle Verwandten und tanzen tagelang zu Ehren der Initianden und sehen zu, wie der Medizinmann ihm Wunden beibringt, die ihn von nun an als Mitglied des Clans, des Stammes, der besonderen Gemeinschaft ausweisen.

So wiederholen mehrere australische Stämme bei jeder Knabenweihe einen Mythos vom All-Vater, der genaue Anweisungen für die Zeremonien gegeben hat. Ein Mann verkörpert das mythische Wesen, das diese Operation zuerst vollzog und bricht dem Initianden einen oberen Schneidezahn heraus, indem er seine eigenen unteren Schneidezähne dagegen stemmt. Den Frauen und Kindern muß aber gesagt und aufwendig vorgemacht werden, daß die Knaben von einem bösen Geist getötet, zerstückelt, verbrannt und dann wieder neu geschaffen wurden – mit einem fehlenden Zahn.

Andere australische Stämme praktizieren die in weiten Teilen der Welt übliche Beschneidung der Vorhaut oder die nur in Australien bekannte Subinzision, bei der die Harnröhre zum Teil aufgeschnitten wird und offen verheilen muß. Auch das Beibringen von auffälligen, bleibenden Wundnarben dient demselben Zweck: den jungen Menschen als Mann und als Angehörigen einer bestimmten sozialen Gemeinschaft auszuweisen. Da die Australier früher außer einem Gürtel keine Kleidung trugen, war auch der Penis für solche Markierung geeignet.[13]

Aber diese körperlichen Markierungen mit all der begleitenden

Aufregung und Angst waren nur ein Teil der Initiation. Um wirklich ein Mann zu werden, mußte der Initiand das Wissen der Männer erwerben, mußte er sein Wesen und Denken ändern. Was er als Kind geglaubt hatte, durfte er nicht länger glauben, er mußte begreifen, daß es zwar die Männer selber sind, welche die mythischen Wesen in den Zeremonien verkörpern, daß sie aber doch mit ihrer Darstellung die mythische Zeit, die »Traumzeit« lebendig machen. Die Desillusionierung von Kindern und ihre Hinführung zum Verständnis der Wirklichkeit hinter dem alltäglich Sichtbaren, gehört zu allen Initiationsriten.

Am Beispiel der australischen Ureinwohner entwickelte Emile Durkheim 1912 die Theorie, daß die dramatischen Riten die Glaubensvorstellungen nicht nur stützen und festigen, sondern im Gemüt des Individuums geradezu erst schaffen. Wer – hautnah neben anderen erwartungsvollen Menschen – an den großen Zeremonien teilnimmt, der wird von der allgemeinen Erregung mitgetragen und sieht und erlebt das, was zu erwarten er längst gelernt hat. Er erfährt die Richtigkeit des Glaubens auf eine Weise, die nicht anzuzweifeln oder zu widerlegen ist.

Viele Gesellschaften wissen diese Erlebnisse durch Tanz, Gesang, asketische Übungen, Massen-Gebete und viele andere Techniken zu verstärken, auch durch den Gebrauch halluzinogener oder nur berauschender Pflanzen. Davon wird im Kapitel IV noch gesprochen.

Im Laufe seines Lebens muß jeder Mensch mehrere Übergänge zu einem neuen sozialen Status bewältigen. Die begleitenden Zeremonien – sie werden nach dem französischen Gelehrten Van Gennep »rites de passage« genannt – machen die Trennung vom bisherigen Zustand deutlich, begleiten schützend den gefahrvollen Zwischenzustand, bereiten den Initianden und seine Umgebung auf ihre neuen Beziehungen vor und leiten sie ein. Dies alles betrifft das Individuum und die Stufen seiner sozialen Entwicklung zwischen Geburt und Tod.

Dieselben Zeremonien haben auch auf der sozialen Ebene Aufgaben und Wirkungen: Sie sorgen dafür, daß Altersklassen, Solidargemeinschaften, Geheimbünde und Statusgruppen den gut vorbereiteten Nachwuchs bekommen, den sie brauchen, um zu überdauern, während ihre Mitglieder ständig wechseln. Was für den einzelnen Menschen Riten des Übergangs sind, das sind für die Gemeinschaft Riten der Bewahrung.

Bewahrt wird die interne Differenzierung und die hierarchische

Ordnung der Gesellschaft, indem ihre Wahrheit für jede neue Generation bestätigt wird.

Die Initiationsriten stellen dramatisch solche Wahrheiten dar. Andere betreffen das beginnende menschliche Leben und auch sie beruhen auf einem sozialen Konsens. In den meisten Kulturen wird das Neugeborene nicht als ein Mensch betrachtet, ehe ihm nicht irgendeine Anerkennung zuteil wird, zumindest von seiner Mutter, und die ist keineswegs selbstverständlich.

Der Ethnopsychiater Georges Devereux[14], der die Abtreibungspraktiken und zum Teil auch Infantizid in 400 primitiven Gesellschaften studiert hat, bemerkt, daß Kindestötung fast immer in der kurzen Zeitspanne zwischen dem Austritt und dem ersten Anlegen an die Mutterbrust erfolgt. Eine Hopi-Indianerin, die sah, daß ihr Kind zu klein oder schwächlich war, drückte es zwischen ihren Beinen tot. Bei den Mohave-Indianern geschah Ähnliches, wenn das Kind offensichtlich ein Halbblut war, für das die Verwandten nur ungern sorgen würden. Die kleinen Leichen wurden ohne Umstände begraben. In Indochina erklärte eine Sedang-Mutter: »Ehe ein Kind geboren ist und ehe es Muttermilch getrunken hat, ist es wie ein Stück Holz. Erst wenn es gesäugt wurde, wird es wirklich menschlich.« Daß Frauen in nomadischen Jägerstämmen, die ihre Kinder zwei, drei Jahre lang dauernd mit sich herumtragen müssen, in dieser Zeit kein weiteres brauchen können und, sollte doch eines kommen, es »wegwerfen«, wie die Buschfrauen sagen, läßt sich als bittere Notwendigkeit betrachten. Nicht aber, daß bei den Futuna schon ein unruhiges Kind, das nicht auf dem Rücken liegen bleibt und dadurch den erwünschten flachen Hinterkopf nicht bekommt, beseitigt wird.

Das Anlegen an die Brust bedeutet nur die Annahme durch die Mutter und manchmal nur eine vorläufige Annahme. Die Familie, der Stamm müssen ebenfalls zeigen, daß das neue Mitglied willkommen ist – durch das Geben oder Empfangen von Geschenken, durch ein Opfer für freundliche oder gefährliche Geister, durch ein festliches Mahl, durch Zeremonien, die einer Taufe ähneln. Der Zeitpunkt und die Form der Annahme variieren. Die melanesischen Manus geben sogar einer spontanen oder abortierten Frühgeburt einen Namen und ein rituelles Begräbnis, während andere Stämme erst Fünfjährige benennen, da doch etwa die Hälfte der Kinder bis zu diesem Alter stirbt.

Ebenso finden es die meisten Gesellschaften nötig, den Zeitpunkt zu definieren, zu dem ein Ungeborenes als potentielles Mitglied der Gesellschaft zu behandeln ist. Über das Stadium der Schwangerschaft, in dem Abtreibungen gewöhnlich vorgenommen werden, hat George Devereux bei den 400 untersuchten primitiven Gesellschaften vor allem festgestellt, daß zwar die Kgatla in Südafrika schon so etwas wie eine »Am-Morgen-danach«-Medizin kennen und anwenden, die Naga in Assam (Nordindien) aber noch wenige Tage vor der Geburt abtreiben und daß so ziemlich jeder Zeitpunkt dazwischen in irgendeiner Kultur auch für geeignet gehalten wird.

In unserer kulturellen Tradition ist die Vorstellung verankert, daß der Fötus von der Zeit an ein eigenständiges Leben ist, in der die Mutter seine Bewegungen spürt, also vom vierten Monat an. Aber Diskussionen darüber, ob der Fötus vom Augenblick der Empfängnis an eine »Seele« habe – wie zum Beispiel Pythagoras meinte – oder erst später – wie die Platoniker und Stoiker sagten –, hörten seit dem Altertum nie ganz auf. Aristoteles, die größte und langlebigste Autorität aller Zeiten, rechtfertigte die »gesetzmäßige« Abtreibung bis zum vierten Monat, weil erst dann der Fötus »fühlt und lebendig ist«, und im 5. Jahrhundert übernahm der Heilige Augustinus diese Unterscheidung, wenn er auch die Abtreibung eines noch seelenlosen Ungeborenen mit einer Geldbuße belegt sehen wollte. So blieb es – mit einer Unterbrechung im 16. Jahrhundert –, bis Papst Pius IX. im Jahre 1869 in einer Bulle feststellte, daß die Beseelung des Fötus bei der Empfängnis stattfindet. Seitdem gibt es in der westlichen Zivilisation zwei gegenläufige Tendenzen: die eine, die ein Lebensrecht und die Eigenständigkeit des Ungeborenen immer weiter ausdehnt – wobei ein Gesichtspunkt in Vergessenheit geraten ist, der früher sehr wichtig war, daß nämlich die ungetauften Seelen der Abgetriebenen in die Hölle, bestenfalls in ein Zwischenreich, nie aber in den Himmel kommen würden – und die andere Tendenz, den noch nicht allein lebensfähigen Fötus als Teil der Mutter zu betrachten, ihr also die Entscheidung über sein Schicksal zu überlassen. Diese Tendenz hängt auch mit der zunehmenden Aufweichung des Seelenbegriffes zusammen. Eine vom Körper unabhängige Seele, die diesen Körper überlebt, können sich zum Beispiel ungefähr ein Drittel der Deutschen in der Bundesrepublik vorstellen.[15]

Wie sich eine solche Vorstellung auf die Abtreibungspraxis auswirkt, ist im übrigen nicht selbstverständlich. Die australischen Eingeborenen sehen, wie oben beschrieben, in jedem Kind eine Neuverkörperung des Totemwesens oder eines Ahnen. Die Frauen entledigen sich aber unbekümmert ihrer ungeborenen Kinder, da – wie sie sagen – das Geistkind eben eine andere Gelegenheit geboren zu werden finden wird. Sie vernichten ja nur eine zeitweilige körperliche Form.

Indem die Menschen mehr oder besseren Seelenstoff, Geist, Kraft für die Menschen im allgemeinen beanspruchen, stellen sie sich über die Tiere. Indem sie dergleichen für eine bestimmte Art von Mensch beanspruchen, stellen sie sich über andere Arten von Menschen. Es ist der Versuch, sich etwas anzueignen, was einen als wahren Menschen ausweist.

Natur und Kultur

In jener fernen Vergangenheit, als alle Leute europäischer Abstammung noch fest glaubten, ihre Zivilisation wäre etwas Gutes, da nannte man – wenn man wohlwollend dachte – die noch lebenden Stammesgesellschaften oft auch »Naturvölker«. Man stellte sich vor, daß Leute, die nichts weiter als einen Gürtel und Schmuck trugen, oder die im hohen Norden von der Jagd und vom Fischfang lebten, nicht nur irgendwie »natürlicher« lebten, sondern auch fühlten und dachten. Etwa so wie Kinder oder wie kluge Tiere. Man setzte ja die Natur des Menschen dem Animalischen gleich, das durch die Kultur verfeinert – vielleicht, nach Rousseau, auch verdorben –, jedenfalls verändert wurde.

Nachdem man sich lange über die *wahre* Natur des Menschen und den Anteil der Kultur an seinem Wesen gestritten hatte, schlief der Streit eine Weile ein. Die Wissenschaftler waren zu dem Schluß gelangt, daß es gerade die *Natur* des Menschen ist, eine *Kultur* zu haben; daß also der letzte *natürliche* Mensch ein Wesen war, das vor zwei oder drei Millionen Jahren lebte, noch keine Kultur hatte und also auch noch *kein* Mensch war; daß wir es hier mit einem *Prozeß* zu tun haben und nicht mit Zuständen; daß dieser Prozeß nachträglich nicht mehr aufgedröselt werden kann.

Neuerdings wurde die alte Kontroverse wiederbelebt unter Stichworten wie »Soziobiologie«, »Kulturbiologie«, »Ethologie« (Verhaltensforschung) und so weiter, wobei es grob gesagt darum geht, wieweit sich das soziale und kulturelle Verhalten der Menschen – und das heißt heute immer *aller* Arten des homo sapiens – aus im Organismus genetisch einprogrammierten Abläufen erklären läßt und wieweit das Verhalten in wesentlichen Bereichen durch Lernen verändert oder erst hervorgerufen wird.

Die Diskussion, auf die im letzten Kapitel noch einzugehen ist, wird unter Fachleuten mit Heftigkeit geführt, denn, wie schon früher, steht auch das Selbstverständnis jedes einzelnen auf dem Spiel: Was bin ich, wenn ich ein Mensch bin?

Dieselbe Frage haben sich die Menschen immer gestellt. Sie sind ja *die* Wesen, die in ihrem Gehirn einen Spiegel besitzen. Darin können sie sich selber betrachten. In diesem Kapitel wurde einiges von dem zusammengetragen, was Menschen bestimmter Kulturen in diesem Spiegel zu sehen meinen, wie sie es interpretieren und was sie daraus folgern. Relativ einmütig kommen sie jeweils zu der Überzeugung: Nur *wir* sind *richtige* Menschen.

Dazu wird der Ethologe sagen: »Das ist stammesgeschichtliches, programmiertes Erbe.« Und der Ethnologe wird sagen: »Das ist es, was jede Kultur ihre Mitglieder in einer einmaligen Form lehren muß, um sich von Generation zu Generation zu erhalten. Denn: Wir sind doch keine Tiere!«

Kapitel III

Gesundheit, Krankheit, Tod

Die Erlebnisse, die Menschen unabweisbar dazu zwingen, sich über das Unbekannte und Unsichtbare Gedanken zu machen, sind der Tod eines Mitmenschen, Krankheit und Todesangst. Das ist heute so und war, wie die 60000 und 40000 Jahre alten Begräbnisstätten zeigen, schon so, ehe der heutige Menschentyp die Erde erobert hatte. Darum gehört es auch für die Ethnologie zu den zentralen Themen herauszufinden, wie man in verschiedenen Kulturen Gesundheit zu erhalten, Krankheit zu heilen und den persönlichen wie auch sozialen Verlust durch Tod zu bewältigen sucht. Diese Forschungen führen häufig zu kritischen Berichten über die Sitten im heutigen Los Angeles oder auf modernen Intensivstationen oder in kultischen Therapiegemeinschaften. Was zeigt, daß die uralten Fragen noch immer offen sind.

Nur Kinder fragen endlos

Es gibt eine Periode in der Entwicklung des Kindes, in der es mit seinen Fragen die Eltern verrückt macht. Das Kind hat das Prinzip von Ursache und Wirkung erfaßt. Es hat noch nicht erfaßt, daß wir Menschen uns sehr oft damit zufriedengeben müssen, eine Ursache anzunehmen, an eine Ursache zu glauben, ohne sie zu kennen oder nachweisen zu können. »Warum?« fragt das Kind, und vor seiner Hartnäckigkeit geraten die Grundlagen unseres alltäglichen Tuns ins Wanken. »Du machst mich noch verrückt!« sagt die Mutter. Sie hätte recht, wenn sie die Fragen des Kindes ernst nehmen würde, aber das tut sie ja nicht.

*

»Mama, das Kätzchen will nicht mehr spielen!

»Was hast du denn mit dem Kätzchen gemacht? Das ist ja *tot*!«

»Ich hab es doch nur gut zugedeckt.«

»Du hast es erstickt. Es hat keine Luft mehr gekriegt. Nun ist es tot.«

»Böses Kätzchen!«

»Nein, du bist böse. Du hast es totgemacht!«

»Nein! Nein! Nein!«

»Doch. Du bist schuld, daß es tot ist. Ganz tot. Auf immer.«

*

»Wo ist die Oma?«

»Die Oma ist krank. Sie ist im Krankenhaus.«

»Warum?«

»Sie hat schlimmes Bauchweh. Ganz schlimm. Darum ist sie im Krankenhaus. Da wird sie gepflegt.«

»Warum hat sie so schlimmes Bauchweh?«

»Weil sie krank ist.«

»Warum ist die Oma krank?«

»Alle Leute werden manchmal krank.«

»Warum?«

»Das ist so.«

»Warum?«

»Weil das so ist. Es gibt Bakterien und Viren, ganz kleine Tiere, die machen die Menschen krank. Und dann, wenn man alt wird, dann wird man krank. Oder wenn man sich zu sehr anstrengen muß. Oder wenn man naß und kalt wird oder sich aufregt. Es gibt viele Ursachen für Krankheiten.«

»Warum? Warum gibt es solche kleinen Tiere?«

»Die gibt es eben. So wie es große Tiere gibt und Menschen.«

»Warum gibt es die?«

*

»Wo ist die Oma jetzt?«

»Die Oma ist jetzt im Himmel.«

»Warum?«

»Die Oma ist gestorben. Ihre Seele ist im Himmel. Ihr Körper ist tot.«

»Wie das Kätzchen?«

»Nein. Ein Mensch ist nicht wie ein Kätzchen. Ein Mensch hat eine Seele. Die kommt in den Himmel.«

»Warum hat das Kätzchen keine Seele?«

»Ich weiß nicht – vielleicht hat es auch eine Seele.«

»Wer hat die Oma totgemacht? Hat der Doktor im Krankenhaus sie totgemacht?«

»Nein. Der Doktor hat versucht, sie gesund zu machen. Aber sie war zu krank.«

»Wer hat die Oma krank gemacht? Hast du sie krank gemacht?«

»Was fällt dir ein! Nein, die Oma war schon alt.«

»So alt wie die Tante Else?«

»Noch nicht so alt. Aber Tante Else ist sehr gesund, die kann noch lange leben.«

»Warum?«

»Ich weiß nicht. Sie hat eine gesunde Natur. Sie hat Glück.«

»Warum?«

»Manche Leute haben Glück, andere nicht.«

»Mama, werde ich auch alt?«

»Ja, einmal wirst du auch alt. Aber das dauert noch lange.«

»Wer macht das, daß ich alt werde?«

»Die Zeit. Mit der Zeit werden alle Menschen alt.«

»Wer ist die Zeit, Mama?«

*

Einer wird totgemacht. Einer stirbt. Einer wird krank und stirbt. Einer wird krank und wieder gesund. Ich lebe. Warum? Eines Tages hört das Kind auf zu fragen. Es akzeptiert die Antworten der Erwachsenen – bessere gibt es offenbar nicht. Es gewöhnt sich an diese Antworten, so, wie die heute Erwachsenen sich einmal daran gewöhnt haben. Aus der Gewöhnung wird Überzeugung. Hat man je etwas anderes gehört?

Doch! Da sind Wunder geschehen und Tote sind wieder auferstanden. Da berichten Menschen, daß sie ihren eigenen Tod erlebt und überlebt haben. Da glauben ganze Völker, daß die Toten wiedergeboren werden oder daß sie unter den Lebenden sind und ihnen Gutes oder Böses tun, oder daß die Toten in einer anderen Welt weiterleben, fast genauso wie auf der Erde. Aber wo kämen wir hin, wenn wir immer wieder fragen wollten wie ein Kind, wie es denn nun wirklich ist und warum? Verrückt würden wir werden! Viel vernünftiger ist es, bei dem zu bleiben, bei dem wir einmal als Kinder aufhörten zu fragen, bei dem Glauben, den wir mit den Menschen um uns herum teilen. Die Gespräche über einen Sterbenden, die Rituale von Begräbnis und Totenfeier, die Gespräche danach – all die Formeln, die einer dem anderen wiederholt, sie befestigen unseren Glauben, bis er zur Gewißheit wird. Kannst du es nicht glauben? In diesem besonderen Falle, der dich so schrecklich betrifft? Dann sei still, behalte deine Zweifel für dich – die anderen wollen sie nicht hören. Nur kleine Kinder fragen endlos.

So haben wir gelernt, über den Tod zu denken und nicht daran zu denken. Wie es unsere Eltern gelernt haben und unsere Großeltern. Zum Teil ist das ein »Hilflosigkeitstraining«, wie es die experimentelle Psychologie an Tieren ausprobiert hat. Ein Tier – ob Ratte, Taube oder Affe – lernt, sich hilflos passiv zu verhalten, wenn es begriffen hat, daß es keinen Weg gibt, um »positive Verstärker« wie Futter zu erhalten oder »negativen Verstärkern« wie Elektroschocks zu entkommen. In einer Situation, in der es keine Kontrolle ausüben kann, in der sein eigenes Verhalten keine Wirkung auf Umweltereignisse zeigt, entwickelt das Tier einen Fatalismus, den man beim Menschen als »Depression« bezeichnet. Es verschwendet nicht unnütz seine Kräfte, um etwas zu erreichen oder zu vermeiden, das außerhalb seiner Kontrolle liegt und verhält sich damit rational.

Außerhalb des Labors sind völlig hoffnungslose Situationen nicht häufig. Auch bei einer einzigen positiven Erfahrung begreift eine Ratte »das Prinzip Hoffnung«, aus dem Menschen eine Lebensphilosophie gemacht haben: Ratten, die man in einem mit Wasser gefüllten runden Gefäß mit hohen glatten Wänden einem »Schwimmtest« unterwirft, erkennen bald, daß es da kein Entrinnen gibt und lassen sich untergehen. Hat man aber einer Ratte einmal eine Strickleiter oder andere Rettungsmöglichkeit gegeben, so schwimmt sie beim nächsten Test hoffnungsvoll weiter bis zur absoluten Erschöpfung. Es ist eigentlich nicht nötig, daß Menschen mit Ratten solche grausamen Spiele treiben: Jemand oder etwas treibt solche Spiele dauernd mit den Menschen, und sie sollten wissen, wie sie darauf reagieren – wenn sie allein auf sich selbst gestellt sind.

Zu unserem Glück sind Menschen selten ganz allein einem »Schwimmtest« ausgesetzt. Selbst wenn kein anderer Mensch physisch anwesend ist, so erinnern wir uns doch an die Geschichten von unglaublichen Rettungen im letzten Augenblick oder an die Gebete, die man uns gelehrt hat, an die Schutzgeister und die anderen Tröstungen, die unsere Lebensgemeinschaft tradiert. Wenn wir aber von anderen Menschen umgeben sind, dann werden wir in die Rituale einbezogen, die unsere Hoffnung bestärken und uns ihrer Verwirklichung näher bringen. Jede Kultur muß für individuelle Krisensituationen wie den drohenden Tod oder das ablaufende Sterben Sinngebungen in Form von Symbolen bereithalten und symbolische Handlungen, das heißt Rituale. Die Kultur muß dem einzelnen eine Erklärung und einen Sinn seiner erlebten Krise anbieten, sonst wird sie für ihn wertlos und nicht – existent. Er würde aus seiner Gemeinschaft herausfallen, wie ein taub gewordener Sänger aus dem Chor. (In pluralistischen Gesellschaften kann er sich einer anderen sinngebenden Gemeinschaft anschließen, aber Stammesgesellschaften lassen dem einzelnen keine Wahl.)

Zu der Sinngebung gehört auch die Definition der Grenze zwischen einer noch hoffnungsvollen und einer hoffnungslosen Situation. In den Mythen, Legenden und Gesprächsformeln einer Kultur wird beschrieben, unter welchen Umständen es für einen Menschen richtig ist, sich zu fügen, sich aufzugeben. Nicht immer wird ihm die Entscheidung überlassen – Todesrituale schließen manchmal auch aktive Hilfe zum Sterben ein. Soziale Institutionen verkörpern auch die Vorstellungen vom richtigen oder falschen, vom guten oder schlimmen Sterben. So geben alle Kulturen Antworten, geben Gewißheiten, aber nicht immer dieselben.

Wie der Tod in die Welt kam

Die eine Gewißheit ist: Alle Menschen müssen sterben. Die andere Gewißheit ist: Der Tod ist noch nicht das Ende. Diese zweite Gewißheit ist nicht ganz so gewiß.

Alle Menschen und Tiere müssen sterben. Aber es war nicht immer so, sagen die Kiowa-Indianer[1], die im Südwesten Nordamerikas leben:

Der trickreiche Held der Kiowa, Saynday genannt, war wie gewöhnlich unterwegs. Da sah er eine rote Ameise. In jenen Tagen war die rote Ameise rund wie ein Ball, so wie es viele Kiowa-Frauen sind.

Saynday machte sich so klein wie eine Ameise und ließ sich zu einem Gespräch nieder.

»Ich sehe«, so sagte er, »daß die alten Leute und Tiere in meiner Welt sterben. Das ist nicht gut. Ich glaube, ich kann es so einrichten, daß sie nach vier Tagen wieder lebendig werden.«

»Ich weiß nicht, ob das gut wäre«, sagte die Ameise. »Wenn du die Leute wieder und wieder lebendig machst, dann wird die Welt zu voll. Ich finde, wenn die alten Leute sterben, dann sollten sie auch tot bleiben.«

»Aber die jungen Leute?« erwiderte Saynday. »Wenn ein junger Mann bei der Jagd oder im Krieg umkommt oder eine junge Frau bei einer Geburt stirbt, sollten sie nicht ins Leben zurückkommen?«

»Saynday«, sagte die Ameise, »alles soll immer nach deinem Kopf gehen. Laß die Leute, die sterben, in Ruhe. Hol' sie nicht wieder zurück!«

»Wenn du es so haben willst, so soll es so sein!« sagte Saynday, »aber denke daran, es war deine eigene Entscheidung!« Und damit ging er seiner Wege.

Vier Tage später kam er wieder zu derselben Stelle. Da hörte er herzzerreißendes Weinen und Klagen. Wieder machte er sich klein und setzte sich neben die Ameise, die so klagte: »Mein Sohn ist tot! Ein Büffel ist auf ihn getreten, und nun ist der arme Kerl tot!«

»Ich habe dich gewarnt«, sagte Saynday. »Wenn du mich hättest machen lassen, hätte ich ihn nach vier Tagen wieder ins Leben zurückholen können. Aber nein! Ihr Weiber seid alle gleich. Ihr wißt alles besser und wollt immer euren Kopf durchsetzen. Wenn du nicht so dickköpfig wärst, dann hätte dein Sohn nicht zu sterben brauchen.«

Die Ameise heulte laut auf, dann zog sie schnell ihr Küchenmesser und fing an, sich den Hals durchzuschneiden. Saynday konnte sie gerade noch festhalten.

»Hör zu«, sagte er, »das bringt deinen Sohn nicht zurück und macht nur noch mehr Leuten Kummer. Von nun an sollen Kiowa-Frauen, wenn jemand stirbt, sich schneiden, in die Arme oder Beine, oder sie sollen ihre Haare abschneiden oder auch ein Fingerglied, weil eine Frau den endgültigen Tod in die Welt gebracht hat. Aber keine Frau darf sich je aus Kummer umbringen.«

Und so ist es nun bei den Kiowa bis zum heutigen Tag.

Irgend etwas klingt uns bei dieser Indianer-Geschichte von der Ameise und dem Naturgeist vertraut. Was? »Eine Frau hat den Tod in die Welt gebracht!« Wie unsere Stamm-Mutter Eva. Wenn nicht aus Neugier, dann aus Eigensinn. So sind die Frauen. Aber die Folgen müssen die Männer mittragen. Da ist es nur gerecht, daß alle Frauen durch einige Extrastrafen, ob Selbstverwundungen oder das Gebären »mit Schmerzen« und die Unterwerfung unter ihre Männer, immer wieder daran erinnert werden, daß es eine Frau war, die einst den Tod in die Welt brachte. Diese Mythen erklären und befestigen das Verhältnis der Geschlechter zueinander, wie es auch andere Berichte über Missetaten der Frauen von einst tun.

Das ist aber nur ein Aspekt der Geschichte, ein relativ oberflächlicher, aufs tägliche Dasein bezogener. Tiefer begründet ist das Gefühl, daß wer Leben gibt, auch Tod geben kann. Die runde rote Ameise ist nicht nur ein eigensinniges Weibsbild, sie ist auch eine Mutter, sie ist *die* Mutter. Ihr Argument, daß die Welt zu voll würde, wenn niemand stürbe, bedeutet: Ich, die Mutter, schaffe neues Leben, deshalb muß das alte Leben abtreten. In der winzigen Ameise sind die mächtigen Göttinnen anderer Völker und Zeiten zu erkennen, Erdmütter, die blind gebären und die Toten wieder in ihren Schoß aufnehmen, Muttergottheiten, die zugleich Todesgöttinnen sind, wie die vorderasiatische Ischtar, die indische Kali, die mexikanische Coatlicune. Geburt und Tod sind untrennbar.

Doch deswegen machen noch nicht alle Völker die Frauen explizit verantwortlich. [2] Häufig waren es die ersten Menschen insgesamt oder das erste Paar, oder auch eine nicht sonderlich wichtig erscheinende Person, die wählen durfte oder mußte und den Tod wählte, willentlich oder unwillentlich. Es mag uns grausam erscheinen, wenn der Schöpfer die Menschen sterben läßt, nur weil das erste Paar nach der Banane griff und nicht nach dem Stein – wie es auf der indonesischen Insel Celebes erzählt wird –, aber vielleicht dachte der Schöpfer ebenso wie die rote Ameise, daß die Erde sonst zu voll würde. Wie auch immer: was geschehen ist, ist geschehen und die Menschen müssen sich damit abfinden. Oder sie erfinden etwas Neues – wie das Leben nach dem Tode.

Saynday, der Kiowa-Naturgeist, wollte die Toten nach vier Tagen wieder zum Leben erwecken – wie Schlafende nach einer langen Nacht. Eine naheliegende Idee. Sie taucht immer wieder auf, oft in Verbindung mit dem Mond, der wächst, dick und rund wird, altert, schwindet und stirbt und wiedergeboren wird. So sagen die australischen Kulin, daß der Mond den alten Leuten Wasser zu trinken geben wollte, damit sie nach dem Tode ins Leben zurückkehren könnten, aber die braungeflügelte Taube war dagegen. Ein anderer australischer Stamm, die Wotjo[3], sagen, es war ein alter Mann, der meinte, die Toten sollten tot bleiben. Und die Azande in Zentralafrika haben eine Geschichte[4], in der es dem Frosch gelingt, den Mond unsterblich zu machen, und die ungeschickte Kröte dem Menschen dasselbe Privileg verdirbt.

Bleibt die Rückkehr ins Leben in diesen Mythen dem Mond vorbehalten, so exemplifiziert er doch eine denkbare Möglichkeit. Sie ist anderswo auf die Menschen übertragen. Dort zum Beispiel, wo man die Neugeborenen als wiederkehrende direkte Vorfahren ansieht, wie bei mehreren australischen, nordamerikanischen und afrikanischen Stämmen. Aber im Gegensatz zum Mond kann der Mensch nicht als Ganzes wiedergeboren werden: Körper und Geist werden durch den Tod auf immer getrennt, und auch was vom Geist des Menschen wiederkehrt, kann nicht alles sein, denn in dem Neugeborenen lebt keine Erinnerung an das frühere Dasein, und die Persönlichkeit, die einmal war, ist nicht mehr, selbst wenn das Kind vielleicht die schöne Stimme des Urgroßvaters besitzt und damit die Voraussetzung, ebenfalls ein Anführer festlicher Riten zu werden. Was da wiedergeboren wird, kann nur eine spirituelle Wesenheit sein, eine Kernseele oder eine Restseele, von der zwischen Tod und Wiedergeburt alles abfällt, was sie zu einem Menschen machte. (Mit den hinduistischen und buddhistischen Lehren von der Wiedergeburt, wie sie im Laufe der Zeit von Theologen entwickelt wurden, haben die Stammesreligionen wenig gemein: Nach indischer Auffassung wird das Wesen, atma, des Gestorbenen ja nicht in einem seiner Nachkommen wiedergeboren, sondern findet einen neuen Körper als strikte Folge seines vorhergehenden Lebens. Bei den Stammesgesellschaften ist meist weder die Tatsache noch die Form der Wiedergeburt von den guten oder bösen Taten des Menschen abhängig.)

Der amerikanische Soziologe Guy E. Swanson[5], der aus Murdocks Kulturensammlung eine Stichprobe von 50 Kulturen entnommen und nach weit verbreiteten religiösen Vorstellungen durchkämmt hat, findet den Glauben an eine Wiedergeburt in 12 Fällen, dagegen den Glauben an ein Weiterleben der Ahnen als Geister und ihr aktives Eingreifen in die Affären der Lebenden in 33 Fällen. »Aktives Eingreifen« kann dabei dreierlei heißen: die Art der Aktivität ist unbestimmt oder nicht bekannt, die Ahnen helfen den Lebenden oder strafen sie, die Lebenden rufen die Ahnen um Hilfe bei ihren Angelegenheiten an. In Swansons Stichprobe ist die dritte Form der Aktivität am häufigsten (14 Fälle). In den übrigen Fällen besteht zwar ein Glaube an das Weiterleben der Ahnen, nicht aber an ihre fortgesetzte Teilnahme am Dasein ihrer Nachkommen.

Swanson setzt nun diese verschiedenen Vorstellungen in Beziehung zu der sozialen Organisation der 50 Gesellschaften und findet dabei folgendes: In Gesellschaften mit unabhängigen Verwandtschaftsgruppen oberhalb der Kernfamilien – also Clans, Geschlechter, Bruderschaften und was es sonst noch alles gibt – ist der Glaube an ein aktives Eingreifen der Ahnengeister häufiger als in anderen. Die Ahnen erfüllen also auch nach ihrem Tode weiter die Aufgaben, die ihnen als lebenden Respektspersonen zukamen, sie belohnen und strafen, sorgen für Ordnung und halten die Verwandtschaftsgruppe zusammen. Sie stellen die Kontinuität der Gruppe dar, die bestehen bleibt, auch wenn ihre führenden Vertreter und alle Mitglieder ständig wechseln. Die Kernfamilie ist, wie Swanson zeigt, zu klein, instabil und vergänglich, um das Andenken an die Ahnen als aktive Teilnehmer bewahren zu können, und deshalb sind die beschriebenen Vorstellungen vor allem in Gesellschaften mit übergeordneten Verwandtschaftsgruppen zu finden.

Swansons Untersuchung, in der er bestimmte Glaubensinhalte zu sozialen Strukturen quantitativ in Beziehung setzt, demonstriert zwar keine exakten Entsprechungen, aber unterschiedliche Gewichtungen – soziale Strukturen und Vorstellungen von Gottheiten, Geistern, Seelen, Hexen, Magie und Moral sind voneinander nicht unabhängig. Swanson geht von dem theoretischen Ansatz aus, den der französische Soziologe Emile Durkheim 1912 in seinem Buch »Die Elementarformen des religiösen Lebens« zuerst formuliert hat: Die Menschen bilden sich ihre Vorstellungen von der unsichtbaren Welt und ihren

Mächten nach dem Modell, das ihnen ihre eigene Gesellschaft zeigt. Was zu ihnen mit der Autorität des Überirdischen spricht, ist die von ihnen seit frühester Kindheit internalisierte Stimme ihrer Kultur, das heißt des Symbolsystems ihrer Gesellschaft. Deshalb sind auch alle Theorien, die religiöse Ideen aus allen Menschen gemeinsamen psychischen oder soziobiologischen Eigenschaften zu erklären versuchen, ungenügend – sie können nie erklären, warum sich die Angehörigen verschiedener Kulturen voneinander so sehr unterscheiden.

Der soziale Aspekt religiöser Vorstellungen ist wohl kaum irgendwo deutlicher als im Verhältnis der Lebenden zu ihren Ahnen. Doch ist die gegenseitige Abhängigkeit von Lebenden und Ahnengeistern in den Kulturen sehr unterschiedlich gewichtet. Manchmal wird das Weiterleben der Toten nur durch die ständigen Zeremonien und Opfer der Nachkommen ermöglicht. Manchmal brauchen die Lebenden die Hilfe der Ahnen für alle wichtigen Angelegenheiten. Manchmal sind die Ahnen fast ständig beleidigt und zornig und schicken rachsüchtig Unglück und Krankheit. Manchmal werden die Ahnen nach kurzer Zeit in die namenlose Masse der Toten eingereiht. Manchmal dürfen sie sich lange eines persönlichen Gedenkens erfreuen. Manchmal sind die neugeborenen Kinder Wiederverkörperungen ihrer nahen Vorfahren. Dies ist wohl der engste Lebenskreislauf, den man sich vorstellen kann, und er nimmt dem Tod den größten Teil seines Schreckens für die Gruppe: der Stamm, der Clan, die Familie verliert ihr Mitglied nur auf kurze Zeit. Der Schrecken des Todes für den einzelnen ist allerdings damit nicht aufgehoben.

Wann begann das Nachdenken, das Fragen, das Suchen nach Erklärungen? Wir wissen nicht, wann die Hominiden und die frühen Menschen ihr Dasein nicht mehr so hinnahmen, wie es kam. Wir wissen aber, wann sie zu der Überzeugung gekommen waren, daß der Tod eines Menschen nicht das Ende sei.

Todesrituale

Vor rund 70000 Jahren hatten sich die Menschen, die wir nach dem Fundort des ersten Skeletts im Jahre 1856 in der Nähe von Düsseldorf Neandertaler nennen, im eiszeitlichen Europa eingerichtet. Direkte Verwandte oder ihnen ähnliche Gruppen lebten schon seit etwa

200000 Jahren in verschiedenen Teilen der Welt. Die Neandertaler waren – soweit wir bis heute wissen – die ersten Menschen, die ihre Toten begruben. Sie hatten, so kann man daraus schließen, eine neue, die menschliche Einstellung zum Tode: Sie erfanden das Leben nach dem Tode.

Neandertaler legten ihre Toten in ausgehobene Erdgräber, unter flach aufgeschüttete Erdhügel, in Felsmulden, in Höhlennischen. Meist brachten sie die Leiche in die Stellung des Kindes im Mutterleib oder in Schlafstellung, und es sieht so aus, als hätten sie die Beine fest zusammengebunden. Sie bestatteten neugeborene Kinder, alte Leute, wichtige Männer, eine Familie in beieinanderliegenden Einzelgräbern. Sie gaben den Toten Nahrungsmittel mit, Werkzeuge, Waffen, rituelle Gegenstände. Wir wissen, daß es rituelle Gegenstände waren, weil dieselben Steinbockhörner oder Schachtelhalme noch heute in denselben Gegenden als magische Utensilien bekannt sind. Sie färbten Gesicht und Körper der Toten mit rotem Ocker. Sie postierten Schädel gewaltiger Höhlenbären wie Grabwächter um die Stätte.

Wir wissen nicht, was diese Menschen sich bei all dem dachten. Bis vor kurzem trauten auch die Fachleute den Neandertalern sehr wenig zu, wollten sie nicht als unsere direkten Vorfahren sehen. Die gelehrten Auseinandersetzungen werden mit jedem neuen Fund komplizierter, aber sie brauchen uns hier nicht zu kümmern. Immerhin hat ein Teil der Fachwelt den Neandertalern jetzt ein »sapiens« zugebilligt, während ihre Nachfolger, die sie vor etwa 35000 Jahren aus Europa und der bekannten Welt verdrängten, »homo sapiens sapiens« genannt werden. Die »doppelt weisen« Menschen – das sind wir – haben sich für die Bestattung ihrer Toten zwar noch viele Verfeinerungen und Variationen, wie die Verbrennung, ausgedacht, aber die Weiterentwicklung der Vorstellungen von jener anderen Welt jenseits des Todes ist relativ einfach, verglichen mit der geistigen Leistung der Neandertaler. Sie waren es, die nicht mehr wie die Tiere und wie ihre Vorfahren über Hunderttausende von Jahren hinweg, die Kadaver liegen ließen, wo sie hinfielen, als etwas Fremdes, Bedeutungsloses, sondern versuchten, die Natur der Dinge zu verstehen, zu zwingen, in die eigenen Hände zu nehmen.

Wir wissen nicht, was sie sich dabei dachten, aber wir sehen, daß sie sich etwas dachten. Wollten sie mit den Grabbeigaben dem Toten das Leben im Jenseits angenehm machen? Wollten sie alles, was ihm gehörte, loswerden und ihn hindern, zurückzukehren? Beide Motive – einzeln und zusammen – bewegen noch heute die Menschen.

Vielleicht begann die Fürsorge für die Toten mit der Fürsorge für Kranke oder Verwundete. Einige der gefundenen Neandertaler-Skelette weisen schwere, aber verheilte Verwundungen auf und andere gehörten alten, von Arthritis verkrümmten Menschen. Daß die gepflegt, überhaupt am Leben erhalten wurden, war auch etwas ganz Neues. Wo aber Fürsorge geübt wird, da entstehen auch Schuldgefühle, wenn die Fürsorge nicht genügt, wenn der Kranke dennoch stirbt. Die Neandertaler lebten in sehr kleinen Gruppen in großer Einsamkeit inmitten einer harten Umwelt. Die Bindungen zwischen den Mitgliedern der Gruppe müssen sehr eng gewesen sein. So war jeder Tod ein unmittelbar fühlbarer Verlust, der vielleicht sogar das Überleben der Restgruppe in Frage stellte. Schmerz und Angst, Schuldgefühl und auch Angst vor der Rache des Toten lassen sich vermuten.

Doch was der einzelne fühlt, ist morgen schon vergangen – nur was er mit seinen Gefährten teilt und was sie zusammen in regelmäßiger Wiederholung aussprechen und in Handlungen ausdrücken, verfestigt sich zur Gewißheit. An die nächste und übernächste Generation weitergegeben, ist die Tradition eine nicht anzweifelbare Wahrheit. Hat man denn je etwas anderes gehört? Bestimmt würde Schlimmes geschehen, wenn man die Rituale nicht wiederholte, wie man sie gelernt hat!

Und doch – man hat alles richtig gemacht, aber der Tote erscheint seinem Bruder, seiner Frau im Traum oder im Wachen, sie hören seine Schritte, die sie gut kennen, ein Kind wird krank. Warum findet der Tote keine Ruhe? Die Gruppe, der er zugehört hat, überlegt gemeinsam und allmählich bildet sich ein Konsens. Ja, der Bruder des Toten hat ihn gekränkt, er gibt es zu. Er bringt dem Toten ein Opfer, er sorgt für dessen Frau und Kinder. Der Tote macht sich nicht mehr bemerkbar. Beim nächsten Mal, wenn etwas Ähnliches geschieht, hat man einen Präzedenzfall. Millionen von Erfahrungen werden in Gesprächen hin- und hergewendet, bis sie allen Mitgliedern der Horde, des Stammes vertraut sind wie die eigenen Erfahrungen. Wie ein Destillat aus diesen Erfahrungen, wie die reine Essenz des trüben, gärenden Alltagslebens, schwebt darüber das Bild, das sich diese Menschen von der Welt machen. Dieses Bild ist ihre Wirklichkeit, an der sie messen, was ihnen geschieht: ich habe meinen toten Bruder gesehen – was bedeutet das? In der Tradition des Stammes findet sich eine Antwort, vielleicht muß man auch einen Spezialisten befragen, einen Schamanen, Priester oder Psychotherapeuten. Der Tote kommt zur Ruhe, wenn sein Bruder zur Ruhe kommt, wenn er die Erklärung annimmt, die ihm seine Kultur bietet. Es gibt immer Menschen, die nicht zur Ruhe kommen.

Für Religionswissenschaftler sind die Sitten der australischen Eingeborenen besonders attraktiv, weil die Menschen des fünften Kontinents dort, seit sie vor rund 40000 Jahren übers Meer einwanderten, von Kontakten mit anderen Kulturen fast völlig isoliert waren. Ihre steinzeitliche Technik blieb sehr einfach, was sie allerdings nicht daran hinderte, Überlebensstrategien in Gebieten zu entwickeln, die alles andere als menschenfreundlich sind, wie die Halbwüsten des Landesinnern. Verbunden mit der einfachen Technik und dem Leben in kleinen, nomadisierenden Gruppen, ist ein Reichtum an Zeremonien und eine Vielfalt an Mythen, die das Leben jedes einzelnen australischen Eingeborenen beherrschen. Zum Beispiel müssen die Frauen eines Lagers, in dem ein eingeweihter Mann gestorben ist, während der Trauerzeit schweigen. Um die Jahrhundertwende trafen Forscher eine alte Frau, die seit 24 Jahren nicht mehr gesprochen hatte – nach einer Reihe von Trauerzeiten hatte sie es aufgegeben, sich anders als durch Gesten zu verständigen.

Die Trauerrituale der Australier bilden auch ein Kernstück in der Beweisführung von Emile Durkheims[6] Religionssoziologie: die Riten, mit denen die Gruppe nach dem Verlust eines Mitglieds ihren Zusammenhalt und Bestand neu zu festigen versucht, werden nachträglich erklärt mit Mythen über die Seelen der Toten, ihre Bedürfnisse, Forderungen und Drohungen. Die Menschen klagen nicht um die Toten, weil sie sie fürchten; sie fürchten sie, weil sie um sie klagen.

Die Totenklagen sind bei den Australiern zu dramatischen Ereignissen von größter Intensität ausgebildet. Ende des 19. Jahrhunderts bereisten die Ethnographen Spencer und Gillen[7] den Kontinent und beschrieben sorgfältig viele nun vergessene Riten. Zum Beispiel die hier gekürzt wiedergegebene Szene bei den Warramunga im zentralen Nordaustralien:

Eine Totemzeremonie war gerade beendet, und die Darsteller und Zuschauer verließen den geheiligten Bezirk, als ein durchdringender Schrei aus dem Lager ertönte: ein Mann war am Sterben. Sofort liefen alle in Richtung des Lagers, wobei die meisten laut heulten. Die Frauen, die während der vorhergehenden Zeremonie im Lager geblieben waren, hatten sich schon auf den am Boden ausgestreckten Körper des Sterbenden geworfen, andere knieten im Umkreis und rissen sich mit scharfen Stöcken die Kopfhaut auf, bis das Blut ihnen übers Gesicht strömte. Dabei weinten sie laut und ununterbrochen. Sobald die Männer herbeikamen, zogen sich die Frauen etwas zurück, und nun warfen sich die Männer auf den Sterbenden und brachten sich heftig blutende Wunden bei. Der Mann tat erst gegen Abend seinen letzten Atemzug, und daraufhin wurde die ganze Sache noch einmal mit erneuter Leidenschaft wiederholt. Männer und Frauen, von wahrer Raserei erfaßt, rannten umher, fügten sich mit Messern und spitzen Gegenständen Wunden zu, die Frauen schlugen sich gegenseitig mit Kampfkeulen über die Köpfe und niemand versuchte, den Schlägen auszuweichen. Schließlich, nach ungefähr einer Stunde, bildete sich eine Fackelprozession, die über die Ebene zu einem Baum zog, wo der Leichnam in den Zweigen aufgebahrt und zurückgelassen wurde.

Die »Raserei« war aber, wie Spencer und Gillen bemerkten, durch die Etikette streng geregelt. So müssen der mütterliche Großvater des Toten, sein mütterlicher Onkel und der mütterliche Onkel und Bruder seiner Frau sich in die Oberschenkel schneiden, andere Verwandte brauchen sich dagegen nur Bart und Haare abzuschneiden oder den Kopf mit Lehm zu beschmieren. Für die Frauen gelten strengere Vorschriften als für die Männer – wie bei vielen Stämmen auf der Welt. Ein Beispiel dafür samt seiner mythischen Begründung wurde bereits genannt: die Kiowa-Indianer.

Die Seele vom Körper trennen

Langwierige und komplizierte Todesrituale sind nötig, weil die Seele – oder wie immer das genannt wird, was den Körper überlebt – sich so ungern von ihrer bisherigen Wohnung trennt. Selbst wenn man den Menschen im Jenseits ein herrliches Paradies verspricht, ziehen sie es vor, so lange wie möglich darauf zu warten – außer in Zeiten besonderer kollektiver Erregung. Aber Stammesreligionen sind meistens mit Versprechungen für das Leben nach dem Tode recht sparsam. So sind die Überlebenden sicher, daß der Tote noch drei, vier oder fünf Tage lang in der Nähe seines alten Körpers oder seinen Hauses bleibt und daß man ihn schließlich energisch auf den Weg schicken muß, sonst versucht er etwa, noch jemanden von den Lebenden zur Gesellschaft mitzunehmen!

Die dramatische Szene, die Spencer und Gillen bei den Warramunga beobachteten und die sich ähnlich überall in Australien findet, ist nur der erste Teil des Todesrituals, der Teil mit dem die Seele oder der Geist des Toten von seinem Körper getrennt wird. Kenneth Maddock[8], ein moderner australischer Ethnologe, sagt, man könne bei allen Verschiedenheiten unter den Stämmen doch immer diese drei Teile des Todesrituals beobachten: erstens die Trennung von Körper und Geist, einen »rite de passage«, ähnlich der Aufnahme unter die erwachsenen Stammesangehörigen; zweitens das Verfügen über den Körper, das manchmal in zwei Stadien vor sich geht, indem man zuerst das Fleisch in einem Baum oder in der Erde verrotten läßt und danach die Knochen anderswo beisetzt; drittens das Zur-Ruhe-bringen des Geistes. Erst danach kann der Geist sich an einem der Totemorte, einer heiligen Stätte, auf immer niederlassen oder bis er sich in einem seiner Nachkommen wiederverkörpert. Fünf oder mehr Zeremonien mit mehr oder minder großer Teilnehmerzahl sind da nötig, und außerdem wird noch eine Untersuchung über die Todesursache veranstaltet: Hat jemand und wenn ja, wer hat den Toten verzaubert, daß er sterben mußte? Die Untersuchung besteht meist in einem Versuch, ein Zeichen von dem Toten zu bekommen, wobei Zufälle ebenso wie Manipulation möglich sind. Auch wenn die Australier wissen, daß alle Menschen sterben, so wollen sie doch im Einzelfalle wissen, warum dieser Mensch zu diesem Zeitpunkt sterben mußte. Auf dieses Dilemma zwischen einer allgemeinen und der besonderen Erklärung werden wir gleich zurückkommen. Hier ist noch etwas anderes anzumerken.

Es ist in den letzten Jahren auch unter Ethnologen Mode geworden, von »egalitären Gesellschaften«, das heißt, kleinen, primitiven Stammesgesellschaften von Jägern und Sammlern zu sprechen, als ob bei ihnen in idealer Weise soziale Unterschiede nicht gemacht würden. Aber auch in Gesellschaften, die nur aus einigen Hundert Menschen bestehen und in Lebensgemeinschaften von einigen Dutzend beisammenwohnen, sind nicht alle gleich. Selbst wenn man einmal von Frauen und Kindern absieht, so gibt es auch noch unter den eingeweihten Männern streng beachtete Unterschiede der sozialen Wertung. Unter anderem zeigt sich das auch bei den Todesritualen der Australier. Bei Kindern und alten Leuten wird die Suche nach der Todesursache nur lässig oder gar nicht betrieben, während beim Tode eines wichtigen und noch kräftigen Mannes ein großes Aufgebot von Wahrsagern und Schamanen tätig wird. Auch werden die aufeinanderfolgenden Rituale abgekürzt, wenn es sich nicht um einen Mann handelt, der alle Einweihungszeremonien durchlaufen hat. Individuen, die einen sozial geringeren Status innehaben, können offenbar leichter in das andere Leben hinüberwechseln – sie waren, da nicht voll in die Geheimnisse des Stammes eingeweiht, ohnehin weniger menschlich, oder sie waren als alte und schwache Menschen keine voll funktionierenden Mitglieder der Gesellschaft mehr.

Altenmord wird aus Australien nicht berichtet, aber Beobachter solcher Szenen wie der beschriebenen bei den Warramunga meinten, es könne den Tod des Sterbenden nur beschleunigen, wenn sich seine Verwandten haufenweise auf ihn werfen und das stundenlang immer wieder. Es ist nicht bekannt, wie oft jemand, der schon als »Sterbender« identifiziert wurde und für den also die Zeremonien in Gang gesetzt wurden, doch noch überlebte. Auf melanesischen Inseln haben europäische Beobachter gesehen, wie für tot erklärte Menschen begraben wurden, obwohl sie offensichtlich noch lebten – sie waren sozial »tot«, die vorgeschriebenen Rituale waren beendet, und wenn sie sich mit dem Sterben etwas verspäteten, so hatte das für ihren Platz in der Gemeinschaft keine Bedeutung mehr. In solchen Extremfällen wird besonders deutlich, wie die soziale Definition einer Wirklichkeit die sichtbare Wirklichkeit überlagert und sie zur Nicht-Wirklichkeit macht.

Noch vor wenigen Jahren hätte die Behauptung, daß auch der Tod eines Menschen *sozial* definiert wird und in verschiedenen Kulturen *unterschiedlich* definiert wird, nur erstaunte Ablehnung hervorgerufen. Aber heute, nach den Diskussionen über die Bestimmung des Zeitpunktes, zu dem ein Mensch als »tot« zu bezeichnen ist, ist jedem Zeitungsleser klar, daß hier ein Problem liegt, auch wenn er es vielleicht für ein rein medizinisch-naturwissenschaftliches hält. Bei uns ist es mindestens ebenso ein sozio-kulturelles Problem, nur – im Gegensatz zu den primitiven Gesellschaften – ein völlig ungelöstes.

Aber warum gerade ich?

Ja, wir wissen es: Alle Menschen müssen sterben. Ja, wir haben es gehört: Der Tod ist nicht das Ende. Ich aber möchte wissen, warum gerade ich jetzt sterben soll, warum gerade ich von der gefürchteten Krankheit befallen wurde oder mein Mann, meine Frau, mein Kind?

Ein Mann hackt sich ins Bein. Versehentlich. Aber er war doch sonst nicht ungeschickt – wie konnte ihm das passieren? Nur eine Fleischwunde. Er legt die üblichen Heilkräuter auf und verbindet die Wunde. Aber sie heilt nicht. Er konsultiert einen Heilkundigen, betet, opfert. Das Bein wird schlimmer und schlimmer. Der Mann stirbt. Warum konnte diese Wunde nicht heilen? Warum half gerade in diesem Falle die gewöhnliche Behandlung nicht?

»Zufall«, sagen die Weißen, »Infektion«, »Pech«. »Er muß ein Tabu verletzt haben«, sagen die Pima-Indianer. »Er muß Zorn im Herzen gehabt haben«, sagen die Manus in der Südsee. Aber die häufigste Antwort von Australien über Afrika bis Amerika lautet: »Hexerei«. Ein anderer Mensch hat es so gewollt. Welcher andere Mensch? Das muß festgestellt werden.

Was auch die allgemeine Erklärung für Tod und Krankheit sein mag, es muß in jeder Kultur einen bekannten und festgelegten Weg geben, den Einzelfall zu erklären, damit der gemeinsame Glaube nicht in Frage gestellt wird.

Die post-mortem-Untersuchungen australischer Stämme wurden erwähnt. Dabei wird vorausgesetzt, daß der Tote es nun weiß, ob ihn jemand absichtlich umgebracht hat und wer, und daß er den Hinterbliebenen entsprechende Zeichen gibt, damit sie Rache nehmen oder Entschädigung verlangen können.

Bei den seßhaften, Ackerbau treibenden Völkern Afrikas südlich der Sahara werden besonders oft die nächsten Verwandten verdächtigt, die Menschen, die durch unzählige Leistungen und Gegenleistungen mit einem selbst verbunden sind, denen man stets etwas schuldet oder die einem etwas schulden, die Menschen, an denen man sich ständig reibt und ohne die man doch nicht leben kann. Sie sind es, die einem Krankheit und Tod schicken – Krankheit als Erpressung und, kommt man ihren Wünschen nicht nach, auch Tod.

So erzählt die amerikanische Ethnologin Laura Bohannan von ihrem Diener Rogo, der ganz unbekümmert durch ein Gebiet wandert, wo eine Pockenepidemie herrscht. Fröhlich sagt er: »Meine Verwandten wohnen zu weit entfernt, um mir schaden zu können!« Das heißt: Infizieren kann sich nur jemand, der vorher verhext wurde. Wie sonst ließe sich erklären, daß auch während einer Epidemie nicht alle Leute krank werden?

Für die Tiv, Ackerbauern und Viehzüchter im Norden Nigerias, steht fest: Niemand stirbt eines natürlichen Todes. Malaria, Schlafkrankheit, Frambesia, Pocken, Aussatz oder Irrsinn und all die anderen Leiden, die in Afrika auf den Menschen lauern, sind – wie der Tod – das Werk von Hexern. Es gibt keine unglücklichen Zufälle. Da bei ist die Zauberei unter den Tiv ein rein psychischer Akt – keine Zeremonien, keine magischen Gegenstände. Daß Zauberei im Spiele war, läßt sich nur aus den Folgen ableiten – dem Tod eines Menschen, einer Krankheit –, und der Hexer läßt sich nur entdecken mit Hilfe eines Wahrsagers, der nichts weiter tut als sämtliche männlichen Verwandten aufzuzählen, unter denen es natürlich Neid, Haß und Rachsucht gibt.

Die vielen Todesfälle im Gebiet eines bestimmten Häuptlings sind ungewöhnlich. Da ist es für die Tiv klar, daß ein mächtiger Mann guten Willens fehlt, der die Hexer in Schach halten kann, daß vielleicht der Häuptling selber seinen Verwandten den Tod schickt. In einer solchen Situation steht jeder unter Verdacht, und jeder hat Angst. Die Tiv haben ein Wort für die Substanz der Zauberkraft: »Tsav«. Ob ein Mann Tsav hat, merkt man bei seinen Lebzeiten nur daran, daß sein Schicksal und seine Persönlichkeit besondere Fähigkeiten, Macht und Charakterstärke zeigen. Wenn jemand sich auf irgendeine Weise auszeichnet, wenn auch nur als Sänger, Tänzer oder Jäger, wenn er gesund ist, eine große, gesunde Familie hat und seine Felder gedeihen, dann hat er zumindest etwas Tsav. Denn jemand, dem es gut geht, muß ja der Mißgunst der anderen widerstehen können. Wenn jemand viel für sich allein bleibt, wenn er wenige Angehörige hat und diese krank sind, wenn es viele Todesfälle in seiner Familie gegeben hat, dann ist er entweder ein Opfer der Hexer oder, sehr wahrscheinlich, einer von ihnen und selber die Ursache dieser Übel. Glück ebenso wie Unglück, soziale und politische Macht ebenso wie Isolation, Reichtum ebenso wie Armut sind Manifestationen von Tsav, und so bleibt stets nur zu fragem, wessen Tsav im einzelnen Falle wirkt und in welcher Absicht.

Tsav ist wirkender Wille. Ein Mann mit Tsav will Tod, und die Todesursache ist sein ausführendes Organ, ob das nun eine Krankheit ist, ein fallender Baum oder eine Giftschlange. Die Begräbnisse sind vor allem dazu da, festzustellen, wer den betreffenden Tod wollte und warum. Gewöhnlich wird festgestellt, daß der Hexer ein wichtiger Mann war, der irgend etwas gegen den Toten hatte. Und damit ist die Sache zunächst erledigt – bis jemand aus der Verwandtschaft des mutmaßlichen Hexers stirbt und man also die Rache eines Verwandten für den vorhergehenden Tod vermuten kann. Das Schlimmste sind Machtkämpfe zwischen zwei großen Hexern: sie töten die Verwandten und Gefolgsleute ihrer Gegner, und ein großes Sterben kommt über das Land.

Es gibt noch einen weiteren Grund für die Hexer zu töten: Bei gemeinsamen nächtlichen Festen teilen sie das Fleisch ihrer Opfer, und die Teilnehmer sind dann dem Gastgeber ebenso verpflichtet wie jeder andere Mensch, der irgendeine Mahlzeit oder eine Gabe entgegengenommen hat. So muß einer nach dem anderen sterben, damit die Hexer ihre gegenseitigen Verpflichtungen erfüllen können. Auch dies »erklärt« übermäßig viele Todesfälle in manchen Gebieten. Es kommt nicht vor, daß gar keine Erklärung gefunden würde, wenn alle Leute gemeinsam lange genug nachdenken und darüber reden.

Die Vorstellungen der Tiv in Nigeria wurden hier nach den sehr viel ausführlicheren Darstellungen von Laura Bohannan[9] beschrieben. Die Tiv zeigen eine extreme Konsequenz, indem sie die Ursache von Krankheiten nur an einem Ort suchen: im Herzen ihrer Verwandten, die allerdings unterschiedliche Gründe für ihr Tun haben können. Andere schwarzafrikanische Völker sehen – bei ähnlicher Grundeinstellung wie die Tiv – mehrere verschiedene Krankheitsverursacher[10, 11]

Aussatz kommt von Inzest, aber Geschlechtskrankheiten vom Verkehr mit einer kranken Frau, sagen die Asande, bei denen Hexerei auch weit verbreitet ist. Die Amba können ihre gierigen Ahnengeister nie zufriedenstellen: sowie man ihrer einmal nicht durch Opfer gedenkt, schicken sie Krankheiten. Die Lugbara, die an der Wasserscheide von Nil und Kongo ihre Äcker bestellen, werden von Hexern *und* von Ahnengeistern geplagt. Unerklärliches Abmagern zum Beispiel, ist ein deutliches Anzeichen dafür, daß ein Ahnengeist der Verursacher ist. Der Betroffene hat sicher auf irgendeine Weise den Familienfrieden gestört. Aber wenn ein Kranker in dieser Hinsicht schuldlos erscheint, so muß ein Hexer ihm seine Leibschmerzen oder Geschwüre geschickt haben. Bei den Lugbara sind es die Fremden, die besonders als Hexer verdächtig sind, denn: »Wozu kommt er sonst hierher aus seinem eigenen Land?« Verdächtig sind aber auch alle, die oft für sich allein sitzen oder allein essen, oder diejenigen, die zur Tarnung besonders freundlich tun. Da es auch noch andere Krankheitsverursacher gibt, müssen die Lugbara oft die Orakel und die Wahrsagerinnen befragen, um sich Gewißheit zu verschaffen. Man muß den Verursacher kennen, um die Krankheit behandeln zu können.

Bei der Betrachtung solcher Gedankensysteme muß man daran denken, daß nicht jedes Mitglied eines Volkes oder eines Dorfes genau dieselben Vorstellungen hat wie alle anderen – manche wissen mehr und denken mehr nach, haben gewisse Zweifel und Bedenken, während andere unbekümmert in den Tag hinein leben und alles für wahr halten, was ihnen die Älteren einschärfen. Eines jedoch kann man als Grundeinstellung bei den Lugbara wie den Tiv und anderen seßhaften Afrikanern fast immer feststellen: das Mißtrauen gegenüber den nächsten Menschen, einen fatalistischen Pessimismus gegenüber der menschlichen Natur. Die Lugbara sagen:

»In deinem Herzen kannst du nicht für jeden freundliche Gefühle hegen, denn es ist die Natur des Menschen, Zorn, Neid und Begierde zu empfinden. Auch weißt du, daß viele andere Menschen dir gegenüber solche Gefühle haben und dich in ihren Herzen hassen.«

Das eine Extrem möglicher Erklärungsversuche für Krankheit und Tod ist, jede Krankheit – sowie ihr gutes oder böses Ende – äußeren Einflüssen zuzuschreiben. Neben den eben genannten tun das viele Völker in allen Teilen der Welt einschließlich der meisten Leute in den modernen Industrieländern. Da wird Krankheit verursacht durch Bakterien, durch Viren, durch Vererbung, durch schädliche Umwelteinflüsse, durch Arbeitsbedingungen, durch unglückliche Zufälle, durch die Medikamente und klinischen Einrichtungen der modernen Medizin. Wer krank ist, ist ein Opfer, dem geholfen werden muß – vielleicht kein völlig unschuldiges Opfer. Mediziner warnen vor Funktionsstörungen durch falsche Lebensweise, durch Genußmittelmißbrauch, durch psychische Fehlhaltungen. Aber was ist denn schuld an all dem? Unsere Zivilisation doch! Wer ist schon so herzlos, einem Kranken zu sagen: Du bist selber schuld? Welcher Kranke denkt: Ich bin selber schuld? Bei uns keiner. *Fast* keiner.

Das andere Extrem möglicher Erklärungsversuche ist die totale Selbstverantwortlichkeit des Menschen für seine Krankheiten. Als Beispiel dafür soll hier ein kleines Volk, ein Stamm, stehen, eine halbe Welt entfernt von den Tiv. Aber das bedeutet keineswegs die Verteilung der Anschauungen nach Erdteilen oder Ländern. Die Manus auf der Pazifik-Insel Manus werden hier angeführt, weil Margaret Mead, die berühmte Ethnologin, sie ausführlich beschrieben hat, und zwar vor und nach einer religiös-ethischen Revolution – ein seltener Glücksfall der Ethnologie.

Krankheit als Strafe

Margaret Mead studierte die Manus auf der Insel Manus nördlich von Neuguinea zuerst 1928 und dann wieder 25 Jahre später, 1953, nachdem der japanisch-amerikanische Krieg im Pazifik die ganze Inselwelt und ihre Bewohner in Unruhe versetzt hatte. Die Fischer und Seefahrer von Manus waren in mancher Hinsicht typisch für die Region, in anderer Hinsicht aber auch nicht. Nicht typisch war ihr sexueller Puritanismus, der eng zusammenhing mit ihren angestrengten und ehrgeizigen Handelsunternehmen, mit ihrer Arbeitswut. Sie hatten nämlich ein System, bei dem sich junge Männer, um heiraten zu können, in eine Art Schuldknechtschaft bei den älteren Männern begeben mußten.

Da nun alle ihre ganze Produktion und Arbeitskraft in die Verlöbnisse und Heiraten investierten, konnten schon ein Flirt und ein Zornausbruch, begründete oder unbegründete Eifersuchtsszenen oder gar eine Scheidung das ganze System des wirtschaftlichen Austausches zwischen den Familien zerstören. Deshalb wachten die Hausgeister – die Geister der zuletzt verstorbenen Haushaltsvorstände – mit äußerster Strenge über das allgemeine Wohlverhalten und bestraften alle Verstöße durch Krankheiten. So wurde dann jede Krankheit in der Familie, jeder Todesfall, auch der Tod von Neugeborenen oder kleinen Kindern, als Folge eines sexuellen oder wirtschaftlichen Vergehens in der Hausgemeinschaft angesehen. Ein Mann oder eine Frau mußte verantwortlich sein für das Unglück – und natürlich klagte jeder und jede einen anderen an. Zur Prüderie und harten Arbeit kamen gegenseitiges Mißtrauen und ständige Beschuldigungen.

In einem ihrer veröffentlichten »Briefe aus dem Feld« von 1929 beschreibt Margaret Mead[12] die Details einer solchen Suche nach dem Schuldigen unter den Manus. Ohne jede Warnung hat der zehnjährige Sohn eines noch jungen Ehepaares einen Anfall und verliert das Bewußtsein. Geisterbeschwörer, Wahrsager und Medien und auch das Ethnologen-Ehepaar bemühen sich, jeder auf seine Weise, aber vergeblich. Noch im Laufe der ersten Nacht werden ein halbes Dutzend verschiedene Theorien vorgebracht und wieder verworfen, entweder weil die Geister ein negatives Zeichen geben oder weil das Kind nicht zu sich kommt, nachdem das angebliche Unrecht in Ordnung gebracht wurde. Umsonst geben ein Vetter und eine Base des kranken Kindes unter ärgstem Druck zu, daß sie miteinander geschlafen haben. Umsonst werden einer ganzen Reihe von Geistern, die über dies oder jenes erbost sein könnten oder durch ein Medium ihre Forderungen angemeldet haben, Opfergaben hingelegt. In der zweiten Nacht stirbt das Kind. Nun geht die Suche nach dem Verursacher des Todes erst recht los. Das ganze Dorf ist in Aufruhr. Und nicht nur über die Frage, welcher Mensch oder Geist den Tod des Kindes gewollt hat, sondern nun auch über die neue Angst, der Frühverstorbene könnte einen Altersgenossen mit sich nehmen wollen. Denn es dauert gewöhnlich eine ganze Weile, bis der Tote sich mit seinem Leben als Geist abgefunden hat.

Furcht vor Geistern und voreinander trieb die Manus auf ihrer idyllischen Insel zu bemerkenswerten wirtschaftlichen Leistungen an. Aber viele von ihnen waren damit nicht zufrieden.

Als der Krieg im Pazifik vorbei und die großen Armeen wieder abgezogen waren, gab es unter den jungen Männern auf Manus einen Aufstand – sie wollten nicht zu der alten, unfreien Lebensweise zurückkehren. Unter einem hochbegabten religiös-politischen Führer namens Paliau begann eine völlige Veränderung ihres Lebens, die sie den »Neuen Weg« nannten. Dieser Neue Weg ist auch ein religiöses Glaubensbekenntnis. Die Manus betrachten sich als Christen, auch wenn die Missionare ihnen da nicht zustimmen, denn sie haben nur zwei Gedanken unverändert vom Christentum übernommen: die Vaterschaft Gottes und die Brüderlichkeit aller Menschen. Sie konzentrieren sich ganz auf das Gebot, einander brüderlich zu begegnen und ihre Herzen vor Zorn zu bewahren. Dazu gehört auch, andere Menschen nicht zum Zorn zu reizen. So sagt ein gewählter Prediger des Neuen Weges[13]:

»Ihr und ich wissen, daß hier auf unserem Boden, hier in unserem

Dorf, das Übel nicht einfach so geschieht, denn Ihr und ich, wir Menschen, wissen, wie man alles richtig macht. Wenn Ihr und ich, wir Menschen, sündigen, dann heftet sich die Sünde an unser Dorf, unser Dorf wird Übles erleiden durch unsere Sünden. Übel kommt nicht aus dem Nichts. Übel kommt aus uns Menschen. So müßt Ihr und muß ich gute Gedanken denken und gute Taten tun, die unser Dorf gut machen, so daß unser Dorf wohl und glücklich sein kann.« Die Vorstellung, daß alles Übel, insbesondere Krankheiten und Tod, eine Strafe für begangene Missetaten sind, hat sich aus der Zeit vor dem Neuen Weg erhalten, aber die Kausalverbindung ist nun direkt, die »Hausgeister« sind zur Ruhe gelegt und unwirksam. Geändert hat sich auch die Vorstellung davon, was »Sünde« ist: Sünde ist es, zornig zu werden, andere zum Zorn zu reizen. Früher hatte fast jeder im geheimen ständig ein schlechtes Gewissen. Der Neue Weg hat öffentliche Schuldbekenntnisse eingeführt, feierliche und reinigende Zeremonien.

Aber auch ruhige und friedliche Menschen werden von Krankheiten und Tod getroffen und auch die können nur aus verborgenen Sünden erklärt werden. So erwächst ein kollektiver Druck auf die betroffene Familie, eine Schuld zu bekennen. Zumal beim Tod von Kindern entstehen schwere Konflikte des Gefühls und des Verständnisses. Man macht die Eltern verantwortlich, die zu ihrem Kummer über den Verlust des Kindes noch das Gefühl eigenen Versagens tragen müssen – da sie Menschen sind, werden sie sicher irgend etwas finden, das sie sich vorwerfen müssen!

Zwar haben die Manus inzwischen Bekanntschaft mit westlichen Medikamenten und vorbeugender Hygiene gemacht, aber sie glauben, daß auch die guten westlichen Medizinen nur dann wirken können, wenn die Gedanken klar sind, wenn der Geist nicht durch eine ungebeichtete Sünde bedrückt wird und wenn man keinen Zorn im Herzen hegt. Gott der Vater ist gut und gerecht. Wer hilft ihnen da, Krankheit und Tod zu tragen, die zugleich Schuld des Betroffenen selber oder eines Nahestehenden bedeuten? Die logische Konsistenz ihres Glaubenssystems fordert einen hohen Preis: seelische Belastungen, die selbst durch ein öffentliches Schuldbekenntnis nicht aufgehoben werden können, wenn das Übel auch danach nicht weichen will.

Das kleine Volk der Manus im Stillen Ozean sieht sich konfrontiert mit dem Problem, das in der Geschichte unserer Kultur zuerst im biblischen Buch Hiob vor mehr als zweieinhalbtausend Jahren artikuliert wurde: Wie kann es der gerechte und allmächtige Gott zulassen, daß die Frommen mit Krankheiten geschlagen werden und die Gottlosen blühen und gedeihen? Hiob, dem Gott alle seine Söhne, deren Frauen und Kinder erschlagen hat, dem er dann selber scheußliche Krankheiten geschickt hat, Hiob argumentiert gegen seine Freunde und Gott selber.

Die Besucher des kranken Hiob meinen, es müsse ein Zusammenhang zwischen Krankheit und Schuld bestehen, und Hiob fühlt sich als Angeklagter, aber er versichert, er hätte solche Strafe, wie sie ihm schon zugeteilt wurde, nicht verdient. Schließlich beugt er sich der Erklärung, daß der Mensch eben Gottes Willen niemals verstehen könne und sich ihm bedingungslos unterwerfen müsse. So entsteht die Erklärung von Krankheit als Prüfung Gottes. Wer die Prüfung besteht, ohne zu zweifeln an Gottes Güte und Gerechtigkeit, der wird schließlich belohnt werden, wenn nicht auf dieser Erde, dann im Jenseits. Eine Deutung, die von den Betroffenen sehr viel Glaubenskraft verlangt, jedoch die Last persönlicher Schuld und verdienter Strafe aufhebt.

Die Idee der Krankheit als Prüfung wurde zum Teil noch weiter entwickelt: Vielleicht stehen gerade die Armen, Elenden und Kranken Gott am nächsten! Leiden und chronische Krankheiten gelten auch im Islam als Zeichen von Gottesnähe oder Heiligkeit. In säkularisierter Form leben solche Ideen bei uns noch weiter: Krankheit als Bewährungsprobe – Hoffen und ums Leben kämpfen bis zum Äußersten. Manchmal bilden sich auch Gemeinschaften solcher Geschlagenen, denen es gelingt, ihr Schicksal ins Positive zu kehren und sich als Auserwählte den übrigen Menschen, die sich leichtfertig für glücklich halten, überlegen zu fühlen.

Die Welt als gefährliches Chaos

Es gibt noch eine dritte, prinzipiell andere Möglichkeit, die Frage »Warum ich?« zu beantworten. Diese Vorstellung ist wohl archaischer als die einer Eigenverantwortung oder jene einer gezielten Einwirkung von außen. Menschen können die Welt akzeptieren als einen Ort voller Gefahren, die wahllos, zufällig, unpersönlich, unparteiisch und sinnlos einzelne Menschen und Gemeinschaften treffen. Man kann diese Gefahren als »Geister« bezeichnen, weil sie weder Menschen noch Tiere sind, aber sie können lebenden oder toten Menschen, Tieren, Pflanzen, Steinen zugehören, auch den Elementen oder Gestirnen, oder sie können Wesen eigener Art sein. Ob ihr menschliches Opfer gut ist oder schlecht, ob es seine sozialen und religiösen Verpflichtungen erfüllt hat oder nicht, das ist ihnen gleichgültig. In ihrer Welt gelten keine moralischen, keine menschlichen Gesetze.

Die Menschen versuchen, diese Mächte zu identifizieren und sie durch Magie zu beherrschen. Magie beruht auf Erfahrung, auf überlieferter Erfahrung und auf der jedes einzelnen Praktikers. Besonders begabte Menschen erwerben eine besondere Fertigkeit – sie werden Schamanen genannt. Sie allein lassen sich auf das riskante Abenteuer ein, mit den Geistern umzugehen.

Bei den nordsibirischen Völkern fand man noch bis in unser Jahrhundert hinein diese Weltsicht ziemlich rein vor. Darunter eine Vorstellung von der menschlichen Natur, die unseren Ideen von Persönlichkeit und Individualität widerspricht, aber eine Erklärung für Krankheit, auch Irrsinn und Tod möglich macht, nämlich das schon in Kapitel I beschriebene Nebeneinander von drei und mehr Seelen in jedem Menschen.

Auch wenn der Mensch eine ganze Reihe von Seelen besitzt, so braucht er sie doch alle. Geht ihm eine verloren, so siecht er dahin, wird mager und matt und stirbt schließlich, wenn es nicht vorher einem Schamanen gelingt, ihm seine Seele zurückzuholen. Manche Schamanen ersetzen die gesuchte Seele durch eine andere, die sie gerade ergreifen können – dann wird der Mensch gesund, ein anderer aber wird statt seiner krank.

Noch viele andere gefährliche Dinge können geschehen. Manche Seelen verwandeln sich des Nachts zum Beispiel in Tiere, können sich nicht zurückverwandeln, töten Menschen oder werden getötet. Oder die wandernde Seele eines Menschen dringt in böser Absicht in einen anderen ein und diese Besessenheit macht ihn krank. Die Einheit des Individuums ist prekär – von innen heraus und von außen ist sie gefährdet. Der Mensch kann sich sozusagen jeden Augenblick wieder in seine Bestandteile auflösen – das heißt aufhören, als Person zu existieren – aber er kann auch, wenn er es versteht, Körper und Seelen unter Kontrolle zu halten, großartige Abenteuerreisen in die jenseitigen

Welten unternehmen, heimkehren, um davon zu berichten, und anderen helfen, ihre Seelen zurückzuholen.

Die Welt ist heilig

Ist für die Sibirer die Welt ein gefährliches Chaos, in dem sich der Mensch nur mit Mut und List gegen eine Unzahl von amoralischen, wenn nicht bösartigen Geistern behaupten kann, so erscheint den meisten nordamerikanischen Indianern ihre Welt doch sehr viel freundlicher und geordneter. Sie glauben, es sei dem Menschen möglich, im Einklang mit Erde, Himmel, Wind und Regen, mit Pflanzen und Tieren zu leben.

Indianische Heilkunst – soweit sie es nicht mit Fällen von Hexerei zu tun hat – baut auf diesem Prinzip auf: Wer in Harmonie mit seiner nicht-menschlichen Umwelt lebt, der bleibt gesund; wer krank ist, muß wieder in ein harmonisches Gleichgewicht mit seiner Umwelt gebracht werden.

Unter den vielen Büchern über indianische Medizinmänner und ihre Heilmethoden fällt eines (das nicht ins Deutsche übersetzt wurde) durch nüchterne Wissenschaftlichkeit auf: Vier Autoren, der Ethnologe Donald M. Bahr, der Schamane Juan Gregorio, der ein Piman-Indianer aus Arizona ist, und zwei Übersetzer und Linguisten haben gemeinsam eine Darstellung des »Piman-Schamanismus und einheimische Krankheit« erarbeitet. Dabei gehen sie, was selten ist, besonders auf die Frage nach der *Verursachung* von Krankheiten ein.

Die Grundlage von Juan Gregorios Heilkunst ist die Einteilung menschlicher Leiden in drei Kategorien: die einheimischen oder bleibenden Krankheiten, die wandernden Krankheiten und die vielen Nicht-Krankheiten wie Bisse giftiger Schlangen oder Insekten, Knochenbrüche, Verdauungsstörungen, Mißbildungen bei Kindern, auch Idiotie und Leiden, die durch Zauberei eines Feindes hervorgerufen werden.

Die wandernden Krankheiten sind die, welche von Mensch zu Mensch übertragen werden, und da gibt es nach Juan Gregorio keine Unterschiede zwischen Piman-Indianern und anderen Menschen. Doch mit den einheimischen Krankheiten, mit denen er sich vor allem beschäftigt, ist das ganz anders: Sie entstehen nur unter Piman-Indianern, und nur Piman-Indianer können davon betroffen werden. Diese Krankheiten waren von Beginn der Welt an für Piman-Indianer bestimmt, und zwar als Folge von Handlungen, die moralische Gebote der Piman-Gesellschaft verletzen. Die Folgen eines Verhaltens, durch das die alte Piman-Lebensweise aufrechterhalten wird, sind Gesundheit, Glück, Würde. Krankheit ist die Folge, wenn ein Piman-Indianer die Gebote vergißt, nicht sorgfältig handelt, nicht glaubt oder die Achtung verletzt, die er seiner Umwelt schuldet, insbesondere den Tieren, die ihm als Nahrung dienen.

In der überlieferten Ansprache des Schöpfers an die Piman, ehe er sie verließ und sich in ferne Himmel zurückzog, wird prophetisch erklärt, daß andere Leute – wahrscheinlich sind die Anglo-Amerikaner gemeint – das tun würden, was die Piman nicht tun dürfen, nämlich »die Erde töten«. Den Piman wird aufgetragen, »ehrfürchtig« zu sein, so daß sie gesund bleiben und auch die Tötung der Erde durch andere Menschen überleben werden. In der Praxis drückt sich diese Ehrfurcht vor allem in der Beobachtung bestimmter Regeln gegenüber mindestens vierzig, wahrscheinlich aber mehr »gefährlichen Dingen« aus, die einen »Weg« haben und eine »Kraft«. Ein Mensch, der ihren »Weg« verletzt hat, wird durch ihre »Kraft« krank. »Gefährliche Dinge« sind vor allem Tiere, aber auch der Wind, das Wasser des Meeres, ein böser Geist, ein Feind, Peyote und Stechapfel, rituelle Gegenstände und einiges andere. Die wichtigste Aufgabe des Schamanen ist nun, die Ursachen einer Krankheit zu diagnostizieren.

Zum Beispiel hat jemand Schmerzen im Kopf oder Hals. Das kann viele Ursachen haben, aber nach der Zeremonie, die eine ganze Nacht dauert, sagt Gregorio vielleicht: Die Kraft des Rehs ist die Ursache! Damit ist nicht ein bestimmtes Reh gemeint, sondern Art oder Wesen dieser Tierart. Nun weiß der Patient, was für eine Krankheit er hat – vorher kannte er nur die Symptome. Er muß jetzt versuchen, sich an das Ereignis zu erinnern, das die Krankheit verursacht hat. Es kann Jahre zurückliegen. Ist ihm einmal Rehfleisch im Hals stecken geblieben? Hat er einmal ein Reh getötet, während seine Frau schwanger war? Möglicherweise stecken auch mehrere Krankheiten in seinem Körper, die einen schon lange, die anderen erst seit kurzem. Ungeborene Kinder können im Mutterleib von einer Krankheit befallen werden, wenn ihre Eltern etwas tun, was sie nicht tun sollten. Die Diagnosezeremonie kann mehrere Nächte lang dauern.

Die Heilung ist relativ leicht, wenn erst einmal die korrekte Diagnose gestellt wurde. Sie muß auch nicht von dem Schamanen, sondern kann von Heilpraktikern oder jedem anderen richtig angeleiteten Pimanindianer durchgeführt werden. Gelingt die Heilung nicht, so bedeutet das, daß die Diagnose falsch oder unvollständig war. Schamane und Patient müssen einen neuen Versuch machen.

Kam die Krankheit von der Kraft des Rehs, so gehören zum Heilverfahren das Schlucken von Asche, das rituelle Zubereiten und Verzehren eines Rehs, der zeremonielle Gebrauch von Kopf und Schwanz eines Rehs, bestimmte Gesänge und Tänze. Wir würden sagen, daß die Heilungsmethode in sympathetischer Magie besteht nach dem Gesetz, daß Gleiches wieder Gleiches hervorbringt oder daß eine Wirkung ihrer Ursache gleicht. Auf diesem Gesetz, das den Menschen zu glauben leicht fällt, beruht der größte Teil magischer Praktiken. Sie werden durch den Erfolg gerechtfertigt und durch den Mißerfolg nicht widerlegt, denn die Diagnose kann falsch gewesen sein. Sehr häufig erweist sie sich aber durch den Heilerfolg als richtig, was keinen Psychosomatiker bei uns erstaunen wird: Die Zuversicht des Patienten, daß sein Leiden richtig erkannt und behandelt wird, ist ein großer, oft der größte Teil der Kur.

Für Leiden, die durch die Machenschaften eines Hexers entstanden sind, ist Juan Gregorio nicht zuständig. Und die anderen, die »wandernden« Krankheiten, all die ansteckenden Pocken, Grippen und dergleichen, sind für ihn trivial, sinnlos und insofern uninteressant. Sie sind nicht die Folgen von irgend etwas, was jemand getan hat. Der Schamane überläßt sie gern den Heilpraktikern oder auch den angloamerikanischen Ärzten.

Wichtig für Juan Gregorio ist, daß das Verlangen des Kranken nach einer Erklärung dem Schamanen Gelegenheit bietet, die Regeln der Piman-Moral und -Lebensweise zu bekräftigen, seine priesterliche neben seiner ärztlichen Aufgabe zu erfüllen.

Juan Gregorio hat eine komplexe Theorie der verschiedenen Krankheiten anzubieten. Er besteht darauf, daß diese Theorie nur für Piman-Indianer gilt, aber bei vielen Indianerstämmen sind ähnliche Tendenzen festzustellen. Zum Beispiel das Bemühen bei der Diagnose, den Beginn der Krankheit in oft sehr lange zurückliegenden Handlungen oder Unterlassungen zu suchen. Der Ausbruch der Symptome erscheint als das letzte Stadium der Krankheit. Nur das Erkennen des eigentlichen Krankheitsbeginns kann zur Heilung führen. Auch das ist eine panindianische Idee, Krankheit als Folge bewußter oder unbewußter Verletzungen ritueller Vorschriften, die soziale Harmonie zwischen Menschen und die Harmonie zwischen Mensch und Kosmos sichern sollen, zu sehen – *Krankheit als Folge von Unordnung*. Das bedeutet nicht Krankheit als Strafe. Eine Strafe wird von jemandem verhängt und gewollt, aber eine Folge stellt sich natürlicherweise von selbst ein. Wie es Juan Gregorio beschreibt, geht die Kraft des Rehs in den Menschen ein, der den Weg des Rehs irgendwie verletzt hat, ohne daß ein bestimmtes Reh oder ein Geist dies will oder veranlaßt.

Ähnlich zum Beispiel auch bei den Navajo[14]: Um Leder für Kleider und Schuhe zu bekommen, muß ein Navajo zu Fuß laufend ein Reh bis zur Erschöpfung hetzen und es dann mit seinen Händen ersticken. Er muß dem Reh heiligen Blütenstaub auf die Nüstern tun, die er zuhält. Er muß sich bei dem Reh entschuldigen. Er weiß nicht, was ihm oder seiner Familie geschehen würde, wenn er diese Regeln verletzte, aber er weiß: Irgendwelche schlimmen Folgen würden eintreten. Zwischen Mensch und Tier muß eine bestimmte Ordnung eingehalten werden, wenn beide gedeihen sollen. Das Sinnbild dieser Ordnung, aller Ordnungen des Kosmos, ist der Kreis. Wo der Kreis unterbrochen wird, bricht Unordnung ein. Gegenseitigkeit ist das Prinzip, nach dem die Mitglieder einer sozialen Gemeinschaft, nach dem Lebende und Tote, nach dem Menschen und Tiere miteinander umgehen müssen. Krankheit und Unfälle sind Symptome einer verborgenen Unordnung oder Verletzung des Prinzips der Gegenseitigkeit.

Diese Gedanken sind auch heute weiter lebendig. Viele junge Indianer, die von den Reservaten in die Großstädte gezogen waren, dort dem Alkohol erlegen und heruntergekommen waren, haben in den letzten Jahren durch die Teilnahme am Sonnentanz oder anderen großen Zeremonien eine Heilung erfahren, zugleich mit dem Erlebnis ihrer wiedergewonnenen religiösen und sozialen Identität als Indianer. Körperliche und sittliche Gesundheit sind für sie dasselbe. Sie können nur innerhalb der engen Familien- und Stammesgemeinschaft erreicht und erhalten werden.

Was die nordamerikanischen Indianer sagen, klingt vielen Menschen, die heute unter Zivilisationskrankheiten leiden, sehr einleuchtend. So findet auch jeder indianische Medizinmann, der bereit ist, einem Ethnologen oder Journalisten seine Erinnerungen und Weisheiten aufs Tonband zu diktieren, einen Verleger und Leser unter den Weißen. Zumal viele seiner Prinzipien für ein gutes und gesundes Leben denen ähnlich sind, die aus anderen Kulturen, insbesondere aus Indien, importiert werden.

Ich will hier nur die »Naturopathie« oder »natürliche Heilung« erwähnen[15], ein integraler Bestandteil von Gandhis Weltanschauung, ein Teil seines Versuchs, die indischen Volksmassen zu revolutionieren. Gandhi bestand auf der Macht des Geistes über den Körper. So lag die Lösung geistiger und leiblicher Leiden für ihn nur darin: hochstrebendes Denken und einfaches Leben. Zum einfachen Leben gehörten elementare Gesundheitsvorsorge, persönliche Hygiene, reine Nahrung, reines Wasser. Zu den Heilmitteln vor allem strengste Diät – rein vegetarische Kost selbstverständlich, häufiges Fasten, Massage, Sonnenbäder, frische Luft, Einläufe, sexuelle Abstinenz, Heilkräuter und Schlammpackungen. Auch die Anteilnahme anderer Menschen erkannte er als wichtiges Heilmittel. Doch da Gandhi zutiefst an die Herrschaft geistiger Kräfte über den Körper glaubte, sah er Heilmittel nur als Hilfen für die Unerleuchteten, ein Zugeständnis an die Schwäche der meisten Menschen. Er selber wies ärztliche Hilfe für sich und seine Familie zurück. Er erklärte sogar, wenn er einmal an einer Krankheit sterben sollte, so müßte man sein ganzes System der Spiritualität verwerfen. Der Mörder, der seinem Leben ein Ende setzte, enthob Gandhis Jünger einer solchen Entscheidung.

Diese Abschweifung zeigt, daß die Ähnlichkeit zwischen indianischen und indischen Heilmethoden so groß nicht ist. Zwar beruhen beide auf einer Umstimmung des gesamten Menschen; aber der indianische Medizinmann verläßt sich mehr auf Zeremonien, das heißt auf die Macht der Tradition und der Stammesgemeinschaft, als auf die Macht des Geistes in einem gewöhnlichen schwachen Individuum. Und trotzdem – das gibt er zu – versagt seine Kunst manchmal. Dann war sicher Hexerei am Werk.

Wenn die Hexen überhandnehmen

Die Navajo, die Hopi und die Zuni sprechen sehr viel von Hexerei. Für den Menschen, der alles versucht hat, um das eigene Herz zu reinigen und alle Zeremonien hat durchführen lassen und keinen Erfolg seiner Bemühungen sieht, ist es ein offenbar naheliegender Ausweg, einen bösartigen Menschen, ein »Doppelherz« zu beschuldigen. Je mehr aber von Hexerei gesprochen wird, desto mehr breitet sich das Übel aus – der Gedanke wird immer selbstverständlicher.

Zu manchen Zeiten hat die Hexenfurcht in einzelnen Stämmen epidemische Ausmaße angenommen. Zum Beispiel um 1800 bei den Seneca unter ihrem Propheten Handsome Lake. Damals wurden ganze Familien, Clans und andere Stämme der Hexerei bezichtigt und Handsome Lake erklärte, die meisten Krankheiten und körperlichen Leiden würden durch Hexerei verursacht – mit Hilfe von Whisky. Seine Anhänger wandten sich gegen die verdächtigen Menschen, denen leichter beizukommen war als dem Whisky.

Und so erlagen sie der menschlichen Neigung, die Hoffnung auf eine bessere Zukunft an die Identifizierung des gegenwärtigen Übels mit einem greifbaren Feind zu knüpfen. Wenn nur dieser Feind vernichtet werden kann, dann wird die Welt gut! Schließlich ist es aber für die soziale Gemeinschaft immer destruktiv, Menschen für Krankheiten und sonstige Übel verantwortlich zu machen, denn diese Übel verschwinden ja nicht, nachdem alle Hexen verbrannt wurden, und man muß nach weiteren Hexen suchen und noch weiteren …

Sozialwissenschaftler haben Ausbrüche von Hexenglauben und Hexenverfolgungen immer als Zeichen sozialer Desintegration betrachtet, dagegen ein mäßiges und vor allem stabiles Hexenwesen manchmal als funktional für den Zusammenhalt der Gemeinschaft bewertet. Das soll heißen, die Leute rechnen mit Fällen von Hexerei, wie wir eine gewisse Häufung von Unfällen erwarten: als ganz normales Geschehen. Und die Anklage der Hexerei ist ein legitimes Mittel der sozialen Kontrolle. Wer zu viel Besitz anhäuft, zu viele Frauen nimmt, zu großsprecherisch wird, zu viele Mitmenschen verärgert, der wird der Hexerei verdächtigt. Wer sich selber ausschließt von den gemeinsamen Arbeiten und Festen, wer sich zu oft zurückzieht in finsteres Schweigen, der wird der Hexerei verdächtigt. Wer allzu liebenswürdig und beflissen erscheint, der wird der Hexerei verdächtigt. Wer allzu ehrgeizig ist und sich zu oft hervortut mit seinen Fähigkeiten und Kenntnissen, der wird der Hexerei verdächtigt. Solche Reden haben in kleinen, eng integrierten Stammesgesellschaften gewöhnlich nur zur Folge, daß der Verdächtigte versucht, sein Verhalten zu ändern, daß die anderen Leute ihm gegenüber besonders vorsichtig sind und daß rituelle Schutzmaßnahmen ergriffen werden.

Der Anthropologe Clyde Kluckhohn zählte unter 500 Navajo 19 Personen, die gerüchteweise der Hexerei verdächtigt wurden. Es gab aber in dreißig Jahren nur sechs öffentliche Anklagen und in derselben Zeit zwei Morde an Personen, die als Hexer bezeichnet wurden. Die Gefahr, daß der soziale Kontrollmechanismus selber außer Kontrolle gerät, besteht jedoch immer, wenn die Gemeinschaft besonderen Belastungen ausgesetzt ist, wie zum Beispiel bei Epidemien. Oder bei unerklärlich vielen Todesfällen in einer kleinen Gemeinschaft. Oder, wie in dem erwähnten Fall der Seneca-Indianer, wenn die traditionellen kulturellen Werte in Frage gestellt werden durch übermächtige, feindliche Fremde, durch soziale und wirtschaftliche Umwälzungen von solcher Heftigkeit, daß die gewohnten Erklärungen ganz versagen.

Bei den Hopi in Neu-Mexico töten die Hexen vor allem ihre nächsten Familienmitglieder, so, wie bei den Tiv in Nigeria. Aber auch bei anderen Stämmen reicht die Macht der Schwarzen Magie nicht sehr weit. Gegen die weißen Eindringlinge hat sie noch nie gewirkt. Denn auch das Opfer oder potentielle Opfer muß von ihrer Macht überzeugt sein, sonst löst sich diese Macht in nichts auf. Hexer und Behexter teilen dieselbe Wirklichkeit, dieselbe Vorstellung von dem, was wahr und was möglich ist, von dem, was Menschen wollen und tun, was sie kränkt, warum sie hassen, wie sie sich rächen. Hexer und Behexter leben in demselben geschlossenen Universum. Darum brauchen die Tiv nicht einmal ein Abbild des zu Verzaubernden, um Nadeln hineinzustecken, nicht einmal ein Haarbüschel oder einen Trank – die Gedanken allein bringen die gewollte Wirkung hervor. Ursache und Wirkung sind eins: die Gewißheit, daß es Hexerei gibt.

Jede Antwort ist besser als keine Antwort

Wenn aber niemand schuld ist an Krankheit und Tod als der Kranke selber, muß er da nicht an dieser Last zerbrechen? Darum ist es in Stammesgesellschaften so, daß sich die Familienmitglieder und in schweren Fällen ein noch größerer Kreis aktiv an den Heilungszeremonien beteiligen.

Der Schamane entdeckt die verborgene Ursache der Krankheit und gibt dem Kranken damit die Zuversicht auf Heilung. Welcher Art das Vergehen auch gewesen sein mag: durch die abschließende Reinigungszeremonie wird der Geheilte wieder in die gemeinsame Ordnung aufgenommen. Auch die wirksame Prozedur der öffentlichen Beichte wird immer wieder neu erfunden.

Die Manus haben die öffentliche Beichte eingeführt, als sie sich auf ihren »Neuen Weg« begaben. Wenn Krankheit von bösen Gedanken oder bösen Taten kommt, dann kann das reuige Bekenntnis vor versammelter Dorfgemeinschaft eine Klärung und zugleich Reinigung bewirken. Schon 1919, während des sogenannten Vailala-Wahnsinns, hatten auf Neuguinea die religiösen Führer so ihre Kontrolle ausgeübt: ehe jemand von seiner Krankheit rituell geheilt wurde, mußte er öffentlich seine Sünden bekennen. Behauptete er, nichts zu beichten zu haben, wurde er als Lügner bezeichnet. Im Mittelalter waren in Europa öffentliche Erniedrigung und Selbstzüchtigung als Buße häufige Reaktionen auf Pest und andere Seuchen. Im Westen Chinas existierte zwischen 189 und 216 ein taoistischer Staat, gegründet und geleitet von Chang Lu. Er predigte – ebenso wie sein großer Vorläufer Chang Tao-ling –, daß alle Krankheiten als Strafe für böse Taten von Geistern geschickt würden. Sie konnten durch eine öffentliche Beichte im Rahmen einer großen Zeremonie geheilt werden[16]. Dieses Vorbild wurde von Volksbewegungen in China immer wieder nachgeahmt, bis zum heutigen Tage.

Wie wäre es wohl, wenn wir – zunächst nur sozusagen privat bei unserem zum Schweigen verpflichteten Arzt – die Beichte als Teil der Heilbehandlung einführten? »Ja, ich habe geraucht, so viele Zigaretten am Tag. Ja, ich habe täglich Schlaftabletten genommen. Ja, ich habe das Laufen, Spazierengehen, Turnen wieder aufgegeben. Ja, ich habe x Pfund zugenommen.« Und dann erst die Sünden gegen unsere seelische Gesundheit! »Ja, ich habe mich mit meinem Mann/meiner Frau um etwas nicht so schrecklich Wichtiges gestritten. Ja, ich habe ...«

Wir werden das nicht so bald tun. Die Beichte ist selbst in den Kirchen aus der Mode gekommen, und öffentliche Beichten erscheinen uns barbarisch. Doch es beginnt sich ein neues Bewußtsein zu bilden, eine neue Einstellung zum eigenen Körper und eine Bereitschaft zur Verantwortung für die eigene Gesundheit. Es gibt zahllose Zeichen dafür, daß sich etwas bewegt. Aber noch ist diese beginnende Veränderung des Bewußtseins weit davon entfernt, allgemein überzeugende Formulierungen zu finden, sich in Gewohnheiten, Ritualen und Institutionen auszudrücken. Und so lange das nicht geschieht, bleibt die Ungewißheit. *Warum ich?*

Ob Chang Lu vor 1800 Jahren, ob Handsome Lake vor 180 Jahren oder Juan Gregorio heute, ob Indianer oder Sibirer, Manus, Tiv oder Lugbara, Chinese, Israelit, Christ oder Moslem – Schamanen, Propheten und Priester müssen den Kranken die Krankheit erklären und damit müssen sie zugleich die Welt erklären, den Tod und die Übel, die den Menschen treffen. Wenn die Menschen nicht wissen – nicht glauben zu wissen –, warum etwas geschieht, wie können sie dann sinnvoll handeln? Sie müssen eine Erklärung finden, um darauf ihre Entscheidungen und ihr Tun aufbauen zu können. Je besser diese Erklärungen sich mit den direkten Erfahrungen vieler Menschen dieser Gemeinschaft decken, desto weniger Reibungen gibt es, desto überzeugender sind die Erklärungen. Das hat nicht nur mit einer naturwissenschaftlich festzustellenden, objektiven Wahrheit zu tun, wie wir sie suchen. Es genügt, daß die einmal akzeptierte Wahrheit die Erfahrungen verständlich macht.

Urgrund aller speziellen Erklärungen ist eine Vorstellung von der Welt als Ganzem und dem Platz des Menschen in dieser Welt: Ist sie weise, gerecht, freundlich eingerichtet? Feindselig, gefährlich, ständig Opfer verlangend? Blind, gleichgültig gegenüber dem Menschen? Die Schöpfungsmythen aller Völker beschreiben die Grundstimmung. Die Heiligen und Weisen entwickeln sie weiter, wenden sie auf konkrete Probleme des Lebens an. Unter anderem müssen sie Ursachen für die Krankheit entdecken, um heilen zu können. Ursachen können allgemeiner oder persönlicher Art sein; sie können direkt, mittelbar oder nur zufällig mit den daraus folgenden Krankheiten zusammenhängen; sie können eine moralische Bedeutung für den Menschen haben oder unparteiisch für Gute und Böse gelten; sie können in der menschlichen Schwäche oder Boshaftigkeit zu suchen sein oder in der den Menschen feindlichen Geisterwelt und Natur. So verschiedenartig sind die denkbaren Ursachen der Krankheiten. Außerdem gibt es noch die Mechanismen des Krankwerdens wie Parasiten, Bakterien und Viren oder Funktionsstörungen, Abbauerscheinungen, der Verlust einer Seele, das Eindringen eines feindlichen Geistes, böse eigene Gedanken, böser Zauber eines anderen, Verunreinigung und Tabuverletzung. Die Erklärung für die Erkrankung des individuellen Kranken zu finden, ist nicht nur das Schwierigste, sondern auch das Wichtigste für die Heilung. Die Krankheit wird als Unordnung erlebt, von dem Kranken und von seiner Umgebung. Unordnung und Unsicherheit. Wenn die Erklärung gefunden ist, schwindet die Unsicherheit, und man kann darangehen, die Unordnung zu beseitigen.

In den großen Gesellschaften unserer Zeit, die »pluralistisch« genannt werden, weil sie für viele Fragen mehrere Erklärungen zugleich anbieten, kann der Mensch sich etwas aussuchen, was ihm auf seinen Fall zu passen scheint. Doch er bezahlt die Möglichkeit der Wahl mit dem Verlust fragloser Gewißheit, auch über den richtigen Weg zur Heilung seiner Leiden.

Vom guten Sterben

Festgehakt in meinem Gedächtnis ist der Bericht eines Eskimo vom Sterben seiner Großmutter.

Als sie alt, schwach und hilfsbedürftig wurde, nahm sie Abschied von ihren Kindern und Enkeln und ging hinaus in einen Schneesturm. Nicht weit von dem warmen Iglu, in dem die Familie beieinandersaß, fand sie den richtigen Platz auf dem Eis und begann zu singen. Der Schnee deckte sie zu. »Sie sang nicht sehr lange!« sagte ihr Enkel.

Die alte Frau singend auf dem Wege in eine andere Welt, die Familie lauschend, wartend, bis sie zu den Ahnen eingegangen war. »Sie sang nicht sehr lange!« Und dann Frieden. Für die alte Frau, die das Richtige getan hatte und es gut getan hatte, ohne Aufhebens. Für die Gemeinschaft, die es miterlebt hatte.

Wir wissen nicht, wie oft ein alter Eskimo den Tag hinauszuschieben versuchte, an dem er zu seinem Sohn sagen mußte: »Töte mich!« oder zu seiner Tochter: »Hilf mir, mich zu töten!« Er wußte, seine Kinder mußten ihm gehorchen. Er fühlte es, wenn sie auf den Befehl warteten. Nicht nur sie. Die ganze Familie wartete. Wann würde der Großvater einsehen, daß seine Zeit abgelaufen war? So sah er es ein.

Die kanadischen Behörden dachten da anders, redeten von »Mord«, sperrten pflichtgetreue Söhne ins Gefängnis, zwangen die Eskimo ihre Sitten zu ändern. »Menschen müssen so lange wie irgend möglich am Leben erhalten werden!« sagten die Kanadier.

Selbst der Zeitpunkt ihres Sterbens ist bei Menschen nicht nur biologisch, sondern auch sozio-kulturell bestimmt. Die Sitte schreibt vor, wann ein Mensch sterben muß und was ein guter Tod ist. Und die Menschen halten sich an die Sitte. Wie Hunger und Liebe haben sie den Tod in ein Symbolsystem eingebunden und nun sehen sie ihn nur noch in der Gestalt, die sie ihm gegeben haben: als das schlimmste aller Übel, als Befreiung des Geistes von der Materie, als Teil eines ewigen Kreislaufs, als Höhepunkt eines heroischen Dramas ... Wenn es noch weiterer Beweise bedürfte, daß Menschen Dinge glauben und vollbringen können, die ihren kreatürlichen Bedürfnissen direkt widersprechen, dann lieferte ihre Fähigkeit, die Todesangst zu überwinden, solche Beweise.

Singend erwartet die alte Eskimo-Frau den Kältetod, singend erträgt der gefangene Irokese-Krieger die Martern, die nach Tagen zu seinem Tod führen; während einer Epidemie schleppen sich kranke Jakuten auf den zentralen Platz der Siedlung, wo sie von den Hunden zerrissen werden; auf einer jener Südseeinseln, die wir uns so idyllisch vorstellen, Tikopia, streitet sich ein Ehepaar, gekränkt laufen die beiden auseinander und erhängen sich; ein australischer Stammesangehöriger, der ein Tabu verletzt hat, legt sich hin und stirbt.

Die ersten Ethnologen und Philosophen, die sich mit solchen Berichten befaßten und sie zu interpretieren versuchten, kamen auf die Idee, Primitive könnten leichter sterben als wir Zivilisierte, weil ihre Individualität weniger ausgebildet sei. Ein etwas merkwürdiges Argument, da wir doch auch die Überwindung der Todesfurcht verherrlichen, wenn es sich um christliche Märtyrer, patriotische Helden, selbstlose Revolutionäre, Lebensretter, Wissenschaftler und so weiter handelt – gerade Menschen, bei denen eine ganz besondere Individualisierung, die sie von der Masse der angsterfüllten Menschen abhebt, zu vermuten ist. Auch gibt es keine wissenschaftlichen Grundlagen für die Behauptung, Primitive wären emotional weniger differenziert als wir.

Man kann mit der gleichen Berechtigung die These aufstellen, daß es auf das Bild des Todes ankommt, auf die Vorstellung, ob irgendeine Kontrolle über das Sterben und das, was danach kommt, möglich ist. Je nachdem wie Menschen gelernt haben, an den Tod und an ihr eigenes Sterben zu denken, so begegnen sie diesen Ereignissen. Sie haben die richtige Haltung bereits ihr ganzes Leben lang eingeübt bei den Ritualen für die Verwandten und Freunde, die ihnen vorausgegangen sind. Auch hier folgt, wie Emile Durkheim es sagt, der Glaube der rituellen Handlung, die den Glauben darstellt (Abb. 6, 7, 8, 10).

Auch wir sind in einen Kreislauf eingeschlossen: Wir haben Angst vor dem Tod, weil wir ihn so lange wie nur irgend möglich hinauszuschieben suchen, und je mehr Angst wir haben, um so komplizierter und ausgedehnter werden die Zeremonien, die das Sterben in unseren Kliniken begleiten und verlängern.

Aber einen Vorteil haben wir gegenüber den Menschen in den Stammesgesellschaften: Wir können, wenn wir wollen, sehen, daß unsere Sitten und Vorstellungen nicht die einzig möglichen sind. Und der einzelne, der aufgrund seiner eigenen Erfahrungen darunter leidet, kann etwas – wenn auch nur wenig – zu ihrer Veränderung beitragen. Gerade in unserem Verhältnis zum Tode und zum Sterben sind Veränderungen, die aus Tausenden von kumulierenden Einzelerfahrungen erwachsen, heute erkennbar.

Kapitel IV

Wege nach innen – Wege aus der Zeit

Wenn es so schwierig ist, Antworten auf die Fragen nach Krankheit, Tod und Leiden zu finden, Antworten, die das Gefühl *und* den Verstand beruhigen und die für alle Menschen, also auch für die eigene Person, gültig sind – ist es dann vielleicht einfacher, die Wirklichkeit unseres Bewußtseins zu bestimmen?

Träume, Tagträume, Meditation, leichte Trance, tiefe Trance, mystische Ekstase – mit zunehmender Dringlichkeit wird danach gefragt, ob wir bei der überwältigenden Entwicklung wissenschaftlich-technischen Denkens nicht zu viele andere menschliche Möglichkeiten vernachlässigt oder geopfert haben. Eine ganze Reihe von Wissenschaftszweigen tragen zur Beantwortung dieser Frage bei, indem sie zunächst einmal eine Art von Bestandsaufnahme versuchen. Dabei wird ganz anders gefragt als bisher: nicht mehr abwehrend, negativ, sondern mit der positiven Absicht zu erfahren, warum für die meisten Menschen außerhalb unserer westlichen Zivilisation andere, *nicht-gewöhnliche* Bewußtseinszustände weder ungewöhnlich noch beunruhigend sind, sondern ein Teil eines normalen, vollen Lebens.

Vielleicht ist es möglich, unsere Wirklichkeit weniger eng zu begreifen. Vielleicht ist es möglich, daß auch wir mit dem »Nicht-Gewöhnlichen« umzugehen lernen, ohne das aufzugeben, was wir als unsere eigenste Errungenschaft betrachten, unser verbales, logisch analysierendes, Schritt um Schritt die Zeit abmessendes Denken.

»Für die meisten Menschen ist der Traum die einzige Erfahrung, in der sie ihrer seltsamen und ungewollten Gefangenschaft in den unnachgiebigen Raum-Zeit-Zwängen des Wachseins entkommen.« So beschreibt der Ethnologe Weston La Barre[1] den Zustand der Menschen in unserer Zivilisation und erteilt ihm zugleich eine negative Bewertung: »eine Gefangenschaft«, die »seltsam« ist in den Augen australischer Eingeborener oder indischer Weiser, und von uns »ungewollt« ist insofern, als sie meist nicht erkannt und nicht gewählt wird.

Doch selbst diese einzige Möglichkeit »anderer« Erfahrungen wird wenig genutzt, gilt vielfach als suspekt. Das Mißtrauen kommt aus sehr alten Quellen jüdisch-christlicher Tradition: Wer weiß denn, ob der Traum die Wahrheit sagt oder lügt, ob ihn Gott oder Satan gesandt hat? (Freud meinte, daß der Traum immer lügt, das heißt eine Wahrheit nur verschlüsselt wiedergibt, daß er, Freud, aber den Schlüssel gefunden habe!) Das Mißtrauen nährt sich aber auch aus neueren Ängsten: Verleitet uns die Beschäftigung mit unseren Träumen nicht zu allen möglichen abwegigen, irrationalen Spekulationen, zu zweck- und nutzlosen, ziel- und sinnlosen Ausflügen ins Okkulte? (Nur wenn uns der Analytiker den »wissenschaftlichen« Weg zeigt, unsere Träume zu nutzen, dann dürfen wir uns berechtigt fühlen, sie ernst zu nehmen!)

Ein konzentrierter Angriff biologischer, psychologischer und sozio-kultureller Wissenschaften auf die Geheimnisse des Träumens versucht, diese Ängste aufzuheben. Noch ist es nicht so weit, daß wir verstehen, wie wir träumen und warum. Immerhin ist das Träumen zu einem großen und wichtigen Forschungsgebiet geworden. Denn, wie Weston La Barre[2] sagt: »Die Tatsache, daß er träumt, zwingt den Menschen zuerst dazu, systematisch über sein Wissen nachzudenken (›zu epistemologisieren‹)«, und das gerade ist das Denkspiel unserer Zeit: nachzudenken über das menschliche Denken, Wissenstheorien aufzustellen, zu ergründen, was unsere Wirklichkeit ist und was nicht.

Der Traum, das allgemeinste und nicht zu leugnende Erlebnis nicht-gewöhnlicher Wirklichkeiten, dient uns deshalb auch als Metapher für alles andere nicht-gewöhnliche, nicht-rationale Denken, Sehen, Erfahren. Man spricht dann von »Träumen«, wenn man die Zustände nicht benennen will oder kann, deren Manifestationen sich dennoch aufdrängen.

Weil der Traum zugleich wirklich und nicht-wirklich ist, entwickelte der englische Gelehrte Edward B. Tylor 1871 in seinem Buch »Primitive Culture« den Ursprung der Religion aus der Erfahrung des Träumens. Seine Theorie fand viel Anklang. Träume und traumähnliche Erlebnisse, so meinte er, ließen in den Menschen zuerst die Vorstellung von der *Seele* entstehen, von einem zweiten, feineren und beweglicheren Teil seines Wesens, der sich im Schlaf vom Körper freimachen konnte. Der Begriff der Seele erklärte dann zugleich vieles andere, wie den Unterschied zwischen Leben und Tod. Ich vermute, daß Tylor selbst ein lebhafter Träumer war.

Nicht jeder ist ein lebhafter Träumer. Das Träumen der Menschen ist vielmehr so unterschiedlich wie ihre sonstigen individuellen Eigenschaften und Fähigkeiten: Um einen Kern von fast universellen Formen und Inhalten – wie Wasser, Feuer, Fliegen, Verfolgung, Gelähmtsein – verteilen sich die Einfälle der Träumenden über alles ihnen Bekannte und Erahnbare, sie sind wirr bis überzeugend klar, beglückend oder quälend. Doch weiß jeder, was Träumen ist, und kann sich mit anderen Menschen aus seiner kulturellen Gemeinschaft über Träume unterhalten. Kann er sich darüber auch mit Menschen aus anderen Kulturen verständigen?

Psychoanalytiker meinten, das müsse möglich sein, da sie – Freud folgend – annahmen, die Träume drückten in Symbolen das unbewußte Es aus, das bei Wiener Bürgern, New Yorker Intellektuellen, afrikanischen Ackerbauern und nordamerikanischen Reservations-Indianern so verschieden nicht sein könne. Viele Träume wurden erfragt, gesammelt und gedeutet, so lange bis der Ödipuskomplex zutage trat. Die analysierten Afrikaner und Indianer brauchten die gelehrten Erklärungen allerdings nicht, da sie ihre eigenen hatten und ihre eigenen Fachleute für Traumdeutung. Ob die eine oder die andere Art der Deutung »richtiger« war, mußte schon deshalb unentschieden bleiben, weil beide Teile eines Glaubenssystems und nicht falsifizierbar waren.

Auch über unsere Träume bestimmt die Kultur mit – über ihre Interpretation, ihre Bedeutung, selbst ihren Inhalt. Die Träume sind nicht allein unser individuelles Eigentum. In ihren Träumen und in dem, was sie damit machen, unterscheiden sich die Menschen nach ihrer Kulturzugehörigkeit.

Die *biologische* Traumforschung hat in den letzten Jahren das Träumen als körperliche Funktion verständlicher gemacht. Seitdem man entdeckt hatte, daß schnelle Augenbewegungen beim schlafenden Menschen die Traumphasen kennzeichnen (»rapid eye movements« = REM-Phasen), konnte man zum Beispiel diese objektiv messen: bei zu früh geborenen Kindern sind an die 80 Prozent der Schlafzeit auch Traumzeit, bei normal geborenen Kindern sind es etwa 50 Prozent, bei Zweijährigen noch etwa 30 Prozent und bei jungen Erwachsenen hat sich die Zeit, in der ein schlafender Mensch träumt, bei ungefähr 20 bis 25 Prozent stabilisiert. Zurückgehend könnte man vermuten, daß das Kind im Mutterleib *immer* träumt, wenn es schläft.

Da auch die Schlafzeit zurückgeht – von Dreiviertel der Zeit beim Neugeborenen auf etwa die Hälfte beim Fünfjährigen und ein Drittel beim Erwachsenen –, verringert sich der Anteil der Traumzeit an der gelebten Zeit mit zunehmendem Alter. Hat das Träumen etwas mit der Entwicklung des Gehirns zu tun? Mit der Entwicklung des Ichs, der bewußten Identität? Und warum träumen alle anderen Säugetiere und – ganz kurz – auch Vögel? Menschen, die man am Träumen hindert, bauen nach wenigen Nächten ein ungeheures Traum*bedürfnis* auf, was bei Tieren nicht der Fall zu sein scheint. Wir brauchen das Träumen, aber *warum*? Das können uns die Laboratoriumsversuche noch nicht sagen.

Bisher haben sich die Menschen vor allem für Inhalt und Bedeutung der Träume interessiert und die Tatsache des Träumens als solche hingenommen.

Es gibt Kulturen, in denen man sich wenig um die Träume kümmert und sie für unwichtig hält. Der Ethnologe George M. Foster[3] konnte jedenfalls die Leute des mexikanischen Dorfes Tzintzuntzan nicht dazu bewegen, über ihre Träume zu sprechen, und schreibt das ihrer negativen Einstellung gegenüber dem Träumen zu. Die Leute von Alor, einer kleinen indonesischen Insel, weckten dagegen die Familie – und auch die Ethnologin Cora Du Bois[4] – mitten in der Nacht auf, wenn sie einen lebhaften Traum gehabt hatten, um ihn zu erzählen und zu diskutieren. Im Gespräch nahm der Traum dann die Interpretationen und Kommentare auf und verwandelte sich in eine Traumerzählung, die den kulturellen Erwartungen auf Alor entsprach und die der Träumer dann gut weitererzählen konnte.

Extrem wichtig und ernst nahmen die Irokesenstämme ihre Träume. Wir wissen über die Irokesen und ihren Umgang mit Träumen zunächst durch die französischen Jesuiten, die sie von 1668 an zum Christentum zu bekehren versuchten, und später durch die englischen Quäker-Missionare, die rund 130 danach einen neuerlichen Versuch machten. So notierte Pater Fremin[5]:

»Die Irokesen haben, genau besehen, nur eine einzige Gottheit – den Traum. Ihm unterwerfen sie sich, und seinen Befehlen folgen sie mit äußerster Genauigkeit.« ... »Wer in der Nacht geträumt hat, daß er ein Bad nahm, läuft am nächsten Morgen sofort nackt in die Nachbarhäuser, wo man einen Eimer Wasser über ihn schüttet, gleichgültig wie kalt das Wetter ist. Ein anderer, der geträumt hat, daß er von den Stammesfeinden gefangen genommen und lebendig verbrannt wurde, läßt sich am nächsten Tage wie ein Gefangener fesseln und brennen, da er glaubt, daß er auf diese Weise seinen Traum befriedigen kann und daß diese Folgsamkeit die Schmerzen und die Schande von Gefangenschaft und Tod von ihm abwenden wird, wie er sie nach dem, was er von seiner Gottheit, dem Traum erfahren hat, sonst ganz sicher durch seine Feinde erleiden müßte.«

Träume waren also manchmal Befehle, etwas zu tun, manchmal aber Warnungen vor Ereignissen, die man noch abwenden konnte, indem man sie in milderer Form ablaufen ließ. Solche Angstträume, vor allem Träume von Gefangenschaft, Marter und Tod werden relativ oft erwähnt, was bei den Sitten der kriegerischen Irokesen nicht verwunderlich ist. Die Irokesen sahen, im Gegensatz zu Freud, eine ganz direkte Verbindung zwischen Traum und Wirklichkeit: der manifeste, unverschlüsselte Inhalt des Traums zeigte an, was geschehen müsse, im Guten wie im Bösen.

Manchmal war der Traum allerdings unklar. Oder er war schwer in die Tat umzusetzen. Dann kam der Rat der Dorfältesten zusammen oder sogar der Stammesrat, und der Traum wurde solange besprochen, bis sich eine allgemein akzeptierte Meinung darüber gebildet hatte, was er bedeutete und darüber, was geschehen sollte. Auch gab es Medizinmänner oder einfache Leute mit hellseherischen Gaben, die sich besonders auf die Traumdeutung verstanden.

Zur Behandlung von Krankheiten suchte man in den Träumen der Kranken nach nicht verwirklichten Wünschen. Dabei konnte es sich um Werkzeuge, Waffen oder Kleidung handeln, um bestimmte Mahlzeiten oder auch um einen Freund. Alle Wünsche mußten erfüllt werden. Das ging so weit, daß dem Kranken ein Freund bestimmt wurde, der ihm von da an lebenslang verbunden bleiben mußte. Träumte der Kranke nicht selber deutlich von irgendwelchen Dingen, »die sich seine Seele wünschte«, dann entdeckte der Medizinmann sie für ihn in seinen Träumen. Denn unerfüllte »Wünsche der Seele« waren oft die Ursache von Krankheiten.

Diese Vorstellung von unausgelebten Wünschen, die den Menschen krank machen, in Träumen aber sichtbar werden, ist es, die Anthony Wallace – der eine ausführliche Geschichte der Seneca, eines der sechs verbündeten Irokesenstämme geschrieben hat – mit Freuds Traumdeutung vergleicht. Nicht in den Vergleich passen aber die Angstträume, die auch, zumindest symbolisch, verwirklicht werden mußten, weil sie als Wahrträume betrachtet wurden. Außerdem hatten die Irokesen offenbar gar keine Hemmungen, ihre materiellen und sexuellen Wünsche kundzutun, sobald sie sich im Traum manifestiert hatten – der Freudsche »Zensor« im Gehirn war ihnen unbekannt. Der Traum sprach alle Arten von Wünschen aus und rechtfertigte sie zugleich. Der Traum machte das Wünschen und das Annehmen von Gaben auch für den stolzesten Krieger, der nie um etwas bat, sozial akzeptabel. Der Traum berechtigte die sich sonst recht zurückhaltend benehmenden Männer und Frauen auch zur Erfüllung sexueller Wünsche.

Zum Entsetzen der Jesuiten konnte es zum Beispiel geschehen, daß ein Krieger, der krank von einer erfolglosen Expedition zurückkam, im Dorf erklärte, im Traum sei ihm der gute Schöpfergott erschienen und habe verlangt, daß ihm folgendes geopfert werde: zehn Hunde, zehn Porzellanperlen von jedem Haus, ein Perlengürtel, vier Maß Sonnenblumenkerne und ebenso viele Bohnen. Und dem Krieger solle man – so habe der Gott gesagt – zwei verheiratete Frauen für fünf Tage überlassen. Danach kamen Androhungen schrecklicher Strafen, falls irgendeine Forderung unerfüllt bliebe. Sie wurden alle erfüllt.

Noch schlimmer als solche spezifischen Wünsche einzelner fanden die Jesuiten die allgemeinen Feste, die eine Art von Massentraumdeutung und Wunschtraumerfüllung zugleich darstellten. Es gab mehrere solcher Zeremonien und Feste. Eines, *Andacwander* genannt, endete mit der Paarung von nicht miteinander verheirateten Männern und Frauen. Oft wünschten sich Träumer ein solches Fest. Bei den Winterzeremonien trafen sich die Leute zum Träumeraten. Sie drückten ihre Wunschträume in Form von Rätseln aus und sammelten kleine Geschenke ein von denen, die das Rätsel nicht lösen konnten. Wenn dann aber jemand erraten hatte, daß »das Ding, das einen See in sich trägt«, ein Kürbis sein sollte, so bekam der Träumer auch seinen Kürbis. Und einmal im Jahr fand das Fest statt, bei dem »das Gehirn umgedreht wird«, Männer und Frauen also ihre Träume dramatisch darstellten und befriedigten.

Aber es gab Grenzen, wenn sie auch weiter gezogen waren, als es den Jesuiten gut schien. So berichteten sie von einem Mann, der träumte, er gäbe ein Kannibalenfest mit Menschenfleisch. Als man ihm erst einen Mann und dann, auf sein Verlangen, ein Mädchen zur Verfügung gestellt hatte, erklärte er seinen Traum für schon befriedigt. Auch der Mann, der geträumt hatte, er habe einen Franzosen getötet, setzte den Traum nicht – wie die Patres immer gefürchtet hatten – in die Tat um, sondern begnügte sich mit dem Mantel eines angeblich toten Franzosen.

So stand die therapeutische Funktion der Träume im Vordergrund. Die Irokesen benutzten Träume, ähnlich wie andere Völker das Phänomen der Besessenheit benutzen: als eine sozial akzeptierte Gelegenheit, soziale Regeln zeitweise außer Kraft zu setzen. Eine der von den Jesuiten berichteten Geschichten hat sogar eine auffallende Ähnlichkeit mit Berichten aus Nordindien, Afrika und Mexico (wie sie in Kapitel I erwähnt wurden), in denen es ebenfalls um junge Frauen ging, die im Dorf und in der Familie ihres Mannes nicht zurechtkamen. Während diese so lange von einem Geist besessen wurden, bis sich die neue Familie zu mehr Zuwendung und Rücksicht ihnen gegenüber entschloß, träumte die Indianerin von der Mond-Dame, die befahl, ihrem Schützling prächtige rote Kleidung und alle möglichen anderen Dinge zu schenken. Die wiederholten Traumgesichte der Mond-Dame sorgten für allgemeine Anteilnahme an den Leiden und Wünschen der jungen Frau.

Auch Anthony Wallace kommt am Ende seiner langen Darstellung zum Schluß, daß die Irokesen ihre Traumkultur als notwendiges Ventil benutzten. Das Ideal des aktiven, tapferen, selbstsicheren und stoischen Kriegers war wohl oft eine zu schwere Last für die Seele. Auch scheint es, daß die Frauen selten Gelegenheit hatten, sich durch Klagen zu erleichtern oder Hilflosigkeit zu zeigen. (Obwohl man sich Hinweise auf das Verhalten der Frauen in alten wie neuen Berichten stets mühsam zusammensuchen muß!) So verfielen die Irokesen auf einen der Auswege aus dem durch die Kultur streng geregelten gewöhnlichen Dasein und dem gehörigen Verhalten.

Im Traum verläßt der Mensch jede Nacht die geordnete Tagwelt und wird offen für die Abenteuer anderer Erfahrungswelten. Diese Möglichkeiten können mit Ehrfurcht, mit Freude oder mit Mißtrauen betrachtet werden. Wir können dem Traum eine höhere und tiefere Wahrheit zuschreiben oder sagen »Träume sind Schäume« und sie vergessen. Wir können – als kulturbildende Gemeinschaft – unsere Träume nutzen und ihnen eine Funktion in der Kultur zuteilen: als Ursprung oder Kern von Mythen, als Hilfsmittel bei schwierigen, gemeinsam zu treffenden Entscheidungen, als Wege zu einer anderen, neuen Sicht der Dinge, als psychosomatische Therapie und Mittel der Diagnose verschiedenster Übel, als Legitimation der Autorität besonders begabter Träumer, auch als Bedingung für die Ausübung bestimmter sozialer Funktionen wie der des Schamanen und mehr. Vieles ist möglich, weil wir zwar das Träumen nicht lassen können, jedoch eine gewisse Kontrolle über die Inhalte unserer Träume und über unser Erinnerungsvermögen gewinnen können.

Eine Stimme vom Himmel

Das Gewicht, das den Träumen beigemessen wird, und die Interpretation ihrer Inhalte sind natürlich nicht zu trennen. So, wenn manchen Träumen eine gleichsam höhere Wirklichkeit zugesprochen wird, die Wahrheit göttlicher Botschaften an einzelne oder durch sie an eine Gemeinschaft. Die Träume können dann kulturelle Muster bestätigen oder verändern.

Wo Träume eine so große Bedeutung haben, da wird meistens unterschieden zwischen den Träumen gewöhnlicher Leute und denen der religiösen Spezialisten oder auch besonders begabter Männer und Frauen, die durch diese eine Fähigkeit zu träumen ausgezeichnet sind. Aber innovative Träume gibt es auch in unserer Welt, nur daß es dem träumenden Individuum überlassen bleibt, etwas damit anzufangen oder nicht.

Mein Lieblingsbeispiel für schöpferisches Träumen, für eine künstlerische Leistung der Zusammenschau, stammt von meiner Mutter, einer musikalisch reich begabten, aber nicht dem Irrationalen zugeneigten Frau.

Während ich mich für meine Dissertation mit dem Vergleich von sieben amerikanischen Kirchengemeinden herumplagte und über die Schwierigkeiten stöhnte, brauchbare Vergleichsmaßstäbe zu finden, löste meine Mutter für sich das Problem, sich vorzustellen, was ihre Tochter eigentlich trieb: Sie träumte eine siebenstimmige Fuge. Jede Stimme war eine dieser Gemeinden – das wußte sie im Traum –, aber nun waren alle Mißklänge überwunden, jede einzelne Stimme für sich und alle miteinander ergaben ein schönes Tongebilde, das sich streng geordnet entfaltete. Im Wachzustand wäre es wohl selbst Johann Sebastian Bach schwergefallen, eine siebenstimmige Fuge mit dem inneren Ohr zu hören. Im Traum ist das leicht und beglückend. Auch konnte ich, nur nach dem Bericht meiner Mutter, etwas von der gefundenen Lösung in meine Arbeit hinüberretten: Die Vorstellung, aus der mißtönenden Plage könnte sich geordneter Wohlklang entwickeln, half mir weiter. Auch bei späteren Gelegenheiten – bis heute.

Ein anderes Beispiel ist aus der Wissenschaftsgeschichte bekannt[6]. Dabei verdankte der Träumer seine Einsicht einem *Fieber*traum. Im Jahre 1858 wanderte der Naturwissenschaftler Alfred Russell Wallace in den Dschungeln Südasiens herum, von Zeit zu Zeit durch Malariaanfälle auf sein Feldlager geworfen. Und da stand ihm plötzlich die Lösung eines biologischen Problems vor Augen, mit dem er sich schon lange beschäftigt hatte: Wie entstanden die verschiedenen Arten von Lebewesen und wie verschwanden sie wieder von der Erde? Wallace teilte seine Entdeckung dem älteren Kollegen Charles Darwin in England mit. Der hatte, ohne irgend jemandem davon zu erzählen, seit zwanzig Jahren Daten zum Beweis derselben Theorie gesammelt, die Wallace nun sozusagen als in sich geschlossenes Muster vor sich gesehen hatte. Darwin konnte nicht länger nur Beweise sammeln: In einem gemeinsamen Aufsatz teilten die beiden Gelehrten der Welt mit, daß der *Ursprung der Arten* durch natürliche Auswahl unter natürlichen Mutationen naturwissenschaftlich zu erklären sei.

Und der Fiebertraum von Wallace ist keinesfalls so einzigartig in der Wissenschaftsgeschichte. Was wäre Sigmund Freuds Psychoanalyse ohne seine Traumdeutung, und was wäre seine Traumdeutung ohne seine eigenen Träume? Freud selber empfand seine Theorie als eine plötzliche Erkenntnis, was sich daran zeigt, daß er seinem Freund Fließ schrieb: »Glaubst Du eigentlich, daß an dem Hause dereinst auf einer Marmortafel zu lesen sein wird: ›Hier enthüllte sich am 24. Juli 1895 dem Dr. Sigm. Freud das Geheimnis des Traumes‹?« Es spielt hier keine Rolle, daß Freuds Traumtheorie inzwischen arg gerupft worden ist – hier soll nur exemplifiziert werden, wie auch wissenschaftliche Theorien aus einer Form des Denkens entspringen können, die »Intuition« genannt wird, die als Gewahrwerden einer Gestalt, als das Bewußtwerden einer Wahrheit beschrieben werden kann, nicht aber als der Schritt für Schritt sich vorarbeitende Prozeß des Denkens in Worten. Solche Erkenntnisse kommen allerdings nicht ohne Vorbereitung, und die Theorie muß anschließend die Überprüfungen durch die wissenschaftliche Methode überstehen.

Ein weiteres Beispiel zeigt, wie man eine bewußte Kontrolle schöpferischen Träumens versuchen kann. Es ist die Geschichte aus der Lebensbeschreibung von Samuel Butler (1835–1902)[7]:

»Der Kutscher Mister Dunkett fand, daß seine Rattenfallen eine nach der anderen versagten, und er war so verzweifelt darüber, wie das Getreide weggefressen wurde, daß er beschloß, eine Rattenfalle zu erfinden. Er begann damit, sich so genau wie möglich in die Lage der Ratte zu versetzen. ›Gibt es irgend etwas‹, fragte er sich, ›in das ich, wäre ich eine Ratte, so großes Vertrauen setzen müßte, daß ich es nicht anzweifeln könnte, ohne alles in der Welt anzuzweifeln und fürderhin unfähig zu sein, mich ohne Furcht in irgendeine Richtung zu bewegen?‹ Er dachte eine Weile nach und fand keine Antwort, bis eines Nachts der Raum in hellem Glanz zu erstrahlen schien und er eine Stimme vom Himmel sagen hörte: *›Kanalisationsrohre!‹* Da wußte er, was er zu tun hatte. An einem gewöhnlichen Kanalisationsrohr zu zweifeln wäre für eine Ratte dasselbe, wie aufzuhören, eine Ratte zu sein.«

Mister Dunketts inspirierte Rattenfalle war an beiden Enden offen und die Feder war in der Mitte versteckt, doch dies und die weiteren Überlegungen der Herren, die sich die Geschichte erzählen, haben mit unserem Thema nichts zu tun. Unser Thema ist der *Traum*, seine gelegentliche kreative Kraft und die menschliche Fähigkeit, diese Kraft durch konzentrierte Anstrengung zu kontrollieren. Was Mister Dunkett tat, war dasselbe, was der Schamane tut, der träumend die Ursache für die Krankheit seines Patienten findet.

Doch warum sollte die *geträumte* Lösung des Problems besser sein als eine im Wachen erdachte?

Weil – wie es in diesen Beispielen zutage tritt – im Traum bisher verstreute Gedanken oder Eindrücke sich plötzlich zusammenschließen zu einem sinnvollen Muster, einem überzeugenden Symbol, einer klaren Wahrheit. Wenn das im Wachen geschieht, dann in einem Augenblick des Losgelöstseins von der Umgebung, die einem Traum ähnelt. Die Erkenntnisse solcher Momente – vielleicht sind es manchmal kurze Trancezustände – haben für uns eine größere Überzeugungskraft, weil sie uns »Blitze der Erleuchtung« erleben lassen, weil das Plötzliche der Erscheinung wie etwas von außen Kommendes auf uns einwirkt, das »die Blindheit von uns nimmt«.

»Er hörte eine Stimme vom Himmel sagen: *›Kanalisationsrohre!‹*« Konnte diese Stimme aus dem eigenen Kopf kommen? Da Mister Dunkett ein vernünftiger Engländer war, mußte er dies annehmen. Wie aber, wenn er ein Irokese gewesen wäre, der von klein auf die Leute davon hätte reden hören, daß ein Schutzgeist jemandem im Traum praktische Anweisungen gab? Er hätte keinen Augenblick daran gezweifelt, daß ihm nun gleiches widerfahren war. Und er hätte seinem Schutzgeist gedankt und beim nächsten Mal – wieder mit einem schier unlösbaren Problem konfrontiert – versucht, die einmal erfolgreiche Methode zu wiederholen: angestrengtes, konzentriertes Nachdenken bis zum Einschlafen. Wäre ihm die erste Erleuchtung nach zwei Glas Branntwein gekommen oder unter einem bestimmten Baum, wo er eingenickt war, er hätte zweifellos diese Technik wieder versucht. Und nach einer Serie von »trial and error« hätte er gelernt, bedeutungsvolle Träume herbeizurufen – wenn nicht immer und nicht zuverlässig, so doch öfter. Da aber Mister Dunkett kein Irokese war, ließ er die merkwürdige Geschichte auf sich beruhen.

Den Träumen eine Aufgabe für den einzelnen oder für die Gemeinschaft zuzuschreiben und zu versuchen, das Träumen zu kontrollieren, gehört zusammen. Das beginnt damit, die Erinnerung an das Geträumte zu kultivieren, sich jeden Morgen die Träume der Nacht ins Gedächtnis zu rufen. Alle, die das je praktiziert haben, sagen, daß bei einiger Übung die Zahl und Deutlichkeit der erinnerten Träume zunimmt. Eine eigentliche *Kontrolle* kann sowohl im Hervorrufen von Träumen zu bestimmten Themen bestehen wie auch im Intensivieren des Träumens an sich.

Unsere Beispiele handelten alle von Fällen, in denen durch konzentrierte Beschäftigung mit einem bestimmten Thema spezifische Trauminhalte gefördert wurden. Wenn es sich aber etwa um die Diagnose einer unbestimmten Krankheit oder um den Versuch einer Zukunftsschau handelt, dann darf die Traumphantasie nicht eingeengt werden, dann ist eine allgemeine, unspezifische Aktivierung des Träumens nötig, wie sie spontan bei besonderen Erregungszuständen, auch im Fieber oder bei Hunger und Durst auftritt. Viele Techniken, durch die Menschen sich über ihr Alltags-Ich hinauszuheben versuchen, fördern intensive Träume, die sich mit dem Erwachen nicht gleich verflüchtigen.

Da verschwimmen nun allerdings die Grenzen zu dem, was man *Vision* nennt. So lassen es die Berichte indianischer Träumer häufig offen, ob sie im *Schlaf* eine Traumvision hatten oder in einer durch asketische Übungen induzierten *Trance*. Das Lexikon meint, eine *Vision* könne im Wachen, aber auch beim Träumen kommen, als Bild oder als Einsicht. Bei der Rückkehr in den Alltag weiß man, daß das Gesehene nicht körperlich greifbar war. Aber war es deshalb »unwirklich«? Wenn man etwas sieht oder hört, das nicht existiert, so hat man eine *Halluzination* – doch nur die anderen behaupten das, man selber sieht und hört es ja! Man kann vielleicht einräumen, daß man auf eine andere Art sieht und hört als gewöhnlich. Auch der Schizophrene kann ja durchaus die Stimmen, die nur er hört, von Menschenstimmen oder Lautsprecherstimmen, unterscheiden. Nur besagt das nichts über die *Wirklichkeit* dieser Stimmen, Bilder und Einsichten.

So hängt es schließlich von der *Mitteilbarkeit* der eigenen Erfahrung ab, ob sie als wirklich und wahr oder als halluzinatorische Täuschung betrachtet wird, das heißt, es hängt vom kulturellen Konsens ab.

Ob aber Träume aufgenommen werden in den lebendigen kulturellen Prozeß und *wie* sie verwendet werden, das wirkt wiederum formend auf andere Bestandteile der Kultur ein. Das kann den Menschen helfen, mit sozialen Krisen fertig zu werden und individuelle Probleme zu lösen, und es kann auch andere Möglichkeiten verschließen. Die Irokesen zum Beispiel waren durch ihre Offenheit gegenüber Traumvisionen auch offen für revolutionäre Botschaften von Propheten und Messias-Gestalten, die sich auf eine besondere Vision beriefen. (Ein solcher Messias tritt in Kapitel VI auf.)

Die Walbiri[8] in der zentralaustralischen Wüste aber verschmelzen

Wachen und Traum noch enger. Die Walbiri sagen, daß der Geist eines Menschen aus der zeitlosen Traumzeit kommt und nach seinem Tode in sie zurückkehrt, bis er sich von neuem verkörpert. Die Traumzeit ist die Entstehung der Welt und aller Lebewesen und ihrer Ordnungen, ist Vergangenheit und Gegenwart und Zukunft, ist die Wohnung der Ahnen und der Enkel, ist die Zeit ohne Zeit. Immer wieder werden die Ereignisse der Traumzeit als dramatisches Ritual wiederholt an den Orten, die davon geprägt wurden wie Ayer's Rock, wie die Wasserlöcher und die Höhlen, in denen die Ahnen ihre Abbildungen hinterließen. Der einzelne Träumer taucht in die Träume seines Clans ein, bis sie sein eigen werden. Das Träumen ist der bessere Teil des Lebens. Der Alltag empfängt seine Bedeutung vom Träumen. Er mag den Weißen hart und arm erscheinen – er ist reich durch die Träume (Abb. 5, 21).

Wie ganz anders ist es, wenn man die Träume mißachtet, wenn man ihnen mißtraut. Cicero, der aufgeklärte Römer, stellte die Frage, warum sich wohl die Götter den Menschen ausgerechnet auf eine so unzuverlässige Weise mitteilen sollten, daß man – ebenso unzuverlässige – Traumdeuter benötigte. Eine gute Frage.

Doch wenn man erst einmal anfängt zu zweifeln – was gibt uns die Gewißheit, daß unser Denken im Wachen die Wahrheit erfaßt? So fragte der chinesische Philosoph Chuang Tzu[9] im dritten vorchristlichen Jahrhundert mit seiner berühmten Traumerzählung:

»Einmal träumte ich, daß ich ein Schmetterling sei, hierhin und dorthin flatternd, ganz nach den Wünschen, die eben ein Schmetterling hat. Plötzlich erwachte ich – und da lag ich und war wieder ich selbst. Nun weiß ich nicht mehr: War ich wirklich ein Mann, der träumte, daß er ein Schmetterling sei, oder bin ich nicht ein Schmetterling, der jetzt gerade träumt, daß er ein Mann ist?«

Der Traum als Metapher für all das, was außerhalb unserer Alltagswirklichkeit liegt, der Traum, ob bejaht oder verneint, erinnert uns immer wieder an die Zerbrechlichkeit unseres Wissens.

Das Bewußtsein auf der Schaukel

In den letzten zwanzig Jahren hat es eine Explosion der Forschung über die Gehirnfunktionen, über Wahrnehmung, Lernen, Erinnern,

Denken, Symbolbildungen, Sprechen, Bewußtsein, Bewußtseinszustände und Bewußtseinsveränderungen gegeben. Dabei entstanden neue natur- und sozialwissenschaftliche Disziplinen mit zusammengesetzten Namen wie Biomedizin, Biochemie, Biolinguistik, Neurophysiologie, Neuropsychologie, Neuropsychiatrie, Ethnopsychologie, Ethnopsychiatrie, Soziobiologie, Soziolinguistik, Kulturbiologie und so fort. Wie ihre Namen zeigen, etablierten sich diese neuen Forschungsgebiete immer zwischen zwei älteren Spezialwissenschaften, deren Erkenntnisse und Methoden sie verbinden und weiterentwickeln. Doch wird der Ruf nach »interdisziplinärer Zusammenarbeit« von Kongreß zu Kongreß immer lauter, je mehr spezielle Disziplinen entstehen. Was im folgenden erwähnt wird, ist eine sehr kleine – und sicher auch anfechtbare – Auswahl aus dieser Vielfalt, beschränkt auf das menschliche Bewußtsein.

Bewußtsein wird definiert als die Gehirntätigkeit, durch die wir uns mit unserer Umwelt auseinandersetzen, oder auch als ein Kontrollorgan, das die Interaktion von Umwelt und Individuum regelt.

Doch solche naturwissenschaftlichen Definitionen lassen drei miteinander verbundene Aspekte unberücksichtigt: den kulturellen Kontext der Interaktion, die interne Vermittlerrolle der Kultur und die Erfahrung eines persönlichen Ichs, das *Selbstbewußtsein*. Und weil die Naturwissenschaftler, die populäre Bücher über Gehirn, Denken und Bewußtsein schreiben, sich ihre Aufgabe vereinfachen, indem sie nur die Interaktion zwischen Individuum und Umwelt analysieren, neigen sie auch trotz zahlreicher Enttäuschungen immer wieder zu einem übertriebenen Optimismus, was die bisherigen und die zu erwartenden Forschungsergebnisse anbelangt. Da wird noch einmal die endgültige Erklärung der letzten Geheimnisse in Aussicht gestellt oder die Heilung von Geisteskrankheiten, oder die Kontrolle über unerwünschtes menschliches Verhalten – zugleich mit Schreckensbildern einer totalen Gehirnkontrolle[10].

Richtiger ist wohl die Meinung eines Teilnehmers an einem *Symposium über Bewußtsein*[11], das 1974 in San Francisco stattfand – richtig auch heute noch: »Unser gegenwärtiges Wissen über menschliches Bewußtsein und verschiedene Bewußtseinszustände ist höchst fragmentarisch und chaotisch.«

Das sollte uns weder wundern noch bekümmern, denn das Besondere des menschlichen Gehirns ist ja gerade seine enorme, wenn auch nicht unbegrenzte Anpassungs- und Wandlungsfähigkeit, samt seiner ebenfalls enormen individuellen Variabilität. Darin liegt unsere Chance zu überleben.

Die Fragestellungen der Naturwissenschaften sind meistens auf Kontrolle gerichtet, weniger auf Voraussage. Mit solchen Fragestellungen, mit Experimenten und Beobachtungen, die durch ungeheuer verfeinerte Werkzeuge ermöglicht wurden, haben wir Informationen über unsere eigenen Gehirnfunktionen erlangt, die noch vor wenigen Jahrzehnten für unmöglich gehalten wurden. Doch gibt es andere Forschungsrichtungen, die nicht nach einer *Kontrolle* der Gehirnfunktionen suchen, sondern nach der Breite oder Tiefe der *Möglichkeiten* des Bewußtseins fragen, wobei mehr oder minder deutlich eine emanzipatorische Absicht im Hintergrund steht. Die Methoden sind vergleichende Beobachtung von Individuen und von Gemeinschaften von Individuen.

Robert Ornstein[12] versuchte relativ früh (1972) in einer »Psychologie des Bewußtseins« die neue neurophysiologische Forschung mit experimenteller Psychologie und mit der überkommenen Erfahrung östlich-religiöser Bewußtseinsbeherrschung zu kombinieren. Er schreibt: »Das gewöhnliche Bewußtsein ist eine exquisit entwickelte persönliche Konstruktion: Sinnes-Systeme wählen einen kleinen Teil der Input-Daten aus, das Gehirn verändert und überwacht diese Sinnes-Eingabe, die höhere Gehirn-Selektivität filtert sie weiter aufgrund der Bedürfnisse und bereits vorhandener Vorstellungen, die das ›set‹ bilden.« Und ein anderer Psychologe aus demselben Kreis, Charles Tart[13], schreibt: »Unser gewöhnlicher Bewußtseinszustand ist nicht etwas Natürliches oder einfach Gegebenes, sondern eine höchst komplexe Konstruktion, ein spezialisiertes Werkzeug für den Umgang mit der Umwelt und mit anderen Menschen, ein Werkzeug, das für manche Zwecke brauchbar ist, aber für andere nicht so sehr.« Der Gebrauch des Begriffes »Konstruktion« enthält den Hinweis auf einen Vorgang, der individuell unterschiedlich abläuft, nicht nur entsprechend den verschiedenen Sinneseindrücken, sondern eben auch nach den vorgefundenen Auswahlprinzipien, dem *set* – der auf Bedürfnisbefriedigung gerichteten Aufmerksamkeit und allem, was von früheren Eingaben aufbewahrt wurde gemäß den von der *Kultur* bestimmten Modellen. Denn kein individuelles Bewußtsein existiert für sich allein.

Noch einmal Charles Tart[14]: »Weil wir als menschliche Wesen geboren sind, Wesen mit einer bestimmten Art von Körper und Nervensystem, die auf dem Raumschiff Erde leben, ist uns im Prinzip eine sehr große Zahl von menschlichen Möglichkeiten zugänglich. Aber wir werden in eine besondere Kultur hineingeboren, die eine kleine Anzahl dieser Möglichkeiten auswählt und entwickelt, andere aktiv ablehnt und die meisten nicht kennt. Die kleine Zahl möglicher Erfahrungen, die unsere Kultur auswählt, und dazu einige Zufallsfaktoren stellen die Strukturelemente dar, aus denen unser gewöhnlicher Bewußtseinszustand aufgebaut ist. Wir sind zugleich die Nutznießer und die Opfer der Selektivität unserer Kultur.«

»Wir sind zugleich die Nutznießer und die Opfer der Selektivität unserer Kultur.« Das bedeutet *erstens*: Die Interaktion zwischen Individuum und Umwelt findet in einem kulturellen Kontext statt, der uns sowohl Angebote macht wie Grenzen setzt. Die *kulturell vermittelte* Umwelt, die wir in der ständigen Kommunikation mit anderen Menschen erleben, ist für uns *die* Umwelt. Vielleicht wollten die indischen Philosophen diesen Zustand beschreiben, wenn sie von dem »Schleier der Maya« sprachen, der Illusion vor unseren Augen, die wir für die Wirklichkeit halten. Doch wäre da nicht diese auswählende Vermittlerin, so würde uns die Vielfalt überwältigen. Auch gäbe es dann keine Verständigung mit anderen Menschen, da auch die menschliche Sprache eine Selektion und Interpretation der Umwelteindrücke voraussetzt. Ohne Sprache und Kultur aber wären wir keine Menschen.

Zweitens: Neben dem kulturellen Kontext, in dem wir leben, tragen wir einen Teil der Kultur *in uns*. Auch diese internalisierte Kultur, die ein untrennbarer Bestandteil unserer Persönlichkeitsentwicklung und ganz unser eigen ist, selektiert für uns die auf uns eindringenden Sinneseindrücke. Die internalisierte und die durch andere erfahrene Kultur sind nie in völliger Übereinstimmung. In dieser Diskrepanz erleben wir unsere geistige Einmaligkeit.

Drittens: Wir halten das Selbstbewußtsein, die Erfahrung unseres Ichs, die Fähigkeit, wie aus der Entfernung uns selbst zu betrachten, für ein besonderes Kennzeichen des Menschen. Aber auch diese Erfahrung ist ganz entscheidend geprägt von der Kultur – sie entwickelt sich in uns zusammen mit dem Erlernen von Sprache und Kultur. George Herbert Mead und seine Mitarbeiter an der Universität von Chicago haben in den zwanziger Jahren den Prozeß der Selbsterkenntnis in den

Augen und den zustimmenden oder ablehnenden Reaktionen der für uns wichtigen anderen beschrieben. In den Grundzügen kann dieser Prozeß allgemein menschlich genannt werden, doch der Inhalt ist veränderlich: Bin ich von Natur gut oder böse? Bin ich normal? Ist mein Körper mein Ich oder mein Gefängnis? Bin ich einmalig oder nur ein Fall in einer langen Reihe von Wiederverkörperungen? Von der Variabilität solcher Vorstellungen war schon im ersten Kapitel die Rede. Wie ich mich auch sehe – ich erkenne mich nur im Vergleich mit Maßstäben, die von der kulturellen Gemeinschaft aufgestellt und mir vermittelt worden sind.

Diese Maßstäbe sind in unserer westlichen Welt zur Zeit in einem heftigen Wandel begriffen, von dem die ganze Gehirnforschung und Bewußtseinsforschung nur ein Teil sind. Der eben zitierte Psychologe Charles Tart erklärt das große Interesse mit der Möglichkeit, Fähigkeiten zu entwickeln, die außerhalb unserer kulturellen Norm liegen, indem wir zeitweise unser Bewußtsein neu strukturieren.

Das *Interesse* ist allerdings ebenso »fragmentarisch« und »chaotisch« wie das gegenwärtige *Wissen* über menschliches Bewußtsein und verschiedene Bewußtseinszustände. Doch aus welchen Quellen das Interesse auch gespeist wird, die Vorstellung allein, unser *gewöhnlicher* Bewußtseinszustand müßte nicht der einzig sozial akzeptable sein, ja, unser Bestreben, andere Bewußtseinszustände so weit wie möglich auszuschließen, wäre ein Irrweg, diese Vorstellung ist schon revolutionär, besonders wenn sie als Erweiterung und Fortführung unserer rationalen, wissenschaftlichen Denkweise auftritt. (Die Gefahr des Umkippens in neue Einseitigkeit, in Anti-Intellektualismus ist dabei nicht zu übersehen.)

Die Erforschung der unterschiedlichen Funktionsweisen unserer Hirnhälften einerseits und die Beschreibung »außergewöhnlicher« Bewußtseinszustände in anderen Kulturen andererseits, sind die beiden getrennten Grundlagen für die Forderungen von Wissenschaftlern, wir müßten von unseren vernachlässigten Möglichkeiten Gebrauch machen, also von der intuitiven, holistischen, gleichzeitigen oder zeitlosen, nicht-verbalen Funktionsweise der rechten Gehirnhälfte und – vielleicht zugleich – von den Techniken, die in anderen Kulturen ausgebildet wurden, um das Bewußtsein zeitweise vom Tumult der Welt zu lösen. Die analytischen, zeitbewußten und verbalen Fähigkeiten der linken Gehirnhälfte sind zwar die neueste evolutionäre Spezialisierung der Menschenart, aber, so heißt es, sie haben in unserer westlichen Zivilisation ein zu großes Übergewicht erhalten und nur die komplementäre Zusammenarbeit beider Funktionsweisen unseres Gehirns bringt die notwendigen Innovationen hervor. Analog dazu heißt es: Für den Menschen ist es natürlich und vielleicht sogar notwendig, von Zeit zu Zeit das Alltagsbewußtsein zu verlassen und in einen »veränderten« oder »außergewöhnlichen« Bewußtseinszustand einzutreten, so, wie es nötig ist, im Schlaf zu träumen.

Einige dieser anderen Bewußtseinszustände werden nun auch »Überbewußtsein« genannt, während das »Unbewußte«, so lautet eine These, nichts weiter ist als ein Wort für die Vorgänge in unserem Kopf, für die wir keine Worte haben. In dem Augenblick, wo wir sie in Worten auszudrücken versuchen, verändern sie sich – wie alle Mystiker, aber auch nicht wenige Psychoanalytiker bemerkt haben.

Bei Kindern ist die Fähigkeit noch offen, *selbstvergessen* in andere Bewußtseinszustände einzutauchen, den beständigen Strom von lautlos formulierten Worten abzustellen, mit dem wir uns unserer Welt und unseres Ichs versichern. Aber die Erwachsenen geben sich die größte Mühe, den Kindern so schnell wie möglich diese Fähigkeit abzuerziehen.

Erinnern wir uns! Auf dem Spielplatz stehen Schaukeln. Hin und her und her und hin schwingt das Kind, legt Kopf und Körper vor, legt sie zurück ... Die Mutter ruft: »Komm, wir müssen nach Hause!« Das Kind hört nicht. Es schwingt auf der Schaukel. Es hört wirklich nicht. Oder genauer: Es nimmt die Rufe der Mutter nicht wahr, denn sie kommen aus einer anderen Welt. Was jetzt wirklich ist, der blaue Himmel, der grüne Rasen, die sich nähern und entfernen und wieder nähern, das Fliegen, das Losgelöstsein, Licht, Bewegung, Unendlichkeit – das ist die Wirklichkeit und sonst nichts. Eine leichte Trance.

Veränderte Bewußtseinszustände sind nicht so selten und fremd. Wenn man sie fragt, erinnern sich auch in unserer Zivilisation ein bis zwei Drittel der Erwachsenen an »nicht-gewöhnliche« Augenblicke. Neu ist nur das Interesse dafür, die sich ausbreitende Meinung, es wäre nicht nötig und vielleicht sogar schädlich, diese Möglichkeiten zu vernachlässigen. Die Parallele zur »sexuellen Revolution«, die Anfang dieses Jahrhunderts begann, drängt sich auf. Unsere Definition von dem, was es heißt, *Mensch* zu sein, ändert sich wiederum in einem langsamen und noch wirren Kommunikationsprozeß. Unsere Kultur ändert ihr Menschenbild, und jeder von uns ist – antreibend, hinhaltend, verwirrt – daran beteiligt.

Trancezustände – Der kulturelle Kontext

Der Begriff »außergewöhnliche« Bewußtseinszustände zeigt Hilflosigkeit. Was ist »gewöhnlich«? Auch Leute, die das von Berufs wegen tun, Psychiater vor allem, Juristen und Psychologen, können sich auf keine feste Definition einigen, nicht einmal innerhalb unserer Zivilisation. Für Ethnologen wiederum kann nicht »außergewöhnlich« sein, was in irgendeiner Kultur gewöhnlich und normal ist, und sei es auch die Besessenheit durch einen zu bizarren Späßen aufgelegten Vodu-Gott, einen bösartigen »Fuchs«, einen unruhigen Toten, sei es das Umherwandern der Seele, ihr Besuch bei den Ahnen, sei es der Empfang von Geisterbotschaften, die Vereinigung mit einer Gottheit, das Auslöschen des Ichs.

Es *gibt* außergewöhnliche Bewußtseinszustände, es gibt sogar so viele verschiedene, daß sie noch keineswegs vollständig registriert werden konnten. Sie lassen sich für den Beobachter am Verhalten des Betroffenen erkennen, und sie werden von dem Betroffenen selber als *besonders* empfunden. Meistens haben sie ihren festen Platz im Leben der Gemeinschaft innerhalb der religiösen Ordnung. Meistens gelten nur die, welche sich der mitteilbaren Erklärung entziehen, als Krankheit.

Ethnologen haben verschiedene Versuche gemacht, für die wissenschaftliche Beschreibung und Analyse solcher Zustände Kategorien und Bezüge zu anderen, genauer definierten Fakten herzustellen. Nützlich ist dabei zunächst einmal zwischen psychobiologischen, objektiv zu beobachtenden Zuständen und Verhaltensweisen und den Bezeichnungen und Interpretationen zu unterscheiden, die ihnen in einer bestimmten Kultur gegeben werden. Die in den USA auf diesem Gebiet arbeitende Ethnologin Erika Bourguignon verwendet die neutralen Begriffe »veränderte Bewußtseinszustände«, »Trance« und »Dissoziation« nebeneinander. Ich ziehe *Trance* vor (vom lateinischen transitus = Übergang), weil der Begriff die Loslösung vom Alltag, das Entrücktsein assoziiert und relativ wenig mit Werturteilen belastet scheint.

Versucht man, alle Arten von Bewußtseinszuständen zu klassifizieren, so muß man zunächst unterscheiden zwischen denen, die durch besondere Ruhe und denen, die durch besondere Erregung des Zentralnervensystems gekennzeichnet sind. Das eine Extrem bildet der durch Meditation angestrebte Zustand, den die Yoga-Lehre »samādhi« nennt, und das andere Extrem eine mystische Ekstase oder eine dämonische Besessenheit.

Diese Klassifikation sagt nichts über die *Inhalte* der Trance aus, ob sie angsterregend, beglückend oder erst das eine und dann das andere sind. Auch unterscheiden sich die Zustände danach, ob die Inhalte (zum Beispiel Visionen eines Schutzgeistes) erinnert werden oder ob alles völlig vergessen ist (wie bei der Hypnose), oder danach, wie die Trance benutzt wird (zum Beispiel therapeutisch, religiös, für öffentliche Zeremonien), oder danach, wie die Trance herbeigeführt wurde. Die Form der Induktion reicht von spontanen, überraschenden Erlebnissen einzelner zu genau vorgeschriebenen Gruppenexerzitien, bei denen eine Art von Ansteckung oder Nachahmungseffekt wirksam wird. Auch können einander ähnliche Zustände in einer Kultur ein individuelles, profanes Ereignis sein und in einer anderen ein institutionalisiertes, religiöses Ereignis. Eine Theorie, die alle Variablen von den neurophysiologischen bis zu den kulturellen integrieren könnte, ist nicht in Sicht.

Die entscheidende Bedeutung des kulturellen Kontextes bei ungewöhnlichen Bewußtseinszuständen läßt sich an einem Beispiel aus unserem Alltag zeigen.

Eine heute über sechzigjährige Münchnerin mußte sich mit vierzehn einen Abszeß aufschneiden lassen. Das geschah in der Praxis des Arztes unter leichter Lachgas-Narkose. Sie erinnert sich so deutlich, als wäre es eben gewesen, daran, wie sie sich plötzlich in der Luft, gerade unter der Zimmerdecke schwebend fühlte. Sie schaute herunter und sah sich selber unbeweglich im Arztstuhl hängen und sah den Arzt an sich herumhantieren, aber das interessierte sie kaum. Sie fühlte sich leicht und frei und sie hörte wunderbare Klänge, von denen sie mit Sicherheit wußte: das war die Sphärenmusik, von der sie im Griechischunterricht gehört hatte. Der schöne Zustand dauerte nur kurze Zeit, dann zog etwas sie wieder hinunter. Sie erinnert sich, daß sie darüber traurig war und versuchte, Widerstand zu leisten. Aber das half nichts: Ihr Bewußtsein kehrte in den Körper zurück und sie wachte auf.

Sie behielt dieses Erlebnis für sich, dachte aber zuerst oft daran. Dann vergaß sie es beinahe, bis sie in den letzten Jahren immer wieder ähnliche Erlebnisse beschrieben fand von Leuten, die – meist bei Unfällen – beinahe gestorben waren. Genauso, wie in diesen Beschreibungen war es ihr gegangen. Und nun erzählte sie auch mal davon.

Niemals in all den Jahren hatte sie etwas Ähnliches wieder erfahren. Sie hatte auch nicht versucht, die Sache weiter zu erforschen oder eine Wiederholung probiert. Gerade das wäre ihr ein Leichtes gewesen, denn sie wurde später Apothekerin und hatte Zugang nicht nur zu Lachgas. Doch das Geschehen blieb wie abgekapselt in ihrem Gedächtnis aufbewahrt, niemals zu irgendeinem anderen Teil ihres Lebens in Beziehung gesetzt. Denn weder in ihrer persönlichen Erfahrung noch in ihrer sozialen Umwelt gab es irgend etwas, das sie motiviert hätte, ihr Erlebnis zu entwickeln. Im Gegenteil: Alle Botschaften von Menschen in ihrer näheren Umgebung, aus dem in der Schule Gelernten, von Zeitgeist und Ortsgeist drängten sie dazu, nicht darüber nachzudenken, es ruhen zu lassen.

Viele andere Menschen müssen sich ähnlich verhalten haben, denn kaum waren die ersten Berichte über Ablösung des Bewußtseins vom Körper und Rückkehr in den Körper bei schweren Unfällen, Operationen oder Krankheiten veröffentlicht, da meldeten sich Leute, die dasselbe oder Ähnliches erlebt hatten. Vielfach interpretierten sie es als Tod und Wiederkehr. Aber die Umstände müssen nicht unbedingt so dramatisch sein. Eine Lachgas-Narkose kann als Auslöser genügen, ebenso große Ermüdung und Nervenanspannung. Im Höhen- oder Tiefenrausch kann der rasch in andere Luftdruckverhältnisse transportierte Bergfahrer oder Taucher erleben, was auch Beinahe-Gestorbene berichten: das Auftauchen und rasend schnelle Vorbeiziehen Tausender von Erinnerungen – »Mein ganzes Leben!«

Eine gewisse Verwandtschaft mit Traumerlebnissen, die häufig und weit verbreitet sind, ist festzustellen, wie schwebendes Fliegen, Durch-Wände-Gehen oder das Herabschauen auf die bekannten Häuser, Wege und Menschen, manchmal auch unbekannte Landschaften. Doch sind die Halluzinationen unter Schock und Drogeneinfluß unvergleichlich viel klarer, stärker, einprägsamer als Träume. Immer wieder wird berichtet, sie seien »wirklicher als die Wirklichkeit« – das heißt, was immer die anderen Leute sagen, das Erlebnis läßt sich nicht wegreden und auch mit der äußeren Einwirkung nicht eigentlich befriedigend erklären, und deshalb spricht man besser nicht darüber mit denen, die nichts davon verstehen. Denn wenn auch solche Trancen nicht selten sind, viel zahlreicher sind die Menschen, die selbst mit Lachgas keine Sphärenmusik hören können.

Wie anders ist das aber in einer Kultur, in der Kinder von klein auf hören, daß Schwerkranke eine ihrer Seelen verloren haben, daß Schamanen ihre Freiseele auf die Reise schicken, um die des Kranken zurückzuholen, oder daß nur derjenige ein volles Mitglied des Stammes sein kann, dessen Seele einmal das Land der Ahnen aufsuchte, der seinem Schutzgeist oder Totem begegnet ist oder mit den Geistern gekämpft hat! Wenn einem solchen jungen Menschen das Tranceerlebnis zuteil wird, dann versteht er, was ihm passiert ist, in einem ganz festen Rahmen von Begriffen und Vorstellungen von der Welt. Und wenn er davon erzählt, so werden die Erwachsenen auch genau wissen, wie das Geschehene einzuordnen ist, und sollten sie noch irgendwelche Zweifel haben, so werden sie den Schamanen konsultieren. Der wird sagen, wie sich der junge Mensch von nun an verhalten soll. Vielleicht wird er ihn als Lehrling annehmen, vielleicht ihm besondere Aufgaben stellen. Eine ernste Angelegenheit, aber eine, auf die man vorbereitet ist.

Nun ist es auch bei uns nicht ganz unbekannt, daß Halbwüchsige für ekstatische Erlebnisse anfällig sind, aber es wird ihnen keine Deutung angeboten, die ihnen helfen könnte. Es wird ihnen nur gesagt, das alles sei nicht wirklich und ein Wahn, vielleicht eine sexuelle Fehlentwicklung, und die Symptome werden mit Medikamenten unterdrückt. Und wenn das nicht reicht: Entmündigung, Einweisung in eine Anstalt, noch stärkere chemische Mittel, Elektroschocks, Zwangsernährung, eine Existenz ohne Hoffnung.

Der Fall der Anneliese Michel, die 1976 im Alter von 23 Jahren in Klingenberg in Franken starb, stellt die klassische Tragödie eines Menschen dar, der zwischen zwei unvereinbaren kulturellen Wertsystemen zerrieben wird: zwischen der traditionellen Gläubigkeit einer ländlichen Enklave, in der die Lehren der katholischen Kirche noch ernst genommen werden, auch die über Satan, Dämonen, Besessenheit und Heilung durch priesterlichen Exorzismus, und einer oberflächlich rationalen Modernität, die ekstatische Religiosität nur als Wahnsinn begreifen kann, dabei aber ein durchaus irrational-gläubiges Vertrauen in die »wissenschaftliche« Kompetenz von Psychiatern setzt.

Die Ethnologin Felicitas Goodman[15] hat den Fall, der seinerzeit völlig verzerrt durch die Medien ging, 1980 neu aufgerollt, das heißt, sie hat zum ersten Mal die Anfälle und die Besessenheit von Anneliese Michel als das identifiziert, was in anderen Kulturen als »Schamanenkrankheit« bekannt ist, als die Berufungskrise des Sensitiven, die – wenn sie glücklich überstanden wird – zur *Beherrschung* der Trancezustände führt. Tonbandaufnahmen zeigten die typischen Kennzeichen einer religiösen Trance, die unter anderem an einer charakteristischen Lautgebung erkennbar und in allen Sprachen, auch bei Glossolalia, dieselbe ist. Felicitas Goodmans Hypothese: In diesem Fall wirkten die stark dämpfenden chemischen Mittel der Entladung und damit der Überwindung der Krise entgegen.

Aber eine echte *Besessene* in Franken, sozusagen vor unserer Tür? Wenn wir das zugeben würden – was alles würde dann losbrechen? Es war mühsam und schmerzhaft genug, das Licht der Aufklärung in Mitteleuropa zu verbreiten! Was aber ist eine Aufklärung wert, die auf einem Auge blind ist?

Wir brauchen gar nicht bis in die Karibik zu reisen, um religiösen Trancezuständen bei sonst völlig normalen und funktionsfähigen Menschen begegnen zu können. Schon an den südlichen Rändern Europas werden in ländlichen Gegenden solche Erscheinungen nicht als krankhaft empfunden. Lokale Kulte bilden sich um die visionären Personen und die Stätten ihrer Visionen, auch wenn die katholische Kirche heutzutage lange zögert, ehe sie Erscheinungen der Jungfrau Maria, wie sie die Hirtenkinder von Fatima 1917 erlebten, offiziell anerkennt. Selbst ohne amtlichen Segen drückt sich die Hoffnung vieler Gläubiger in sekundären Erscheinungen aus, in Krankenheilungen zum Beispiel und in der Tröstung Verzweifelter, und bestärkt so die Interpretation der ursprünglichen Visionen als echt und wahrhaft übernatürlich.

Über die ganze Welt verbreitet sind Proben der Glaubensfestigkeit, die in Trance unternommen werden, darunter das Feuerlaufen. Heute noch wird in manchen griechischen Dörfern einmal im Jahr zu Ehren des heiligen Konstantin und der heiligen Helena ein Fest veranstaltet, bei dem die Hauptdarsteller mit bloßen Füßen durchs Feuer laufen, so, wie ihre Vorfahren es wahrscheinlich einmal zu Ehren der Götter taten, so, wie Bewohner Tahitis über erhitzte Steine gehen.

Was ist Trance? Was auch immer sonst – ein Zustand besonders großer oder geringer Erregung des Zentralnervensystems vielleicht –, es ist eine vollständige Konzentration nach innen und Abwendung von der Außenwelt. Und es ist etwas, das wahrscheinlich jeder normale junge Mensch lernen kann, wiewohl nicht mehr jeder in unserer Zivilisation Aufgewachsene.

Dies wurde durch ein Team von Ethnologen an der Ohio State University unter Leitung von Erika Bourguignon[16] statistisch untermauert. Eine repräsentative Stichprobe von 488 Gesellschaften aus allen Teilen der Welt (der für solche Analysen geschaffenen ethnographischen Datenbank »Human Relations Area Files« entnommen) wurde daraufhin geprüft, ob eine oder mehrere Formen von institutionalisierten Bewußtseinsveränderungen festgestellt worden waren. In 437 Gesellschaften war das der Fall – das sind 90 Prozent. Daß in 10 Prozent der überprüften Gesellschaften Trancezustände nicht institutionalisiert oder ritualisiert waren, kann zum Teil daran liegen, daß diese Gesellschaften die Praxis aufgegeben hatten, ehe Ethnologen ihren Bericht abfaßten. Aber so bemerkenswert diese neunzigprozentige Übereinstimmung ist, so bemerkenswert sind auch die regionalen Unterschiede. Unter den Eingeborenenkulturen Nordamerikas weisen ganze 97 Prozent, also beinahe alle, Rituale zur Bewußtseinsveränderung auf, während unter den Mittelmeervölkern der niedrigste Anteil, 80 Prozent, gefunden wird. Obwohl also die Fähigkeit, außergewöhnliche Bewußtseinszustände zu erfahren, eine universale menschliche Eigenschaft ist, sind der Gebrauch, die Art der Zustände, die Institutionalisierung und die Formen des Rituals von der jeweiligen Kultur bestimmt und daher variabel.

Die Unterschiede zwischen den Kulturen haben auch eine historische Dimension: Während in kleinen Stammesgesellschaften viele oder alle Erwachsenen an der rituellen Trance teilnehmen – auch wenn besondere Funktionen wie Wahrsagen, Diagnose und Krankenheilung schamanistischen Spezialisten vorbehalten bleiben –, so beanspruchen in komplexen, hierarchisch gegliederten Gesellschaften mit stärker institutionalisierten Religionen die Priester das Recht auf außergewöhnliche Zustände für sich, ja, es gibt Konkurrenzkämpfe zwischen ihnen und besonders begabten Laien. Der Prozeß kann sich offenbar auch wieder umkehren, *mehr* Menschen können ekstatische Erlebnisse suchen, *mehr* religiöse Gemeinschaften oder Meditationsgruppen ihre Mitglieder dahin führen. Eine solche Umkehr der historischen Entwicklung erleben wir heute.

17

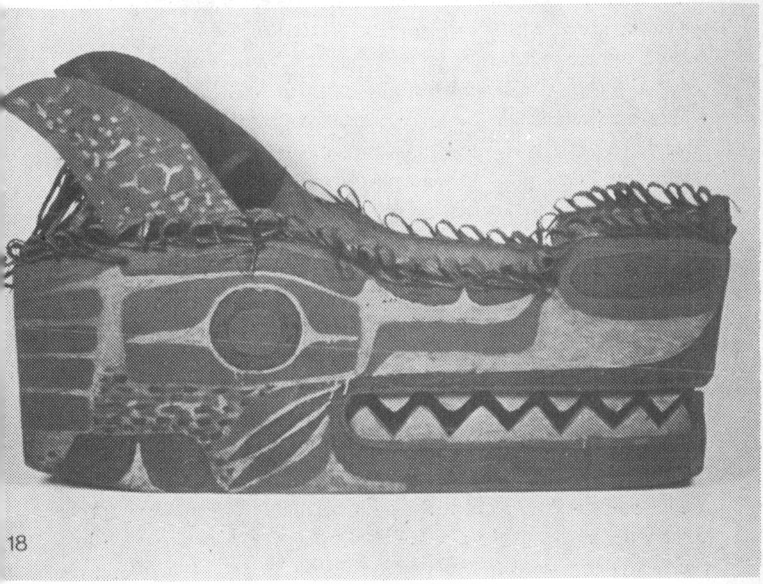

18

17 Eine blühende Volkskunst von Fadenbildern hat sich bei Huichol-Indianern in Nordmexiko aus der Darstellung ihres Peyote-Kultes und ihrer Visionen entwickelt. Die Verehrung des halluzinogenen Kaktus scheint seit vorspanischen Zeiten unverändert.
18 Die bunte, bewegliche Wolfmaske ist – wie der Rabe (vgl. 4) – typisch für die expressiven Tanzmasken der Indianer an der nördlichen Pazifikküste Kanadas.

19 Diese Maske für Initiationsfeiern der Cokwe (Angola) zeigt ein Frauengesicht, wird aber von Männern getragen mit einem geflochtenen Gewand, das durch angenähte Brüste den weiblichen Körper markiert. Rund um die Erde machen erwachsene Männer aus Knaben vollwertige Stammesangehörige, indem sie eine zweite Geburt symbolisch vollziehen. Sein neues Leben als Mann erhält der Jüngling nur von Männern.

20 Vor rund 6000 Jahren war die Wüste Sahara grün und das leere, zerklüftete Tassili-Plateau (Algerien) voller Menschen und Tiere. Davon zeugen heute noch traumhafte Felsbilder. Dieser maskiert tanzende Kollege des Zauberers von Trois Frères (vgl. 2) mit einem gehörnten Kopfputz und noch nicht identifizierten Ausrüstungsgegenständen wurde von Douglas Mazonowicz samt der ockerfarbenen Felswand kopiert.

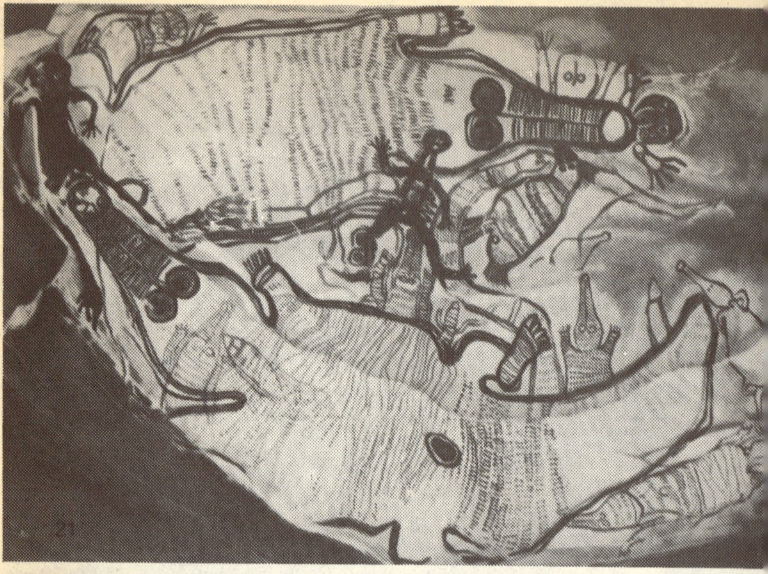

21 Felsmalerei, 1954 bei Sundron, Nordwest-Australien, von Andreas und Katharina Lommel entdeckt (vgl. 5). Holen die Krokodile Clanmitglieder zu den Ahnen?
22 In den Höhlen von Lascaux, Südwestfrankreich, wurde in der Eiszeit diese Szene festgehalten: der verwundete Büffel betrachtet seine Eingeweide, während der stilisiert, aber deutlich als lebendig gezeichnete Vogel-Schamane noch in Trance liegt (vgl. 2, 28).

Doch was bewegt die Menschen, Bewußtseinsveränderungen zu suchen, obwohl die ersten Erfahrungen meistens angsterregend sind? Fast immer stellt sich hinterher ein Gefühl glücklicher Gelöstheit ein. Dies Gefühl verbindet sich mit einer therapeutischen Wirkung: Ängste, auch körperliche Schmerzen sind verschwunden, zumindest für einige Zeit. Zu der individuellen Wirkung kommt die soziale: Wer in einer christlichen Pfingstgemeinde vom Heiligen Geist berührt wurde, wer in einem brasilianischen Umbanda-Zentrum von einem Geist als Medium erkoren wurde, wer als junger Zuni-Indianer die Berufung zum Medizinmann erlebte, der hat einen geachteten Platz in seiner Gemeinschaft und die Sicherheit seines eigenen Wertes gewonnen, die zugleich eine Verpflichtung bedeuten.

Wenn aber alle Menschen eine mehr oder minder große Neigung und Fähigkeit dazu haben, von Zeit zu Zeit außergewöhnliche Bewußtseinszustände zu suchen, dann müssen die Gesellschaften auch institutionelle Vorkehrungen zu ihrer sozialen Kontrolle treffen – so, wie es die statistische Übersicht für 90 Prozent der Gesellschaften nachweist. Kontrolle bedeutet sowohl *negative* Kontrolle, Begrenzung, Eindämmung, Kanalisierung, manchmal Unterdrückung als auch *positive* Kontrolle, Ermutigung, Unterrichtung, Einrichten von Gelegenheiten, Ehrung besonders begabter Individuen, Nutzung für soziale Zwecke. Zur positiven Kontrolle gehört auch die sozial gebilligte, gelehrte und geordnete Verwendung bestimmter Methoden, Trancezustände zu erzeugen: rhythmische Bewegungen, Singen, Trommeln, Konzentration auf glänzende Gegenstände oder einzelne »heilige« Worte, kontrolliertes Atmen, asketische Übungen und, nicht zuletzt, halluzinogene Pflanzen. Die »Pflanzen der Götter« wurden den Menschen gegen ihre Leiden und gegen ihre Blindheit gegeben.

Die Botschaft 60 000 Jahre alter Blüten

Vor 60 000 tausend Jahren lösten sich Felsbrocken von der Decke einer Wohnhöhle und erschlugen einen Mann. Seine Gefährten bestatteten den Toten an geschützter Stelle tief in der Höhle. Wie es sich gehörte, legten sie ihn in der Stellung des Ungeborenen im Mutterleib zurecht. Als Besonderheit aber betteten sie ihn auf Blumen, deckten ihn mit Blumen zu. Denn er war ein Heilkünstler, ein Schamane, und so, wie man anderen Toten eine Steinaxt oder Proviant mitgab, so versorgte man ihn mit seinen Hilfsmitteln, den Kennzeichen seines Berufes. Acht verschiedene heilkräftige Pflanzen gab man ihm in jene andere Welt mit.

Sechzigtausend Jahre nach dieser feierlichen und hoffnungsvollen Bestattung wurde das Skelett des Mannes in der Schanidar-Höhle im nördlichen Irak wiederentdeckt. Und mit der Sorgfalt heutiger Archäologen machten sich die Entdecker daran, den erhaltenen Samenstaub der acht Blütenarten zu untersuchen. Sieben der Pflanzen konnten inzwischen als Heilpflanzen identifiziert werden, die noch heute in der Gegend als Medizin gebraucht werden, auch von den Ziegenhirten, die weiterhin in der Höhle leben. Eine der Pflanzen, Ephedra, enthält das Nervenstimulans Ephedrin. Was man zunächst als eine pietätvolle Geste oder als Opfergabe ansah, das erwies sich als Beleg für fortgeschrittenes medizinisches Wissen und für eine ganz frühe Spezialisierung solchen Wissens bei besonders begabten Individuen.[17]

Dieser Medizinmann, der vor 60000 Jahren die Kräfte bestimmter Pflanzen kannte und benutzte, war ein Neandertaler, ein homo sapiens oder »ein moderner Mensch«, aber kein homo sapiens sapiens, kein »doppelt weiser Mensch«, wie wir uns selber und unsere direkten Vorfahren nennen, die sich vor etwa 35000 Jahren in Europa einzurichten begannen und die Neandertaler vertrieben oder ausrotteten – offenbar nicht ohne zuerst von ihnen zu lernen. Wir wissen nicht einmal, wie diese nur einfach weisen Menschen sich miteinander verständigten (vgl. Kapitel II). Noch weniger wissen wir, was sie sich dabei dachten, wenn sie – als erste Menschen, die das taten – ihre Toten bestatteten. Wir schließen nur aus der Kontinuität der Gepflogenheiten über die Jahrtausende hinweg, daß sie glaubten oder hofften, der Tod sei nicht das Ende, sondern der Beginn eines anderen Lebens, eines Daseins, das mit dem bisherigen irgendwie zusammenhing, für das die Überlebenden Verantwortung trugen, das vielleicht auch zum Guten oder Schlechten in ihr Leben hineinwirken konnte. Der Tote stellte Ansprüche an die Lebenden. Man durfte die Leiche nicht mehr wie früher einfach liegen lassen. Das taten die Tiere! Darüber verständigten sich diese Menschen untereinander und dazu bildeten sie Riten aus, feste Formen des Verhaltens gegenüber dem Unbegreiflichen, das nun greifbar wurde: Tradition, Kultur, Gebot.

Hatten sie schon die Vorstellung von einer oder von mehreren Seelen, die sich vom Körper lösen konnten? Wir werden das wohl nie mit Sicherheit erfahren, auch wenn noch mehr solche erhellenden Funde wie der in der Schanidar-Höhle ganz neue Erkenntnisse über die frühen Menschen zutage fördern. Aber die Annahme liegt nahe, denn die Menschen, die vor rund 30000 Jahren in Europa und Nordasien lebten und ihre Nachkommen, die später Nordamerika besiedelten, haben uns Zeugnisse ihres Denkens hinterlassen, die denen noch lebender Gemeinschaften ähnlich genug sind, um Vergleiche unwiderstehlich zu machen.

Dazu sind aber in den letzten Jahren noch neue Forschungsrichtungen gekommen, die jene ferne Welt verständlicher erscheinen lassen: die neurophysiologische Hirnforschung und die Erforschung bewußtseinsverändernder Substanzen und Techniken.

Wußte zum Beispiel der Tote aus der Schanidar-Höhle, daß Ephedra, ein Schachtelhalmgewächs, nicht nur gegen Heufieber und Asthma gut war, sondern ihm auch bei der inneren Vorbereitung auf seine Aufgabe als Heilkundiger half? Benutzte er vielleicht die Malven oder Schafgarben, Kornblumen oder Hahnenfuß, Kreuzkraut oder Traubenhyazinthen nicht nur als Mittel, um Schmerzen zu vertreiben und Wunden zu heilen, sondern auch, um das Gemüt des Kranken – und sein eigenes – auf Hoffnung und Zuversicht einzustimmen? Vielleicht gehörten zu dem Blütenbett, auf das er gelegt wurde, auch noch andere Pflanzen, von denen keine Spur die 60000 Jahre überdauerte. Vielleicht wußte er schon, daß es unter den Pflanzen mit geheimnisvollen Kräften auch solche gibt, die den Menschen wunderbare Dinge sehen lassen, klarer, schöner und schrecklicher als alles, was er sonst sieht?

Heilende Pflanzen, verzaubernde Pflanzen – sie sind oft nicht zu unterscheiden. Warum auch, ist nicht ihre Heilkraft auch ein Zauber? Aus Sonnenenergie bilden die Pflanzen chemische Energie, aktive Substanzen, die als Gift oder als Medizin, oder auch als Auslöser außergewöhnlicher mentaler Zustände auf den menschlichen Stoffwechsel einwirken. Es besteht Grund anzunehmen, daß die Neandertaler schon fermentierte, alkoholische Getränke herstellten. Seltsam wäre es, wenn sie nicht auch solche Pflanzen entdeckt hätten, die den Lebenden ahnen lassen, was die Toten kennen: die körperlose Wirklichkeit hinter der Wirklichkeit. Oder war es vielleicht umgekehrt? Entstanden Ehrfurcht und Angst vor den Toten erst, als sie denen wie leibhaftig erschienen waren, die bestimmte Pflanzen zu sich genommen hatten? Bildete sich die Vorstellung von der Seele, die im Körper wohnt, ihn aber auch verlassen kann, erst, als Menschen unter dem Einfluß einer Zauberpflanze auf ihren eigenen Körper herabgesehen hatten? Ist es denkbar, daß all dies zufällig geschah?

Fliegenpilze, Rentiere und Menschen

Wer einmal einen Hund gehabt hat, weiß, daß er Pflanzen als Medizin zu sich nimmt. Der Hund weiß, was er fressen muß, um das, was ihm im Magen liegt, schnellstens wieder loszuwerden. Der Hund weiß auch, wenn ihm in seinem Futter etwas Lebenswichtiges fehlt und sucht sich Ersatz. Bei wilden Tieren hat man vielfach beobachtet, daß sie bestimmte Pflanzen als Heilmittel suchen. Wahrscheinlich waren die Menschen, ehe sie »weise« wurden, auch so begabt. Dann aber verließen sie sich nicht länger allein auf ihre Instinkte, sondern teilten einander mit: das hilft gegen Magenbeschwerden und dies hilft Wunden zu heilen! Und wer eine neue Medizin entdeckte und den anderen zeigte, der wurde wohl dafür geachtet und belohnt. Es ist nicht schwer, sich die Entwicklung vorzustellen bis zu jenem Medizinmann, der vor 60000 Jahren zwischen den heilenden Blüten bestattet wurde.

Wie aber kamen die Menschen darauf, bewußtseinsverändernde Pflanzen zu essen? Fast alle, die bis heute in Gebrauch sind, schmecken sehr schlecht, zumindest bitter, verursachen häufig zunächst einmal Übelkeit, machen nicht satt. Wie lernten die Neandertaler die Wirkung solcher Pflanzen kennen?

Vielleicht lernten sie es, vielleicht lernten es die noch früheren Menschen von den Tieren. Sagen in verschiedenen Teilen der Welt deuten darauf hin: Ziegen im Jemen, Kamele in Arabien machten die Menschen auf die anregenden Früchte des Kaffeestrauches aufmerksam, wie die Vicunas in den Anden auf die Cocablätter, das Reh zeigte dem chinesischen Weisen den Weg zum Pilz der Unsterblichkeit, Rehe führen die Huichol-Indianer in Mexiko zu den magischen Peyote-Kakteen (Abb. 17, 23). Am ältesten aber könnte die Beziehung zwischen Menschen, magischen Pilzen und Rentieren sein – sie könnte aus der Zeit stammen, als Europa besiedelt wurde und die Menschen sich überwiegend von den großen Rentierherden nährten. Rentiere haben nämlich, wie sich noch in der modernen Zeit feststellen ließ, eine wahre Leidenschaft für Pilze, auch Fliegenpilze. Nun gibt es zwar Drogenexperten, die behaupten, die Menschheit wäre die einzige Spezies mit dem Trieb, von Zeit zu Zeit das Bewußtsein im Rausch zu verlieren, doch das stimmt nicht. Oder wenigstens verhalten sich manche Tiere so, als verspürten sie denselben Trieb. Was sie subjektiv dabei empfinden, wissen wir allerdings nicht[18].

Das ferne Ostsibirien, das Mitte des 18. Jahrhunderts von russischen Expeditionen mit deutschen und anderen ausländischen Teilnehmern besucht wurde, stellte sich damals wie eine Art Kühlkammer dar, in der eiszeitliche Lebensformen erhalten geblieben waren. Wie vor 30000, 50000 und 150000 Jahren, folgten die Jäger-Hirten den Rentierherden auf ihren jährlich fast gleichen Wanderungen und nahmen sich von ihnen fast alles, was sie als Nahrung, Kleidung und Werkzeugmaterial brauchten. Schon den ersten Reisenden fiel aber eine Merkwürdigkeit auf: die gleiche Vorliebe von Mensch und Tier für den Fliegenpilz. Sie wurde von Georg Wilhelm Steller[19] in seinem 1774 in Leipzig veröffentlichten Bericht über eine Kamtschatka-Expedition so beschrieben: »Es wurde mir von glaubwürdigen Leuten sowohl unter der russischen und korjäkischen Nation referiret, ja von dem Syn Bojarsky Kutukov selbsten, der die Aufsicht über die Cassa Rentierherden hat, daß die Rentiere diesen Schwamm öfters unter andern, da sie großen Appetit zu Schwämmen trügen, genossen, niedergefallen und als besoffen eine Zeitlang geraset, darauf in einen tiefen Schlaf gefallen.« Dasselbe kann den Rentieren auch passiert sein, wenn sie den Urin eines Menschen, der Fliegenpilze genossen hatte, aufleckten, wie es - offenbar wegen Salzmangels – ihre Gewohnheit ist.

Die seltsame Rauschbrüderschaft zwischen Mensch und Tier regt zu Vermutungen an, die zu akzeptieren, jedem anheimgestellt bleibt. Die Menschen mögen von allein darauf gekommen sein, mit den weithin leuchtenden, rot und weißen Pilzen zu experimentieren, die Bekanntschaft der Pilzgeister zu machen, der »kleinen Leute«, die ebenso wie die Pilze aussehen und meist recht freundlich sind. Vielleicht waren auch sie es, die die Menschen darauf aufmerksam gemacht haben – und nicht die Rentiere –, daß das Muscimol als einziger halluzinogener Wirkstoff unverändert vom Körper im Urin ausgeschieden wird und in dieser Form weiterverwendet werden kann, sowohl um den eigenen Rausch zu erneuern, wie auch um anderen etwas davon zukommen zu lassen. In dieser »zweiten Form« soll, so sagen die Kenner, die Wirkung des Fliegenpilzes von weniger unangenehmen Nebeneffekten begleitet sein. Doch wer das auf welche Weise entdeckte, darüber müssen wir uns mit Vermutungen zufriedengeben.

Der Fliegenpilz als vielleicht ältestes Halluzinogen der Menschheit, als Helfer der Schamanen bei ihren Seelenreisen, auch bis in unsere Zeit als Heilmittel gegen rheumatische Schmerzen, Geschwüre, Epilepsie und manche andere, vor allem nervöse Leiden, als freundlicher Berater für jeden, der Verlorenes sucht, die Zukunft erfahren möchte oder nur eine kurze Befreiung von den alltäglichen Sorgen wünscht, dieser wunderbare Fliegenpilz ist erst vor wenigen Jahren gebührend beschrieben und anerkannt worden. Und zwar von R. Gordon Wasson, der in seinem schönen Buch »SOMA – Divine Mushroom of Immortality« zur Zufriedenheit zahlreicher Fachleute nachweist, daß SOMA, der geheimnisvolle »göttliche« Trank der vedischen Hymnen, der klassischen religiösen Dichtung Indiens, zuerst aus Fliegenpilzen hergestellt wurde. Diesen Brauch brachten die arischen Einwanderer nach Indien mit. Als sie aber weiter und weiter nach Süden vordrangen, konnten sie sich mit den Pilzen, die nur im kalten Klima der Himalaja-Berge zu finden waren, nicht mehr ausreichend versorgen und mußten auf Ersatz ausweichen.

Übrigens ist, als weitere Bestätigung von Wassons These, noch kürzlich im Hindukusch der Gebrauch von Fliegenpilzen nachgewiesen worden.[20] Man macht dort aus den getrockneten Pilzen ein Mehl, das im Winter mit einer Flüssigkeit angerührt, die traurige Zeit besser zu überstehen hilft. »Wir haben nicht viel, aber wir haben *Rabenbrot*«, sagte ein alter Mann. »Rabenbrot«? Der Rabe ist der weise Vogel, der Begleiter der Schamanen, bei den zirkumpolaren Völkern. Mit Hilfe des Fliegenpilzes ist er offenbar bis zum Tor des indischen Subkontinents geflogen. Wer kann sagen, was die Weisen und Heiligen Indiens von ihm gelernt haben?

In Europa wurde der Fliegenpilz nicht durch andere Pflanzen ersetzt und auch nicht durch spirituelle Übungen, sondern völlig in den Untergrund verbannt, als *Giftpilz* verleumdet, und doch wird er als *Glückspilz* auf Postkarten in seiner einstigen Eigenschaft dargestellt. So erscheint er nun als plötzlich ins Blitzlicht geratenes Beispiel unserer Unwissenheit und Blindheit. Wie konnten wir jahrhundertelang den »Giftpilz« als »Glückspilz« betrachten oder umgekehrt den »Glückspilz« für tödlich giftig halten, ohne diesen Widerspruch aufzulösen, ohne uns einmal darüber zu wundern? Kollektiv und individuell bringen wir es fertig, mit Widersprüchen zu leben, solange sie uns keine praktischen Schwierigkeiten bereiten. Wir wiederholen die überlieferte Weisheit gedankenlos, solange niemand widerspricht, niemand fragt: Wieso denn? Und warum sollte jemand fragen, wo doch Einmütigkeit herrscht: Der hübsche, rote, weißgepunktete Fliegenpilz bedeutet »Glück«, wenn er auf Glückwunschkarten abgebildet, aus Papiermaché oder Plastik in Blumendekorationen gebunden oder als Karnevalskostüm von Kindern getragen wird – und er ist gefährlich, wenn er im Walde wächst.

Im Mittelalter ahnte man wenigstens noch seine Kräfte, da nannte man ihn auch »Narrenschwamm«, weil er »närrisch« machen sollte, aber dann ging auch diese Erinnerung verloren. Und doch blieb in der Sprache und der Populärsymbolik eine Ahnung davon erhalten, daß diese unerwartet und unvorhersehbar aus der Erde aufschießenden Früchte des unsichtbaren Pilzgewebes die Kraft besaßen, den Menschen einen Weg aus dem Gefängnis ihres Leibes heraus zu zeigen und sie dorthin zu führen, wo es weder Zeit noch Raum gibt und wo die Seele den unsichtbaren Gewalten der Welt direkt gegenübertritt. Nicht jedem ließ der Pilz diese Erfahrung zuteil werden, aber für jeden hatte er außergewöhnliche Erlebnisse bereit – *schlimme* Erlebnisse für die Ehrfurchtlosen, die Bösartigen.

Geschichten vom Fliegenpilz

Um die Jahrhundertwende sammelte der russische Ethnologe Waldemar Jochelson[21] im fernsten Sibirien Geschichten, die sich die Leute erzählten. So wußten es die Korjaken:

Einmal hatte Großer Rabe einen Walfisch gefangen und konnte ihn nicht in seine Heimat im Meer zurückschicken. Großer Rabe konnte den Sack mit dem Reiseproviant für den Walfisch nicht hochheben. Er bat den Geist des Lebens, ihm zu helfen. »Geh zu einem ebenen Platz an der See«, sagte der Geist, dort wirst du weiche, weiße Stiele mit roten, weißgefleckten Hüten finden. Dies sind die Geister wa'paq. Iß davon, und sie werden dir helfen.« Großer Rabe ging. Dann spuckte der Geist des Lebens auf die Erde und aus seinem Speichel entstanden die Pilze. Großer Rabe fand sie, aß davon und begann fröhlich zu werden. Er begann zu tanzen. Der Pilz sagte zu ihm: »Wie ist es möglich, daß du den Sack nicht heben kannst, wo du doch ein so starker Mann bist?« »Das stimmt«, sagte Großer Rabe, »ich bin ein starker Mann. Ich werde gehen und den Reisesack aufheben.« Er ging, hob den Sack auf und schickte den Walfisch heim. Dann zeigte der Pilz ihm, wie der Walfisch ins Meer hinausschwamm und zu seinen Freunden zurückkehrte. Da sagte Großer Rabe: »Der Pilz soll auf der Erde bleiben und meine Kinder sollen sehen, was er ihnen zeigen wird!«

Wenn wir Fliegenpilze essen würden, könnten wir vielleicht auch sehen, wie Großer Rabe den unbequemen Walfisch gefangen hatte, aber darauf kommt es bei dieser Geschichte nicht an. Wichtig ist zu wissen, daß das Leben selber die Pilzgeister auf die Erde spuckte und daß der Rabe zuerst ihren Gebrauch erlernte. In kleinen Dosen machen sie stark, sagen die Leute, die es wissen müssen, stark und ausdauernd und fröhlich, und in großen Dosen lassen sie einen Dinge sehen, die weit weg sind wie der Walfisch im Meer oder die in der Zukunft liegen. Aber für gewöhnliche Menschen ist es nicht gut, sich zu sehr mit den Pilzgeistern einzulassen. Das beweist eine Geschichte der Kamtschadalen auf der Halbinsel Kamtschatka:

Es war einmal ein Mann namens Czelkutq. Er warb um Kutqs Tochter Sinanewt und arbeitete für sie. Er brachte viel Holz. Czelkutq heiratete Sinanewt. Sie lebten zusammen und waren vergnügt. Sinanewt gebar einen Sohn. Czelkutq machte sich auf in den Wald. Dort traf er die schönen Fliegenpilz-Mädchen. Er blieb bei ihnen und vergaß seine Frau.

Sinanewt schickte ihren kleinen Sohn in den Wald, um den Vater zu holen. Der Junge sang »Mein Vater hat uns vergessen!« Als Czelkutq das hörte, schickte er die Fliegenpilz-Mädchen, um den Jungen mit Feuerbränden zu vertreiben und rief: »Czelkutq ist dir kein Vater!«

Der Kleine weinte und lief zu seiner Mutter zurück und zeigte ihr seine verbrannten Hände. Sie heilte ihn und schickte ihn am nächsten Tage wieder zu seinem Vater. Da sang er: »Vater, morgen werden wir alle fortgehen und du wirst im Wald bei den Fliegenpilz-Mädchen bleiben. Danach wirst du bestimmt verhungern.«

Czelkutq hörte ihn singen und wurde böse. Wieder schickte er die Mädchen, um seinen Sohn zu schlagen, zu brennen und zu verjagen.

Der Kleine lief weinend zu seiner Mutter zurück. Darauf banden sie alles zusammen, banden alle Rentiere und ließen nichts zurück. Sie stiegen auf einen hohen Berg, gossen Wasser von oben herab, das gefror und verwandelte die Bergabhänge in blankes Eis.

Czelkutq ging jagen, fand aber keine Tiere. Er und die Fliegenpilz-Mädchen begannen zu hungern. Da dachte er an seine Frau und seinen Sohn und ging heim. Aber da war niemand. Er begann zu weinen und folgte den Spuren, bis er zu dem Berg kam. Aber er konnte das glatte Eis nicht hinaufsteigen. Er rief: »Sinanewt, zieh mich hinauf!« Sinanewt warf eine Lederschnur hinunter und zog ihn hinauf. Aber als er fast oben war, schnitt sie die Schnur durch und ließ ihn hinunterfallen. Wieder rief er: »Zieh mich hinauf, ich verhungere!« »Daran bist du selber schuld!« sagte sie. Dann zog sie ihn ein zweites Mal hoch und ließ ihn wieder im letzten Moment zurückfallen. Aufs neue bat er sie, ihn heraufzuziehen. Er versprach, nie mehr zu den Fliegenpilz-Mädchen zu gehen. Sie zog ihn herauf. Er trocknete sich, er aß, er wurde satt. Sie lebten wieder wie früher und waren vergnügt miteinander. Die Fliegenpilz-Mädchen vertrockneten und starben.

Das erzählen sich die Kamtschadalen – allerdings ausführlicher, als es hier wiedergegeben wurde. Lehrreiche Geschichten können gar nicht ausführlich genug sein, wenn die Verführung so groß ist wie dort im fernsten Sibirien.

Was sind Halluzinogene?

Der Fliegenpilz ist vielleicht das älteste Halluzinogen der Menschheit. Aber das Buch »Pflanzen der Götter« von Albert Hofmann und Richard Evans Schultes beschreibt über neunzig »biodynamische« oder »psychoaktive« Pflanzen, die auch »halluzinogen« sind, das heißt Halluzinationen hervorrufen. Und darin werden nur die bekannten, gebrauchten aufgeführt, nicht etwa alle, die es gibt. Wie viele das sind, weiß niemand.

Der Ausdruck »Halluzinogene« ist wissenschaftlich unbefriedigend; einen besseren gibt es aber nicht, um diese Pflanzen von den rein narkotisierenden oder stimulierenden Mitteln und den fermentierten oder destillierten alkoholischen Getränken zu unterscheiden. Nach Richard Evans Schultes kann man sie folgendermaßen definieren: Im

Gegensatz zu psychotropen Drogen, die gewöhnlich nur beruhigen oder stimulieren (Tranquilizer, Coffein, Alkohol und so weiter), wirken die Halluzinogene auf das Zentralnervensystem und führen einen traumähnlichen Zustand herbei, der gekennzeichnet ist durch extreme Veränderungen in der Sphäre der Erfahrung, der Wahrnehmung von Wirklichkeit, auch Wechsel von Raum und Zeit und des Bewußtseins von der eigenen Person. Sie induzieren, oft in kaleidoskopischer Bewegung, meist in leuchtenden und reichen Farben, eine Reihe visueller Halluzinationen, die häufig noch mit Gehörs-, Gefühls-, Geruchs- und Geschmackshalluzinationen und verschiedenen anderen begleitenden Empfindungen einhergehen.

Der Fliegenpilz ist »halluzinogen«, das heißt, er enthält chemische Substanzen, die aktiv auf das Zentralnervensystem einwirken, die Stimmung verändern, Rauschzustände auslösen, im Wachen oder Schlafen lebhafte Träume bringen. Das hauptsächliche »pharmakologisch aktive Prinzip« wird Muscimol genannt. Es kommt nur im Fliegenpilz vor. Aber die vielfältige Verwendung des Pilzes als Schmerz-, Heil- und Rauschmittel und seine unterschiedliche und unzuverlässige Wirkung beruhen auf der sehr komplexen chemischen Zusammensetzung, die noch nicht einmal völlig erforscht ist.

Ähnlich ist es mit anderen halluzinogenen Pflanzen: sie enthalten – manchmal nur in den Wurzeln, Blüten, Stengeln oder Samen – eine oder mehrere psychoaktive Substanzen, daneben auch viele andere. Es ist deshalb durchaus nicht dasselbe, ob man nur den hauptsächlichen Wirkstoff chemisch rein isoliert oder die Pflanze als Ganzes verwendet. Es kann sogar etwas ganz anderes sein.

Heute sind über hundert halluzinogene Pflanzen bekannt. Davon sind über achtzig in Mittel- und Südamerika in Gebrauch. Mit ziemlicher Sicherheit gibt es noch eine Menge anderer, die bisher von den Menschen nicht entdeckt wurden. Überhaupt ist unsere Unwissenheit groß: erst in den letzten Jahren haben sich Botaniker und Pharmakologen zusammen mit Ethnologen systematisch mit diesen Pflanzen beschäftigt. Bisher ist unter anderem noch ganz unbekannt, welche Bedeutung diese besonderen Substanzen im Leben der Pflanzen haben. Die meisten Halluzinogene enthalten Nitrogen (Stickstoff), aber nicht alle – insbesondere gibt es die psychoaktiven Pilze. Zur Überraschung der Forscher entdeckte man, daß so unterschiedliche Pflanzenarten wie die mexikanischen Psilocybe-Pilze, der nordmexikanische, stachellose Peyote-Kaktus und die Windenarten, die in Altmexiko »Ololiuqui« genannt wurden, sowie einer der vielen Wirkstoffe des Mutterkorns (eines auf Getreide lebenden Pilz-Parasiten) chemisch verwandte Wirkstoffe enthalten, die alle wiederum dem im Labor hergestellten LSD ähnlich sind. Entscheidende Untersuchungen und Zusammenarbeit bei interdisziplinären Forschungen sind noch im Gange.[22]

In jüngster Zeit hat man festgestellt, daß die halluzinogenen und andere pflanzliche Stoffe wie Opium mit im menschlichen Gehirn natürlich vorkommenden Substanzen chemische Ähnlichkeit besitzen. Offenbar akzeptiert das Gehirn die Pflanzenstoffe, es reagiert darauf, gewöhnt sich daran. Warum die Reaktionsprozesse aber gerade so ablaufen, wie sie es tun, das bleibt weiterhin ein Geheimnis. Wenn die Indianer von »göttlichen Pflanzen« sprechen oder die Sibirer sagen, daß in den Fliegenpilzen kleine Leute wohnen, so offenbaren sie damit keine so viel größere Unwissenheit als wir.

Was die Praxis des Gebrauchs betrifft, so haben traditionelle Gesellschaften Dinge entdeckt, die modernen Pharmakologen mit Staunen erfüllen. Zum Beispiel klassifizieren die Indianer im Amazonasgebiet die Lianen der Gattung Banisteriopsis, die sich vom Boden aus an den gewaltigen Urwaldbäumen hochranken, nicht nur nach vielen botanischen Unterschieden, sondern auch nach Wachstumsbedingungen wie Schatten, Feuchtigkeit, Bodenbeschaffenheit und nach den ihnen zugeschriebenen unterschiedlichen Wirkungen: Visionen von grünen Schlangen oder rote Erscheinungen von Jaguaren, oder Zukunftseinsichten. Jeder Stamm hat zahlreiche Namen für die Pflanzen und das daraus hergestellte Getränk, aber der von Fremden am meisten gebrauchte ist Ayahuasca oder »Seelenliane«.

Verschiedene Teile der Lianen, meist zusammen mit anderen halluzinogenen Pflanzen, werden benutzt. So werden die Lianen in Stücke geschnitten, mit Steinen geklopft und dann schichtweise, abwechselnd mit einer Lage von Blättern einer Psychotria-Art, in Kessel gelegt. Das Ganze wird mit Wasser über kleinem Feuer stundenlang gedünstet.

Die Zutaten haben verschiedene Aufgaben: manche verstärken die Wirkung der Hauptsubstanz, andere schwächen sie ab oder differenzieren sie, andere bringen die gewünschte Wirkung überhaupt erst hervor. So werden dem Lianengetränk »Blätter, die dich zum Erbrechen bringen« zugefügt, weil – so sagen jedenfalls die Indianer – man am nächsten Tag einen klaren Kopf hat, wenn man sich nach jeder Schale des Tranks erst einmal übergibt. Die magische Wirkung wird dadurch nicht gemindert.

Die Hochland-Indianer in den Anden kauen bei der Arbeit die Cocablätter immer zusammen mit etwas Kalk oder Pflanzenasche. Es scheint, daß dadurch das Coca eine ganz andere Wirkung hat als in Form von reinem, geschnupften Kokain. Jedenfalls bestreiten die Indianer eine rauschhafte Wirkung und lassen nur die schmerzlindernden, hunger- und durststillenden, müdigkeitsüberwindenden Wirkungen gelten. Nach jahrhundertelangen wütenden Fehden über Nutzen und Schaden von Coca beziehungsweise Kokain ist noch nicht einmal klar, welche biochemischen Wirkungen die übliche Form des Coca-Kauens unter den besonderen Bedingungen des Lebens in drei- bis viertausend Metern Höhe haben[23] (Abb. 24).

Es sind aber nicht immer Zutaten, welche das Erlebnis in eine bestimmte Richtung lenken, sondern auch die entsprechende Vorbereitung des eigenen Körpers. Huichol-Indianer, die auf Peyote-Wallfahrt in Nordmexiko gehen, essen viele Tage lang nicht, trinken und schlafen kaum, bleiben sexuell abstinent. Dagegen nehmen sie Mengen von frischen Peyote-Kakteen zu sich, die von Ethnologen und auch anderen Peyote-Essern für unmöglich gehalten werden[24] (Abb. 17).

Menschen nehmen also nicht nur die Halluzinogene, die ihnen die Natur bietet, sondern bereiten sie zu und bereiten sich selber vor für das erwartete Erlebnis. Diese Traditionen der Zubereitung und Vorbereitung sind sehr alt und ebenso alt sind die Zeremonien, die den Genuß der heiligen Pflanzen begleiten. Fast immer ist das eine gesellige Gelegenheit. Zumindest aber weiß jeder einzelne, was er tun darf, was nicht und was ihn erwartet. Seit sich Psychologen der Drogenforschung bemächtigt haben, spricht man von »set« und »setting«.

Diese beiden englischen Begriffe lassen sich nicht mit ebenso kurzen deutschen Worten wiedergeben. »Set« bezeichnet in diesem Zusammenhang all das, was der jeweilige Benutzer einer psychoaktiven Substanz mitbringt, also seine Gesamtpersönlichkeit, seine Lebensgeschichte, sein momentaner körperlicher und seelisch-geistiger Zustand, vor allem auch seine Erwartungen. »Setting« bezeichnet sein

Umfeld, Ort und Zeit und die Menschen, die bei ihm sind oder an die er denkt, dazu gehört auch, ob er etwas in seiner Gesellschaft Übliches und Löbliches tut oder etwas Ungewöhnliches, Verachtetes, Ungesetzliches.

Bei allen psychoaktiven Substanzen sind die Wirkungen je nach set und setting unterschiedlich, besonders aber bei den Halluzinogenen und erst recht bei denen, die manchmal die »höheren« Halluzinogene genannt werden, bei den miteinander chemisch verwandten Wirkstoffen LSD, Meskalin aus Peyote, Psilocybin aus mexikanischen Pilzen und den Lysergsäurealkaloiden aus Ololiuqui-Winden und Mutterkorn, die alle in ihrer chemischen Struktur dem Hirn-Hormon Serotonin bzw. Noradrenalin ähnlich sind.

Der Schweizer Pharmakologe Albert Hofmann,[25] der das LSD entdeckte, sagt dazu: »Eine solche Vielfalt und Gegensätzlichkeit der Reaktionen auf eine Droge findet man nur bei LSD und den verwandten Halluzinogenen. Die Erklärung dafür liegt in der Komplexität und Variabilität der seelisch-geistigen Tiefenstruktur des Menschen, in die sie vorzudringen vermögen und sie im Erleben zur Darstellung bringen können.«

Die Vielfalt und Gegensätzlichkeit der Reaktionen liegt zum Teil wohl auch daran, daß diese Halluzinogene von westlichen Intellektuellen probiert werden, ohne ein traditionelles setting, das den Rahmen für ihre Reaktionen bilden könnte. Häufig finden die Versuche sogar in einem negativen setting statt, in einer Atmosphäre von Angst und Vorsicht, in Verstecken, unter ebenfalls unerfahrenen und ängstlichen Freunden oder sogar in der Einsamkeit. Dann wird die Interpretation des Erlebens auch von dieser gespannten Unsicherheit gesteuert und gerät leicht ganz außer Kontolle.

In Stammesgesellschaften wird dagegen das setting durch ein strengstens eingehaltenes Ritual kontrolliert, das persönliche set auch sehr weitgehend durch die lebenslange Erziehung, durch besondere Vorbereitungen und Einweihungszeremonien unter erfahrener Anleitung. Nachträglicher Erfahrungsaustausch ist die Regel, und dabei bieten die Teilnehmer an der Zeremonie einander Erklärungen an, verständigen sich über die Bedeutung der Erscheinungen. So, wie die antiken Orakel einer Interpretation bedurften, so müssen die Zukunftsbilder, die der Fliegenpilz schickt, erst gedeutet werden, oder die Erscheinungen des Peyote werden in die Worte des Mythos übersetzt. Das setting ist nicht nur die unmittelbare Umgebung, sondern darüber hinaus der gesamte kulturelle Kontext. Und das gilt nicht nur für Halluzinogene, sondern für alle Formen gewollter und ungewollter Bewußtseinsveränderungen.

Denn »Bewußtseinsveränderung« bedeutet zunächst nur dies: eine Erschütterung oder Verwandlung des alltäglichen Weltbildes, die Aufhebung des gewöhnlichen Wirklichkeitsverständnisses, die Destabilisierung von Wahrnehmung und die Desorientierung der Gefühle. Die Grenzen zwischen Zeit und Raum, zwischen Ich und Du, zwischen Hören, Sehen, Riechen, Schmecken, Fühlen verschwimmen. Die gewohnten Prozesse der Verarbeitung unserer Sinneseindrücke versagen. So entsteht das Gefühl, die Welt wäre *neu* – manchmal schöner, manchmal schrecklicher – und oft, ganz stark empfunden, nicht nur *neu*, sondern auch *wahrer*, *wirklicher*.

Dadurch unterscheiden sich diese Bewußtseinszustände von Träumen, die den gewöhnlichen Schlaf begleiten: sie sind intensiver oder können es sein. Doch auch was Menschen träumen und was sie mit ihren Träumen machen, ist ein Teil ihres Weltverständnisses und somit verbunden mit ihren Vorstellungen und Praktiken gewollter Bewußtseinsänderungen. Die Grenze zwischen gewollten und ungewollten Träumen ist oft unscharf.

Den Kopf aufbrechen

Wer die Pflanzen mit halluzinogenen Eigenschaften kennt, ihre Zubereitung versteht, die richtige Dosierung beherrscht und die Wirkung erklären und lenken kann, der besitzt Macht. Um das gehütete Geheimnis solcher Pflanzen bilden sich Kulte, besonders in Gesellschaften, in denen die allgemeinen menschlichen Bedürfnisse nach Trost, Schutz und Heilung von Leiden allzu wenig befriedigt werden. Typisch ist der Bwiti-Kult im westlichen Zentralafrika, eine Erneuerung traditioneller Ahnenkulte. Kultführer sind oft eingeborene frühere Missionsschüler, die christliche Elemente einbringen, aber zugleich den Einfluß der weißen Missionare einzudämmen und zu überwinden trachten: Iboga ist stärker!

In den feuchtwarmen Gebieten von Gabun, Kamerun und den angrenzenden Teilen von Kongo, gedeiht der Eboka- oder Ibogastrauch, dessen Wurzeln psychoaktive Alkaloide enthalten. Die Haut der Wurzel wird abgerieben und pulverisiert gegessen oder als Aufguß getrunken.[26]

Im Bwiti-Kult wird Iboga auf zwei Arten eingenommen: regelmäßig in kleinen Mengen zu Beginn der Zeremonie und dann noch einmal später in der Nacht oder in sehr großen Mengen ein oder zweimal bei der Einweihung der Novizen. Zu den üblichen Zeremonien gehören auch Geflügelopfer, Musik auf traditionellen Instrumenten, nächtelanges Tanzen und Trommeln, dramatische Darstellungen der Passion, Reinigungshandlungen und Krankenheilungen; zentral aber sind die unter Einfluß von Iboga erlebten Gesichte.

Bei der Einweihung muß den neuen Kultmitgliedern »der Kopf aufgebrochen« werden – ein passender Ausdruck für die gefährliche Prozedur. In einer Zeitspanne von acht bis vierundzwanzig Stunden nehmen die Männer und Frauen so viel Iboga ein, daß sie durch eine beinahe komatose Periode gehen. In dieser Zeit wandert ihre Seele mit den Ahnen im Land der Toten umher, hört die Lehren der Ahnen, wird manchmal zu Gott Vater und zu Jesus Christus geführt und sieht, wo sie nach dem Tode hinkommen wird. Iboga selbst ist aber auch eine übermenschliche Macht mit einem eigenen Willen. Manche Wanderer im Jenseits läßt Iboga nicht wieder zurück ins Leben, entweder weil es sie besonders hochschätzt oder weil sie nicht mit der richtigen Gesinnung kamen und für den Kult nicht gut genug sind.

Wessen Kopf einmal aufgebrochen wurde, der gehört nun zu einer Gemeinschaft von Auserwählten. Nur die Anführer des Kults müssen die Reise zu den Ahnen wiederholt riskieren, um ihren Rat und ihre Hilfe zu erbitten. Die einfachen Kultmitglieder erlernen nach der überstandenen Einweihung ein wenig Iboga als stark stimulierendes Mittel zu benutzen, wenn große körperliche Anstrengungen nötig sind, bei langen Wanderungen oder nächtlichen Jagden, also bei ganz profanen Gelegenheiten. Das tut der sakralen Verwendung bei den regelmäßigen Zeremonien offenbar keinen Abbruch. Als Medizin angewendet, hilft Iboga gegen vielerlei Leiden des Körpers und der Seele. Es ist also, trotz seiner Gefährlichkeit, eine Art Allzweck-Halluzinogen.

Die Gefährlichkeit, die ab und zu einen Novizen oder einen Medizinmann das Leben kostet, hat aber auch ihre Funktion. Iboga trennt die Menschen in solche, deren Kopf aufgebrochen wurde, und alle übrigen, das heißt in Eingeweihte und Nichteingeweihte, in Mutige und Nicht-Mutige, in solche, die von den Ahnen beschützt werden, und solche, die unbeschützt sind. Die eingeweihten Männer und Frauen beginnen ein neues Leben. Sie gehören nicht mehr zu den gewöhnlichen, uneingeweihten Menschen, selbst wenn es nahe Verwandte sind, sie gehören jetzt zu der neuen Gemeinschaft der Eingeweihten. Das ist wichtig für die politische Funktion von Bewegungen wie dem Bwiti-Kult: Sie stehen über Familien- und Stammesfehden und können die Grundlage für ein neues Selbstbewußtsein von Eingeborenen gegenüber Kolonisatoren und Ex-Kolonisatoren bilden.

Der Bwiti-Kult hat in den letzten fünfzig Jahren nicht nur ständig neue Mitglieder gewonnen, er hat auch an sozialem und politischem Einfluß zugenommen in einer Zeit, in der sich die Staaten im westlichen Zentralafrika mit unheimlicher Schnelligkeit veränderten. Seine Anhänger glauben, daß Iboga und die Erlebnisse, die es vermittelt, es ihnen leichter machen, mit den einströmenden Ideen, Lebensformen, Techniken zurechtzukommen und dabei ihre Identität als Afrikaner zu bewahren. »Iboga-Esser« ist heute eine Bezeichnung für Kultangehörige und ein Begriff, der Menschen früher verfeindeter Stämme in ihrem Widerstand gegen Christentum und Islam und alle anderen fremden Einflüsse eint. Iboga-Kulte haben also in Gabun und im Kongo eine ähnliche Funktion wie nativistische Kulte in vielen Entwicklungsländern: das unmittelbare und fraglos überzeugende Erlebnis einer traditionellen Weltsicht, der Macht und Wirklichkeit der eigenen Ahnen. Daß in einer solchen Gesellschaft von Eingeweihten auch Politik gemacht wird, ist beinahe selbstverständlich, ebenso, daß Politiker die Botschaften der Ahnen in ihrem Sinne auslegen können, und zwar um so mehr, als Iboga ein Mittel ist, das *Respekt* verlangt.

»Respekt« ist eines der Schlüsselworte, die von Schamanen immer wieder gebraucht werden, wenn sie versuchen, Außenseitern den *richtigen* Gebrauch von Halluzinogenen zu erklären. Vielleicht ist dieses Wort auch der Schlüssel zu der Frage, warum die meisten der im religiösen Kontext verwandten Halluzinogene so schlecht schmecken, so unangenehme Nebenwirkungen haben und zum Teil lebensgefährlich sind, wie Iboga, Stechapfel und die Mescal-Bohnen, die zu den ältesten, nachgewiesenermaßen gebrauchten Halluzinogenen gehören.

Es ist anzunehmen, daß die Menschen, die vor 11000 Jahren oder mehr aus Sibirien über die Beringstraße in Amerika einwanderten, einen ekstatisch-visionären Schamanismus *mitbrachten*. Als sie bis in die warmen, wüstenähnlichen Gebiete des heutigen Texas und Nordmexiko vorgedrungen waren, müssen ihre Schamanen – die ihre Selbstporträts an den Felswänden dieser Gegend hinterlassen haben (Abb. 28) – die Pflanzenwelt eifrig durchforscht haben. Etwas zog sie an: die roten, bohnenähnlichen Samen des blau blühenden Strauches Sophora secundiflora, der dort heimisch ist. Diese leuchtend roten Bohnen werden heute »Mescal-Bohnen« genannt, obwohl sie mit Mescal, dem mexikanischen Agavenschnaps, gar nichts zu tun haben und ebensowenig mit Mescalin, dem falsch benannten Wirkstoff des halluzinogenen Peyote-Kaktus. Vorräte von Mescal-Bohnen wurden, manchmal zusammen mit anderen magischen Pflanzen, in den Höhlen und Felsenwohnstätten gefunden, in denen die Mammut-Jäger Schutz suchten. Der bisher älteste Fund stammt aus der Zeit zwischen 8440 und 8120 vor der Zeitwende. Das Großwild starb aus, aber die Menschen blieben und fuhren fort, mit Hilfe der Roten Bohnen Kontakt zu den nicht-menschlichen Mächten zu suchen. Viele Felsmalereien erinnern an die Zeremonien, die auch nach Beginn des Maisanbaus und fast bis in unsere Zeit Teil des Lebens waren. Trotz des hohen Risikos. Denn diese Roten Bohnen machen zwar nicht süchtig, aber ihr Cytisin genannter Wirkstoff löst nicht nur Halluzinationen aus, sondern auch Krämpfe bis zum Atemstillstand. Und zwar schon in sehr kleinen Mengen. Im 19. Jahrhundert wurden die Samen noch von Medizingesellschaften in mindestens zwölf indianischen Stämmen bei einem »Roten-Bohnen-Tanz« verwendet. Aus den pulverisierten Bohnen wurde ein Getränk bereitet, wobei die Dosis pro Person nur etwa eine viertel Bohne betragen durfte. Als Orakel, als Medium für Wahrsagungen und Weissagungen und als Visionen förderndes Mittel dienten die Samen so lange, bis gegen Ende des 19. Jahrhunderts der Kult des Peyote-Kaktus sich von Mexiko aus nach Norden verbreitete und die ungefährliche importierte Pflanze die traditionelle verdrängte. Doch nicht völlig: Ketten aus den hübschen Roten Bohnen werden noch immer bei Peyote-Zeremonien getragen.

Die Gefährlichkeit der Roten Bohnen war wohlbekannt. Andere, weniger gefährliche Halluzinogene waren ebenfalls bekannt. Hielt sich der Gebrauch der Roten Bohnen deshalb so lange, weil das besondere Risiko ein Teil der rituellen Wirksamkeit war? Sicher konnte kein Uneingeweihter wagen, die Roten Bohnen zu versuchen. Sicher mußten auch die Eingeweihten ihnen mit größtem Respekt begegnen. Die Eingeweihten aber bildeten eine Elite, sie gehörten den Medizingesellschaften an, die Krankheiten erkennen und heilen konnten, weil die Geister der Roten Bohnen ihnen freundlich gesonnen waren. Doch auch sie mußten sich ständig neu bewähren: Rituelle Unreinheit oder verborgene Missetaten waren zweifellos der Grund, wenn ein Teilnehmer an der heiligen Zeremonie zusammenbrach.

Ein solcher Glaube ist unwiderleglich. Und doch machte die strenge Auslese durch die Zeremonie der Roten Bohne der sanften Peyote-Feier Platz und zugleich einer synkretistischen indianisch-christlichen Religion, einer Anpassung an die gewandelte Welt.

Bei den meisten Halluzinogenen liegt das Risiko aber nicht darin, daß der Atem stillstehen könnte. Die bewußtseinsverändernde Wirkung hängt nicht mit einer physiologischen Giftwirkung zusammen. Das effektivste Halluzinogen, das synthetische Mutterkornderivat LSD, wirkt so stark auf das menschliche Bewußtsein, daß manche Benutzer Selbstmord begangen oder nicht wieder ins Alltagsbewußtsein zurückgefunden haben – dies wird berichtet –, aber es ist so wenig toxisch, daß nur die 10000fache aktive Dosis eine Maus töten kann. Wenn der Kopf aufgebrochen wird, dann kann vielerlei herauskommen, und zwar deshalb, weil die Wirkungen nicht in den Mitteln stecken, sondern in den so unterschiedlichen menschlichen Köpfen.

Das wird in einem Text über Teonanacatl, das heißt »Fleisch der Götter«, geschildert. Als die Spanier 1519 nach Mexico kamen, bemerkten sie mit Erstaunen und Abscheu, wie die Azteken bei ihren Feiern Pilze aßen und davon außer sich gerieten. In seiner »Allgemeinen Geschichte von Neuspanien« gab der Franziskanermönch Fray Bernardino de Sahagún unter anderem wieder, was seine eingeborenen Missionsschüler in ihrer Sprache, aber mit lateinischen Buchstaben über die Natur und die Sitten des Landes aufgezeichnet hatten. Diese Texte sind erst in letzter Zeit aus dem Nahuatl-Original wörtlich in moderne Sprachen übersetzt worden. Und so heißt es da:[27]

Teonanacatl

Der Pilz wird ›Fleisch der Götter‹ genannt.
Er wächst im Flachland, im Grasland.
Er hat einen kleinen runden Kopf,
einen langen dünnen Stil.

Er ist bitter, brennt im Schlund.
Er betört, berauscht, betäubt.
Er heilt Fieber und Gicht.
Nur zwei oder drei darf man essen.
Sie machen traurig, unruhig, treiben um,
zwingen einen zu fliehen, erschrecken einen,
daß man sich versteckt.
Wer viele ißt, sieht viele Dinge,
schreckliche oder lachhafte,
er läuft davon, hängt sich auf,
springt von einer Klippe,
schreit, ist entsetzt.
Man ißt sie mit Honig.
Von einem der hochmütig ist, anmaßend, eitel,
von dem sagt man:
»Er nimmt Pilze«.

Dieser Text stammt aus den letzten Tagen einer Hochkultur, nicht von naiv gläubigen Angehörigen eines Wildbeuterstammes. Der Autor weiß, daß Frater Bernardino ihm nicht glauben würde, wenn er sagte, die Götter sprächen durch den Pilz zu den Menschen. Vielleicht glaubt er es auch selber nicht mehr. Dann schildert er vor allem die Angsterlebnisse, die man im Pilzrausch haben *kann* – aber warum essen ihn die Menschen? Der Hinweis kommt am Schluß: »Von einem der hochmütig ist, anmaßend, eitel, von dem sagt man: ›Er nimmt Pilze‹.« Das heißt doch: der Pilz verleiht Erkenntnisse, die andere nicht haben, und das macht hochmütig, denn man hat Mut bewiesen.

Eine uneingeschränkt positive Bemerkung macht der Autor über den Pilz: »Er heilt Fieber und Gicht«. Ein fast versteckter Hinweis auf ein entscheidendes Kennzeichen des kulturell geregelten Gebrauchs von halluzinogenen Pflanzen: Sie sind auch *Heilpflanzen*.

Sie helfen, den Grund der Krankheit zu entdecken. Sie heilen direkt durch äußerliche Anwendung. Sie heilen innerlich durch Umstimmung und Einsicht. Diese Wirkungen sind nicht unabhängig von der sakralen Bedeutung der Pflanzen, sie sind ein Teil davon. Im 17. Jahrhundert formulierte der spanische Jesuit Bernabé Cobo[28] die Einwände aller Andersgläubigen bis auf den heutigen Tag, als er aus Peru berichtete:

»Wir wissen aus Beobachtung und Erfahrung, daß Cora eine wertvolle Heilpflanze ist. Aber die Indios trennen niemals ihre Heilwirkungen völlig von ihren angeblichen übernatürlichen Kräften. Wenn der Curandero oder Schamane gerufen wird, einen Kranken zu heilen, so wendet er Coca manchmal als Medizin an und manchmal als Fetisch, je nachdem wie seine Diagnose lautet. Wenn er die Krankheit als Folge eines rituellen Vergehens erklärt, so wird Coca den beleidigten Gottheiten als Opfer dargebracht.«

Die Versuche, heilende und heilige Kräfte zu trennen, hatten bei den Indios keinen Erfolg, denn sie widersprachen ihren täglichen Erfahrungen, die eine mindestens viertausend Jahre alte Tradition bestätigten. Verschiedene spanische Quellen zählten zur Zeit der Eroberung (1531) auf, wie Coca als Heilmittel verwendet wurde: Verbrannte Cocablätter dienen als Bitt- oder Versöhnungsopfer für die Götter. Zur Diagnose der Krankheit werden Blätter verbrannt und der Rauch wird über den Kranken geblasen. Als Medizin wird Coca für die verschiedensten Krankheiten gebraucht. Die üblichste Mischung besteht aus Cocablättern und der Asche des Quinoakrautes und wird bei allen geringeren Beschwerden verwendet, so bei Kopfschmerzen, Schwindel, Erkältungen. Gedämpfte Cocasamen helfen Blutungen zu stillen, insbesondere das in den Bergen häufige Nasenbluten. Gegen Magenbeschwerden und Übelkeit nimmt man gekochte, mit Kräutern und Honig vermischte Cocablätter. Pulverisierte Blätter ergeben, mit Eiweiß und Salz angerührt, so etwas wie einen heilenden Gipsverband bei gebrochenen Knochen. Dieselbe Mischung wird auf Hautverletzungen und Geschwüre, auch syphilitische, aufgetragen. Bei Zahnschmerzen wirkt Coca anästhesierend. Auch bei Operationen wird es innerlich und äußerlich zur Anästhesie verwendet.

Der Gebrauch als Heilmittel ist die eine Verwendungsweise. Die andere ist das Kauen der Cocablätter zusammen mit etwas Kalk oder Pflanzenasche. Es wirkt als mildes Stimulans während der Arbeit in großen Höhen, als Mittel, um Hunger, Durst und Kälte zu vergessen. Die wichtigste Funktion von Coca ist jedoch, daß es eine Verbindung zu den Göttern herstellen kann: Die höheren Mächte nehmen die Opfergabe verbrannter Cocablätter an, die Menschen lösen sich mit ihrer Hilfe bei feierlichen und festlichen Gelegenheiten von ihren irdischen Leiden und finden untereinander, indem sie Cocablätter austauschen, zu einer engeren, vertrauensvolleren Gemeinschaft.

Die Heilwirkungen von den angeblichen übernatürlichen Kräften trennen? Nicht da, wo auch die Krankheit eine Botschaft der Geister oder der Gottheiten vermittelt, wo sie vielleicht anzeigt, daß der Mensch etwas falsch macht, wo die Diagnose für einen Menschen innerhalb einer sozialen Gemeinschaft gestellt wird und nicht für eine Krankheit, wo die Behandlung einer Person als psychosomatische Einheit gilt. Wo die Krankheit etwas mit den Übermenschlichen zu tun hat, da sind auch Arzt und Priester keine getrennten Berufe. Deshalb befaßt sich das folgende Kapitel mit Schamanen und Medizinmännern, den Spezialisten für Bewußtseinsveränderungen, Spezialisten auch dafür, wie sich das, was ein Mensch von seinen Ausflügen in andere Welten mitbringt, mitteilen läßt.

Der Wirklichkeitstest

Ein Leben lang bauen wir unser Ich auf, unser einmaliges, individuelles Bewußtsein. Aber als überfordere uns diese ständige Anstrengung, so suchen wir von Zeit zu Zeit *Ich-Vergessenheit* bei anderen Menschen oder in veränderten Bewußtseinszuständen. Im Traum, in Trance, bei der Meditation oder unter dem Einfluß von Halluzinogenen wird die Grenze zwischen dem wahrnehmenden Ich und der Umwelt verwischt. Oft wird das als Ich-Erweiterung empfunden. Wenn dies nun in einer Gruppe von Gleichgestimmten geschieht, dann entsteht ein Gefühl der Verbundenheit, als ob ein warmer Strom in ihnen kreiste und sie mit Energie auflüde. Religiöse Gemeinden verstärken dieses Gefühl durch gemeinsame zeremonielle Handlungen und durch den anschließenden Austausch der Erfahrungen. In diesen Augenblikken sind die individuellen Bewußtheiten offen für neue oder veränderte Erklärungen der Wirklichkeit.

Jede Deutung der Welt muß einen doppelten Test bestehen: Kann sich eine menschliche Gemeinschaft darauf einigen? Und kann sie damit leben?

Die Jivaro-Indianer in Ekuador *wissen*: Unser gewöhnliches Leben im Wachen ist eine Lüge, eine Täuschung. Die Kräfte, die in Wahrheit bestimmen, was geschieht, sind geistiger Art, und man kann sie nur mit Hilfe der heiligen Pflanzen erkennen und beeinflussen. Das ist ihre Erfahrung.

Wir alle kennen Träume und kennen die zeitlosen Augenblicke voll bunter Bilder oder dunkler Ruhe, wenn – wie die Experten jetzt sagen – die rechte Hälfte unseres Gehirns einmal die Oberhand gewonnen hat über die linke und ihr ständiges Geplapper. Aber *wir* wissen *nicht*, was wir erfahren und was wir damit anfangen sollen.

Für uns ebenso wie für Stammesgesellschaften hängt der Fortbestand unseres Alltagslebens davon ab, daß wir den Unterschied zwischen Wachen und Träumen, zwischen sinnlicher Wahrnehmung und intuitiver innerer Schau, zwischen wahrem Leben und Täuschung nicht vergessen. Für uns ebenso wie für sie ist es notwendig zu glauben, daß unsere Weltsicht – von der wir wissen, daß sie nicht die einzig mögliche ist – doch irgendwie wahr ist, denn nur so können wir uns innerhalb unserer Gemeinschaft verständigen und unser Alltagsdasein aufrechterhalten.

Es kommt dabei nicht darauf an, ob wir – wie die Jivaro und viele Philosophen aller Zeiten – die Alltagswelt für die Illusion und eine andere, uns nicht sichtbare Welt für die eigentliche Wirklichkeit halten oder im Gegenteil nur das sinnlich Wahrnehmbare als Wirklichkeit akzeptieren, sondern darauf, daß wir uns untereinander über die Trennungslinie verständigen. Zu den Fragen, die jede funktionierende Kultur für ihre Mitglieder beantworten muß, gehört die nach der Wirklichkeit oder Nicht-Wirklichkeit bestimmter Bewußtseinszustände sowie nach der Wirklichkeit oder Nicht-Wirklichkeit von wahrgenommenen Erscheinungen und nach dem Verlauf der Grenzen.

Die Möglichkeiten menschlicher Erkenntnis und Wahrheitsfindung sind selbst Teil einer Weltsicht: Der Jivaro lernt dem Augenschein zu mißtrauen, und wir lernen ihm zu trauen, und andere lernen, wie man auf genau bestimmten Wegen aus einer Welt in eine andere gelangen kann – aber vielleicht handelt es sich auch nur um besondere Ansichten einer unfaßbar großen Welt –, und wieder andere lernen, daß alles, was Menschen sehen, träumen oder glauben, nichts weiter ist als ein Gewebe von Illusionen, hinter dem nur weitere und noch weitere Illusionen liegen. Was auch immer – der Test für diese Vorstellungen besteht darin, ob sich mit ihnen leben läßt, ob eine Kulturgemeinschaft mit ihnen ihre Beziehungen zur Umwelt so regeln kann, daß sie überlebt. Mehr oder weniger gut überlebt.

Dazu genügt nicht eine einmal aufgebaute Weltanschauung und stammte sie von dem größten Philosophen der Menschheit. Vielmehr muß sie immer wieder erklärt, unter Beweis gestellt, notfalls auch verändert werden. Diese Aufgabe erfüllen in allen Kulturen Menschen, die ein wacheres und empfindlicheres Bewußtsein haben als andere, die mehr sehen, die Verantwortung übernehmen und die heilen. Man nennt sie, wenn sie in Stammeskulturen auftreten, (nach ihrem sibirischen Prototyp) Schamanen.

Kapitel V

Schamanen – Vermittler zwischen Menschen und Geistern

Im Halbdunkel des geräumigen Zeltes lag der Vierzehnjährige nackt auf dem Boden. Alle Verwandten und ein fremder Gast saßen um ihn herum. Mit Trommeln und Singen rief die Schamanin, seine eigene Mutter, ihre Hilfsgeister. Sie war in Trance, außer sich, in Verbindung mit den überirdischen Mächten. Ständig mußten ihr die Assistenten Wasser zu trinken geben, denn ihr war, als ob sie in Flammen stünde. Auch ihr rituelles Messer war glühend heiß geworden. Im richtigen Augenblick öffnete sie mit einem raschen Schnitt den Bauch ihres Sohnes. Man sah die klaffende Wunde, sah viel Blut, sah wie die Schamanin mit der Hand tief in die Bauchhöhle griff – sie schien etwas herauszuholen. Augenblicke später war die Wunde verschwunden.

Der russische Ethnologe Vladimir Bogoras[1] hatte der Zeremonie beiwohnen dürfen. Er untersuchte den Jungen und fand keine Spur von Messerschnitt oder Blut, die er doch gesehen hatte. Aber die böse Krankheit hatte den Patienten verlassen.

Dies erlebte Bogoras bei den Tschuktschen, halbnomadischen Rentierhirten, im äußersten Nordosten Sibiriens kurz nach Beginn unseres Jahrhunderts und berichtete darüber in immer wieder zitierten wissenschaftlichen Veröffentlichungen. Er hörte noch von anderen solchen Operationen, aber er hörte auch, daß es nicht mehr viele Schamanen gab, die sie durchführen konnten. »Früher«, ehe die Russen Sibirien kolonisiert hatten, waren auch die Schamanen geschickter, mutiger, mächtiger gewesen!

Doch kann man auch heute noch in unseren Illustrierten von Schamanen lesen, die in Südamerika oder auf den Philippinen Krankheiten aus dem geöffneten Bauch holen – mit einem magisch präparierten Taschenmesser oder mit bloßen Händen –, ohne daß hinterher etwas von dem Eingriff zu sehen ist. Und aus Hamburg oder Los Angeles reisen Patienten zu ihnen. Ob es unter den Tschuktschen im sowjetischen Sibirien noch solche Heilkünstler gibt, ist nicht zu erfahren. Kehren wir achtzig Jahre zurück!

Der Urtyp des Schamanen

Am nördlichen Polarkreis, an der Eismeerküste, leben Menschen an den Grenzen zum Geisterreich. Nur ein bis zwei Monate im Jahr ist es licht und warm genug, daß Pflanzen wachsen können: Moose und Sträucher – aber keine Bäume, Beeren und Pilze – aber kein Getreide. Während des kurzen Sommers stehen Mücken, dicht wie Wolken, über der Tundra. Im langen, sonnenlosen Winter bedecken Eis und Schnee das kümmerliche pflanzliche Leben. Menschen und Tiere graben sich in die Erde ein. Die Fische, zunächst unter der Eisdecke der Flüsse sicher, suchen nach Luftlöchern. Raubtiere, vom Wiesel bis zum sibirischen Tiger, sind auf der Jagd, und mit ihnen die Menschen. Aber Menschen sind nicht nur Raubtiere: Sie erinnern sich und sie denken an die Zukunft. Sie erinnern sich an den Vater, der krank wurde und starb, und an den Bruder, der von einem Bären zerrissen wurde, und an ihr Kind, das nicht leben konnte, und sie fragen, warum das geschah und ob sich in Zukunft solches Unglück vermeiden ließe. In der leeren Dunkelheit des Winters haben sie viel Zeit nachzudenken.

In der Tundra erfährt der Mensch, daß Wind und Schnee und Eis ihm feindlich sind, große Tiere und kleine Tiere, oft auch andere Menschen und sicher auch Geist-Wesen, die Krankheiten bringen, unerklärliche Schmerzen und Tod. Dann wird er von bösen Träumen heimgesucht, von Ängsten und Ahnungen neuen Unglücks; er wird bedrückt von dem Gefühl, gefangen zu sein und verfolgt, ohnmächtig, belauert und bedroht. Dann gerät er vielleicht in einen halb-hypnotischen Zustand, in dem er alles nachspricht oder nachmacht, was ihm jemand vorspricht oder vormacht. Er ist ohne eigenen Willen, wie durchlässig für den Willen anderer. Er ist von einem Geist besessen, sagen die Stammesgenossen, oder er hat seine Seele verloren. Und »arktische Hysterie« sagen die fremden Beobachter.

Vielleicht aber lernt der so heimgesuchte Mensch die Besessenheit umzukehren, aus der Passivität zur Aktivität überzugehen, sich den Geist zu unterwerfen oder seine Seele zurückzuholen und so auch die anderen Menschen sich nutzbar zu machen. Manche lernen das schnell, wenn sie merken, wie ihr seltsames Verhalten Aufmerksamkeit erregt, Zuspruch, Ermutigung erfährt. Sie lernen, sich mit Hilfe von Trommeln und Singen und rhythmischem Widerhall aus dem Kreis der Zuschauer willentlich in Trance zu versetzen. So kommen sie auf den Weg, ein »Herr der Geister« zu werden.

Die Völker der nordsibirischen Tundra, auch die anderen zirkumpolaren Völker – Eskimo und Indianer –, leben noch oder lebten bis vor kurzem fast wie jene Menschen, die vor 40000 Jahren während der letzten Eiszeit Europa besiedelten. Sie haben auch den Urtyp des Schamanen aus ferner Vergangenheit bewahrt. Der besondere Mensch, der sensible, anfällige und ausdrucksfähige, hat einen Platz in ihrer Gesellschaft – er wird als Schamane der Vermittler zwischen ihnen und den Geistern. Da die Geister großenteils bösartig sind oder zumindest unfreundlich, ist die Aufgabe des Vermittlers höchst gefährlich. Er wird von den Geistern besessen – daher seine ungewöhnlichen Gaben –, aber er muß sie sich untertan machen. Er muß die Geister zwingen, seinem Stamm Gutes zu tun und seinen Feinden Böses. Er muß die menschliche Ordnung vor dem Einbruch der Geisterwelt bewahren, indem er mit Hilfe seiner vertrauten Schutzgeister die gierigen bösen Geister fernhält. Er muß auch dafür sorgen, daß die Mitglieder seiner Gemeinschaft die Geister nicht reizen. Bei drohendem Unglück muß er feststellen, wer die Schuld daran trägt.

So berichtet Asen Balikci,[2] der 1960 die Seehund-Eskimo in der kanadischen Arktis studierte:

»Das Winterlager für den Seehundfang war auf flachem Eis errichtet. Eines Tages fand ein junges Mädchen ein Loch in ihrem Stiefel, reparierte es und verletzte damit ein Nähtabu. Bald darauf brach ein ungewöhnlicher Schneesturm los. Das Eis begann zu springen und zu brechen und das ganze Lager kam in Gefahr. Die entsetzten Leute gaben dem Angatkok (Schamanen) Geschenke und flehten ihn an, die kommende Katastrophe aufzuhalten. Die Sitzung fand in dem großen zeremoniellen Schneehaus statt, nachdem alle Lampen gelöscht waren. In Trance rief der Angatkok: ›Es kommt!‹ und zeigte auf ein junges Rentier (einen Geist), das er herumlaufen sah. Alle Leute, bis auf das junge Mädchen, begannen zu beichten, welche Tabus sie gebrochen hatten.

Als der Geist nahe genug herankam, um von dem Mädchen gesehen zu werden, gab sie ihren Fehler zu, und das Eisbrechen hörte auf.«

Ein Zustand, der uns wie eine vorübergehende geistige Störung vorkommt, bereitet dem Schamanen den Weg zur Macht. Ohne seine Vermittlertätigkeit wären die anderen Menschen dem Unbegreiflichen hilflos ausgeliefert. Darum genießt er Ehrerbietung. Doch weil er unkontrollierbare Macht besitzt, wird er gefürchtet und oft gehaßt.

Es gibt viele Abwandlungen des Schamanentums zwischen Nördlichem Eismeer und Baikalsee, zwischen dem Ural und der Westküste des Pazifiks, von anderen Teilen der Welt nicht zu reden. Lawrence Krader[3] erklärt, wie die einfacher organisierten Stämme im äußersten Norden Sibiriens eine andere Form des Schamanentums hervorbringen als die weiter südlich lebenden Stämme in den Wäldern der Taiga und den trockenen Steppengebieten. Diese Stämme haben stärker differenzierte soziale Strukturen und auch kulturelle Züge, die sie direkt oder indirekt von Hochkulturen übernommen haben. Bei den Schamanen zeigt sich eine von Norden nach Süden zunehmende Formalisierung und Ritualisierung.

An der Eismeerküste findet man (oder fand ihn noch bis ins 20. Jahrhundert) den Urtyp des Schamanen: den Mann – häufig ein Transvestit – oder die Frau, der oder die aus der individuellen Erfahrung von Anfällen und Ergriffensein die ganz persönliche Verbindung zur Geisterwelt hergestellt hat. Er ist zum Beispiel in einem Zustand tiefster Trance – die für andere wie Bewußtlosigkeit aussah – vom Geiste eines Toten oder eines Tieres auf langen, gefährlichen Wegen ins Geisterreich geführt worden, hat dort Kämpfe und Verführungen bestanden und ist, ausgestattet mit neuem Wissen und neuer Kraft, in die Welt der Lebenden zurückgekehrt. Von nun an weiß er, wie der Weg ins Geisterreich zu finden ist, das heißt, er entwickelt seine eigene Technik, sich in Trance zu versetzen, seine mehr als menschliche Kraft zu sammeln und wirken zu lassen. Auch wie er seine Kräfte einsetzt, ist individuell verschieden – ob er Kranke heilt, den Jägern Tiere zutreibt, persönliche Feinde krank macht, feindlichen Stämmen Unglück schickt, hellseherisch entdeckt, wo verlorene Gegenstände hingekommen sind oder wer ein Verbrechen begangen hat. Als Vermittler zur Geisterwelt hat er eine notwendige Funktion in seinem Stamm. Er lebt ganz oder teilweise von den Geschenken und Opfergaben der anderen Menschen. Er wird gerufen, wenn eine Beschwörung der Geister angezeigt erscheint: bei Geburten, Krankheiten, Sterbefällen. Wenn er nicht die richtigen Zeremonien durchführt, dann könnte es zum Beispiel geschehen, daß der Tote den Weg ins Geisterreich nicht findet und die Lebenden heimsucht. Die Ordnung der Menschen ist anfällig und nur dürftig geschützt – man muß dauernd auf der Wacht sein, sonst wird sie von den dunklen Mächten verschlungen.

Gefährlich ist es für einen Stamm, keinen Schamanen zu haben. Aber da es dem Zufall oder den Geistern überlassen bleibt, ob ein Mensch zum Schamanen berufen wird, kommt das manchmal vor. Dann kann man versuchen, Hilfe von außerhalb zu erhalten. Es kommt aber auch vor, daß es auf engem Raum mehrere Schamanen gibt, die miteinander in Konkurrenz treten, bis der mächtigere den schwächeren endgültig ins Geisterreich geschickt, also getötet hat.

Auch die Schamanen der weiter südlich lebenden, sozial stärker differenzierten Stämme werden gebraucht und sind gefürchtet. Aber bei ihnen zeigen sich die Anfänge einer Standesordnung. Zunächst ist ihre Berufung nicht immer ganz von ihren individuellen Anlagen abhängig. So gibt es unter den Burjaten am Baikalsee Sippen, welche die meisten Schamanen dieser Stämme hervorbringen. Nicht jeder Angehörige dieser Sippen wird von den Geistern gerufen, aber jeder hat in seiner Familie Vorbilder vor Augen, spürt wohl auch das indirekte oder direkte Drängen der Familie zu meditieren, sich auf den gefährlichen Weg ins Geisterreich zu begeben, der ihm selbst und seiner Sippe Macht bringt. Auch Techniken zur Erzeugung von Trancezuständen und heilige Gegenstände werden in diesen Familien weitergereicht: Trommeln, Zauberstäbe, das Wissen um berauschende Pilze oder Kräuter, Amulette, Gewänder, Rituale, Formeln und Gebete.

Die Beziehung des Schamanen zu seiner Gesellschaft ist dann nicht mehr allein eine Sache seiner Persönlichkeit oder der Art seiner Besessenheit, vielmehr gibt es Sippen, die »weiße« oder »gute« und andere, die »schwarze« oder »böse« Schamanen hervorbringen. Die schwarzen Schamanen braucht man, wenn man von einem bösen Zauber getroffen wurde, wenn zum Beispiel der Schamane eines feindlichen Stammes einem Unglück schickt, und auch, wenn man selber jemandem Unglück zugedacht hat. Die weißen Schamanen braucht man bei Geburten, Hochzeiten, Krankheiten und um die Toten sicher hinüber ins Geisterreich zu geleiten. Aber es ist immer gefährlich, sich auf Geschäfte mit der Geisterwelt einzulassen, ob der Vermittler ein weißer oder ein schwarzer Schamane ist – er kann einen Fehler machen, er kann seine Kräfte überschätzen und die Geister provozieren, er kann die Kontrolle über die Geister verlieren und samt dem Menschen, dem er helfen wollte, von ihnen vernichtet werden. Darum wird der Schamane sowohl geehrt wie gefürchtet. Man braucht seine Hilfe, aber man muß sich vor seinen Kräften auch vorsehen. Er hat einen bestimmten Platz in der Gesellschaft, doch er steht außerhalb der engen Gemeinschaft gewöhnlicher Menschen und ihres alltäglichen Lebens.

Der Herr der Tiere

Das Wort »Schamane« ist aus der Sprache der sibirischen Tungusen übernommen und wurde zunächst nur auf die Geisterbeschwörer und Medizinmänner Nord- und Mittelasiens angewendet, dann auch auf diejenigen Nord- und Südamerikas und schließlich auf alle derartigen Erscheinungen, die sich aus sehr alter Zeit fast überall auf der Welt erhalten haben. Doch sind nicht alle Zustände von Besessenheit oder Trance schamanistisch, sondern nur die einer kontrollierten Ekstase, einer beherrschten Besessenheit als Mittel zu einem Zweck wie Krankenheilung oder Erfolg bei der Jagd (Abb. 26).

Oft ist Schamanismus nur eine Randerscheinung neben weiterentwickelten Religionen. Der Glaube an die Existenz von Geistern, die Menschen beherrschen oder von Menschen beherrscht werden, kann neben dem Glauben an Götter oder an einen Gott bestehen. Auch ist die Vorstellung, daß der Mensch eine oder mehrere »Freiseelen« besitzt, die sich manchmal vom Körper lösen, nicht an eine bestimmte Religion gebunden. Kehrt die Seele nicht zurück, so stirbt der Mensch, doch es gibt Zwischenzustände tiefer Bewußtlosigkeit, in der die Seele – unfreiwillig oder freiwillig – wandert.

Geisterglaube und Seelenprojektion bilden eine natürliche Einheit mit Religionen, die »animistisch« genannt werden: der ganze Kosmos, auch alle Elemente, Naturkräfte und Pflanzen werden als belebt betrachtet. Anima, Seele, Lebenskraft – das ist keine Gottheit, es ist etwas, das man hat und wieder verlieren kann. Der Stärkere kann es anderen wegnehmen, wie der Jäger seiner Beute. Animismus ist die typische religiöse Weltsicht der Jäger- und Sammlervölker. Vor 35000 bis 12000 Jahren hinterließen die Großwildjäger der europäischen Eiszeit, oft tief in schwer zugänglichen, unterirdischen Höhlen versteckt, die Zeugnisse ihrer Versuche, sich Lebenskraft anzueignen, sich zu Herren der Tiere zu machen. Sie malten den Höhlenbären, den gefährlichen Konkurrenten um den Platz in den Höhlen, von Pfeilen durchbohrt, an einem Blutsturz verendend. Sie malten das ins Herz getroffene Mammut, auch Bisons und Rentiere zu Hunderten und schossen auf die Bilder. Und zur gleichen Zeit, in der sie die Geister der Tiere beschworen, um die Tiere zu töten, sorgten sie sich um die Vermehrung ihrer Beute, malten sie männliche und weibliche Tiere beim Bespringen und Menschen, die ihre eigene Zeugungskraft den Tieren zukommen ließen. Jagdzauber und Fruchtbarkeitszauber sind nur zwei Aspekte desselben Bestrebens, sich zum Herrn der Tiere zu machen, den Zufall zu besiegen, das Glück herbeizuzwingen.[4]

Manchmal hat er sich auch selber dargestellt, der Magier, der sich die Eigenschaften der Tiere zu eigen macht, um sie zu beherrschen (Abb. 22, 29). In etwa 120 europäischen Höhlen mit Felsbildern hat man 55 Menschen mit Tiermasken identifiziert, darunter vor allem zwei Typen: den Vogelschamanen und den Rentierschamanen. Beide, leicht erkennbar an Schnabel-Kopfputz und Federschmuck, an Ren- oder Hirschgeweih, haben ihre Weltanschauung und ihre Praxis der Magie mindestens 30000 Jahre und vielleicht viel länger weitergegeben, bis hin zu den Adler- und Wildtänzen, die nordamerikanische Indianer für Touristen veranstalten. Der Bedeutungsverlust, den diese Zeremonien erlitten haben, ist ungeheuerlich. Und doch: Wenn der Medizinmann der politisch bewußten »neuen« Indianer mitten in einer amerikanischen Großstadt für eine Heilzeremonie Vögel ins Krankenzimmer ruft, dann versucht er, wie sein Vorgänger in jener unvorstellbar fernen Vergangenheit, die entfliehende Seele des Sterbenden zurückzuholen, indem er ihr gehorsame Vogelgeister durch die Luft nachschickt.

Die berühmteste Selbstdarstellung dieser Art ist der »Zauberer« von Trois Frères, einer Höhle in den französischen Pyrenäen (Abb. 2). Von der Höhe der Wand, die etwa fünfhundert Tierbilder trägt, blickt er herab mit seinem hypnotischen Blick, der Zehntausende von Jahren zu durchdringen scheint. Das Gesicht wendet er dem Beschauer zu, während der Körper von der Seite zu sehen ist. Er hat sich mit Eulenmaske, Rengeweih, Bärentatzen, Katzenpenis und

Pferdeschweif ausstaffiert. Nachtaugen hat er sich angeeignet, die Fruchtbarkeit und die Stärke der Tiere. Sein nackter Körper ist bemalt. Er tanzt.

Hat er sich selber so über den Tieren, die er mit seiner Darstellungskunst gebannt hat, porträtiert? Und warum? Vielleicht aus demselben Drang heraus, aus dem Schamanen bis auf den heutigen Tag ihre ekstatischen Erfahrungen mitteilen und der Nachwelt überliefern wollen? Kennen wir ihn nicht, den Visionär, Geisterbeschwörer, Heilkundigen, Dichter und Trickkünstler? Den Menschen, der sich über seine Natur erhebt? Über hunderttausend Generationen hinweg schaut er uns an, die wir seine Gene in uns tragen, und fragt: Wie sehr habt ihr euch verändert? Wie wenig?

Mircea Eliade hat in seinem bekannten Buch »Schamanismus und archaische Ekstasetechnik« versucht, zwischen einem echten, dem ursprünglichen, und einem später degenerierten Schamanismus zu unterscheiden. Mit seiner Auslegung der Berichte aus Sibirien sind jedoch andere Gelehrte nicht einverstanden. Auch haben junge Ethnologen, seit Eliades riesige Materialsammlung 1951 erschien, sehr viel über Schamanismus gelernt, besonders bei den Eskimo in der nordamerikanischen Arktis und bei Indianern im Amazonasbecken. Und diese Forschungen zeigen keine eindeutigen Entwicklungen, sondern vielfältige lokale Anpassungen an Klima, Umwelt, Lebensgrundlage, Form und Größe der sozialen Gruppen, zeigen auch den Einfluß anderer religiöser Vorstellungen und Praktiken auf das Schamanentum. In Lateinamerika gibt es heute Kulte, in denen christliche Ideen und schamanistische Praktiken eine enge Verbindung eingegangen sind. Unterschiedlich ist auch, wie weit der Gebrauch halluzinogener Pflanzen in Rituale und Heilbehandlungen einbezogen wird. Schwitzbäder als Reinigungszeremonie, das Aussaugen der »Krankheit« durch den Schamanen, Gesellschaften für die Geheilten, die nun ihrerseits andere heilen, sind sehr weit verbreitet. Wie gesagt sind viele der Heilkräuter und Halluzinogene seit Jahrtausenden im Gebrauch.

Franz Boas, der Vater der amerikanischen Kulturanthropologie, bemerkte, daß Nord- und Südamerika eine Art ethnographisches Museum darstellten, in dem die materielle und religiöse Kultur Eurasiens, wie sie dort vor rund 12000 Jahren bestand, erhalten war (Abb. 25, 28). Diese und ähnliche Bemerkungen über Sibirien und Australien bedeuten nicht den Rückfall in den »klassischen Fehler, in den Wilden von heute unsere zeitgenössischen Vorfahren zu erblicken« – ein Fehler, der den Ethnologen des 19. und beginnenden 20. Jahrhunderts vorgeworfen wird. Vielmehr hat die Zusammenarbeit spezialisierter Altertumswissenschaften mit entsprechenden ethnologischen Forschungen aus Gegenwart und jüngerer Vergangenheit dazu geführt, daß wir nun zu verstehen beginnen, wie viel von unseren Vorstellungen auf den Erfahrungen der frühen Jäger und Sammler beruht und wie sehr sich die Möglichkeiten des Erfahrens und Denkens erweitert und vermehrt haben. Die heute noch existierenden primitiven Kulturen haben sich bestimmten Umweltbedingungen angepaßt wie wir. Sie konnten aber dabei vieles bewahren, das wir aufgeben oder verdrängen mußten. Nun, da wir fürchten, unsere Entwicklung wäre falsch gewesen, sind wir wieder einmal bereit, zurückzublicken auf das, was unsere fernen Vorfahren hinterlassen haben und was sich in zeitgenössischen Kulturen teilweise erhalten hat. Auffällig und faszinierend erscheint uns da die Gestalt des Schamanen.

Geschichte einer Berufung

Dies ist die Geschichte eines Mannes namens Narr, eines großen Schamanen der Kwakiutl-Indianer, die an der amerikanischen Nordwestküste, am Pazifischen Ozean, lebten. Der Kulturanthropologe Franz Boas[5] übertrug Narrs Geschichte ins Englische. Im Original ist es eine lange Geschichte mit vielen Wiederholungen, wie Indianer sie erzählen. (Abb. 18, 31, 32)

Narr war ein Jäger, der alle Tiere jagte, vor allem aber Seehunde. Er paddelte immer mit seinem Kanu umher und erlegte viele Seehunde und war niemals arm. Und das kam so: Einmal war er zusammen mit seinem Steuermann im Kanu unterwegs auf der Suche nach Seehunden. Da sah er auf einem Felsen an der Küste einen Wolf, der sich merkwürdig bewegte und mit den Vorderpfoten sein Maul kratzte. Als er die Männer im Kanu sah, winselte er. Narr landete, stieg aus und ging zu dem Wolf, der sitzen blieb und winselte. Da sah Narr, daß ein Knochen quer im Rachen des Wolfes zwischen den Zähnen steckte. Der Wolf konnte sein Maul nicht zumachen, und er blutete. Er sah den Mann an, als ob er etwas erwarte – entweder daß er getötet oder daß er aus seiner unglücklichen Lage befreit werde. Narr hielt ihm eine

Rede. Er versprach ihm zu helfen, aber er verlangte, daß auch der Wolf ihm von nun an mit seinen übernatürlichen Kräften helfen solle. Dann machte er eine Schlinge aus heilender roter Zedernrinde und zog den Knochen damit heraus. Der Wolf trottete davon, sah sich noch einmal um, heulte und verschwand. Aber in der Nacht erschien Narr im Traum ein Mann, der sagte, er sei der Wolf mit Namen Harpunier, und Narr solle aufstehen und bis zur nächsten Insel paddeln, wo viele Seehunde wären. Harpunier sagte auch, daß Narr vier Jahre lang nicht mit seiner Frau schlafen dürfe, damit er alles tun und lernen könne, was er lernen müßte. Narr wachte auf und fand die vielen Seehunde. Früher hatte er immer gesagt, daß die Schamanen lügen, wenn sie behaupten, sie können Menschen von ihren Krankheiten heilen oder die Seelen der Menschen sehen oder in Träumen die Wahrheit erkennen. Aber nun wußte er, daß der Wolf namens Harpunier im Traum zu ihm die Wahrheit gesprochen hatte. Von da an hatte er nie mehr Mühe, Seehunde zu erjagen.

Zwei Jahre später, im Sommer des Jahres 1871, fuhr Narr mit seinen beiden Neffen, ihren Frauen und Kindern und mit seiner eigenen Frau in einem großen Boot zur Seehundjagd. In einer Bucht gingen alle an Land. Da fanden sie vier Kisten voller Kleider und auch Mehlsäcke, die sie mitnahmen. Zehn Tage später erkrankten alle an Schwarzen Pokken. Narr berichtet: »Wir lagen alle in unserem Zelt, ich zwischen den anderen. Ich sah, daß unsere Körper anschwollen und dunkelrot wurden. Die Haut brach auf. Ich merkte nicht einmal, daß ich zwischen lauter Toten lag. Dann dachte ich, ich wäre auch tot. Ich lag wie im Schlaf und wachte auf, weil viele Wölfe winselnd und heulend herbeikamen. Zwei von ihnen leckten meinen Körper und ich sah, wie sie Schaum ausspien und auf meinen Körper taten.« Als ihm ein wenig besser war, kroch Narr aus dem Zelt mit den Toten und legte sich unter einen Baum. Die beiden Wölfe wärmten ihn und leckten alle Pocken fort. Da erkannte Narr den Wolf mit Namen Harpunier, dem er den Knochen aus dem Rachen gezogen hatte. Dieser Wolf drückte seine Schnauze in Narrs Leib und warf die magische Kraft in seinen Körper. Narr schlief ein, und im Traum sah er den Wolf wieder als Mann, der zu ihm sagte: »Mein Freund, jetzt ist der Schamanenmacher in dich gefahren. Nun wirst du die Kranken heilen und die Seelen der Kranken wieder einfangen und jeden krank machen, den du sterben lassen willst in deinem Stamm. Jetzt werden sie dich alle fürchten!«

Als Narr erwachte, zitterte er. Alle Wölfe waren verschwunden. Von da an waren seine Gedanken verändert. Er war nun ein Schamane. Einen Monat lang lebte er für sich allein, sang die heiligen Gesänge, die er von dem Wolf erhalten hatte, und fühlte sich wie betrunken, die ganze Zeit glücklich. Inzwischen verbreitete sich die Kunde von dem neuen Schamanen, und bald kamen Botschafter, um ihn zu einem kranken Häuptling zu holen. Wieder erschien ihm der Wolf im Traum und gab ihm genaue Anweisungen für die Behandlung, die erfolgreich verlief. Und so begann die Karriere des Schamanen mit Namen Narr.

Es war ein typischer Karrierebeginn. Denn die Berichte aus allen Teilen der Welt erzählen von dieser Situation: Ein Mann oder eine Frau wird schwer krank, kein Mittel scheint zu helfen, der oder die Kranke versinkt in einen todähnlichen Schlaf, wird von allen aufgegeben. Einmal wird die vermeintliche Leiche schon zur Bestattung hergerichtet, ein andermal ins Freie gelegt, wo die Wölfe um sie herum heulen. Aber dann, nach Tagen und Nächten, wacht dieser Mensch wieder auf, gesund, doch innerlich verwandelt. Denn inzwischen war seine Seele im Geisterreich, wo er die Wirklichkeit über der Alltagswirklichkeit erfahren hat. Ein Hilfsgeist, der ihm nun immer zur Verfügung stehen wird, hat ihn zurückgebracht. Der Mensch, der diese Krise überlebt hat, besitzt nun die Kraft der Schamanen – er kann andere heilen oder auch töten, er kann, wann er will, das Geisterreich aufsuchen und den Weg zur Erde zurückfinden. Er wird zum Mittler zwischen den Menschen und den Übermenschlichen.

Narrs Autobiographie ist typisch, aber sie zeigt, wie alle solche Geschichten, gewisse Varianten. Narr berichtet keine Vision von der anderen Welt. Das kann eine bewußte Auslassung sein, paßt aber zu der betonten Nüchternheit der überlieferten Autobiographien von Kwakiutl-Schamanen seiner Zeit. Narrs Hilfsgeist, der Wolf Harpunier, stellt seine individuelle Note dar. Es ist allerdings unter Jägern üblich, daß ihnen ihr Schutz- und Hilfsgeist in Gestalt eines Tieres erscheint, auch daß dies als Vorzeichen schon lange vor der eigentlichen Berufungskrise geschieht. Und auch Narrs erste Begegnung mit dem Wolf hat wohl eine uralte Tradition. In der christlichen Welt ist uns der Löwe mit dem Dorn in der Pranke vertraut, der bei einem heiligen Mann Hilfe sucht und sich später dankbar erweist. Von dem

Wolf, der sich den steckengebliebenen Knochen aus dem Rachen ziehen läßt, haben sich die Menschen vielleicht schon erzählt, als sie während der Eiszeit in langen Winternächten ums Feuer saßen.

Geschichte einer Ausbildung

Aus etwa derselben Zeit, dem Ende des 19. Jahrhunderts, und aus derselben Gegend, der kanadischen Pazifikküste, hat Franz Boas noch vier weitere Autobiographien von Schamanen aufgezeichnet. Zu dieser Zeit war die Zahl der weißen Siedler, Fischer, Bergleute, Holzfäller, Händler, Missionare, Verwaltungsbeamten und Soldaten in Britisch Columbien bereits größer als die der Indianer, unter denen Schwarze Pocken, Masern, Tuberkulose und Syphilis Massensterben verursachten. Im Jahre 1862 allein starb rund ein Drittel von ihnen. Die Autobiographien der Schamanen sind daher wohl auch ein Versuch der Selbstrechtfertigung und Selbstdarstellung angesichts des bald zu erwartenden Endes ihrer Welt und ihres Volkes.

Die Geschichte von Qa'selid ist sehr bekannt geworden, weil Claude Lévi-Strauss sie in seinem Aufsatz »Der Zauberer und seine Magie« als Beispiel verwendet hat, um den sozialen Kontext, in dem der Schamane wirkt, aufzuzeigen. Ein Vergleich zwischen Qa'selid und Narr und Schamanen anderer Stämme kann der Analyse jedoch Wichtiges hinzufügen.

Qa'selid verkörpert den Typ des skeptischen Professionellen unter den Schamanen, den reinen Gegensatz zum Urtyp, dem Ekstatiker Nordsibiriens. Vielleicht gab es immer und überall solche Skeptiker, wie es auch heute noch die Ekstatiker gibt. Narr steht als Typ zwischen den Extremen, wenn auch näher bei Qa'selid, mit dem er ja dieselbe Kultur teilt.

Auffällig ist, daß beide, Narr und Qa'selid, ihren Bericht mit der Versicherung ihrer ursprünglichen Skepsis beginnen. So sagt Qa'selid: »Ich hatte das Verlangen, den Weg der Schamanen kennenzulernen, ob er wahr ist oder ob er nur erfunden ist und ob sie nur vorgeben, Schamanen zu sein.« Bedeuten diese Mitteilungen, daß der Erzähler dem weißen Zuhörer sagen will: »Ich weiß, du glaubst nicht an die Kraft der Schamanen – ich habe auch nicht daran geglaubt, aber nun weiß ich es besser!« Oder wendet er sich an seine Stammesgenossen, die auch schon zu zweifeln begonnen haben? Oder handelt es sich um eine schon lange formalisierte Einleitung, so, wie ja auch viele Prediger verschiedener Religionen ihre Zuhörer mit der Darstellung ihres sündhaften Lebens vor der Bekehrung zu fesseln pflegen? Möglich ist alles. Aber während Narr dann ein ganz typisches Berufungserlebnis hat, wird Qa'selid ein erfolgreicher Schamane, ohne sich je von übernatürlichen Kräften angerührt zu fühlen. Wie ist das möglich?

Qa'selid, der Zweifler, begann damit, Schamanen bei der Krankenheilung zu beobachten: wie sie ihre heiligen Gesänge wieder und wieder intonierten, ihre Rassel schüttelten und dabei um das Feuer schritten, wie die Helfer dazwischen schnelle Rhythmen trommelten, wie der Schamane schließlich die Krankheit aus dem Körper des Leidenden saugte, sich übergab und Blut spuckte. Danach klebte etwas wie ein blutiger Wurm an seiner Hand, und das sollte die Krankheit sein.

Überraschend für Qa'selid forderte ihn ein Schamane auf, seine Kunst zu erlernen. Die Aufforderung ließ ihm kaum einen Ausweg, denn der Schamane warf einen schimmernden Quarzkristall in die Luft und erklärte, der habe sich in Qa'selids Bauch gesenkt und ihn damit unter allen Anwesenden auserwählt. Anschließend holten ihn alle vier Schamanen seines Stammes in den Wald und stellten ihm die Vorteile ihres Berufs vor Augen. Nach schlafloser Nacht ergriff Qa'selid diese Chance, die Wahrheit über die Kunst der Schamanen zu erfahren. Sein Bericht beschreibt die Einzelheiten der Ausbildung in ärztlichen Kenntnissen und in Tricks, darunter die Kunst, Ohnmachten zu heucheln, Besessenheit vorzutäuschen, die Technik, sich selber zum Speien zu bringen, das unauffällige Sammeln von Informationen über die Patienten und besonders der Gebrauch von Adlerflaum, den der Schamane in der Backe verbirgt, um ihn am Ende der Zeremonie, mit eigenem Blut getränkt, als die Krankheit auszuspucken und vorzuzeigen.

All dies lernte Qa'selid und wußte nun, wie sehr er mit seinem Verdacht recht gehabt hatte. Und doch gab er nicht auf. Vielleicht hatte er – auch wenn er das nicht sagt – Angst vor der Rache seiner Lehrmeister, wenn er sie verriet. Entscheidend aber war, daß er von der Familie eines Kranken gerufen wurde: der Mann hatte von ihm als seinem Retter geträumt. Diese erste Behandlung wurde ein eklatanter Erfolg. Immer noch skeptisch, interpretierte Qa'selid seinen Erfolg psychologisch mit dem Glauben des Kranken an seine Traumerscheinung. Einmal erfolgreich, wurde Qa'selid jedoch schnell bekannt, auch bei benachbarten Stämmen. Und da sah er nun, daß andere Schamanen keinen blutigen Wurm vorzuzeigen hatten, sondern der Krankheit eine rein psychische Natur beimaßen. Bei einer Kranken, die auf diese Behandlung nicht angesprochen hatte, durfte Qa'selid seine Methode vorführen, und sie erklärte sich für geheilt. War also doch etwas daran an der Methode des blutigen Wurms?

Claude Lévi-Strauss kommentiert:[6] »So wird unser Held vor ein Problem gestellt, das in der Entwicklung der modernen Wissenschaft nicht ohne Äquivalent ist: zwei Systeme, von denen man weiß, daß sie gleicherweise inadäquat sind, haben jedoch im Vergleich zueinander einen unterschiedlichen Wert, sowohl vom logischen wie vom experimentellen Standpunkt aus. Im Vergleich zu welchem Bezugssystem soll man sie beurteilen? Zu dem der Tatsachen, wo sie ausgewechselt werden könnten, oder zu ihrem eigenen Bezugssystem, wo sie theoretisch wie praktisch unterschiedliche Werte haben?«

Für Qa'selid fällt die Entscheidung in der Praxis: er kann Kranke heilen. Und diese Erfahrung teilt er mit seinem Kollegen Narr – ob es die Technik der blutigen Flaumfeder ist oder die Traumerscheinung des Wolfes, überzeugend ist der Erfolg und die Anerkennung des Erfolgs durch die Patienten, durch die Stammesgenossen und durch die Schamanen-Kollegen.

Qa'selids Autobiographie ist das Dokument einer erfolgreichen beruflichen Sozialisation. Ein noch uneingeweihter, sozusagen »roher« Lehrling wird zu einem Professionellen, der seine Berufung mit Überzeugung ausübt, ein Vorgang, der sich millionenfach in allen echten Berufen wiederholt, bei Ärzten, Rechtsanwälten, Psychotherapeuten, Priestern. Dieser Prozeß vollzieht sich im Widerspiel von individueller Persönlichkeit und sozialer Umwelt. Dabei wirkt auch ein aus der Kommunikationsforschung bekanntes Phänomen mit: daß nämlich Menschen das zu glauben beginnen, was sie mehrfach aussprechen und verteidigen, auch wenn sie es zunächst nicht glauben. Wie sie aber dazu kommen, die zunächst nicht geglaubten Formeln auszusprechen und zu verteidigen, das zeigt Qa'selids Autobiographie ganz deutlich: Die Menschen um ihn, die anderen Schamanen, die Kranken, ihre Verwandten, die öffentliche Meinung drängen ihn dazu, weil sie in ihm eine schamanistische Persönlichkeit erkannt haben. Seine spätere Entwicklung gibt ihnen recht.

Claude Lévi-Strauss[7] faßt diesen Prozeß so zusammen: »Qa'selid ist nicht ein großer Zauberer geworden, weil er seine Kranken heilte, sondern er heilte seine Kranken, weil er ein großer Zauberer geworden war.«

Und das gegen seine eigenen Absichten. Das Zusammenspiel zwischen den drei Elementen, die den »Schamanenkomplex« ausmachen, war stärker. Der Schamanenkomplex, das ist die Ausdeutung von erlebter Wirklichkeit in einem bestimmten Sinne, so daß sie verständlich wird, auch so, daß man den Verlauf ähnlicher Ereignisse in Zukunft voraussehen kann. Es ist (wie die Phänomenologen sagen) eine »soziale Konstruktion der Wirklichkeit« oder ein Übereinkommen von Akteuren und Zuschauern über das, was sie als »wirklich« betrachten wollen. Die »drei Elemente« des Schamanenkomplexes, das sind: die Erfahrung des Schamanen selbst, der lernt, sich in Trance oder in tranceähnliche Zustände zu versetzen, in denen er andere Menschen beeinflussen kann; zweitens die Erfahrung des Kranken, der sich geheilt fühlt; drittens die Erfahrung der Öffentlichkeit, die in den Heilungsritus einbezogen wird, ihn kollektiv miterlebt und in Gang hält. Diese drei Elemente sind untrennbar, sie bilden einen Regelkreis.

Die älteste Profession

Bei seiner Analyse vernachlässigt Lévi-Strauss das Element der Standesorganisation, die Kollegen des Schamanen, die er vielleicht unausgesprochen in die »Öffentlichkeit« einbezieht. Gerade Qa'selids Geschichte gibt aber deutliche Hinweise auf die Bedeutung der Kollegenschaft: Es sind die praktizierenden Schamanen seines Stammes, die ihn für den Beruf rekrutieren, und später gewinnt er Ruhm und berufliches Selbstverständnis im Konkurrenzkampf mit den Schamanen benachbarter Stämme.

Schamanen und Medizinmänner in Stammesgesellschaften sind mehrfach von Ethnologen mit der hochorganisierten Ärzteschaft moderner Nationen verglichen worden. In einem Aufsatz »Schamanismus als Beruf« hat R. O. Manning einige Kennzeichen herausgestellt, die allen Professionen in allen Kulturen eigen sind. Vor allem eine Gemeinschaft von Gleichgestellten, die das gesamte Kulturgebiet umfaßt, in Stammesgesellschaften also den Stamm. So ist zum Beispiel der Gebrauch der blutigen Flaumfeder ein Berufsgeheimnis der Schamanen von Qa'selids Stamm, darüber hinaus aber unbekannt. Zweitens verfügt der Professionelle eigenverantwortlich über seine Zeit. Drittens arbeitet er an den Grenzen des Wissens seiner Gesellschaft, das heißt, auf seinem Spezialgebiet gehört er zu einer Wissenselite. Viertens wird die Profession unter dem schützenden Dach eines Systems von Regeln ausgeübt. Das ist besonders wichtig.

Das System von Verhaltensregeln beschützt den praktizierenden Schamanen, Arzt oder anderen Professionellen in der Ausübung seines Berufes, aber es ist nicht leicht einsichtig. Es wird keine Erfolgsgarantie gegeben – »Wir tun unser Bestes«, heißt es. Auch wird »Erfolg« so definiert, daß nur die Professionellen selber ihn beurteilen können, nicht aber Laien, auch nicht die Patienten. Die Formel »Operation gelungen – Patient tot!« drückt dies genau aus. Der Patient, der den Erfolg seiner Behandlung nicht beurteilen kann, soll außerdem wissen, einsehen und anerkennen, daß dem so ist. Sonst ist er kein »guter«, das heißt kein richtig sozialisierter Patient.

Die Sozialisierung für die Patientenrolle geht in jeder Kultur etwas anders vor sich: Wenn zum Beispiel bei Indianern die Verwandten des Kranken mit Gaben in den Händen den Schamanen um seine Hilfe bitten, so gehen wir, sauber gewaschen, mit Krankenschein und sonstigen Papieren versehen in die Sprechstunde des Arztes, warten geduldig, bis wir drankommen, beanspruchen so wenig Zeit wie möglich und machen klar, daß wir bereit sind, den ärztlichen Anweisungen zu folgen. Dieses Verhalten haben wir schon als Kinder gelernt, so, wie der Indianer das seine. Die Überwachung des »korrekten« Patientenverhaltens liegt bei den Vertretern der Heilberufe, bei dem mehr oder weniger organisierten Berufsstand. Es ist der Schamane beziehungsweise der Arzt, der seinem Patienten deutlich macht, daß nur die Zusammenarbeit nach seinen Vorstellungen und Regeln und unter seiner Kontrolle möglich ist. Der Professionelle kann immer einen Klienten ablehnen – auch wenn er das offiziell nicht kann –, der ungenügend sozialisiert ist, der sich weigert, seine Klientenrolle zu spielen, denn dadurch sabotiert er ja den möglichen Erfolg.

All dies hat nichts mit persönlicher Herrschsucht oder Rechthaberei von Heilkundigen, Rechtskundigen oder anderen Professionellen zu tun, sondern ist ein Teil ihrer Berufsrolle, die sie selber auch einmal während ihrer Ausbildung erlernt haben und über deren Einhaltung der Berufsstand wacht. Die Kollegen benutzen ihr eigenes Kommunikationsnetz dazu, schwache, gleichgültige oder rebellische Kollegen zur Ordnung zu rufen, die vielleicht ihre Patienten nicht kontrollieren können oder wollen. Dies geschieht laufend. Es geschieht aber vor allem schon bei Rekrutierung und Ausbildung neuer Mitglieder des Berufsstandes.

Als fünftes Kennzeichen einer Profession kann eine formelle oder informelle Lizenz für die Ausübung des Berufes gelten. Damit wird zugleich eine soziale Anerkennung ausgesprochen. Die Regeln für eine solche Anerkennung können nur von den Professionellen selber, den einzig Kompetenten, aufgestellt werden, aber sie werden von der Gesellschaft insgesamt gebilligt, das heißt, die Öffentlichkeit hat eine recht deutliche Vorstellung davon, was einen guten Arzt, einen guten Medizinmann oder einen guten Priester ausmacht. So werden junge Menschen, die entsprechende Neigungen oder Begabungen zeigen, auch von Verwandten, Freunden und Autoritätspersonen in den Beruf gedrängt. Wir sprachen zu Anfang davon, wie selbst zwischen den Schamanen verschiedener sibirischer Stämme Unterschiede in der Formalisierung ihrer Berufsausübung zu sehen sind. Ganz ungeregelt ist die Zulassung zum Beruf aber nirgends. Einerseits liegt den schon tätigen Schamanen daran, geeignete Schüler und Nachfolger zu finden und heranzuziehen, und andererseits wollen sie ungeeignete Leute, die den Stand in Verruf bringen würden, fernhalten. Sie wollen auch sicher sein, daß die Berufsgeheimnisse und Tricks nicht bekannt werden.

Jeder Professionelle weiß, daß es schwache Stunden, Tage oder sogar Jahre gibt, wo man sich nicht auf der Höhe fühlt, wo die Anforderungen der anderen Menschen an das berufliche Können und Verhalten eine Bürde werden, und zwar um so mehr, je mehr sich die Patienten und Klienten auf einen verlassen. So entwickelt denn jede Profession Überbrückungshilfen, Techniken, Rituale, die persönliche Schwächen oder Wissenslücken verdecken. Das Schauelement gehört zum Beruf. Auch die Möglichkeit des Betrugs. »Fälscher gibt es nur, weil es echtes Gold gibt«, sagt der Sufi-Dichter Rumi. Es ist aber das Wesen der Professionalisierung, dem einzelnen zu helfen, sich dem Idealbild seines Berufs anzunähern, seine individuellen Schwächen zu überspielen.

Trotz aller Vorsichtsmaßnahmen kommt es zu Schwierigkeiten,

zum Beispiel zu Rivalitäten zwischen Kollegen. Auch in der Geschichte der westlichen medizinischen Wissenschaft gibt es Konkurrenzkämpfe zwischen einzelnen und zwischen akademischen Schulen, aber sie werden entsprechend den sonstigen Gepflogenheiten der Gesellschaften geregelt, also selten direkt zwischen zwei Rivalen ausgetragen. Dagegen erzählt Qa'selid von einer ganzen Reihe von öffentlichen Wettkämpfen bei der Heilung Kranker. Einer der von ihm besiegten Schamanen wird vor Scham schwermütig und stirbt im Wahnsinn.

Gibt es für berufliche Rivalität noch Parallelen zwischen Arzt und Schamane, so besteht ein deutlicher Unterschied im Aufgabenbereich, der bei Schamanen viel weiter gefaßt ist, hellseherische Diagnose von Krankheiten wie Tabuverletzungen einschließt, dazu Aufgaben, die bei uns arbeitsteilig Psychotherapeuten und Priester wahrnehmen, und andere Aufgaben, für die es bei uns ein Äquivalent nicht gibt.

Noch ein Punkt ist bedenkenswert: Schamanen, auch wenn sie »weiße«, gute Schamanen sind, werden wegen ihrer besonderen Kräfte gefürchtet. Immer ist es möglich, daß sie, wenn sie wollen oder einen Fehler machen, sehr viel Unheil anrichten können. Wer heilen kann, kann auch töten – so denken die Menschen, die Hilfe von Schamanen in Anspruch nehmen. Ist dieser Gedanke abwegig?

Ist der Schamane ein Psychiater?

Die Aufgabe des Heilens ist das allgemeinste Kennzeichen des Schamanen, auch wenn sie meist nicht seine einzige Aufgabe ist. Doch trennen Primitive die Leiden des Körpers und der Seele nicht voneinander, wie die westliche Medizin das eine Zeitlang versuchte. Man bringt also nicht nur Kranke mit körperlichen Symptomen zum Schamanen, sondern auch seelisch-geistig Kranke. Dieser versucht sie zu heilen oder, wenn die Beschwörung keine Wirkung zeigt, sie wenigstens soweit unter Kontrolle zu halten, daß sie sich selbst und anderen keinen Schaden zufügen. So beaufsichtigte ein Yoruba-Heilkundiger in Nigeria gleichzeitig zwölf bis fünfzehn verwirrte und gestörte Patienten, gab ihnen beruhigende Kräutersäfte oder band sie fest, wenn sie davonlaufen wollten. Solange sie nicht gewalttätig werden, können leicht oder auch schwer Gestörte in einfachen Gesellschaften weitgehend unbeachtet, aber mit dem Nötigsten versorgt, leben wie sie wollen. Man begegnet ihnen mit weniger Angst und Abwehr als bei uns und schließt sie nicht aus der Gemeinschaft aus.

Auch Verhalten, das wir als neurotisch bezeichnen, wird von Schamanen behandelt: unbegründete Angstzustände, Schlafstörungen, Klaustrophobie und dergleichen sind in primitiven Gesellschaften nicht unbekannt.

Nicht zuständig ist der Schamane dagegen für ein Verhalten, für das der Betreffende selber verantwortlich gemacht wird, also hartnäckiges moralisches Fehlverhalten. Die Eskimo unter anderen haben für solche Leute, die nicht mit auf die Jagd gehen, aber inzwischen in der Siedlung stehlen und bei den Frauen liegen und sich nicht belehren lassen, ein eigenes Wort, »Kunlangeta«. Das entspricht ungefähr unserer Bezeichnung »Psychopath« für Menschen, die ständig auf vielfache Art die Normen der Gesellschaft verletzen. Bei den Eskimo gilt dieser Zustand nicht als Krankheit, und sie behandeln den Betreffenden nicht als Kranken. Dies ist eines der Beispiele für deutliche kulturelle Unterschiede in der Beurteilung von seelisch-geistiger Anomalie.

Ein anderes Beispiel ist »Besessenheit«, der Zustand, in dem ein Mensch seinen eigenen Willen verliert und Werkzeug eines bösen oder freundlichen spirituellen Wesens wird, das sich seiner bedient. Wo die Religion die ganze sichtbare Natur von Geistern belebt darstellt und dazu eine unsichtbare Geisterwelt kennt, da ist Besessenheit etwas beinahe Alltägliches. Da muß der Schamane zunächst einmal feststellen, welcher Art der Geist ist, der sich eines Menschen bemächtigt hat, und was er vorhat. Danach kann er versuchen, den Geist zur Rückkehr in seine eigene Welt zu bewegen. Besessenheit wird in Kulturen, für die »Geister« selbstverständlich sind, häufig begrifflich von Wahnsinn unterschieden. Bei uns geschieht das nur in isolierten religiösen Subkulturen, in denen auch Besessenheit und der Exorzismus solcher Besessenheit als Wirklichkeit besonderer Art betrachtet werden.

Entscheidend für die Behandlung von Menschen mit Symptomen geistiger Anomalie sind nicht nur die Symptome (obwohl Gewalttätigkeit überall unterdrückt wird), sondern auch die angenommenen Ursachen für die Anomalie, und diese Annahmen beruhen auf einer kulturellen Übereinkunft. Der amerikanische Ethnologe Benjamin

D. Paul[8] hat 1953 aus Guatemala eine ausführliche Fall-Geschichte mitgebracht, die diesen Punkt illustriert.

*

Benjamin Paul und seine Frau lebten längere Zeit in einem indianischen Dorf. Maria, eine achtzehnjährige Schönheit, half ihnen im Haushalt. Sie hatte bereits zwei mißglückte Ehen hinter sich und aus der zweiten ein Baby. Nach zehn Wochen verließ sie die Pauls, um es mit einem dritten Mann zu versuchen, wobei sie ihr Kind bei ihren Eltern und Geschwistern zurückließ. Bald darauf war zu hören, daß sie auch im Haushalt ihrer neuen Schwiegereltern Schwierigkeiten hatte, die zu ehelichem Streit führten. Nach einem solchen Streit und einem Wutausbruch Marias verlor sie in der Nacht plötzlich das Bewußtsein, fing dann einige Stunden später laut zu klagen an, die Geister der Toten wollten sie mitnehmen, ging mit den Geistern sprechend im Haus umher und reagierte nicht, wenn man sie ansprach. Die ersten Schamanen, die geholt wurden, fanden den Fall zu ernst, um sich darauf einzulassen. Ein Spezialist sollte zugezogen werden.

Nun sagt bei uns jeder, das wäre ja wohl ein klarer Fall, diese Maria hätte sich in eine psychotische Episode geflüchtet, weil sie ihre Familie verärgert, ihr Kind verlassen, das ganze Dorf gegen sich aufgebracht hatte und nun das mögliche Scheitern ihrer dritten Ehe nicht ertragen konnte. Auch aus ihrer Kindheit wurden Dinge berichtet, die jedem Psychoanalytiker nur zu vertraut sind, wie zum Beispiel das Erlebnis des Liebesentzugs, als dem ältesten Kind, Maria, ein später geborenes vorgezogen wurde. Aber obwohl die Indianer diese Möglichkeiten der Erklärung nicht ausschlossen, so hielten sie es doch für ebenso möglich, daß jemand anderes die Geister gerufen hatte, um sich an Maria oder einem nahen Verwandten zu rächen. Der mächtige Schamane, der zu Hilfe geholt wurde, stellte in einer Séance fest, daß jemand Schuld auf sich geladen hatte, und zwar: Maria, ihr Vater, ihre Mutter, ihr Ehemann, sein Vater, seine Mutter oder gleich mehrere dieser Personen. Der Versuch einer Heilung mußte alle diese Personen einbeziehen.

Im Laufe einer Woche wurde Maria auch wirklich wieder normal, nahm ihre Tätigkeit im Haushalt der Schwiegereltern wieder auf und hatte in den sieben Monaten, in denen die Pauls sie noch beobachten konnten, keinen Rückfall.

Entscheidend für die Behandlung waren, wie Benjamin Paul sagt, nicht die Zeremonien, sondern das veränderte Verhalten im Kreis der eigenen und der angeheirateten Verwandten. Auch in ihrem verstörten Zustand konnte Maria spüren, daß nicht mehr alle auf sie böse waren, sondern daß im Gegenteil beide Familien mit ihr gegen die drohenden überirdischen Kräfte kämpften. Als sie später den Pauls berichtete, was sie während ihrer Bewußtlosigkeit gesehen und erlebt hatte, stellte sie sich als unschuldiges Opfer dar. Ihre Gesellschaft hielt dies zumindest für möglich, und so konnte Maria in die Gemeinschaft zurückkehren, der sie sich vor ihrem Anfall völlig entfremdet hatte. Im Gegensatz zu der unseren definierte Marias Gesellschaft ihre geistige Störung als Bedrohung von außen und als gemeinsame Notlage.

*

Wie betreffen uns solche Vergleiche? Der Ethnologe Lawrence Watson und der Psychologe Dixon Guthrie[9] stellen folgende Hypothese auf: Kulturell gegebene Bedeutungen und Erwartungen bestimmen den Verlauf von psychischen Erkrankungen, die von langen und ungewollten Bewußtseinsveränderungen herrühren, die als »nicht normal« definiert werden: wenn jemand zum Beispiel Stimmen hört, die ihn anklagen, das Gefühl hat, sich selber zuzusehen oder von Unbekannten verfolgt zu werden. Die Therapie für solche psychischen Krankheiten müßte dann darin bestehen, den Patienten mit geeigneten Bedeutungen für seine Erfahrungen zu versehen und dadurch seine Verwirrung und Angst gegenüber dem Unverstandenen zu erleichtern. Wenn Bewußtseinsveränderungen *willentlich* herbeigeführt werden – wie bei schamanistischen Zeremonien, Trance, tiefer Meditation, drogeninduzierten Halluzinationen –, dann bestehen bereits positive Erwartungen in bezug auf das Erlebnis und seinen Abschluß. Der Mensch »weiß«, weil es in seiner Kultur allgemein bekannt ist, wie das erwartete Erlebnis zu erklären und zu deuten ist, zum Beispiel als Kommunikation mit dem Hilfsgeist oder mit dem Kosmos. In der Regel wird diesem Menschen auch von anderen Teilnehmern an der Zeremonie oder von Kultgenossen ständig ein Gefühl der Sicherheit vermittelt, da sie offensichtlich seine Erlebnisse ebenso interpretieren wie er selber. Doch wird keiner dieser drei Faktoren für den Menschen wirksam, der einen veränderten Bewußtseinszustand *ungewollt* erlebt. Psychische Krankheiten, wie die als Schizophrenie bezeichneten, sind daher nicht allein das Ergebnis veränderter Bewußtseinszustände –

was immer die auslösenden Faktoren der Veränderungen sein mögen –, sondern auch das Ergebnis der Interaktion von verändertem Bewußtseinszustand und den vorhandenen, beziehungsweise fehlenden kulturellen Bedeutungen, die das Erlebnis begreifbar machen. In unserer Kultur ist sehr wenig Raum für die scheinbare Irrationalität isolierter Bewußtseinsveränderungen. Daher kann der einzelne eine solche Erfahrung nicht interpretieren, kann sie nicht in seine sonstigen Erfahrungen einordnen und reagiert mit Angst und Flucht in die Isolation. Und das vielleicht heftiger als der Mensch in einer kleinen Gesellschaft, die weniger strikte Anforderungen an ihn stellen muß.

Ob Schamanen aus ihrer eigenen Erfahrung mit veränderten Bewußtseinszuständen den Kranken manchmal wirksamer helfen können als die westliche Psychiatrie, darüber wissen wir nicht genug. Die Frage zwingt sich auf.

Schon längst sind Schamanen als direkte Vorläufer moderner Psychiater oder Psychoanalytiker bezeichnet worden. Besonders psychoanalytisch orientierte Ethnologen wie Georges Devereux waren von dieser Idee fasziniert, und auch Claude Lévi-Strauss hat sich um einen Vergleich bemüht. Im Vordergrund steht dabei die Ähnlichkeit, die zwischen der Heilungszeremonie des Schamanen mit der dramatisch dargestellten Krise und der »Abreaktion« in der Analyse, dem Wiedererleben des ursprünglichen Traumas, zu erkennen ist. Und viele Psychoanalytiker fühlen in Erinnerung an ihre eigene Lehranalyse und psychische Krise eine gewisse Verbundenheit mit den Menschen, die seit Tausenden von Jahren mit den dunklen Mächten in ihrer eigenen und in fremden Seelen kämpfen.

Manche Wissenschaftler gehen heute noch weiter. Was die Schamanen wußten und wissen, so meinen sie, ist zwar nicht »Wissenschaft« in unserem Sinn, aber es kommt der Wahrheit näher. Wir müssen nur verstehen, die Symbolsprache in uns vertrautere Begriffe zu übersetzen, zum Beispiel statt von »Geistern« von unbewußten, verdrängten oder bewußt gemachten psychischen Kräften zu sprechen.

So sagt der durch seine Arbeiten über die differenzierten Funktionen der beiden Hirnhälften bekannt gewordene Psychologe Robert Ornstein[10] in seiner »Psychologie des Bewußtseins«, wir müßten die Psychologien, die Vorstellungen vom Menschen, verstehen lernen, die den Heilpraktiken, Kulten und Riten anderer Kulturen zugrunde liegen. »Ihre oft mißverstandenen Techniken sind Übungen, die das menschliche Nervensystem ändern sollen.« Wir müßten, so meint er, die Grenzen der Forschung in der modernen Wissenschaft ausweiten, denn: »Der Haupteffekt der traditionellen Psychologien ist es, uns zu lehren, daß wir selber unsere Möglichkeiten viel zu niedrig eingeschätzt haben. Die neue Vorstellung von unseren Möglichkeiten ist die uralte Vorstellung der traditionellen, esoterischen Psychologien. Aber sie wird jetzt kombiniert mit den Methoden und Technologien der heutigen Wissenschaft.«

Der Schamane ist jedoch nicht allein Arzt und Psychiater, er ist außerdem Wahrsager und Prophet, er muß die Elemente beruhigen und die Jagdtiere kontrollieren, und er muß bereit sein, gefährliche Geister von seinem Stamm fernzuhalten. Er muß also nicht nur individuelle Leiden zu heilen versuchen, sondern sich zwischen seine menschliche Gemeinschaft und die Mächte dieser und der anderen Welt stellen. Was von ihm erwartet wird, ist sehr viel. Und er ist doch nur ein Mensch, wenn auch ein ungewöhnlicher. So braucht er Hilfe: die Kraft, die ihm sein Hilfsgeist verleiht, notfalls auch einige professionelle Tricks, die Unterstützung seines Stammes und vielfach die Hilfe von bewußtseinsverändernden Pflanzen. All das eingebettet in die tradierte Kultur einer Gemeinschaft.

Unerfüllte Berufungen

Wie entscheidend das soziale und kulturelle Umfeld für das Wesen und Wirken des Schamanen ist, zeigt sich besonders, wenn man die alte und heftig diskutierte Frage aufgreift: »Ist der Schamane ein Hysteriker, ein Geisteskranker, ein Psychopath?«

Es ist eine Frage, die nicht einfach die vorangehende: »Ist der Schamane ein Seelenarzt?« umkehrt. Sie deutet vielmehr auf die tiefe Beziehung, die zwischen Heilen und Leiden besteht, hin: Der geheilte Kranke wird zum Arzt – wenn er dazu fähig und berufen war und wenn es ihm die Umstände erlauben.

Negativ-Beispiele erhellen die Bedeutung positiver Beispiele. Deshalb folgen hier Berichte über Menschen, die ihre schamanistische Berufung *nicht* erfüllen konnten.

Die erste Geschichte dieser Art ist sehr berühmt, da der Lacota-Sioux-»Medizinmann« Black Elk sie zwei begabten Biographen erzählte: John G. Neilhardt und Joseph Epes Brown. [11] Black Elk war 1863 geboren und erlebte den absoluten Tiefpunkt der Geschichte seines Volkes. Es starb 1950, ehe man von »neuen Indianern« redete und die Veröffentlichung seiner Visionen und seines rituellen Wissens Riesenauflagen in vielen Sprachen erzielten, ehe er also doch noch etwas von dem bewirkte, was er als seine Aufgabe angesehen hatte: die Bewahrung der Traditionen seines Volkes.

Black Elk war einer von den Frühberufenen. Schon mit vier Jahren vernahm er Stimmen, die ihn zu rufen schienen, wenn er allein für sich spielte. Der Fünfjährige hörte einen Vogel zu sich sprechen, als er mit Pfeil und Bogen auf ihn zielte. Mit neun Jahren erlebte er seine erste und größte Vision. Nun war es zwar bei den Prärie-Indianern üblich, daß junge Männer vor ihrer Anerkennung als Krieger auf die Suche nach Visionen gingen und daß sie dabei ihr zukünftiger Schutzgeist einen Vers und eine Melodie lehrte, die sie von da ab in allen schwierigen Situationen für sich sangen, und der Junge wußte natürlich davon. Aber daß ihm selber dies so früh begegnete, war doch so ungewöhnlich, daß er es verschwieg. Die Vision kam während einer schweren Krankheit. Sie blieb ihm in allen Einzelheiten gegenwärtig. Als müder, alter Mann von 64 Jahren sagte er: »Nichts, was ich mit meinen Augen gesehen habe, war so klar und hell wie das, was meine Vision mir zeigte, und keine Worte, die ich je mit meinen Ohren gehört habe, waren wie die Worte, die ich damals hörte.« Erst als Black Elk siebzehn war, erzählte er einem Medizinmann seine Vision und veranstaltete mit dessen Hilfe eine große Zeremonie, in der Teile seiner Seelenreise dargestellt wurden. So hatte er seine Kraft dem Stamm dienstbar gemacht. Von nun an konnte er Kranke heilen und Zeremonien zur emotionalen Bewältigung von Krisen im Leben der Gemeinschaft leiten. Das war nicht genug.

Die letzten verzweifelten Versuche der Prärie-Indianer, sich und ihre Kultur zu retten, endeten am 29. Dezember 1890 mit dem Massaker von Wounded Knee, einem Ort, der seitdem ein Symbol für den Tiefpunkt – wie auch für den in unseren Tagen neubelebten Widerstand – der Stämme in den großen Ebenen ist. Über vierzig Jahre später klagte Black Elk: »Männer, Frauen und Kinder habe ich von Krankheiten geheilt mit der Kraft der Vision, aber meiner Nation konnte ich nicht helfen. Die Nation lag im Sterben, und die Vision war für die Nation. Aber ich habe nichts damit erreicht.«

Aus unserer Sicht war er zu pessimistisch: junge Indianer von heute berufen sich auf seine Vision. Aber er selber trug schwer an seiner Wirkungslosigkeit. Noch schwerer ist das Schicksal derer, die eine ungewöhnliche Kraft in sich fühlen, aber als Vertreter einer vergehenden Lebensform, an die man nicht mehr glaubt, auch von ihrer nächsten Umgebung abgelehnt werden. Einem solchen Menschen hat der kanadische Ethnologe Edmund Carpenter[12] mit seinem Beitrag in einer Sammlung von zwanzig Porträts, die Ethnologen von ihren Informanten gezeichnet haben, ein Denkmal gesetzt. »Ohnainewk, Eskimo-Jäger« ist voll der Trauer des Beobachters, der hilflos zusehen muß, wie ein bewunderter Mensch zwischen den unversöhnlichen Wirklichkeiten von gestern und heute zerrieben und zerstört wird. Ohnainewk starb 1954 auf Southampton Island im Nordosten von Kanada.

Als Kind war Ohnainewk zwischen Eisschollen ins Meer gefallen und danach lange krank gewesen. Eine alte Schamanin, die ihn betreute, sagte, er würde selber eines Tages ein großer Schamane werden, wenn er überlebte. Er hatte wiederholt überwältigende Träume und später auch Wahrträume. Er stritt mit einem bekannten Schamanen, und als dieser plötzlich tot zusammenbrach, wußten alle: Ohnainewk war mächtiger. Er war ein großer Jäger von Karibu (Rentieren), Seehunden, Eisbären. Aber die Zeit der großen Jäger und Schamanen war vorbei: Eine Handelsniederlassung und eine Missionsstation importierten neue Dinge und neue Ideen, und sie spalteten die einheimischen Eskimo, spalteten auch das Bewußtsein einzelner Menschen. Zwei von Ohnainewks Frauen ließen sich ausgerechnet mit einem Mann ein, der sich ganz den Weißen angepaßt hatte. Ohnainewk versuchte, seine Kraft dem Missionar zur Verfügung zu stellen, doch der wußte mit dem Angebot nichts anzufangen. Da zog sich der Eskimo mit seiner Familie in die Wildnis zurück, wo er noch das Leben eines Eskimo führen konnte. Seine Träume waren apokalyptisch, aber manchmal auch voller Licht. Außer den 42 Personen – einschließlich Frauen und Kindern –, die zu seiner Familie gehörten, wollte niemand seine Kraft anerkennen. Darüber grübelte er. Das machte sein Leben bitter.

Ohnainewk lehnte es ab, seinem Freund, dem Ethnologen, die Mythen seines Volkes und seine Geschichte zu erzählen, wie Black Elk das getan hatte, und versäumte so die Gelegenheit, doch noch eine Wirkung auszuüben. Er war ein Mann der Tat. Doch für Taten war kein Raum in der Welt, in der er sich fand.

Rund dreißig Jahre zuvor (1921–1924) hatte Knud Rasmussen[13] aufgezeichnet, was ihm der Eskimo-Schamane Igjugarjuk gesagt hatte: »Einsamkeit und Leiden schließen den menschlichen Geist auf, und daher muß der Schamane seine Weisheit dort suchen.« Ohnainewk wußte das wohl auch, doch selbst Einsamkeit und Leiden bringen nicht die Weisheit, die der brutalen Zerstörung einer ganzen Lebensweise, einer ganzen Kultur gewachsen wäre.

Es ist ein sehr großer Sprung, wenn ich jetzt an das Schicksal der jungen Anneliese Michel erinnere, das in Kapitel IV (S. 156f.) berichtet wurde, doch stellt es in etwa eine dritte Stufe der unerfüllten Berufung dar, nämlich eine Berufung, die in einer fast ausschließlich feindseligen Umgebung erfolgte und deshalb zur raschen Katastrophe führte. Felicitas Goodman hat die Zustände der Anneliese Michel direkt eine »Schamanenkrankheit« genannt und die Ähnlichkeiten zu den vielen überlieferten Berufungskrisen aufgezeigt. Wie aber kann ein Mensch zum Mittler zwischen Menschen und Geistern werden in einer Gesellschaft, die nicht an Geister glaubt? Ein solcher Mensch ist verrückt. Und wenn er in tiefe Bewußtlosigkeit versinkt oder Krampfanfälle hat, so nennt man das Epilepsie und ist sicher, daß ein organischer Gehirnschaden vorliegen muß, und damit, so meint man, wären dann alle ungewöhnlichen Erscheinungen gleich miterklärt. Nur – Zweifel bleiben bestehen und das, wo immer sich aufgeklärte Europäer mit schamanistischen Phänomenen konfrontiert sehen.

Ist der Schamane ein Geisteskranker?

Schon die ersten Sibirien-Reisenden, die schamanistische Zeremonien beobachteten, waren fasziniert von dem ungewöhnlichen, bizarren, verrückten Verhalten dieser Menschen. Oft fühlten sie sich an Geisteskranke oder Epileptiker in ihrer eigenen Gesellschaft erinnert. Dabei mußten sie aber feststellen, daß weder die Schamanen selber noch ihre Stammesgenossen irgend etwas »Verrücktes« in ihrem Tun fanden. Wie sollte man diese Phänomene erklären? Geisterbeschwörungen, Krankenheilungen, Wahrsagungen einfach und insgesamt als »primitiven Aberglauben« abzutun, gelang doch nicht recht, wenn man einmal selber unter dem Eindruck einer solchen Kulthandlung gestanden hatte. Da half die Hypothese von der Geisteskrankheit.

Der Disput der Fachleute ist nicht unwichtig, und es ist kein Zufall, daß bereits viel scharfsinnige Gelehrsamkeit auf widersprechende Antworten verwendet wurde. Wenn nämlich der ursprüngliche Vermittler zwischen Menschen- und Geisterwelt, der Vorläufer von Priestern und Heilsbringern späterer Religionen, als »krank« zu bezeichnen wäre, würde das nicht auch etwas für die Beurteilung von religiösen Phänomenen an sich bedeuten?

Wie häufig bei gelehrten Disputen, hängt viel ab von den Definitionen der Begriffe, über die man sich streitet. Sicher ist der Schamane auch in seiner eigenen Gesellschaft »ungewöhnlich«, »nicht normal« – aber ist er deshalb auch »krank«?

Ein Beweisstück ist das typische Berufungserlebnis, die große physische und psychische Krise, die am Beginn einer Schamanenkarriere steht: eine Krankheit – aber eine überwundene Krankheit, Visionen – aber anderen Menschen mitgeteilte, von der Gemeinschaft akzeptierte Visionen.

Ein anderes Beweisstück ist die Praxis der Schamanen, der Nachvollzug der Anfangskrise, die wiederholte »Reise in die Geisterwelt« in einem Zustand der Entrückung.

Ein besonderes Beweisstück ist die immer wieder beschriebene, zeitweilige oder dauerhafte Geschlechtsumwandlung. Gerade anhand dieser auffälligen Anomalie wird die Problematik des Etiketts »krank« deutlich.

Der Schamane ist ein Mensch, der sich verwandeln kann – oder muß –, oft auch in das andere Geschlecht. Schamanen, die von Natur, aus Neigung oder auf Befehl der Geister ihr Geschlecht ändern, gelten als besonders mächtig, als ob die zusätzliche Besonderheit ihnen eine zusätzliche Kraft über Menschen und Geister verliehe. Bei den Tschuktschen hat der Transvestit-Schamane eine enge Beziehung zum Mond, dem weiblichen Gestirn. Es ist aber sein Hilfsgeist, der ihm befiehlt, ein »weicher Mann« zu werden. Darüber berichtete Vladimir Bogoras[14] ausführlich. So war es Anfang unseres Jahrhunderts:

Gewöhnlich verlangt der Hilfsgeist einen Geschlechtswechsel zu dem kritischen Zeitpunkt, wo sich bei dem jungen Menschen zuerst schamanistische Eingebungen zeigen, also kurz nach der Pubertät. Das ist ein furchterregendes Erlebnis und in den Fällen, wo junge Schamanen-Schüler lieber Selbstmord begingen, als sich einweihen zu lassen, war meistens ein Geschlechtswandel gefordert worden. Die

Umwandlung geht in mehreren Stufen vor sich. Zuerst flicht der Schamane sein Haar wie eine Frau. (Doch das tut man oft auch mit Kranken, um ihr Aussehen zu verändern und böse Geister irrezuführen!) Dann zieht der Schamane Frauenkleider an – auch dies ist nicht selten Teil einer Heilbehandlung. Die dritte Stufe der Umwandlung ist einschneidender. Ein junger Mann gibt alle gewöhnlichen Verhaltensweisen und Tätigkeiten seines Geschlechts auf und übernimmt die einer Frau. Er wirft sein Gewehr und den Speer weg, das Lasso des Rentierhirten, die Harpune des Seehundfängers und nimmt Nähnadel und Fellschaber zur Hand. Mit Unterstützung der Hilfsgeister lernt er die neuen Arbeiten rasch. Sogar seine Sprechweise ändert sich, und sein Körper verliert die männliche Kraft und Schnelligkeit. Zugleich wandelt sich sein Charakter: Mut und Streitlust verschwinden, er wird schüchtern in Gegenwart von Fremden, interessiert sich für das Geschwätz der Frauen und für kleine Kinder.

Die wichtigste Veränderung aber ist, daß der »weiche Mann« sich als Frau zu fühlen beginnt. Er versucht, sich bei den Männern beliebt zu machen, und mit Hilfe der Geister gelingt ihm das leicht. So viele junge Männer, wie er sich nur wünschen kann, bemühen sich um seine Gunst. Er wählt einen Liebhaber und nach einiger Zeit einen Ehemann. Die Heirat wird wie eine gewöhnliche Hochzeit gefeiert. Das Paar lebt ebenso wie andere Paare, das heißt der Mann kümmert sich um die Herde, geht jagen und fischen, während seine »Frau« das Haus versorgt. Oft dauern solche Ehen bis zum Tod eines Partners.

Die Nachbarn klatschen viel, aber nur mit Vorsicht, über ein solches Ehepaar, denn sie haben vor verwandelten Schamanen noch mehr Angst als vor anderen. Die »weichen Männer« haben nämlich unter den Geistern einen besonderen Beschützer, einen »ke'le«-Ehemann, der das eigentliche Oberhaupt der Familie ist und es sehr übelnimmt, wenn jemand seinen Schützling verlacht. Sogar ihre Kollegen haben Angst. Manche der »weichen Männer« haben vor ihrer Umwandlung mit Frauen Kinder gezeugt, andere sagen, sie hätten selber Kinder geboren oder auch Geisterkinder in Gestalt von Tieren.

Was Bogoras von den Tschuktschen erzählt, das ist – mit Variationen – von anderen Beobachtern für die meisten sibirischen Stämme bestätigt. Nicht so klar ist, ob die Tschuktschen-Frauen, die Männerarbeit tun, Männerkleidung tragen, eine Frau heiraten und die Familie wie ein Mann leiten, dies auch auf Befehl von Geistern tun. Oft wird ein solches Arrangement von Witwen, die schon Kinder haben, berichtet und sieht mehr nach einer rein praktischen Maßnahme aus. Aber aus Sibirien wie auch aus anderen Teilen der Welt sind die Berichte über die weibliche Hälfte der Bevölkerung dürftig und ungenau.

Obwohl also eine Geschlechtsumwandlung nichts ganz Seltenes war, so war sie doch etwas Geheimnisvolles und Angsterregendes. Die direkt Betroffenen, die Schamanen und »weichen Männer«, begegneten der eigenen Angst durch erhöhte Empfindlichkeit – sicher war ihre Rachsucht zu Recht gefürchtet –, während die nur indirekt betroffenen Zuschauer sich in Gelächter und Spott flüchteten, soweit sie sich trauten. Grundlegend war die Vorstellung, daß ein dem Zwang der angeborenen Geschlechtszugehörigkeit entrückter Mensch nahen Umgang mit Geistern haben müsse. Diese Vorstellung herrschte nicht nur bei den sibirischen Stämmen, sondern auch zum Beispiel in Indonesien und bei vielen nordamerikanischen Indianerstämmen. Der Mann, der als Frau lebt, der es ablehnt, ein Krieger zu sein, zu töten und getötet zu werden, wird für diese Entscheidung nicht verantwortlich gemacht: etwas so Anomales kann nur durch Geistereinfluß erklärt werden. Er ist also erwählt für irgend etwas – bei einigen Stämmen dafür, ein mächtiger Zauberer zu werden, bei anderen aber nur dazu, ein verspottetes Gegenbild des echten Mannes zu verkörpern.

Wenn man den Berichten der Reisenden und Ethnographen vertrauen kann, so gab es sehr viel mehr Männer, die als Frauen lebten, als entsprechende Frauen, obwohl, wie gesagt, auch solche erwähnt werden. Heute, seit die Kategorie »Transsexueller« (zum Unterschied von »Transvestit«) psychologisch und allmählich auch legal anerkannt wird, wollen viel mehr Männer als Frauen eine klinische Geschlechtsumwandlung durch Operation. Auch diese Menschen berichten immer wieder von einem inneren Zwang, der praktischen Erwägungen ebenso unzugänglich ist wie rationalen Erklärungen, wenn sie auch, unseren Sitten folgend, keine »Geisterbefehle« anführen.

Vielleicht sind die Anforderungen, die (sonst ganz verschiedene) Gesellschaften an Männer stellen, schwerer zu erfüllen als die an Frauen gestellten – oder sie werden rigoroser durchgesetzt. Vielleicht hat die Tatsache, daß die soziale Rolle des »weichen Mannes« so vielfach anerkannt wird, auch mit der größeren Häufigkeit von physischen und psychosomatischen Anomalien bei männlichen Kindern und Erwachsenen zu tun. Obwohl immer wieder über Nicht-Männer berichtet wurde, so sind doch vergleichende Analysen und Erklärungsversuche sehr dürftig. Bis die Ethnologie das Problem aufgearbeitet hat, können wir immerhin anmerken, daß die in unseren Illustrierten beschriebenen Fälle von Geschlechtsumwandlungen eine weltweite und sehr alte Vorgeschichte haben.

Auch läßt sich feststellen, daß »weiche Männer« (für die es viele Namen gibt) zwar als ungewöhnlich, aber sicher nicht als »krank« oder »verrückt« betrachtet werden, eher als »besonders« im Sinne von »überlegen«. Auch die Geschlechtsumwandlung von Schamanen ist also, wie die Berufungskrise und wie die Fähigkeit, außer sich zu geraten, willentlich andere Bewußtseinszustände herbeizuführen, in ihren eigenen Stammeskulturen weder für die Schamanen selber noch für ihre Mitmenschen ein Zeichen von Geisteskrankheit.

Müssen wir aber diese Einschätzung übernehmen? Oder müssen wir nicht vielmehr allgemeine Kriterien anlegen, die für unsere und alle anderen Kulturen gelten? So meint George Devereux, man könne gar nicht umhin, den sibirischen Schamanen als ernsthaft neurotisch oder sogar psychotisch einzustufen. Andere Wissenschaftler vertreten die Ansicht, Schamanismus wäre eine kulturelle Form, die Geistesgestörten einen geeigneten Platz in der Gesellschaft schafft. Wieder andere, darunter auch Mircea Eliade und Andreas Lommel, betrachten den Schamanen als labilen, seelisch gefährdeten oder gestörten Menschen, dem in seiner großen ersten Krise eine Selbstheilung gelang, die er nun bei jeder Krankenheilung und Kulthandlung nachvollzieht. Sein inneres Gleichgewicht bleibt gestört oder gefährdet.

Solche Thesen stützen sich zunächst auf die dramatischen Schilderungen von Sibirien-Reisenden – ohne zu fragen, ob deren Urteil immer ganz klar war und ob die Schamanen nicht auch für die Fremden eine Schau abgezogen haben könnten. Und weiter stützen sich diese Thesen auf Ähnlichkeiten zwischen Empfindungen von Schizophrenen in unserer Gesellschaft und den wiederholt berichteten Erfahrungen von Schamanen: zum Beispiel Spaltung des Ichs und Verlust eines Teils davon, Wanderschaft der »Freiseele« oder Eindringen eines fremden Wesens. Aber bedeutet eine ähnliche Erfahrung in verschiedenem Kontext dasselbe?

Seit der Veröffentlichung vieler Berichte von Menschen, die schon fast tot waren, aber ins Leben zurückkehrten, drängt sich eine Überlegung auf: Immer wieder wird davon berichtet, daß der Mensch an der Schwelle des Todes von außerhalb seinen eigenen Körper betrachtete. Soll man das als »krankhaft« bezeichnen? Gewiß kann man einen beinahe Gestorbenen als »krank« einstufen, aber bedeutet etwa die Tatsache, daß er sich später an das Erlebnis der Trennung eines Teils seines Ichs vom Körper erinnert, daß er nun »geisteskrank« ist?

Gerade die absolut klare, anhaltende Erinnerung an das in einem außergewöhnlichen Bewußtseinszustand Erlebte *und* die absolut klare, niemals verwischte Unterscheidung zwischen diesem außergewöhnlichen und dem gewöhnlichen Alltagszustand sind charakteristisch für schamanistische Phänomene. Black Elk spricht für viele, wenn er sagt: »Nichts, was ich mit meinen Augen gesehen habe, war so klar und hell wie das, was meine Vision mir zeigte, und keine Worte, die ich je mit meinen Ohren gehört habe, waren wie die Worte, die ich damals hörte.« Die andere Wirklichkeit ist gewissermaßen wirklicher als die Alltagswirklichkeit, aber es findet keine Verwechslung oder Vermischung statt. Und zwar sowohl bei den Schamanen wie auch bei ihren Zuhörern. Der russische Arzt und Ethnologe S. M. Schirokogorow[15] schrieb 1935: »Nach dem Schamanisieren erinnern sich die Zuhörer an verschiedene Augenblicke der Sitzung, ihre große psycho-physiologische Bewegung und die Halluzinationen des Gesichts und Gehörs, die sie erlebt haben. Sie empfinden dann eine tiefe Befriedigung – viel größer als die von Gefühlen, die von dramatischen und musikalischen Aufführungen, Literatur und allgemeinen künstlerischen Erscheinungen des europäischen Kulturkomplexes ausgehen, weil beim Schamanisieren die Zuhörer zur gleichen Zeit handeln und teilnehmen.«

Ein Eskimo sagte: Wenn ein Schamane heilt, dann ist er von Sinnen, aber er ist nicht wahnsinnig!

Und noch etwas: Der schamanistischen Symbol- und Gedankenwelt nahestehende Erfahrungen werden bei vielen ganz durchschnittlichen Menschen durch halluzinogene Pflanzen ausgelöst, die Schamanen aber sind Experten im Gebrauch von Halluzinogenen und gehen damit weiter, als andere es wagen dürfen. Die Vernachlässigung des Themas Drogengebrauch und Drogenwirkung im Schamanismus durch fast die ganze ältere ethnologische und ethno-psychiatrische Literatur macht alle wertenden Vergleiche noch zusätzlich suspekt.

Noch einmal ist auch auf den anderen vernachlässigten Aspekt des

Schamanentums einzugehen, nämlich den sozialen Kontext. Ein wesentlicher Unterschied zwischen einem Geisteskranken in unserer Gesellschaft und dem exaltierten Schamanen in einer schamanistischen Kultur besteht darin, daß bei dem Schamanen ungewöhnliche Verhaltensweisen nicht nur toleriert, sondern gebilligt, unterstützt und herausgefordert werden. Er ist zuständig für den Umgang mit Geistern. In Gesellschaften, in denen der Glaube an Geister allgemein ist, wäre derjenige anomal und verdächtig, der die Existenz von Geistern abstreitet. Im alten Sibirien ebenso wie auf der nordamerikanischen Prärie verhält sich der Mensch, der Visionen sucht und erlebt, normal, so wie es anderswo normal ist, bei bestimmten Gelegenheiten von einem Geist ergriffen zu werden oder in die Traumzeit einzutauchen. Alle diese Phänomene stören den Ablauf des gewöhnlichen Lebens nicht, sie begleiten ihn, setzen Akzente. Sie sind unter Kontrolle.

In solchen Gesellschaften ist der Schamane nicht getrennt von der Gemeinschaft, steht nicht im Gegensatz zu ihr, sondern drückt vielmehr in seinem Wesen einen überaus wichtigen Teil des Wesens dieser Gesellschaft aus. Er ist, wie der englische Ethnologe Ioan Lewis[16] in seinem Buch »Ekstatische Religion« schreibt, »ein Symbol nicht von Unterwerfung und Verzweiflung, sondern von Unabhängigkeit und Hoffnung. Durch ihn wird die sonst ungebändigte Gewalt der Welt außerhalb der menschlichen Gesellschaft sinnvoll nutzbar gemacht für die Bedürfnisse der Gemeinschaft. ... In der Person des Schamanen erklärt der Mensch triumphierend seine Überlegenheit über elementare Gewalt, die er gemeistert und in eine sozial wohltätige Kraft verwandelt hat. Und diese schwer erkämpfte Kontrolle über die Ursachen des Leidens wird in jeder schamanistischen Séance wieder dargestellt. Dies und nicht die Wiederholung einer persönlichen Krise, ist die Botschaft der Séance, denn dabei gehen die Götter auf sein Verlangen in den Schamanen ein und werden so direkt mit der Gesellschaft und ihren Problemen konfrontiert.«

Die Wiederkehr der Schamanen

Wenn man das Schamanentum für ein rein psychologisches Phänomen hält, für eine Form der Selbsttherapie zur Behebung psychischer Störungen, dann kann man erwarten, daß es durch wissenschaftliche

Rationalität mehr und mehr aus der Welt verdrängt und durch wissenschaftlich begründete Therapien ersetzt wird. Dieser Erwartung gibt Weston La Barre in seinem furiosen, ausufernden Werk »Der Geistertanz« Ausdruck, wobei für ihn die wissenschaftlich begründete Therapie für die Geisteskrankheit »Religion« in der Freudschen Psychoanalyse bereits gefunden ist. Der hilflos geborene Mensch, der immer wieder seine Hilflosigkeit erfahren muß, macht sich selber zum Gott – als Kompensation, zur Heilung seiner Leiden. Einsicht in seine Selbsttäuschung wird ihn von seiner Paranoia, von seinem Größenwahn heilen.

Es sieht nicht so aus, als würde dies geschehen. Im Gegenteil. Die Faszination, die von Schamanen – ob sie sich nun als solche bezeichnen oder andere Namen verwenden – ausgeht, nimmt gerade in den entwickelten und den sich entwickelnden Gesellschaften zu. Das ist kein psychologisches, sondern ein kulturelles Phänomen. Es ist ein Prozeß, an dem die Wissenschaft, die Medien und die öffentliche Meinung Anteil haben, ein Prozeß des Meinungswandels im großen Maßstab.

Verschiedentlich ist – so von Lévi-Strauss und Manning – darauf hingewiesen worden, daß die bloße Gegenwart eines Therapeuten eine Zunahme der Heilungssuchenden bewirkt, und zwar durch die Erweiterung des Kreises derer, die als therapie*bedürftig* definiert werden. Umgekehrt ermuntert aber auch das einmal erkannte Verlangen nach Hilfe die Menschen mit entsprechenden Fähigkeiten – und selbstverständlich auch die Scharlatane – zu praktizieren. Angebot und Nachfrage wachsen miteinander, auch wenn es um Erklärungen der Welt und um das Aufheben des Leidensdrucks geht.

So sehen wir heute die Rückkehr der Schamanen. Zu viel wurde im Namen der Wissenschaft versprochen, und die Priester der etablierten Religionen waren nicht darauf vorbereitet, die Enttäuschung aufzufangen. Blindes Vertrauen in alle möglichen neuen Geister und Geisterbeschwörer breitet sich aus. Da wäre es gut, sich an die Rolle der Clowns bei vielen indianischen Zeremonien zu erinnern: Sie demonstrieren, daß Gelächter heilt und daß auch der Schamane, der zeitweise einen Geist verkörpert, die übrige Zeit ein Mensch ist, mit menschlichen Schwächen und Tricks.

[illegible]

[illegible] für die Geisteskrankheit [illegible] in der [illegible] Der einzige gefährliche Mensch [illegible] wegen seine [illegible] erfahren muß [illegible] die Kompensation [illegible] seiner Leiden [illegible] wird [illegible] Patienten [illegible]

[illegible] nicht [illegible] die Wahrheit des Geschehens [illegible] die von Schamanen [illegible] sie [illegible] oder und [illegible] Natur [illegible] angewendete [illegible] entwickelten und den sich [illegible] Psychologie [illegible] sondern [illegible] kulturellen Phänomen [illegible] an dem die Wissenschaft die Medizin [illegible] Anteil haben [illegible] die Methode [illegible] Verschiedentlich ist [illegible] von Lévi-Strauss und [illegible] hingewiesen worden, daß die [illegible] Zunahme der Heilungsgründe [illegible] bewirkt [illegible] Steuerung des Kranken [illegible] therapeutisch [illegible] Umgekehrt [illegible] aber auch das [illegible] Hilfe der [illegible] schädlichen [illegible] Schädigung [illegible] praktiziert [illegible] Folge wechselseitig [illegible] auch wenn es [illegible] Erklärungen der [illegible] um das [illegible] Leidensdruck [illegible]

[illegible] heute die [illegible] der Schamanen [illegible] Wissenschaft [illegible] und die Kräfte [illegible] nicht [illegible] Trance [illegible] alle möglichen [illegible] die Rolle [illegible]

Kapitel VI

Die große Hoffnung

Der Schamane ist der professionelle Vermittler zwischen der Alltagswelt und der unsichtbaren Welt der Geister und Götter, denn er kennt beide Welten. Er kann den Angehörigen seines Stammes den Weg zeigen, auch wenn sie ihm selten ganz zu folgen vermögen. Er kann ihnen erklären, was er auf seinen Seelenreisen erlebt hat und was sie selber sehen konnten. Er kann weissagen, deuten und heilen. In symbolischen Handlungen ordnet er die Beziehungen zwischen seinem Stamm und den einzelnen Mitgliedern sowie zwischen dem Stamm, den Individuen und der Umwelt, der sichtbaren wie der unsichtbaren. Das heißt, er *bewahrt* die Ordnung des Lebens.

Was aber, wenn die Ordnung aufbricht, wenn der Regen trotz inbrünstiger Tänze nicht kommt, wenn das Wild ausbleibt, wenn die Menschen an unheilbaren und unbekannten Krankheiten sterben, das Vertrauen zu den Mitmenschen, zu den guten Geistern, zum Leben erschüttert wird – nicht zuletzt das Vertrauen zu dem Schamanen? Bei ihm wird man zuerst die Schuld für alles Unheil suchen, denn seine Aufgabe wäre gewesen, es zu verhindern. Vielleicht hat er dann eine Vision, die ihm den Ausweg zeigt. Vielleicht hat ein anderer Mensch eine solche Vision. Vielleicht zeigt sie den richtigen Weg. Vielleicht nicht. Doch ohne neue Hoffnung geht es nicht weiter.

Für die Bewältigung der alltäglichen Lebenskrisen des einzelnen wie der Gemeinschaft gibt es Routinemethoden. Für seltene oder neue Krisen entwickeln die Menschen neue Methoden – das ist die Fähigkeit, die sie anderen Lebewesen voraushaben. Aber dann gibt es, auch in dem scheinbar so gleichmäßig sich wiederholenden Dasein der Stammeskulturen, Krisenzeiten, die den Untergang als Möglichkeit allen drohend vor Augen stellen.

Nicht immer wird die Schwere der Krise gleich erkannt. Man sucht nach Schuldigen: der Schamane war bösartig geworden, man hat ihn umgebracht; es gibt Hexer und Hexen bei den Nachbarn oder im eigenen Stamm, aber nachdem man sie alle getötet hat, wird die Lage immer noch nicht besser; es sind Feinde von fern, die man nicht greifen kann, Menschen, Geister, Außerirdische! Selbstanklagen werden laut: der Stamm hat den rechten Weg verlassen, hat fremde Sitten angenommen, die Zeremonien vernachlässigt, und dies ist die Strafe! Verzweiflung breitet sich aus wie eine Epidemie. Bis schließlich einer sagt – und bald viele es sagen: Ein Befreier wird kommen! Die wachsende Hoffnung scheint fast aus sich heraus Menschen hervorzutreiben, die dieser Hoffnung in Bildern und Worten Ausdruck geben, indem sie ihre Träume und Visionen verkünden. Ist einer dieser Menschen der erwartete Messias?

Der Messias ist der »Gesalbte«. Das Wort ist die gräzisierte Form des hebräischen Namens für den, welchen der Herr schicken wird als Erlöser des Volkes. Der Messias ist kein Gott, höchstens ein Halbgott, er ist ein Gesandter des Gottes, der Götter, der Ahnen, aber mehr als ein Prophet, der nur verkündet, obwohl der Unterschied fließend und die Benennung keine wissenschaftliche Definition ist. Die Aufgabe des Messias ist es, Erklärungen zu finden für das erlebte Unheil, den Weg in eine bessere Zukunft zu zeigen, statt der zerstörten Ordnung eine neue aufzurichten. Er vermittelt, er deutet, er weissagt, er heilt, er vernichtet seine Feinde, er tut Wunder – wie der Schamane, doch in einer Situation des Neubeginns. Seine Visionen zeigen einen *neuen* Weg, eine *neue* Ordnung. Diese werden nicht immer vom Volk angenommen. Und auch wenn das Volk dem Messias folgt, gelingt die Rettung aus der Krise nicht immer. Konsens ist eine Voraussetzung für den Erfolg, aber er genügt nicht.

Der Messias ist eine der universal-menschlichen Gestalten, die von Neuguinea bis Südafrika und Nordamerika durch alle Geschichte hindurch auftreten. Wir kennen die erfolgreichen – erfolgreich, auch wenn sie dafür ihr Leben geben mußten –, und wir kennen, besonders aus den letzten Jahrhunderten, viele nicht erfolgreiche und nicht wenige falsche Erlöser. Es gibt eine geschichtliche Situation, in der man das Auftreten solcher Gestalten geradezu erwarten kann: dann nämlich, wenn die Krise von Stammeskulturen durch das Eindringen der technischen und ideologischen Boten der westlichen Zivilisation ausgelöst wurde. Die Botschaft des eingeborenen Messias zeigt viele Variationen, aber auch ähnliche grundlegende Züge.[1] Ein exemplarischer Fall ist der Erneuerer des Stammes der Seneca-Indianer, genannt Handsome Lake (Schöner See), über den verhältnismäßig viel bekannt ist, und zwar sowohl aus indianischen Quellen wie aus Aufzeichnungen amerikanischer Quäker, die zu Beginn des 19. Jahrhunderts bei den Seneca lebten.

Der amerikanische Kulturanthropologe Anthony F. C. Wallace hat eine ausführliche Darstellung der von Handsome Lake begründeten Religion samt ihrer Vor- und Nachgeschichte veröffentlicht, die dem folgenden Abschnitt zugrunde liegt – wie auch den meisten kürzeren Berichten zum Thema. Einzelheiten und Interpretationen variieren natürlich erheblich.

Die Kultur der Räte

Unter den Hunderten von nordamerikanischen Indianerstämmen haben die fünf, später sechs Stämme, die sich zum Bund der Irokesen zusammenschlossen (Mohawk, Seneca, Oneida, Cayuga, Onondaga und schließlich Tuscarora) eine merkwürdige Bedeutung für die euroamerikanische Geistesgeschichte. Bei der Entdeckung und Besiedlung des Kontinents bewohnten sie ein weit ausgedehntes Gebiet in den heutigen Staaten New York, New Jersey, Pennsylvania und Ohio, und sie waren seit der Mitte des 16. Jahrhunderts bereits als Stammeskonföderation organisiert. Zweihundert Jahre lang bewahrte der Bund den Frieden zwischen den Stämmen, während er sein Einflußgebiet immer weiter ausdehnte und zum Schrecken aller Nachbarn wurde. Vielleicht standen die Irokesen kurz vor dem Durchbruch zur Schaffung eines Reiches und einer Hochkultur.

Die politische Organisation, kunstvoll aufgebaut, so daß die Macht von unten nach oben weiterdelegiert wurde, funktionierte ohne jede Gewaltanwendung nach innen, allein durch Ratsversammlungen, Überredung, Überzeugung und einstimmige Beschlüsse. Mit den Weißen, Franzosen und Engländern, verhandelte der Bund zunächst aus einer Position der Stärke. Die wichtigste Entscheidung war 1776 zu treffen, nach der Unabhängigkeitserklärung der Vereinigten Staaten von Nordamerika: Sollten die Irokesen Partei ergreifen und, wenn ja, für wen. Sie versuchten zunächst im Revolutionskrieg neutral zu bleiben, entschieden sich dann für die Engländer und gehörten 1783, als England seine Kolonien freigeben mußte, zu den Verlierern. Danach folgten dreizehn Jahre Verhandlungen mit der neuen Regierung in Washington, in denen sie fast alles verloren: ihr Land, ihre Unabhängigkeit, die Möglichkeit nach ihrer Art zu leben, ihre Selbstachtung. Nur die verklärten Berichte über ihre Ratsversammlungen und ihre Redekunst blieben bei den Siegern lebendig. (Abb. 3)

Im Jahre 1851 veröffentlichte der Anwalt Lewis Henry Morgan aus Rochester im Norden des Staates New York seinen Bericht »League of the Ho-De-No-Sau-Nee or Iroquois«, der heute als ein klassisches Werk der Ethnologie gilt. Morgan verließ sich nicht nur auf die Erzählungen der weißen Siedler, Trapper, Händler und Beamten oder auf das, was einige in Missions- und Regierungsschulen erzogene Indianer ihm mitteilten, sondern beobachtete selber, was von den alten Institutionen noch vorhanden war, und ließ sich von alten Männern erklären, wie es einmal gewesen war. Morgan war von seinen Hobby-Forschungen bald so fasziniert, daß er sie in Nordamerika weiterführte, dann aber auch Südseestämme in seine Vergleiche einbezog. 1877 erschien sein Buch »Ancient Society«, in dem er seine Theorie der sozialen Evolution darlegte: von »Wildheit« zur »Barbarei« und zur »Zivilisation«. Dieses Buch beeindruckte nun wieder Karl Marx und Friedrich Engels ungemein, und so geriet der tüchtige Geschäftsmann Morgan in das kommunistische Pantheon, wo er noch heute verehrt wird.

Zwei Vorstellungen vor allem sind bis heute prägend. Erstens das Mißverständnis, daß – wie Engels schrieb – die »wilden« Irokesen ihre Gesellschaft so organisiert hatten, daß »Alle gleich und frei sind – einschließlich der Frauen«. In Wirklichkeit hatten diese Stämme, die keine Wildbeuter waren, sondern außer von der Jagd von Gartenbau und Maisfeldern in festen Dörfern und Städten lebten, eine streng hierarchisch gegliederte soziale Ordnung. Häuptlingswürden in der Diplomatie, im Krieg, bei den Zeremonien konnten nur Abkömmlinge bestimmter Familien erlangen, und auch die alten Frauen, welche die Häuptlinge wählten, mußten bestimmten Familien angehören. Das Verhalten der Irokesen anderen unterworfenen Stämmen gegenüber unterschied sich nicht vorteilhaft von dem in solchen Situationen unter Menschen üblichen.

Zweitens geistert noch heute die Vorstellung herum, bei den Irokesen habe es so etwas wie ein urtümliches Matriarchat gegeben. Bei ihnen zählte die Abstammung nach der Mutter (matrilinear), was den Frauen größere Selbständigkeit verschaffte als in patrilinearen Gesellschaften. So konnten sie einen unbefriedigenden Ehemann wegschikken, und die Kinder gehörten ihnen, aber die Entscheidungen, die den Stamm betrafen, lagen doch bei den Männern. Eine Frauen*herrschaft* gab es nicht, ebenso wenig wie die Gleichheit aller.

In der sozialen Ordnung der Irokesen wurden Macht, Rechte, Privilegien und immer die dazugehörigen Pflichten von unten nach oben delegiert, von der Gruppe mit gemeinsamer Abstammung bis zum obersten Rat des Bundes. Sie waren überzeugt, daß die heilige Kraft, *Orenda*, nicht gleichmäßig unter den Menschen verteilt war: schöpferische Ideen, die Fähigkeit andere zu überzeugen und zu führen, die Gabe zu träumen und Träume zu deuten, Visionen zu erleben und sie in Aktion umzusetzen, diese Dinge wurden verliehen und auch erworben durch asketische Übungen. Sie gaben sich große Mühe, die Personen mit viel Orenda zu entdecken, zu fördern, in Führerstellungen zu bringen. Diese Personen sollten die Initiativen und die Verantwortung übernehmen. Zur Tradition der Irokesen gehörten daher begnadete religiös-politische Führergestalten. So war nach der Überlieferung ihr Bund begründet worden.

Irgendwann um die Mitte des 16. Jahrhunderts, als die Weißen gerade anfingen, den Kontinent zu erforschen, begann Deganawida seine Mission. Es hieß, er sei der Sohn einer Jungfrau, und er besaß eine solche Kraft, daß ihn manche Leute für ein übermenschliches Wesen hielten. Damals führten alle fünf Stämme untereinander und mit allen Nachbarstämmen Krieg. Niemand, auch nicht die Frauen und Kinder, konnte sich sicher fühlen. In seinen Visionen schuf Deganawida eine Einheit, in der das Beste aus jedem der fünf Stämme in Symbolen, Mythen und Ritualen ausgedrückt werden konnte. Aber er litt unter einem schweren Sprachfehler, verhängnisvoll in Gesellschaften, die Redekunst zu den höchsten Fertigkeiten zählten, doch ganz charakteristisch für mythische Kulturheroen vieler Stämme. Deganawida fand einen Propheten, der für ihn sprach.

Dies war Hiawatha, ein Mohawk-Indianer, der sich, verzweifelt über den Tod seiner Familie, in die Wälder zurückgezogen hatte und dort als Wegelagerer und Kannibale lebte. Zu ihm kam Deganawida und machte einen neuen Menschen aus ihm. Hiawatha brachte die

Botschaft zu den fünf Stämmen und überredete sie, die Waffen nicht länger gegeneinander zu erheben, die endlosen Blutfehden beizulegen und sich in gemeinsamen Ratsversammlungen zu besprechen. Als schließlich nur noch die Onondaga abseits standen, wurden sie zu den Bewahrern des heiligen Feuers ernannt, zu den Vorsitzenden der Räte, die alle Verhandlungen zu einstimmigen Beschlüssen führen sollten. So entstand der Bund der Irokesen.

Das Ideal der Ratsversammlungen, in denen alles und jedes so lange besprochen wurde, bis jede, auch die ausgefallenste Meinung gehört und berücksichtigt war, hat bis in unsere Zeit überlebt. Man könnte manchmal meinen, moderne Psychotherapeuten hätten diese Versammlungen als Gruppentherapie entworfen. Auf der unteren, der Dorfebene, kamen auch Eifersucht, Rivalitäten, Kränkungen jeder Art zur Sprache, nicht zuletzt die unausgesprochenen Wünsche, die sich in Träumen manifestierten (vgl. Kapitel IV). Rhetorik und die Gabe, andere Menschen zu beeindrucken fanden so viel Anerkennung, wie das heute erst durch das Fernsehen wieder möglich geworden ist. Die Kosten dieses Systems wurden erst nachträglich erkannt: exzessiver Zeitaufwand, Schwerfälligkeit in der Entscheidung bis zur Handlungsunfähigkeit, wenn die großen Redner *nur* redeten.

Plötzlich senkte sich die Milchstraße herab

Sehnsüchtig erinnerten sich alle an Deganawida und Hiawatha, als gegen Ende des 18. Jahrhunderts die Irokesen, nach zweihundert Jahren inneren Friedens und äußerer Macht, erkennen mußten, daß sie nichts weiter waren als eine Reihe von kleinen, schwachen Eingeborenenstämmen, von Krankheiten dezimiert, von Gier nach fremden Gegenständen und Alkohol korrumpiert, abhängig von unbegreiflichen und unzuverlässigen weißen Eindringlingen, ohne Glauben und ohne Hoffnung. Sie warteten auf einen neuen Retter und er kam.
Er hieß Ganeodiyo, das heißt »Schöner See« (Handsome Lake), was ein Häuptlingstitel ist. Er gehörte dem Stamm der Seneca, dem größten der sechs, an und verkörperte in seiner Person die einstige Größe, den Niedergang und die Neugeburt seines Volkes, eine Neugeburt, die zwar das Goldene Zeitalter nicht wiederbrachte, doch immerhin das Überleben als erkennbare kulturelle Identität bis heute ermöglichte.

Handsome Lake war, wie schon sein Name zeigt, einer der acht Vertreter der Seneca im Großen Rat der Irokesen. Als solcher spielte er eine bedeutende Rolle in den Kriegen vor und während der amerikanischen Revolution, nahm an den Mord- und Raubzügen gegen die benachbarten Stämme der Cherokesen und Choctaw teil und an den Verhandlungen mit den Engländern und später den revolutionären Amerikanern. Er erlebte den rapiden, katastrophalen Niedergang seines Volkes, den Zerfall der Sitten, die Versuche einzelner, sich durch Verrat noch zu retten, die Massendepression und Massenhysterie nach schrecklichen Epidemien und die Massentrunksucht. Die Weißen, die den Indianern Whisky und Rum verkauften, sahen ihre Überlegenheit in den zügellosen Besäufnissen ganzer Dörfer bestätigt, wo von der einstmals imponierenden Haltung und Selbstdisziplin keine Spur mehr zu finden war. Im Jahre 1799, im Frühjahr, als die Zeit für das Erdbeerfest kam, lag auch Handsome Lake krank und verzweifelt danieder. Er hatte sich schon fast zu Tode getrunken und, schlimmer noch, im Rausch die heiligen Gesänge gesungen und entweiht. Er glaubte, bald sterben zu müssen, doch hatte er Angst, so vor seinen Schöpfer zu treten. Er konnte den Tod einer geliebten Nichte durchaus nicht verwinden. Er erschien wie ein Bild des verrotteten Zustandes seiner Gesellschaft.

Aber dann hatte Handsome Lake die erste seiner Visionen. Am Morgen des 15. Juni 1799 stand er auf, stolperte aus dem Haus, fiel hin und blieb bewußtlos liegen. Eine halbe Stunde lang war kein Atem oder Puls festzustellen, dann erwärmte sich der Körper wieder, und nach zwei Stunden begann Handsome Lake zu sprechen und seine Vision zu beschreiben:

Eine Stimme hatte seinen Namen gerufen, und er war vor das Haus getreten, wo drei Männer in zeremonieller Kleidung – »Engel« nannte er sie – ihn erwarteten. Sie hatten eine Botschaft vom Schöpfer, die er, Handsome Lake, am nächsten Tag beim Erdbeerfest verkünden sollte. Der Schöpfer war traurig und zornig über vier böse Praktiken, die in vier bösen Worten auszudrücken waren: Whisky, Hexerei, Liebeszauber und Abtreibungs- und Unfruchtbarkeitsmedizin. Die schuldigen Menschen sollten bekennen, bereuen und Besserung schwören. Handsome Lake selber sollte nie wieder Alkohol trinken.

Vielleicht erscheint einem heutigen Leser diese Botschaft nicht so beeindruckend. Aber erstens war Handsome Lake eine wichtige Persönlichkeit, ein Beispiel für andere, im schlechten wie im guten, und was er zu sagen hatte, fand durch seine Verwandten, ebenfalls angesehene Leute, rasch weite Verbreitung. Zweitens galten Visionen immer als Entscheidungshilfen, die man sorgfältig beachten mußte. Nicht nur, daß die ganze Tradition der Irokesen auf den Visionen von Deganawida ruhte, die angsterfüllte Zeit der immer heftigeren Ausbreitung der Vereinigten Staaten brachte auch bei anderen Indianerstämmen visionäre Führer hervor, zum Beispiel bei den Delaware im Süden des Irokesengebiets Neolin, den »Erleuchteten«. Drittens hatten die Leute seit Jahren in zunehmender Verzweiflung darauf gewartet, daß ihnen jemand einen Ausweg aus der Hoffnungslosigkeit zeigen würde. Jedenfalls verbreitete sich die Nachricht von der Botschaft wie ein Waldbrand nicht nur bei den Seneca, sondern auch bei den übrigen Irokesenstämmen – schnell, schreckenerregend, kräfteweckend.

Auf die »bösen Worte« werden wir noch zurückkommen. Sie bildeten den Kern der ersten apokalyptischen Vision von Übeltaten, Verderbnis, Zerstörung. Handsome Lake blieb kränklich, überließ die Verbreitung seiner Botschaft seinem Bruder Cornplanter (Maispflanzer) und wartete auf die von den Engeln versprochene nächste Vision. Sie ereignete sich am 7. August, etwa acht Wochen nach der ersten, und bestand nur in der Ankündigung einer Himmelsreise. Handsome Lake traf seine Vorbereitungen und ermahnte seinen Bruder, ihn nicht zu begraben, auch wenn er wie tot daliegen sollte. Dann verfiel er in eine siebenstündige Trance, in der er eine klassische Himmelsreise erlebte: Von einem guten Geist geführt, sah er Himmel und Hölle, sah den sittlichen Plan der Welt, sah die Gestalt und die Lehre der neuen Religion, die er zu verkünden hatte. Er *sah* alles in deutlichen Bildern, die ihm auch noch von seinem Begleiter erklärt wurden. Zuerst stand er mit den vier Engeln vor seinem Haus. »Plötzlich senkte sich die Milchstraße vom südlichen Himmel herab und kam dahin, wo wir standen.« Auf dieser Straße ging er.

Die Vision von Handsome Lake wurde mit allen Details von denen memoriert, die sie zuerst hörten und dann wortgetreu, wie das bei wichtigen Reden üblich war, wiederholt. Auch einer von drei amerikanischen Quäkern, die im Dorfe lebten, schrieb sie in sein Tagebuch. Hundertfünfzig Jahre später, als die geschriebene mit der mündlich weitergegebenen Version verglichen wurde, zeigten sich keine wesentlichen Diskrepanzen. Die Anhänger der von Handsome Lake gestifteten Religion rezitieren den ganzen Bericht ein oder zweimal im Jahr und das dauert vier Vormittage. Es gibt auch eine noch ausführlichere Version, und bei vielen Gelegenheiten werden kürzere Stücke vorgetragen.

Im ersten Teil der Reise sah Handsome Lake viele Szenen, die mit der Religion des Weißen Mannes zu tun hatten und mit seinem Verhalten gegenüber den Stämmen; er sprach mit Jesus, der ihn davor warnte, den Wegen des Weißen Mannes zu folgen; er sah auf halbem Wege zum Himmel einen der wenigen *guten* Weißen, George Washington, der den Seneca Unabhängigkeit versprochen hatte. Danach sah er die Wege zum Himmel und zur Hölle und erfuhr, wie jeder Mensch dreimal die Chance hatte zu bereuen und in den Himmel zu kommen. Doch diejenigen, die diese Chance ausschlugen wurden fürchterlich bestraft und Handsome Lake sah das alles genau bei seinem Besuch des Inferno. Wie die meisten Himmelsreisenden, die uns ihre Berichte hinterlassen haben, so war auch Handsome Lakes Beschreibung der Höllenqualen für die Bösen viel beeindruckender als seine Darstellung der Himmelsfreuden, die teils blaß, teils recht alltäglich-irdisch blieben. Bemerkenswert vielleicht, daß ihn sein weißer Hund, den er zum neuen Jahr beim Anbetungstanz geopfert und mit verzehrt hatte, im Himmel freudig begrüßte.

Gaiwiio – Das gute Wort

Die Lehren, welche die Bilder seiner Visionen begleiteten, wurden von Handsome Lake als Einheit verkündet, lassen sich jedoch nachträglich aufteilen in die Bußpredigten und in die Vorschriften für ein – individuell wie auch kollektiv – besseres Leben. Diese Vorschriften wiederum zielten einerseits auf die Erhaltung der Stammestraditionen, andererseits auf die Assimilierung einzelner Praktiken und Ideen aus der Kultur der Weißen.

Wie weit die Botschaft von Handsome Lake durch die Quäker beeinflußt war, die – ohne zu missionieren – bei den Seneca wohnten und sie bessere Methoden der Feldwirtschaft, handwerkliche Fertigkeiten, auch etwas Lesen und Schreiben lehrten, wird unterschiedlich beurteilt. Jedenfalls waren die Vor- und Nachteile der indianischen und der weißen Lebensweise sowie der indianischen und der christlichen Moral und Religion schon lange und ausgiebig debattiert worden, ehe Handsome Lake die Argumente zusammenfaßte und als einheitliche Botschaft, als *das gute Wort* vorstellte. Der Konsens war nicht vollständig, aber immerhin beträchtlich und die Autorität der Visionen groß genug, um Unentschlossene und Zweifler zu überzeugen, wenn auch nicht die persönlichen Feinde von Handsome Lake und seinem Bruder Cornplanter oder die Extremisten der beiden Parteien, der Traditionalisten und der Anpassungswilligen. Denn Handsome Lake hatte eine sorgfältig durchdachte Position abgesteckt, die von beiden Kulturen das Beste und das, was sich miteinander vertragen konnte, übernahm.

Bryan R. Wilson ordnet *das gute Wort* in einer enzyklopädischen Studie von religiösen Protestbewegungen in Stammesgesellschaften und bei Völkern der Dritten Welt unter die Bewegungen ein, die Anzeichen von Introversion zeigen, die eine Wendung nach innen predigen, aber doch keine völlige Abkehr von der Welt, sondern praktische Kompromisse.

Was bedeutet eine solche Klassifizierung im konkreten Fall? Ende des 18. Jahrhunderts waren die Irokesen auf winzigen »Reservationen« um einige ihrer früheren Siedlungen zusammengedrängt, und nicht nur die Stämme, sondern sogar Teile der Stämme waren durch Land, das ihnen nicht mehr gehörte, voneinander getrennt. Man hat diese Reservationen als »Slums in der Wildnis« bezeichnet. Innerhalb von dreißig Jahren war die Bevölkerung auf etwa die Hälfte geschrumpft. Von etwa 8000 bis 10000 auf 4000. Apokalyptische Visionen von einem vollständigen Untergang der Stämme durch Krieg, Krankheiten und Hunger waren also durchaus realistisch. Viele Politiker in Washington erwarteten nichts anderes, die meisten weißen Siedler hofften nur, daß es bald geschehen würde, viele Indianer sahen keinen Ausweg. Handsome Lake gab dieser Beurteilung der Situation Ausdruck. Entscheidend aber war, daß er seine Stammesgenossen selber dafür verantwortlich machte, denn was man selber verschuldet hat, das kann man vielleicht noch einmal gut machen.

Es entsprach der traditionellen Moral dieser Indianer, die Ursachen für persönliches und kollektives Unglück nicht etwa im unerforschlichen Ratschluß eines Gottes oder eines blind waltenden Schicksals zu suchen, denn der Schöpfer war gut und gerecht. Schwieriger war es vielleicht, die Schuld nicht ganz und gar auf die Weißen, die Eindringlinge, die Räuber und Mörder, Lügner und Vertragsbrecher, Wucherer und Heuchler zu laden und sich so selber freizusprechen, sondern die eigene Schuld anzuerkennen. Diese moralische Leistung kann, vergleicht man sie zum Beispiel mit dem Verhalten uns näherstehender Leute, als fast übermenschlich betrachtet werden. Sie war aber die Voraussetzung für den Versuch einer Umkehr.

Handsome Lake konzentrierte seine Warnungen und Ermahnungen auch sehr klug auf den bösen Feind Alkohol, der einfach zu identifizieren war und dessen schlimme Wirkungen niemand leugnen konnte, insbesondere die durch Whisky und Rum angeheizte Streitsucht, die immer wieder zum Mord selbst in den Familien führte. Auch fielen die Warnungen gegen Hexerei offenbar bei seinen Zuhörern auf fruchtbaren Boden.

Hexerei gehörte bei den Irokesen wie bei vielen anderen Indianerstämmen zum Alltag und mußte zur Erklärung von Krankheiten und Todesfällen herhalten, die der Betroffene oder seine Familie nicht zu verantworten bereit waren. Aber solange die allgemeine Lage nicht zu schlimm war, führten Verdacht und Gerede zu keinen Tätlichkeiten. Hexen konnten Männer oder Frauen sein, alleinlebende, menschenfeindliche, verbitterte oder hochmütige Leute, aber auch irgendwer, auf den einmal ein Verdacht fiel, vielleicht weil jemand ihn im Traum als Hexer oder Hexe erkannt hatte. Zur Zeit der allgemeinen Demoralisierung Ende des 18. Jahrhunderts wucherten die Anklagen und führten dann auch zu heimlichen oder öffentlichen Morden an den Verdächtigen.

Ein solcher Fall ereignete sich kurz vor der ersten Vision von Handsome Lake, während er krank im Haus lag und in der Trunkenheit die Totengesänge für seine Nichte sang. Diese junge Frau, eine Tochter von Cornplanter, war nach längerer, unerklärlicher Krankheit gestorben. Die Meinung verdichtete sich, daß eine alte Frau sie verhext hatte, die schon mehr Menschen umgebracht haben sollte. Nun drohte sie sogar ein kürzlich geborenes Kind in Cornplanters Familie zu verhexen. Daraufhin schickte Cornplanter drei seiner Söhne aus, und sie erstachen die alte Frau auf ihrem Feld vor aller Augen und begruben sie. Ein Ältestenrat kam zu dem Schluß, daß Gerechtigkeit geübt worden sei. Ob Handsome Lake seinem Bruder zugeredet hatte, ist unbekannt, aber zu seiner Vision gehörte auch eine Rechtfertigung der Tat.

Danach blieben Warnungen vor und Anklagen wegen Hexerei ein

wichtiges Thema seiner Reden und Botschaften, und auch wenn Handsome Lake selber als Wahrsager fungierte und Krankheiten diagnostizierte, schrieb er die Ursache oft unbekannten oder auch bestimmten Hexen und Hexern zu. Drastische Beschreibungen des drohenden Weltuntergangs und der zu erwartenden Höllenqualen konnten wohl die Zuhörer in Furcht und Schrecken versetzen und manchen dazu bewegen, Whisky und Rum zu meiden, aber die stete und sehr begründete Angst vor Krankheiten mußte ebenfalls in die neue Botschaft eingebunden werden.

Sicher war Handsome Lake wie seine Stammesgenossen von der Existenz böser und neidischer Menschen überzeugt, die mit magischen Fähigkeiten begabt, andere Menschen krank machen konnten, indem sie zum Beispiel einen Holz- oder Knochensplitter, einen Wurm oder sonst einen schädlichen Fremdkörper in sie hineinpraktizierten. Nur ein Schamane – nicht ein gewöhnlicher Kräuterkenner – konnte in Trance einen solchen Fremdkörper entdecken und herausziehen und dazu den schuldigen Hexer identifizieren. Andere Krankheitsursachen waren vor allem Verletzungen ritueller Vorschriften, die durch die richtigen Zeremonien geheilt werden konnten. Dafür waren die Medizingesellschaften zuständig. Aber gegen Hexen mußte man sich wehren, denn in ihrer nachtragenden Art würden sie sicher bald eine neue Krankheit schicken oder einen nahen Verwandten, insbesondere Kinder, verhexen. Das Sicherste war, die Hexer umzubringen, man konnte aber auch versuchen, ein Geständnis und das Gelöbnis reuiger Umkehr zu erzwingen. Den zeitgenössischen Berichten nach kann man den Eindruck gewinnen, daß Handsome Lake häufig für die Radikalkur plädierte, während alle auf ihn hörten. Allerdings ist es möglich, daß manche Verdächtige ihm im geheimen beichteten und so davonkamen. Jedenfalls übertrieb er schließlich seine Beschuldigungen, verursachte langwierige Schwierigkeiten innerhalb der Siedlung und mit benachbarten Stämmen und benutzte offensichtlich die Anklage wegen Hexerei für politische Zwecke. Als er seinen eigenen Neffen Red Jacket, der als Ratssprecher der Seneca hohes Ansehen genoß, aber seinem Onkel in Sachen Landverkäufe widersprach, als Hexer bezeichnete, entstand Unruhe. Ein anderer Prophet wäre wohl über solche Willkürlichkeiten gestürzt, doch Handsome Lake hatte inzwischen so viel Autorität erlangt, daß die Ratsmitglieder und wichtigen Männer und Frauen des Stammes nur vorsichtige Zweifel äußerten, ob denn die *Methoden*, mit denen er Hexer und Hexen identifizierte, zuverlässig genug wären. Handsome Lake konnte sich jedoch stets auf seine bereits bekannten und, wenn nötig, auf neue Visionen und die vier Engel berufen, und so übertrug ihm die große Ratsversammlung eine Art von Super-Häuptlingstellung, wie es sie bisher nie gegeben hatte: er sollte die Seneca in allen religiösen und politischen Dingen führen. Das Trinken von Alkohol wurde rundweg verboten. Alle Hexen wurden mit dem Tode bedroht, wenn sie nicht bereuten.

Nach seiner zweiten Vision hatte sich die Gesundheit von Handsome Lake schnell gebessert und so war er selber ein eindrucksvolles Beispiel für die Kraft seiner Lehre. Mit einigen getreuen Jüngern zog er in die verschiedenen Reservationen der Irokesen und sogar zu anderen Stämmen und brachte eine bemerkenswerte Erneuerung in Gang. Seine Lehre, wie sie sich im Laufe der Zeit entwickelte, verband sowohl in ihren rein religiösen Aspekten wie in den sozialen und politischen Altes mit Neuem. Und das Neue war nicht aufregend neu, sondern schon weithin bekannt und teilweise für gut befunden. Diese Mischung machte den Erfolg *des guten Wortes* möglich.

Von den 33 zeremoniellen Tänzen, die der Senecastamm besaß, schaffte Handsome Lake viele ab, die ihm den kriegerischen Geist zu verkörpern und zu stärken schienen. Allzu viele Tänze und ihre Vorbereitung nahmen ja auch die Zeit der Männer in Anspruch, die sie unter den neuen Lebensbedingungen für anderes brauchten, ganz abgesehen davon, daß die Tänze durch den Teufel Whisky ihrer religiösen Bedeutung beraubt wurden. Aber einige dieser Veranstaltungen fanden die Billigung der vier Engel, besonders das Erdbeerfest, das Anlaß zur ersten Vision von Handsome Lake gewesen war. Gebilligt wurde auch das Halten von Haustieren und der Genuß von Rind- oder Schweinefleisch als Festessen, da das vorgeschriebene Wild kaum noch zu beschaffen war. So wurde eine weitere notwendige Anpassung sanktioniert.

Die größte Neuerung in der Seneca-Theologie war die Vorstellung von einem Himmel und einer Hölle, einer endgültigen Trennung der guten von den bösen Menschen nach ihrem Tode. Himmlische Glückseligkeit also für diejenigen, die sich an *das gute Wort* hielten, Höllenstrafen für die Ungläubigen. Die Ahnen, die *das gute Wort* nicht gehört hatten und »weder ganz gut noch ganz böse« waren, hatten ihren eigenen Ort, die Weißen – die jedenfalls nicht in den Irokesen-Himmel kommen konnten – wohl auch.

Zwei wesentliche Neuerungen unter den ethischen Vorschriften revolutionierten die sozialen Beziehungen zwischen Männern und Frauen in der Irokesen-Gesellschaft. In der alten Zeit hatten die Männer im Winter monatelang gejagt, im Sommer Krieg geführt und zwischendurch Feste veranstaltet. Die Frauen leisteten unterdessen in ihren Gärten und Feldern Schwerarbeit, hackten Holz und schleppten es für die langen Winter von weit her in ihre Holzhäuser. Die Kinder zogen sie nebenbei groß. Nun war das Ideal des Jägers und Kriegers völlig unzeitgemäß geworden: die Irokesen hatten ihre Jagdgründe verloren, und in den kleinen Reservationen gab es kaum noch Wild; die unaufhörlichen Stammeskriege waren selbstmörderisch, gegen die Waffen der Weißen war nicht anzukommen und im Whisky-Rausch endete auch Familienstreit oft tödlich. Die englischen Quäker, die in der Nähe des Dorfes von Cornplanter und Handsome Lake ihre Musterfarm aufgebaut hatten, demonstrierten völlig andere soziale Rollen für Männer und Frauen und eine andere Arbeitsteilung: Die Männer leisteten die Schwerarbeit, rodeten und bestellten die Felder, bauten Häuser, besorgten Brennholz, hielten Kühe, Schweine und Schafe, betrieben auch Handwerk und Tauschhandel; die Frauen verließen kaum den Umkreis des Hauses, hielten Zimmer und Kleidung sauber, kümmerten sich um Küchengärten und Kleinvieh, spannen und webten Wolle und Flachs, nähten Kleider, befaßten sich viel mit ihren Kindern. Diese Art der Arbeitsteilung erschien in der neuen Situation auch den Irokesen als gut und wurde von Handsome Lake als neue Norm durchgesetzt.

Leider gibt es in den von Männern verfaßten Berichten kaum Hinweise darauf, wie die Frauen auf die Neuerungen reagierten. Möglich, daß sie es als Erleichterung empfanden, keine Schwerarbeit mehr weit entfernt von ihrem Haus tun zu müssen; möglich, daß sie zunächst nur froh waren, ihre Männer mit nützlicher Arbeit beschäftigt zu sehen, und daß sie nicht bemerkten, wie ihnen auch ein wesentlicher Teil ihrer Entscheidungsfreiheit und Selbstbestimmung abhanden kam. Jedenfalls gehörten zu dem engeren Kreis der Anhänger um Handsome Lake auch einige der angesehenen und wichtigen Frauen des Stammes. Andererseits fällt auf, daß Handsome Lake viel und heftig gegen die Macht der Mütter über ihre Töchter predigte. Er machte die alten

Frauen dafür verantwortlich, daß die jungen abtrieben oder unfruchtbar machende Medizinen nahmen, mit ihren Kindern zu streng waren und sich mit wechselnden Männern vergnügten. Die enge Mutter-Tochter-Bindung in der matrilinear organisierten Gesellschaft, wo auch das Erbe von der Mutter auf die Tochter überging und die verheiratete Tochter oft im Haushalt der Mutter blieb, mißfalle dem Schöpfer – sagte Handsome Lake. Auch waren die Hexen, die er identifizierte, meistens alte Frauen. Womit er sicher manchem anderen Mann aus der Seele sprach, denn »Ärger mit der Schwiegermutter« war endemisch.

Trotz aller Schwierigkeiten und Bedenken gelang die große Umstellung innerhalb weniger Jahre. Es ist dies eines der Beispiele dafür, daß selbst die Geschlechterrollen, an die sich die Menschen mit großer Zähigkeit klammern, weil sie für ihr Selbstverständnis so wesentlich sind, innerhalb einer Generation völlig verändert werden können, wenn praktische Notwendigkeit und übernatürliche Sanktion zusammenwirken. Heute tragen die Irokesen englische Familiennamen, die in der männlichen Linie vererbt werden, und die Männer sind die Versorger ihrer Familien. Von der ökonomischen wie politischen Macht der Frauen, die einst die Phantasie europäischer Gelehrter entzündete, sind kaum mehr als Erinnerungen geblieben. Dennoch haben sich Reste der alten Stämme eine indianische Identität bewahrt und ein Selbstbewußtsein, mit dem sie von Zeit zu Zeit irritierte US-Behörden zwingen, von ihnen Kenntnis zu nehmen.

Die Liebe Gottes floß mächtig durch uns

Unter den Messias-Gestalten ist Handsome Lake bemerkenswert für seinen gesunden Menschenverstand, für die Fähigkeit, seine Lehre unauffällig den praktischen Erfordernissen anzupassen, auch zu verändern, und für die Verbindung von religiösem Eifer mit politischer Kompromißbereitschaft. So gelang ihm ein dauerhafter Erfolg.

Und doch war er ein echter Visionär, der seinen Zuhörern das Erlebnis einer höheren Wirklichkeit vermitteln konnte. Einer der Quäker aus Philadelphia, die den Bericht von der ersten Vision mit anhörten, schrieb in sein Tagebuch: »Ich fühlte die Liebe Gottes mächtig durch uns fließen.« Die indianischen Zuhörer spürten die Kraft, für die sie ein Wort hatten: *Orenda*.

Zuerst sah Handsome Lake sich selber noch ganz in der Tradition der Irokesen, die viel Erfahrung mit Träumen und Visionen hatten, sah sich als Botschafter der vier Botschafter des Schöpfers. Allmählich aber überzeugten ihn seine Gesichte, daß seine Rolle größer und wichtiger war. Die Engel gaben ihm die Fähigkeit zu wahrsagen und zu weissagen, die Ursache von Krankheiten zu erkennen und über Vergehen seiner Stammesgenossen zu urteilen, insbesondere über Hexerei. Der Auftrag der Engel entsprach dem Auftrag des Volkes: Als ob alle nur auf eine solche Verkündigung gewartet hätten, kamen die Leute zu ihm, um ihn reden zu hören und ihn um Rat zu fragen. Entfernte Siedlungen schickten Abgesandte und baten ihn, sie zu besuchen. Eine Reihe von Männern und Frauen hatten ihrerseits Träume und Visionen, die den seinen ähnlich waren und sie bestätigten. All dies blieb aber noch im Rahmen einer erfolgreichen schamanistischen Karriere.

Im Jahre 1801, nicht viel länger als ein Jahr nach seinen ersten drei großen Visionen, übertrug der Große Rat der Irokesen ihm die Stellung eines moralischen und religiösen Diktators. Von da an wuchs er in die Rolle des Messias hinein, der sein Volk erlösen würde. In den anglo-amerikanischen Quellen wird Handsome Lake meist als »Prophet« bezeichnet, weil in christlichen Gesellschaften das Wort »Messias« gewöhnlich für Jesus von Nazareth reserviert ist. Doch wie dieser treten überall auf der Welt in Krisenzeiten Menschen auf, die im göttlichen Auftrag das Volk von fremder Unterdrückung befreien, von eigenen Sünden reinigen, in eine bessere Zukunft führen wollen – auf Erden oder im Jenseits. Und offensichtlich sah sich Handsome Lake nach einiger Zeit in dieser Rolle des Messias, was sich am deutlichsten in seinen Äußerungen über Jesus zeigt. Mehrmals sprach er auf seinen Himmelsreisen mit Jesus, der ihm seine Wunden zeigte und erklärte, die Weißen hätten ihn getötet und sie folgten seinen Lehren *nicht*. Schließlich bezeichnete sich Handsome Lake als »Jesus der Indianer«, der auch verfolgt und vielleicht getötet werden würde. Solchen Befürchtungen wirkte er jedoch durch die Verfolgung der Hexen energisch entgegen.

Der Schwerpunkt seiner messianischen Aufgabe lag, wie gesagt, neben der Bekämpfung des Alkoholismus und der Hexerei in der praktischen Umgestaltung der Lebensgewohnheiten seiner Gesellschaft. Assimilierung an die kleinbäuerlichen Arbeitsformen der weißen Siedler, die allmählich alles Land rund um die kleinen Reservationen der Irokesen besetzten, dabei aber Festhalten am *gemeinsamen* Landbesitz, an vielen der alten Feste, an den alten, von Handsome Lake neu interpretierten Glaubensvorstellungen, an einer eigenen, indianischen Identität.

Diese erfolgreiche Kombination war weder selbstverständlich noch unangefochten. Unter den Irokesen-Häuptlingen war einigen der Kurs nicht traditionell, den anderen nicht progressiv genug. Ungefähr zur gleichen Zeit wie Handsome Lake bei den Irokesen, stand auch weiter westlich und südlich bei den Shawnee ein Messias auf, der den Namen Tenskwatawa, das heißt »Offene Tür« annahm. Die Ähnlichkeiten mit Handsome Lake sind auffällig und die Unterschiede wesentlich.

Auch Tenskwatawa war bekannt als Trinker, bis er eines Tages wie tot umfiel. Familie und Freunde waren schon zu seinem Begräbnis versammelt, als er wieder erwachte und berichtete, daß zwei junge Männer ihn in das Geisterland geführt hatten, wo der Herr des Lebens ihm eine Botschaft mitteilte: kein Alkohol, kein Verkehr mit den Weißen, keine ihrer Kleidungsstücke, Werkzeuge und so weiter, aber auch keine schamanistischen Praktiken mehr. Die Botschaft nahm die radikal anti-weiße Haltung des sogenannten Delaware-Propheten auf, der vierzig Jahre zuvor einen Aufstand entfesselt hatte. Auch das Versprechen der Unverwundbarkeit durch die Gewehrkugeln der Weißen wurde erneuert und der endgültige Sieg in Aussicht gestellt, wenn sich die Stämme vereinigen würden. Dies organisierte der Bruder des Messias, Tecumseh, ein begabter militärischer und politischer Führer. Er brachte eine ausgedehnte Allianz zusammen, aber Tenskwatawa war seiner übermenschlichen Kräfte so sicher, daß er die amerikanischen Truppen vorzeitig angriff. Die Indianer wurden geschlagen, und der falsche Messias verlor seine Gefolgschaft. Sein Bruder Tecumseh kämpfte zwar weiter, konnte aber nichts mehr retten.

Trotz dieser und ähnlicher schlechter Erfahrungen setzte sich die Reihe der Versuche fort, das Leben der Stämme wieder herzustellen und die Weißen mit Hilfe von göttlichen Weisungen zu vertreiben. Der letzte Versuch dieser Art war der »Geistertanz« von 1890, der auf die Prophezeiung des Paiute-Indianers Wowoka zurückging, der Tanz werde die Geister der Ahnen zurückbringen. Wowoka predigte Frieden, aber bis seine Botschaft zu den Sioux kam, die in einer besonders verzweifelten Lage waren, lautete sie: Krieg. Das Ende war das Massaker von Wounded Knee. Auch die Geistertanz-Hemden, die jeder

Mann mit Symbolen aus seinen Träumen bemalte und die ihn unverwundbar machen sollten, waren eine Enttäuschung. Handsome Lake hatte recht gehabt, als er Frieden mit den Weißen empfahl und eine Anpassung im äußeren Lebensstil, aber auch das hatte nur einen geringen Teil der Stämme vor der Vertreibung retten können.

Gehört der schließliche Mißerfolg zur Gestalt des Messias? Ja, wenn man Erfolg oder Mißerfolg an seinen eigenen Ansprüchen mißt. Nein, wenn man bescheidenere Maßstäbe anlegt oder ganz andere.

Messianische Bewegungen sind Versuche, eine vor allem kulturelle, meist aber zugleich auch soziale, politische und ökonomische Krise durch die Mobilisierung aller Kräfte eines Stammes oder Volkes zu überwinden. Die Mobilisierung bedeutet einen allgemeinen oder fast allgemeinen Enthusiasmus, der zeitweilig alle rationalen Bedenken und Ängste hinwegschwemmt, das zwar subjektive, aber von allen empfundene Gefühl grenzenloser Kraft, überirdischer Unterstützung, der Glaube an die vollkommene Gerechtigkeit der eigenen Sache. Ob es »die Liebe Gottes« ist, die alle durchströmt, oder Orenda, die göttliche Kraft, oder welchen Namen immer man dem *Bewußtsein* von außergewöhnlichen Fähigkeiten in sich und anderen geben will – die kollektive Begeisterung trägt eine Zeitlang über die größten Hindernisse hinweg. Selbst die Gegner sind oft zunächst so beeindruckt, daß sie die Kraft der Bewegung weit überschätzen. Gegen eine Handvoll halbverhungerter tanzender Indianer zog die amerikanische Regierung große Truppenkontingente zusammen.

Die kollektive Ekstase kann der Natur der Dinge nach nicht lange aufrechterhalten bleiben. Der Messias, der allzu viel versprochen hat – zum Beispiel Unverwundbarkeit gegen Gewehrkugeln –, verliert seinen Einfluß schneller als der, der sich nicht auf einen Zeitpunkt festlegt, nicht die eigenen Häuser und Felder verläßt oder die eigenen Waffen wegwirft. Aber auch der praktisch-realistische Messias, der – wie Handsome Lake – nur begrenzte Ziele vorgibt, wird eines Tages von seinem Höhenflug heruntergeholt. Die Alltagsgeschäfte verlangen voraussehbare Routineentscheidungen. Noch zu seinen Lebzeiten machten sich die Gegner von Handsome Lake darüber lustig, wie leicht und oft er die Hilfe der vier Engel einholte, wenn irgend etwas nicht nach seinem Kopfe ging. Auch Visionen nutzen sich ab. Die spontanen Aktionen verhärten sich zu institutionalisierten Bräuchen. Aus der religiösen Bewegung wird eine Kirche.

Dies nun kann man auch als Erfolg bezeichnen. Aber bei allen, die einmal die kollektive Bewegung erlebt haben, bleibt die Sehnsucht danach zurück. Neben dem Versprechen der Erlösung aus unerträglicher Lage ist die größte Attraktion messianischer Bewegungen wohl das für einige Zeit entstehende Gefühl einer Verbundenheit unter den Menschen, einer direkten Kommunikation, wie sie im gewöhnlichen Dasein mit seinen tausend mitmenschlichen Irritationen nicht zu erleben ist. *Einmal* sprechen und fühlen alle im gleichen Sinne.

Die Aufgabe des Messias

Bei seiner Geburt erscheinen Zeichen am Himmel. Die Astrologen, die Weisen, das einfache Volk, die Tiere erkennen das Besondere. Er hat keinen menschlichen Vater, oder seine Geburt gleicht nicht der gewöhnlicher Menschen. Von Kind an ist er anders als andere, ist weise, hat Gesichte, hört überirdische Stimmen. Vielleicht hat er auch ein schweres Leiden, das ihn auszeichnet, weil er es überwindet. Wenn die Zeit gekommen ist, tritt er hervor und bestätigt, was die Menschen in seiner Nähe schon wußten: Er ist der Messias, der Gesalbte, der von Gott oder den göttlichen Mächten gesandte Retter seines Volkes.

So war der Begründer des Irokesen-Bundes, Deganawida. So war in unserer Zeit (er starb 1950) der Sioux Black Elk. So waren viele Männer (und keine Frauen), die heute rund um die Erde noch verehrt oder wenigstens erinnert werden, die für einige Zeit Erfolgreichen, die einmal ihre Visionen anderen Menschen vermitteln und eine Bewegung entzünden konnten.

Dann aber gab es auch die Wiedergeborenen. Ihre Anfänge waren unauffällig und sie verhielten sich zunächst, wie niedrig oder hoch geborene junge Leute in ihren Gesellschaften das gewöhnlich taten, nur daß sie die üblichen Laster übertrieben: Trunksucht, Hurerei, Trägheit, Überheblichkeit, Streitsucht ... Dann geschah etwas, das ihr Leben veränderte: die Erfahrung von Todesnähe, ein unheilbares Leiden, eine Vision wie ein Blitzschlag, ein stunden- oder tagelanger Trancezustand, wo »alle dachten, er wäre tot«. Und danach: das Bewußtsein einer Mission.

So ging es Hiawatha, dem Jünger von Deganawida, dem Irokesen

Handsome Lake, dem Shawnee Tenskwatawa (Offene Tür) und einigen der stärksten Gestalten des Christentums.

Es gibt fast immer einen klar erkennbaren Zeitpunkt, an dem der Messias mit seiner Botschaft an die Öffentlichkeit tritt – oder ein solcher Zeitpunkt wird im Rückblick erkennbar. Dieser Moment und eine kurze Zeit danach sind entscheidend dafür, ob er anerkannt oder als Verrückter abgetan wird. Die Entscheidung ist eine Frage der Kommunikation: Wer sich berufen glaubt, muß sich legitimieren, indem er andere von seiner Berufung überzeugt. Es gibt weder zu Anfang seiner Laufbahn noch später eine andere Legitimation als den Glauben, den Menschen ihm und seiner Botschaft entgegenbringen. Dieser Glaube erst schafft eine neue Wirklichkeit, macht ihn zum Messias.

Wie kann er andere davon überzeugen, daß *er* Dinge gesehen und gehört hat, die *sie* nicht sehen und hören können, und daß diese Dinge keine Halluzinationen sind, sondern *die Wahrheit*? Er selber besitzt die unbezweifelbare Gewißheit, die aus ekstatischen Bewußtseinsveränderungen entspringt, aber gerade die läßt sich mit Worten nicht vermitteln. Teresa von Avila weist als Beweis für die Wahrheit ihrer Visionen darauf hin, daß jeder die Veränderungen an ihrer Person erkennen könne. Handsome Lake und andere Wiedergeborene demonstrieren die Macht ihrer Erfahrungen durch das neue Leben, das sie nun führen. Das ist sicherlich eindrucksvoll für Leute, die selber einmal versucht haben, das Trinken aufzugeben oder ihre Gedanken allein auf Gott zu lenken. Aber reicht es zur Legitimation?

Meistens erhält der Auserwählte zugleich mit der Botschaft oder bald danach auch die Gabe der Prophetie, des Weissagens, die Fähigkeit, böse Geister, Teufel und Hexen zu erkennen und zu exorzieren, und die Kunst der Diagnose und Heilung von Krankheiten. Er tut *Wunder*, macht Blinde sehend und Lahme gehend und Besessene frei, sagt Erdbeben und Sonnenfinsternis voraus und bringt Regen. Aber, so sagt er, dies sind unwichtige Manifestationen der Kraft, die durch ihn wirkt, sie sind nicht das Wesen der Botschaft. Er weiß besser als seine Anhänger und die Neugierigen, die zu ihm kommen, daß die Wunderkraft nicht zuverlässig ist und daß sie von dem unerschütterlichen Vertrauen der Menschen in ihn abhängt. Manchmal allerdings, nach einer längeren, erfolgreichen Laufbahn, vergißt er das und übernimmt sich. So wie Tenskwatawa und Dutzende von kriegerischen

Messias-Gestalten vor und nach ihm, die *Unverwundbarkeit* versprachen.

Der spätere amerikanische Präsident Theodore Roosevelt[2] beschrieb ein dramatisches Ereignis dieser Art: Ein Medizinmann der Krähen-Indianer in Montana zeichnete sich durch seine Standfestigkeit bei den Torturen des Sonnentanzes so aus, daß ihm ein geheiligter roter Säbel verliehen wurde. Von da an nannte er sich Swordbearer (Schwertträger), drohte, die Weißen zu vertreiben und behauptete, deren Kugeln könnten ihm nichts anhaben. So wurde 1887 eine Abteilung Soldaten ausgeschickt, um ihn gefangen zu nehmen. Vom Lager der Indianer kam ein Trupp den weißen Soldaten entgegen. Gleichzeitig erschien am klaren Himmel plötzlich eine Gewitterwolke. Ein einzelner Indianer im vollen Kriegsschmuck galoppierte auf die Amerikaner zu, umkreiste sie zweimal und kehrte zu seinen Leuten zurück. Die Wolke öffnete sich und ließ den Regen exakt auf die weiße Truppe niedergehen. Irritiert und mit naßem Pulver mußte sie sich zurückziehen. Swordbearer hatte sein Versprechen wahrgemacht, Regen zu bringen und »die Herzen der Weißen in Wasser zu verwandeln«. Die Soldaten kamen wieder. Und wieder umkreiste Swordbearer sie im Galopp. Aber, wie so oft, wurden einige junge Krieger ungeduldig und begannen zu schießen, worauf die Soldaten sofort zurückschossen. Und Swordbearer fiel, von Kugeln getroffen, tot vom Pferde. Der Glaube bewirkt Wunder, aber nicht unbegrenzt.

Das ist also die tödliche Gefahr für den Mann, der Wunder tut, daß er die eigene Kraft überschätzt. Doch wird er eben gerade dazu gedrängt durch die bleibende Herausforderung, sich zu legitimieren und die Grenzenlosigkeit des Vertrauens der einmal gewonnenen und überzeugten Anhänger. Das zentrale Faktum aller seiner Wunder ist, daß der Messias eine auseinanderbrechende und verwirrte kulturelle Gemeinschaft wiederbelebt. »Er gibt einem sozialen System seine Existenz zurück, indem er die Menschen davon überzeugt, daß sie es durch einen Akt des Glaubens neuschaffen können.«[3] Er vollbringt nicht nur Wunder, »er ist auch selber das Wunder«, das heißt die von Gott gesandte Rettung.

Das Volk braucht den Messias, und der Messias braucht das Volk. Zwischen ihnen muß Übereinstimmung bestehen, der Messias muß das ausdrücken, was das Volk fühlt, erwartet, erhofft. Das Beispiel von Handsome Lake zeigt auch, daß der erfolgreiche Messias nicht starr an einer ersten Botschaft festhalten muß, daß er zusammen mit seinem Volk auf neue Bedingungen, die vielleicht gerade erst durch sein Auftreten entstehen, reagieren muß. Doch ist er bei seiner Aufgabe nie allein. Er hat Jünger, weltliche Helfer, und er hat Gegner in seinem eigenen Stamm oder Volk – ganz abgesehen von eventuellen äußeren Feinden, gegen die sich seine Bewegung richtet oder die ihm mißtrauen. Im Umgang mit all diesen Kategorien von Mitmenschen zeigt sich seine Begabung oder Kraft.

Über die ersten Anhänger des Messias erfährt die Nachwelt nur etwas, wenn die Bewegung auf Dauer erfolgreich ist und sie in wichtige Positionen hineinwachsen oder selbst die Führung der Bewegung übernehmen, so wie Hiawatha für Deganawida, der nicht öffentlich sprechen konnte. Mehr weiß man dagegen meist über diejenigen Anhänger, die ein nicht nur religiöses Interesse an der neuen Botschaft haben, die hochgestellte oder geehrte Leute sind und mit ihrer Bekehrung dem Heilsbringer ein Prestige verleihen, das ihm der massenhafte Zulauf aus dem einfachen Volk nicht geben kann. Die Frage ist, wieviel und welche Art von Einfluß diese Leute nehmen. Sowohl der später »Friedensprophet« genannte Handsome Lake wie der als »Kriegsprophet« bezeichnete Tenskwatawa arbeiteten von Anfang an mit ihren Brüdern zusammen. Cornplanter hatte schon vor den ersten Visionen seines Bruders die drei Quäker als Lehrer in der Reservation aufgenommen und für Frieden mit den Weißen plädiert. Der Häuptling Tecumseh haßte schon lange vor der plötzlichen Erleuchtung seines trunksüchtigen Bruders alle Weißen und versuchte, die Stämme zum Widerstand zu vereinen. Beiden politischen Führern kamen also die Visionen ihrer Brüder sehr gelegen, und sie taten ihr Bestes, um die Botschaft zu verbreiten. Auch zeitgenössische Zyniker fanden, die brüderliche Kooperation sei weniger vom Schöpfer oder Herrn des Lebens inspiriert als von wohlbekannten machtpolitischen Bestrebungen. Damit sollte jedoch nicht die Echtheit der ursprünglichen Visionen angezweifelt werden, höchstens ihre Auslegung, denn visionärer Verkehr mit übermenschlichen Mächten war bei diesen Indianerstämmen durchaus nichts Ungewöhnliches.

Die Möglichkeit, daß der Visionär zum Werkzeug einiger seiner Jünger wird, besteht also. Ebenso auch die Möglichkeit, daß sich unter seinen Jüngern Parteien bilden, die um seine Gunst und Befürwortung streiten. Das drängt ihn dann dazu, die Entscheidungen immer wieder von den Überirdischen zu erbitten und das heißt praktisch, seine Visionen zu methodisieren, sie nach Bedarf abrufbar zu machen. Von Handsome Lake ist überliefert, daß er zwei Stunden lang unter ein Bärenfell kroch und den Geruch von Tabak einatmete, um dann mit einer neuen Botschaft der Engel die anstehenden Probleme zu lösen. Der Visionär bleibt von den Wirkungen, die von den durch ihn beeinflußten Menschen zu ihm zurückkommen, keinesfalls unberührt.

Nicht nur unter Indianern mit ihren notorisch heftigen Rivalitäten zwischen Kriegern, Rednern, Medizinmännern, Häuptlingen, auch in weniger auf Wettbewerb eingestellten Gesellschaften muß der erklärte Heilsbringer die Feindschaft einzelner Menschen und Gruppen provozieren. Und der Judas, der ihn an den äußeren Feind verrät, fehlt nirgends. Der Messias kann Widerstand und Feindschaft nur als Bosheit begreifen oder als das Werk böser Geister, Hexer und Teufel. Wer sonst könnte der Botschaft, die er direkt aus dem Himmel mitgebracht hat, *nicht* glauben?

Handsome Lake entfesselte eine Hexenjagd und Tenskwatawa verfolgte die alten Medizinmänner und Frauen. Beide brauchten nur die in ihren Stämmen übliche Definition des Bösen, Verdächtigen ein wenig zu ändern. Auch das realistische Gefühl, angefeindet zu werden, kann leicht in Paranoia ausarten, wie es bei diesen beiden geschah. Schließlich schufen sie sich neue Feinde durch die Verfolgung von Menschen, die selbst ihren Anhängern unschuldig erschienen. Durch Übertreibung zerstörten sie den Konsens.

Dies ist ein beständiges Dilemma des Messias: Einerseits ist er der Mensch, der mit Gott oder den Göttern spricht, ist ein Übermensch, andererseits darf er sich nicht zu weit von seinen Anhängern entfernen, darf sich nicht selber zu viel Übermenschlichkeit anmaßen. Die Beurteilung bleibt der Nachwelt überlassen, die den Anspruch nicht mehr an seiner leiblichen Gegenwart mit all ihren Anfälligkeiten überprüfen kann.

Zu dieser Art von Dilemma gehört auch, daß er von seinen Anhängern *viel* verlangen muß, aber nicht *zu viel.* Sie sollen ein neues Leben beginnen, dem Alkohol entsagen oder der Promiskuität, sie sollen ihre Gedanken auf die neue Botschaft konzentrieren und bestimmte Rituale befolgen, sich taufen lassen, ihre Sünden bekennen, tagelang zu Ehren der Ahnen oder eines Gottes tanzen und singen, täglich beten oder sich mehrmals reinigen, bestimmte Nahrungsmittel meiden und so weiter. Wenn sie all das sorgfältig tun, so werden sie persönlich und ihr Stamm oder Volk als Ganzes gerettet, wenn nicht, so werden schreckliche Strafen sie treffen – ebenfalls individuell und kollektiv. Die Rituale bilden den Kitt der neuen Gesellschaft.

Angst und Hoffnung zusammen bewirken viel. Im 17. Jahrhundert entstanden in Rußland viele religiöse Bewegungen mit dem Ziel der Befreiung der Menschen von den Versuchungen des Teufels. Die von Selivanov begründete Sekte der Skopci propagierte die Selbstkastration für die Männer und weitergehende Verstümmelungen der Geschlechtsteile für Männer und Frauen – so strömte das böse Blut aus, und sie wurden zu »weißen Tauben«. Mehrere andere Gruppen praktizierten Massenselbstmord, indem sie während des Gottesdienstes das Kirchengebäude abschlossen und anzündeten. Tausende sollen sich so zusammen verbrannt haben. Die meisten Menschen ziehen es allerdings vor, ein neues Leben noch auf dieser Erde zu beginnen und verlassen einen Erlöser, der zuvor extreme Selbstaufgabe verlangt – besonders wenn sie etwas Zeit zum Nachdenken haben. So ist vielleicht das größte Problem des Messias die *Zeit*.

Dadurch ganz besonders unterscheidet er sich von einem Schamanen: seine Situation ist dynamisch, und er muß dynamisch reagieren. Er steht in einer Krisenzeit, der er nur mit einer *neuen* Botschaft begegnen kann, nicht mit der bloßen Wiederholung traditioneller Weisheiten.

Nun gibt es viele Messias-Gestalten, deren Rezept für die Überwindung der Krise eine Rückkehr zu den alten Tugenden und Weisheiten ist. Doch artikulieren sie die Traditionen auf neue Art. Handsome Lake machte aus den mythischen Zwillingen der Seneca-Schöpfungsgeschichte, dem bösen und dem guten, einen Peiniger oder Teufel und einen Schöpfer, die nun, statt nur am Beginn der Welt, auch in der Gegenwart weiterwirkten. Bewußt oder unbewußt mischen auch die Traditionalisten neue Vorstellungen in ihre Botschaft. Sie können gar nicht anders. Ihre Anhänger verlangen das von ihnen, während in der relativ statischen Gesellschaft das Publikum vom Schamanen die gewohnte, rituelle Darstellung erwartet, die es Schritt für Schritt mitvollziehen kann im Vertrauen, daß alles *richtig* ist.

Der französische Philosoph Henri Bergson hat 1932 in »Die beiden Quellen der Moral und der Religion« die »statische« und die »dynamische« Religion analysiert. Der Schamane wie der Priester vertreten die statische Religion. Der Messias ist der Exponent einer dynamischen, sich entwickelnden, neuen Religion. Ist er eine andere Art Mensch?

Zum Teil. Es gibt sicherlich Menschen, die mehr als andere anpassungsfähig, wandlungsfähig, aufgeschlossen für Neues sind – unabhängig von der in ihrer Kultur vorherrschenden Stimmung. Das kann in ihrer persönlichen Biographie begründet sein oder vielleicht auch in einer geistigen Beweglichkeit, die man nur feststellen und nicht erklären kann. Jedenfalls gibt es immer Neuerer. Doch nur, wenn auch andere Menschen nach Neuerungen verlangen, finden sie Gefolgschaft. Nur wenn die Gesellschaft in einer Krise steckt und sich viele dessen *bewußt* sind, findet der Messias ein Betätigungsfeld. Erst im Laufe seiner Mission zeigt es sich, ob er auch die weiteren Fähigkeiten besitzt, um seine Vision in eine religiöse Bewegung umzusetzen und diese Bewegung zu einem Erfolg von kürzerer oder längerer Dauer zu führen.

Es wird immer wieder – von Psychiatern, Theologen, Ethnologen und Historikern – der Versuch gemacht, das »Pathologische« des Visionärs vom »geistig Gesunden oder Normalen« zu trennen, zum Beispiel bei Handsome Lake den überwundenen Alkoholismus und die Hexenfurcht seinen Einsichten in die tatsächliche Lage der Stämme und seinen Reformideen gegenüberzustellen. Solche Versuche sind sinnlos, da sie unsere – nicht einmal allgemein akzeptierten – Maßstäbe auf andere Zeiten und Kulturen anwenden, insbesondere auch übersehen, daß die Übertreibungen Folgen des Kommunikationsprozesses zwischen dem Visionär und seinem Publikum sind und nicht etwa isoliert in einem »kranken« Hirn entstehen.

Georges Devereux und, auf ihn gestützt, Weston La Barre haben versucht, die Wechselwirkungen zwischen der schamanistisch-messianistischen Persönlichkeit und ihrer Kultur – die von ihrem Volk oder ihrem Stamm vertreten wird – in ihre Theorien einzubeziehen. Beide gehen dabei von Sigmund Freuds Vorstellungen aus, wobei La Barre zu der Formulierung kommt, Persönlichkeit und Kultur seien »Abwehrmechanismen« gegenüber den beängstigenden Gewalten der unbewußten Wünsche und Triebe des Menschen. Der Unterschied zwischen einem erfolgreichen Schamanen oder Propheten und einem gewöhnlichen, sozusagen privaten Neurotiker, Hysteriker oder Geisteskranken ist nach Devereux nur der, daß der innere Konflikt bei dem Kultführer im unbewußten Teil seiner »ethnischen Persönlichkeit« liegt und nicht in dem individuellen Teil des Unbewußten wie beim gewöhnlichen Kranken. Das soll heißen, er ist aus konventionellen Gründen krank und auf eine konventionelle Art, die für viele andere Menschen charakteristisch ist. Er ist »*die* neurotische Persönlichkeit seiner Zeit«. Deshalb sind seine Symptome – die rituellen Handlungen und Prophezeiungen, die er als Abwehrmechanismen entwickelt hat – für seine Mitmenschen auch beruhigend. Was er tut und sagt, klingt den anderen vertraut, als ob es einen vergessenen Traum entschlüsselte. Er bietet Lösungen für Schwierigkeiten, die den unbewußten Wünschen der anderen Menschen entgegenkommen. »Er sagt uns, was wir hören möchten.«

In Kapitel V, bei der Betrachtung von Bewußtseinszuständen im allgemeinen habe ich mich in dem Abschnitt »Ist der Schamane ein Geisteskranker?« schon mit dieser Frage beschäftigt. Alle gesuchten oder spontanen Bewußtseinsveränderungen, religiöse Ekstasen oder religiöse Glaubensvorstellungen überhaupt als Symptome einer geistig-seelischen »Krankheit« anzusehen, führt zu der absurden Position, daß man den allergrößten Teil der Menschheit für verrückt erklärt. Auch wenn man oft das Gefühl haben mag, genauso wäre es, so ist diese Position doch deshalb absurd, weil sie uns zwingt, neue Begriffe und Erklärungen für diejenigen zu erfinden, die eben nicht normal verrückt sind, sondern mehr als normal oder extrem verrückt.

Devereux versucht dieser Schwierigkeit zu entgehen, indem er einen »ethnischen« und einen individuellen Teil der Persönlichkeit unterscheidet – eine rein theoretische Operation. Jede Persönlichkeit entsteht aus einem lebenslangen Prozeß der Wechselwirkungen zwischen einem einmaligen Organismus mit all seinen Möglichkeiten und Nicht-Möglichkeiten und der Kultur, in die er hineingeboren wurde. Und dieser Prozeß ist – wie zu zeigen versucht wurde – keineswegs abgeschlossen zu dem Zeitpunkt, in dem der Schamane seine Berufung erlebt oder der Prophet zu predigen beginnt. Der Kommunikationsprozeß zwischen dem Individuum und seiner Kultur (repräsentiert durch andere Menschen, heute aber vielleicht nur noch durch ein Fernsehgerät in der Einzimmerwohnung) ist niemals abgeschlossen bis zum Tode, außer bei denen, die nicht mehr kommunizieren wollen oder können, die sich aus der Gemeinschaft lösen oder aus ihr hinausgestoßen werden, die man zu Recht »krank« nennt, seelisch krank, geistig krank.

Die Devereux-La Barre-Hypothese führt übrigens noch zu einer anderen Schwierigkeit: Sie paßt auch unter den selbstgesetzten Bedingungen nicht auf den Propheten-Messias, der ja gerade ein Kulturinnovator ist und daher eine atypische Persönlichkeit haben muß und keine »konventionelle«. Er könnte kein Erlöser werden, wenn er nicht eine *neue* Botschaft zu verkünden hätte, soviel Altvertrautes auch darin enthalten ist und soviel dumpf Gewünschtes darin auch eine Antwort findet.

Welcher Visionär ein Prophet, welcher ein Irrer ist, das entscheidet die jeweilige kulturelle Gemeinschaft nach ihren traditionellen Maßstäben. Zu diesen Maßstäben gehört auch der Erfolg. Wie viele Anhänger kann er gewinnen? Wie viele Menschen kann er überzeugen? Und wie lange? Solange der Konsens zwischen ihm und dem überwiegenden Teil seines Stammes oder Volkes besteht, solange das Kommunikationssystem zwischen ihm und seinen Anhängern funktioniert, so lange ist er der Prophet, der Messias. Für die anderen außerhalb dieses Kommunikationssystems, für die Fremden oder Feinde, ist er das jedenfalls nicht – für sie ist er ein Irrer, ein Aufrührer, ein Schwindler, ein gerissener Politiker.

Bei der Beobachtung und Beurteilung durch Außenstehende bereiten die Begriffe und Symbole, in denen die Verkündigung ausgedrückt wird, Schwierigkeiten, und zwar schon dann, wenn die erfahrene Vision in für andere verständliche Worte übersetzt werden muß. Erwähnt wurde, daß die Mystik jüdisch-christlicher Tradition sich vielfach einer erotischen Symbolik bedient, aber die Mystik der altsibirischen und indianischen Völker Freund-Feind- und Verwandtschaftsbeziehungen verwendet, um das Verhältnis der menschlichen Seele zu den Übermenschlichen auszudrücken. Das *Böse* kann als Hexer und Hexen dargestellt werden, als unsichtbare Geister oder als die eigene menschliche Schwäche. »Der gute Hirte« bedeutet einem Eskimo nichts, einem ostafrikanischen Ackerbauern kann er als der Konkurrent um sein Land und als Feind erscheinen.

Peter L. Berger[4] beschreibt die Abhängigkeit des Messias von den Symbolen seiner erlernten Kultur, die nur in einer bestimmten Sprache ausgedrückt werden können, am Beispiel Mohammeds. »Sobald der Inhalt einer solchen (religiösen) Erfahrung in Sprache mitgeteilt wird, ist er in ein bestimmtes System von Symbolismus mit eigener Geschichte und gesellschaftlichem Ort eingeschlossen.« Aber, so betont Berger, die Botschaft des Messias ist von dem vorgefundenen

Symbolsystem nicht völlig determiniert. »Mohammed (war) ein Meister der Sprache, der die bestehende Sprache den Erfordernissen seiner Kommunikation maximal anpaßte, so daß der Koran aus sich heraus einen großen Einfluß auf die Entwicklung der arabischen Sprache gewann.« Und auf die Entwicklung des Denkens in allen islamischen Ländern bis heute, so muß man hinzufügen. Berger sagt: »Zwischen religiöser Erfahrung und dem Symbolapparat, mittels dessen sie kommuniziert wird, besteht ein dialektisches Verhältnis, das heißt, religiöse Erfahrung und symbolischer Apparat bestimmen einander wechselseitig.«

Weil das so ist, läßt sich, bei all den jetzt aufgezeigten Ähnlichkeiten zwischen den Messias-Gestalten in Vergangenheit und Gegenwart, im einzelnen Fall das Schicksal der Botschaft nicht voraussagen. Jede ist einmalig in Form und Entwicklung. Jede ist außerdem auf der überindividuellen Ebene in ein vielfältiges Beziehungsnetz eingebunden. Das soll nun anschaulich gemacht werden, indem ich den beiden Indianern, Handsome Lake und Tenskwatawa, dem »Friedenspropheten« und dem »Kriegspropheten«, Religionsgründer aus der Südsee zur Seite stelle.

Wenn die Ladung ausbleibt

Zwei Führer religiöser Bewegungen aus der melanesischen Inselwelt wurden bereits vorgestellt: in Kapitel II Yali von der Nordostküste Neuguineas und in Kapitel III Paliau von der Insel Manus. Beide begannen ihre Laufbahn nach dem Ende des Zweiten Weltkrieges. Yali wie auch Paliau waren im Vergleich mit den dargestellten indianischen Messias-Gestalten nüchterner, bescheidener in ihren Behauptungen über göttliche Inspirationen, vor allem auf praktische Verbesserungen für ihr Volk orientiert. Doch sahen auch sie das Verhältnis der Eingeborenen zu den fremden Eindringlingen – zuerst den Deutschen, nach dem Ersten Weltkrieg den Australiern, im Zweiten Weltkrieg den Japanern, dann den Amerikanern und wieder den Australiern – als ein *religiöses* Problem. In ihren Augen mußten sich die Selbstbehauptung der Eingeborenen, die Wiedergewinnung ihrer Menschenwürde, der Aufbau eines neuen, besseren Daseins notwendigerweise auf eine eigene Religion gründen.

Das ergab sich aus ihren Erfahrungen als Eingeborene, die es mit europäischen Kolonisatoren zu tun bekamen. Auf Neuguinea und den umliegenden Inseln gab es jedoch im Gegensatz zu Nordamerika keine weißen Siedler, sondern nur Plantagenbesitzer, die Eingeborene für sich arbeiten ließen, Händler, Verwaltungsbeamte und Missionare. Dies war die Grundlage für die besondere Form der Kulte in dieser Gegend, für die Erwartung von wunderbaren Ladungen (Englisch »cargo«), die per Schiff oder Flugzeug kommen würden, damit die Eingeborenen endlich auch all die Dinge in die Hände bekämen, die bisher nur die Weißen besaßen: Werkzeuge aus Stahl, Gewehre, Medikamente, Stoffe, viele gute Nahrungsmittel. Niemals sahen die Eingeborenen die Weißen solche Dinge herstellen, alle ihre Güter kamen auf Schiffen und wurden gegen Papierstückchen ausgetauscht – wo und wie sie gemacht wurden, das blieb der Phantasie überlassen. Und so suchten viele Eingeborenen die Quelle all dieser begehrenswerten Dinge dort, wo für sie die Quelle aller anderen Segnungen des Lebens lag – bei ihren Ahnen. In Wirklichkeit, so hieß es bald, waren es die eigenen Ahnen, die alle Güter herstellten und sie auf Schiffen losschickten. Doch die Weißen bemächtigten sich der Ladungen und enthielten sie den rechtmäßigen Besitzern vor. Man mußte bestimmte Bedingungen erfüllen, um die Ladung zu bekommen, um vielleicht auch gleichzeitig die Weißen zu vertreiben oder um selber weiß zu werden. An manchen Orten war es auch Jesus, der die Ladung liefern würde, oder es waren die Amerikaner. Mit der Zeit wurden alle technischen Neuerungen aufgenommen: statt Schiffladungen erwartete man Transportflugzeuge und schließlich Raketen, und viele hölzerne Türme wurden errichtet, die den Funkeinrichtungen der Weißen glichen, damit man die Ankündigungen der Ahnen empfangen könne.

Das Wort »cargo« war das Schlüsselwort für unzählige Kulte, die das Kommen der Ladung durch Rituale herbeizwingen wollten. Doch Auslöser war nicht eine epidemische Konsumwut. So sehr Stahläxte und Messer das Leben erleichterten, so wichtig war die Erwartung, mit Hilfe der Ladung die Unterlegenheit gegenüber den Weißen zu überwinden, Selbstachtung und Selbstbestimmung zurückzugewinnen und auf den Trümmern der schon zerstörten alten Lebensform eine bessere neue aufzurichten.

Derart ausgeprägt wie in der Südsee-Inselwelt mit den wenigen Weißen, verbreitete sich die Idee von der wunderbaren Ladung anderswo nicht. Die Irokesen zum Beispiel konnten zu Beginn der weißen Einwanderung militärische Siege erringen, und später konnten sie immerhin noch recht armselige Weiße beobachten, die mühsam den Erdboden bearbeiteten. Dazu besaßen die Irokesen ausgebildete soziale und politische Institutionen, während Paliau und Yali keine Brüder mit Häuptlingswürden und debattenerfahrene Ratsmitglieder zur Seite standen. Sie mußten ihre Bewegungen sowohl ideologisch wie politisch und ökonomisch selber führen, womit sie wiederum ganz in der melanesischen Tradition des »Big Man«, des »Allround Selfmademan« standen.

Paliau war wie viele junge Männer von der Insel Manus nach Neuguinea gegangen und hatte in der früheren Hauptstadt Rabaul als Polizist gedient. Unter der japanischen Besatzung wurde ihm Verantwortung übertragen. Dann sah er die amerikanische Armee: über eine Million Soldaten zogen durch den Stützpunkt auf Manus samt ungeheuren Mengen von Material und ihre Lebensweise war völlig anders als alles, was er bisher kannte.

Yali hatte im Krieg mit Auszeichnung als Hauptfeldwebel in der australischen Armee gedient, nachdem auch er als Polizist begonnen hatte. Seiner Rückkehr in die Heimat eilte der Ruf voraus, er habe in Australien die Geheimnisse der Weißen erlernt, besonders das Geheimnis, wie die »Ladungen« hergestellt werden. Auch die Weißen hielten viel von ihm und gaben ihm offizielle Ämter.

Beide Männer wollten also zunächst von den Weißen lernen und mit ihnen für die Entwicklung ihres Volkes zusammenarbeiten. Doch beide wurden – wie willig oder unwillig, ist schwer zu entscheiden – von ihren Anhängern und von anderen Eingeborenenführern dazu gedrängt, ihrer Bewegung eine ekstatisch-kultische Form zu geben.

Paliau war schon vor dem Krieg einer der jungen Männer gewesen, die mit dem traditionellen Brauch unzufrieden waren, daß sie eine Frau nur durch gewaltige Zahlungen an ihre Familie bekommen konnten und deshalb ihr halbes Leben in Schuldknechtschaft verbrachten. Auch hatte er versucht, die großen Feste einzuschränken, bei denen Prestige gewonnen und Nahrungsmittel verschwendet wurden. Er hatte versucht, eine kooperative Kreditgesellschaft zu gründen. Lauter ökonomisch-rationale Ideen. Während des Krieges hatte er eine Reihe von Träumen und auch Visionen, in denen Jesus zu ihm sprach. Er prophezeite große Veränderungen, was ja wohl nahelag. Die Manus waren in den dreißiger Jahren zum Katholizismus übergetreten, ohne ihre Sitten grundlegend zu ändern. Nun, nach Kriegsende, im Jahre 1946 erklärte ihnen Paliau, daß die Missionare ebenso wie die australischen Beamten, ihnen die wahre Botschaft Jesu an die Eingeborenen vorenthalten hatten. Gott hatte die Amerikaner gesandt, um ihnen die Botschaft zu bringen, aber auch das hatten die Australier verhindert. Das Mißtrauen gegenüber den Weißen fand offene Ohren.

Aber die neuen Vorschriften und Verbote, die Paliau für nötig hielt, um das Leben der Eingeborenen neu zu organisieren, wurden von seinen Landsleuten vielfach als Rituale mißverstanden, die auf magische Weise den erwünschten neuen Zustand herbeiführen würden, in dem die Eingeborenen den Weißen gleich sein und all die Dinge, die diese besaßen, auch besitzen würden. Paliau versprach keine Wunder und keine Ladung übernatürlicher Art, aber er konnte nicht verhindern, daß die Erwartungen hoch und höher gingen und seine Jünger ihn als Messias hinstellten. Auch hatten bald andere Leute in verschiedenen Dörfern Träume von der kommenden Ladung. Es reichte nicht, so sagten sie, einige alte Sitten aufzugeben – wie Paliau wollte –, sondern alles Alte mußte zerstört werden, die Kanus, das Kirchengebäude – in einem Dorf wurde sogar das gesammelte Geld der Bewegung weggeworfen. Man sah geheimnisvolle Lichter, Schiffe, Flugzeuge und andere wunderbare Erscheinungen, die das Kommen Jesu oder das der Ahnen ankündigten. So vermischten sich Vorstellungen aus früheren Cargo-Kulten mit Paliaus Bewegung, mit seiner Mahnung, allen Streit zu begraben und einander zu lieben.

Die ekstatische Phase war insgesamt kurz, aber bis zu vier Tage lang dauerten die Trancezustände mit Zittern und Schütteln und Krämpfen, die sich wie eine Epidemie von einem Befallenen zum anderen verbreiteten. Als die Ladung nicht kam, legte sich die Aufregung, schlug aber nicht wie gewöhnlich in eine bittere Depression um, sondern wurde von der Rückkehr zu der begonnenen, von Paliau organisierten Neugestaltung des Lebens abgelöst. Paliau *blieb* der Führer der Bewegung, was seine ganz besonderen Fähigkeiten beweist. Einer der Kultführer namens Wapi, der besonders für das Verbrennen der Amtshüte von Eingeborenen, die als Regierungsvertreter fungierten, verantwortlich war, wurde von seinen enttäuschten Gefolgsleuten getötet – wie das häufig nach dem Aufflackern und Verlöschen von Cargo-

Kulten vorkam. Andere grübelten, unbeachtet von der Öffentlichkeit, darüber nach, was sie oder ihre Anhänger falsch gemacht hatten.

Auch Yali wurde in die allgemeine Unruhe und Erwartung hineingezogen, die sich nach dem Krieg in Melanesien in ungezählten Cargo-Kulten ausdrückte. Sicher zunächst ohne sein Zutun, denn er war von der australischen Verwaltung besonders dazu ausgebildet worden, den Eingeborenen ein besseres Leben zu versprechen, »wenn sie hart arbeiten und mit der Verwaltung kooperieren« würden. Vor der Idee wunderbarer Ladungen war er eindringlich gewarnt worden. Doch glaubte er, man habe ihm versprochen, Neuguinea werde so, wie Australien werden, das hieß für ihn: die Australier würden die so sehr erwünschten Gebrauchsgüter bringen und an die Eingeborenen verteilen oder zumindest ihnen den Erwerb ermöglichen.

Für seine Landsleute in den Dörfern war Yali der Held, der das Geheimnis der Weißen erlernt hatte und die Ladung herbeischaffen würde – »praktisch ein Messias«, schreibt Wilson. So wurden auch die von ihm aufgestellten Regeln als Rituale befolgt, welche die Ankunft der Ladung beschleunigen würden. Zum Beispiel die Vorschrift, kommunale Latrinen zu graben und zu benutzen, wofür in einigen der neuen, größeren Dörfer ein täglicher Drill mit Pfeifensignalen eingerichtet wurde.

Ebenso wie Paliau konnte Yali viele der lokalen Führer bald nicht mehr kontrollieren. Sie begannen, ihre eigenen Träume und Prophezeiungen zu verkünden und ihre eigenen Regeln aufzustellen. In einem Dorf gehörten dazu völlig ungebundene Geschlechtsbeziehungen – nicht als Vergnügen, sondern als Pflicht! Vielleicht als Folge der propagierten Gleichstellung der Frauen trat auch eine junge Prophetin namens Polelesi auf. Sie sagte eine Art Sintflut voraus und zog mit ihren Anhängern an einen sicheren Ort, wo ihnen allerdings bald die Nahrung ausging, weil die auch versprochene Ladung nicht eintraf.

Schließlich wurde (wie schon in Kapitel II geschildert) Yali in die neue Hauptstadt Port Moresby geholt und dort von der Verwaltung weiter geschult. Zu Hause, an der Nordküste, war man sicher, er würde mit der Ladung aus der fernen Stadt im Süden zurückkommen. Yali aber erlebte seine Bekehrung zum alten Glauben seiner Väter, als ihm ein eingeborener Lehrer in einem Buch zeigte, daß die Weißen selber die Geschichten nicht glaubten, welche die Missionare erzählten, sondern wußten, daß die Menschen von Tieren abstammten – so wie es die Eingeborenen immer gewußt hatten. Das erklärte auch viele Merkwürdigkeiten bei den Weißen, zum Beispiel ihre Gewohnheit, nutzlose Haustiere zu halten. Später hörte Yali noch von einem anderen Eingeborenen, daß die katholischen Missionare die heiligen Masken, welche die alten Götter darstellten, gesammelt und nach Rom gebracht hatten. Yali war nun völlig von der Hinterhältigkeit und Falschheit aller Weißen überzeugt und versuchte, die alte Religion mit allen Ritualen wiederzubeleben. Die Weißen mußten vertrieben werden. (Abb. 30, 34)

Diese beiden hervorragend begabten Männer wurden also – Yali etwas mehr, Paliau etwas weniger – von einem religiös-revolutionären Sog erfaßt, den sie selber mit ausgelöst hatten. Es war eine Zeit enormer Umwälzungen auf den Inseln Melanesiens, wo alles möglich schien und nichts unglaublich.

Da eine Reihe von geschulten Ethnologen[5] Fall-Untersuchungen und vergleichende Studien veröffentlicht haben, sind wir über Cargo-Kulte und was damit zusammenhängt besonders gut informiert. Hier wurde eines hervorgehoben: Der Messias wird wie der Prophet geformt von der Interaktion mit seinen tatsächlichen Jüngern und potentiellen Anhängern. Er muß nicht einmal eine überwältigende Vision oder dramatische Erweckung erleben, wenn das nicht den kulturellen Erwartungen entspricht, aber er braucht das Vertrauen seiner Umgebung. Fast immer bringt ihm gerade dies die Feindschaft der Machthaber ein, besonders wenn sie Kolonisatoren in einem fremden Land sind.

Die Geschichten über Paliau, Yali und ihre Bewegungen, die unter den Weißen zirkulierten, waren kaum weniger phantastisch als die, welche sich die Eingeborenen erzählten – auch das ist dokumentiert. Yali und Paliau wurden jeder unter absurden Beschuldigungen mehrmals verhaftet, zur Umerziehung weggebracht und schließlich wieder heimgeschickt, weil Unruhe entstand. An diesem Punkt endet die Parallelität der Geschichten dieser beiden Männer: 1950 wurde Yali verhaftet und beschuldigt, Geld erpreßt zu haben und Eingeborene ihrer Freiheit zu berauben. Er wurde zu sechseinhalb Jahren Gefängnis verurteilt und fünf Jahre festgehalten. Seine Bewegung war ohne ihn zerfallen.

Auch Paliau wurde wegen Unterdrückung der Eingeborenen, Einziehung illegaler Steuern, Amtsanmaßung und dergleichen angeklagt.

Doch während seiner nur kurzen Haftzeiten lernte er einige nützliche Dinge – zum Beispiel, wie man einen Dorfrat führt und eine Kooperative einrichtet –, und er ging ohne Haß auf die Weißen heim. Dort hatte er ein paar Helfer, die seine Bewegung ganz in seinem Sinne weiterführen konnten. Wahrscheinlich half es ihm, daß 1950 eine UN-Mission, die das von Australien nur treuhänderisch verwaltete Territorium besuchte, einen sehr guten Eindruck von den Dörfern gewann, die seiner Bewegung angehörten. In den späten fünfziger Jahren war seine Bewegung fast die einzige erfolgreiche, unabhängige, politische Organisation von Eingeborenen in Melanesien. Paliau hatte vor allem eines hervorragend gelernt: den Weißen ihre eigenen Ideale von Brüderlichkeit und Fortschritt vorzuhalten und ihre Verwirklichung zu verlangen.

Seit 1973 ist Papua-Neuguinea ein selbständiger Staat. Eines Tages werden Papua-Historiker die Geschichte der Cargo-Kulte schreiben und Führer wie Yali und Paliau neu bewerten.

Kopf-er-dreht-sich

Die aufgezählten Ähnlichkeiten zwischen Yali und Paliau sind nicht zufällig, und man könnte noch weitere ähnliche Gestalten beschreiben wie auch solche, die weniger praktisch-vernünftig waren. Zum Beispiel Evara, der erste, der 1919 von dem berühmt gewordenen »Vailala-Wahnsinn« befallen wurde. Der Zustand, auf Pidgin-Englisch »Head-he-go-round« genannt, manifestierte sich in spektakulären zwanghaften Bewegungen, die offenbar so ansteckend waren wie die Pocken.

Die Zahl der irgendwie aktenkundig gewordenen Cargo-Kulte in den Jahren nach dem Zweiten Weltkrieg geht in die Dutzende, und viele entstanden und zerfielen wieder, von den Weißen unbemerkt, in abgelegenen Gegenden, während andere sorgfältig verborgen wurden. Doch die Idee der wunderbaren Ladung, die mit den Kriegsereignissen 1940 bis 1945 so gewaltigen Auftrieb erhielt, tauchte schon in den frühen Berichten aus Neuguinea und den umliegenden Inseln auf, als Deutsche, Holländer, Engländer, Franzosen und Australier von etwa 1880 an dieses Gebiet unter sich aufteilten.

Berichtet wurde auch mehrfach von enthusiastischen Begrüßungen für die ersten Weißen, die mit ihren Schiffen landeten oder ins Innere des Landes vorstießen. Man glaubte in ihnen die wiedergekehrten Ahnen zu erkennen, die ihren Nachkommen helfen wollten. Viele Erwartungen richteten sich darauf, daß eines Tages die mythischen Begründer der Stämme und ihrer besonderen Kulturen, die Gesetzgeber und Stifter von Sitten und Glauben zurückkehren würden. Und da kamen diese fremdartigen Menschen von nirgendwo, ausgerüstet mit fabelhaften Dingen und Kenntnissen und noch dazu von einer weißlich-blassen Hautfarbe, welche die Eingeborenen an das Aussehen ihrer eigenen Toten erinnerte – sie wurden nämlich mit einer grauweißen Lehmschicht verkleidet.

Auch die Erwartung, daß der »Kulturheld«, der einzelne oder die Ahnen, die einmal der Gemeinschaft ihre Besonderheit, nämlich ihre Kultur, gegeben haben, in einer Stunde der Not zurückkehren werden, um das Wunder zu erneuern, taucht überall auf der Welt immer wieder auf. Der dramatischste und folgenreichste Fall war wohl die Erwartung der Azteken, die Cortes und seine spanischen Abenteurer mit allen Ehren empfingen und den Irrtum mit ihrem eigenen Untergang bezahlten. Ähnliche Erwartungen herrschten aber auch bei anderen Indianerstämmen. Sie bezeugen, daß sich die Menschen der Gefährdung ihrer kulturellen Ordnungen bewußt sind und die Notwendigkeit übermenschlicher Hilfe annehmen.

Wird sich das ändern? Im gebirgigen Innern von Neuguinea richten auch heute noch von Zeit zu Zeit die Leute einen Landeplatz für das Flugzeug her, das ihnen die Ladung bringen soll, bauen »Radiotürme« auf, um mit den Ahnen zu sprechen, und erstellen Vorratshäuser für die erwarteten Güter. Die Idee ist flexibel: Ein Ethnologe fand bereits ein Dorf, in dem man sich auf die Ankunft eines »fliegenden Hauses«, einer Rakete, eingestellt hatte. Andere Leute erwarten das Heil nicht *aus dem*, sondern *im* Weltall.

Yali und Paliau standen nicht nur in einer schon lange überlieferten Tradition, sie bildeten auch Vorbilder für viele Nachfolger. Peter Worsley meint deshalb, daß die Kultführer in Melanesien relativ wenig Bedeutung besitzen. Er weist auf viele Cargo-Kulte hin, die keinen überragenden Führer, sondern eine Art kollektiver Leitung hatten oder auf die Träume und Verkündigungen von Leuten ohne viel Autorität zurückgingen. (Worsley spricht deshalb nicht von »messianischen«, sondern von »millenaristischen« oder »chiliastischen« Kulten, ein Begriff, der sich auf das bevorstehende »Tausendjährige Reich«, das mit der Wiederkehr Christi beginnen sollte, bezieht. Der Begriff wird heute auf alle Kulte angewandt, die das Heil, die Endzeit, den Weltuntergang und eine darauf folgende Neue Zeit in den Mittelpunkt ihrer Botschaft stellen.) In Melanesien waren allerdings diejenigen Bewegungen, die ekstatische Erwartung eines Wunders mit der aktiven Erneuerung des ethischen, sozialen und wirtschaftlichen Lebens verbanden, auf einfallsreiche, erfahrene und angesehene Führer angewiesen, eben auf Leute, die auch die Rolle eines Messias übernehmen konnten.

Da stellt sich nun wieder die Frage nach der Vernunft oder Unvernunft unterschiedlicher Bewegungen und Kulte sowie die weitere Frage nach der Funktion oder Bedeutung, die sie in bestimmten Situationen haben könnten.

Die hier vorgestellten Beispiele stammen aus nur zwei Regionen – Nordamerika zur Zeit der Gründung und ersten Expansion der Vereinigten Staaten und Melanesien nach dem Zweiten Weltkrieg –, und sie betreffen Fälle, in denen wir relativ gut über die jeweiligen Führer informiert sind. Doch messianistische und millenaristische Bewegungen hat es zuzeiten in allen Teilen der Welt gegeben, von denen wir überhaupt etwas wissen, und man muß sie als einen Versuch der Krisenbewältigung betrachten, zu der alle Kulturen auf ihre spezifische Weise Zuflucht nehmen, wenn die gewohnten, erprobten, rationalen Mittel sich als offensichtlich ungenügend erweisen. So verlagert sich das Phänomen auch von einem Krisenherd zum anderen.

Vor und nach Jesu Geburt standen im römisch besetzten Palästina zahlreiche Männer auf, die in der Tradition der biblischen Propheten predigten oder sich selber als den erwarteten Messias ausgaben. Der letzte war Bar-Kochba (Sohn des Sterns), der von 132 bis 135 als »König« von Jerusalem herrschte, eine Armee von 400000 Mann oder mehr zusammenbrachte und von seinen Anhängern zum Messias erklärt wurde. Bis die Römer das, was sie als einen rein politischen Aufstand ansahen, niederschlugen, Hunderttausende töteten, in die Sklaverei verkauften und vertrieben.

In Europa gab es im Mittelalter (12. Jahrhundert) und wieder in der Reformationszeit (15. Jahrhundert) zahlreiche kleine und große Bewegungen, die eine totale Erneuerung des Glaubens und der Welt, das *Millennium*, anstrebten und von visionären Propheten geführt wurden. Die Kirche nannte die Vertreter solcher Ideen »Häretiker« und tat ihr Äußerstes, um sie auszurotten. Diese Bewegungen und ihre Führer sind anders als die vergleichbaren Phänomene in anderen Kulturen: Das Christentum beansprucht (wie später der Islam) eine einmalige Offenbarung, welche die alleinige und volle Wahrheit vermittelt, und verbietet seit früher Zeit alle weiteren Offenbarungen. Der Mensch, der dennoch glaubt, eine direkte Offenbarung von Gott empfangen zu haben, befindet sich somit der etablierten Kirche gegenüber in der Position eines Außenseiters – ein Problem, das Handsome Lake oder Paliau nicht hatten.

Sie verkörperten vielmehr die Art von religiösen Bewegungen die man »nativistisch« nennt, weil sie auf dem Widerstand einer eingeborenen Bevölkerung gegen die kulturelle Vergewaltigung durch Fremde basiert. Dabei ist oft schwer zwischen religiös-kulturellem und ökonomisch-politisch-nationalem Widerstand zu unterscheiden, wie schon bei den exemplarischen Aufständen der Juden gegen die Römer. (In Melanesien könnte man von »beginnendem Nationalismus« sprechen.) Manche Autoren sind der Ansicht, daß »millenaristisch« und »nativistisch« überhaupt Synonyme seien, daß solche Bewegungen also immer den Versuch einer Wiederbelebung älterer Glaubensvorstellungen darstellten, während andere den synkretistischen Charakter der meisten Botschaften betonen, die Verschmelzung von Elementen alten Glaubens und überkommener Rituale mit neuen Vorstellungen und Formen, die von außen übernommen sind. Wilson[6] diskutiert die Frage, ob millenaristische und messianistische Kulte stets erst nach einer, wenn auch indirekten Berührung mit jüdisch-christlichem oder islamischem Gedankengut entstehen. Die Frage ist deshalb so schwer zu entscheiden, weil alle Berichte von Stammesgesellschaften nach der Begegnung mit weißen Entdeckern und Eroberern geschrieben wurden und auch die Interpretation chinesischer und indischer Geschichte Schwierigkeiten macht. Die Autoren, die in den letzten Jahren über solche Kulte im allgemeinen oder in bestimmten Regionen gearbeitet haben, sind sich nur in einem Punkt einig: Es handelt sich um ein wichtiges Phänomen, dessen Erforschung uns auch helfen kann, Vorgänge in unserer Zeit und unseren eigenen Gesellschaften zu verstehen.

Sind diese Kulte und Bewegungen sozusagen unvermeidlich, sind sie *die* Antwort auf bestimmte Situationen? Aus Afrika häufen sich die

Berichte, wobei für die nächsten Jahre oder Jahrzehnte vor allem für Südafrika religiös-soziale Unruhen vorausgesagt werden. Aber auch in den jetzt unabhängigen schwarzafrikanischen Staaten müssen die Einflüsse der christlichen Missionen und die des Islam auf die Stammesreligionen noch verarbeitet werden, während zugleich politische Ideologien importiert werden. Man kann sich da eine Reihe von offenen Märkten vorstellen, in denen Ideen angeboten und Zukunftsvisionen verkündet werden. Die einen werden gekauft, angenommen, zurechtgemacht, verwendet oder wieder verworfen. Die anderen bleiben liegen, finden vielleicht später Interessenten. Was mit den einzelnen Ideen geschieht, sagt nichts über ihren objektiven oder absoluten Wert aus, nur über ihre Brauchbarkeit zu einer bestimmten Zeit in einem bestimmten Kontext. Nicht nur einzelne Menschen, auch der Markt als Kollektiv kann sich irren und Ideen in Mode bringen, die eine schwierige Lage nur verschlimmern, die das Stimmengewirr vergrößern, statt es zu reduzieren.

Hilfreich scheinen zur Zeit in Afrika Kulte zu sein, die den Individuen und Familien eine Art Ersatzstamm bieten für die alte zerbrochene oder in Auflösung befindliche Stammesgemeinschaft. Verstädterung, Lohnarbeit der jungen Männer fern von den heimatlichen Dörfern, Flucht vor Dürre oder Krieg – die Zahl der Menschen nimmt ständig zu, die ohne feste Bindung an Sitte und Tradition und ohne bestimmtes Ziel leben. Solchen Menschen geben die neuen Kulte eine emotionale und geistige Heimat und versprechen ihnen Heilung von Krankheit, Schutz vor Hexen und bösem Zauber, Anleitung, ein gutes und erfolgreiches Leben zu führen. Es gibt Kulte, die sehr stark vom Christentum beeinflußt sind, andere, bei denen dieser Einfluß mehr äußerlich ist, und noch andere, die eine Wiederbelebung von Stammesreligionen anstreben. Doch die meisten pflegen eine Art von Gottesdienst, die Manifestationen ekstatischer Frömmigkeit fördert: Reden in Zungen, Prophezeiungen, Trancezustände. Diese unmittelbaren Erfahrungen der verkündeten Glaubensinhalte ersetzen die lebenslange Einführung, die das Kind in einer stabilen Stammesgemeinschaft erlebt.

»Kopf-er-dreht-sich« war die Bezeichnung in Pidgin-Englisch für einen der frühen melanesischen Kulte, der als »Vailala-Wahnsinn« in die Fachliteratur einging. (Vailala war einer der vielen befallenen Orte.) Die ersten Ausbrüche von Zittern, Schütteln, Verrenkungen und

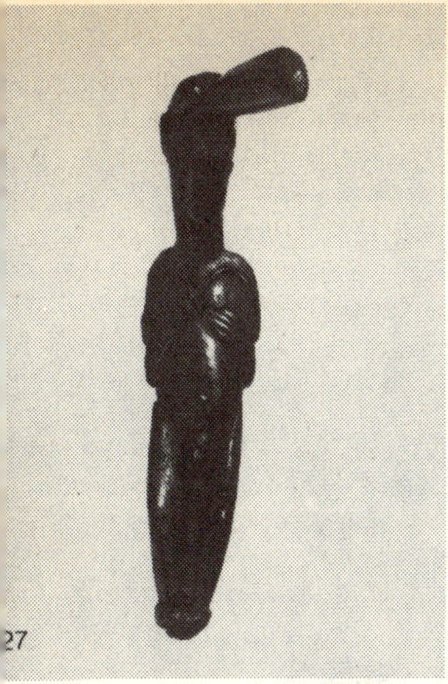

27 Von den Osterinseln mit ihren vielen geheimnisvollen Steinskulpturen stammt diese Holzfigur eines Mannes mit Vogelmaske. **28** Noch ein vertrauter Anblick – Schamane mit Hirschgeweih und Eulenaugen, doch der Mais kennzeichnet ihn als Indianer. (Irrgarten-Canyon, Utah, USA, Datum unbekannt.) **29** Der eiszeitliche Musikant mit Bisonkopf treibt eine Herde von Vierbeinern vor sich her. (Trois Frères.)

25, 26 Europäische Schamanen-Darstellungen: Anscheinend hilft der typische »fliegende« Vogel-Schamane bei der Entenjagd. Illustration einer Beschreibung der ersten englischen Kolonie in Amerika, Virginia, und ihrer indianischen Ureinwohner. Erschienen 1585–90. »Ein Schamane oder Teufelspriester im Tungusen-Land« wurde 1705 in Amsterdam veröffentlicht. Ohren- und Geweihschmuck vgl. 2.

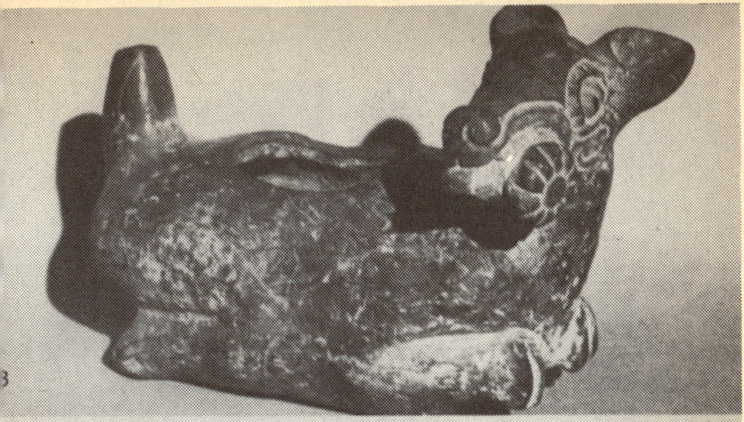

23 Tonpfeife zum Schnupfen in Form eines Rehs, das den halluzinogenen Peyote-Kaktus im Maul hält. Gefunden in Monte Alban, Mexiko (von ca. 300 bis 100 v. Chr.). Reh und Peyote bilden bei den Huichol noch heute eine mythische Einheit.
24 Rote Tonfigur eines Coca-Kauers aus Ekuador. Zufrieden kaut er seinen Priem aus frischen Cocablättern und Pflanzenasche, wie Anden-Bewohner seit Jahrtausenden.

30 Wenn die Männer, durch solche Imponiermasken verwandelt, mit Lärm- und Blasinstrumenten aus dem Männerhaus hervorbrechen, dann müssen Frauen und Kinder Furcht zeigen, sonst geht es ihnen schlecht, denn das sind Geister, nicht maskierte Männer! (Neuirland, eine melanesische Inselgruppe nordöstlich von Neuguinea.)

31

32

31 Heute werden die Masken und »Totempfähle« der Indianerstämme von der Nordwestküste Amerikas gesammelt als künstlerischer Ausdruck individualistischer, wettkampforientierter Kulturen, die Ruth Benedict »dionysisch« nannte. Dies »See-Ungeheuer« der Kwakiutl stammt von Vancouver Island, Kanada. **32** Vom Festland kommt der »Seelenfänger« eines heilkundigen Schamanen (Knochen mit Perlmutt).

33 Königsfiguren der Bangwa (Kamerun), zu Lebzeiten des Herrschers geschnitzt und als Kraftträger für die Nachkommen aufgestellt, halten die Statussymbole: Tabakspfeife und (hier abgebrochen) Trinkhorn. **34** Noch ein mythisches Ungeheuer aus der melanesischen Inselwelt (Neuguinea). **35** Hilfsgeist eines Eskimoschamanen (Alaska) in Walroßelfenbein dargestellt, 24 cm hoch, die Form erinnert an Eiszeitfunde.

36 Zwischen 1200 und 1350 diente ein großes Gelände bei Spiro, Oklahoma (Südosten der USA), als Begräbnis- und Gedenkstätte. Unter den vielen Zeugnissen der untergegangenen »Mississippi-Kultur« fand sich diese hölzerne Maske mit Perlmutteinlagen. Sie war wohl Kultgegenstand und Denkmal zugleich. Vielleicht erinnert sie an einen Schamanen: das Geweih! Erkennbar ist die Verwandtschaft zur aztekischen Maske 10.

Tänzen verbunden mit Visionen und Prophezeiungen, wurden 1919 von weißen Beobachtern gemeldet. Schon damals fiel dem Ethnologen F. E. Williams auf, daß ein Teil der vom »Wahnsinn« Befallenen einfach mitgerissen wurden, sowie sie andere Leute sahen, deren »Kopf sich drehte«, daß andere den Zustand nur vortäuschten und wieder andere ihn willentlich herbeiführen konnten. Die Führer der Bewegung kamen aus dieser letzten Gruppe.

Solche Feststellungen werden wieder und wieder gemacht – und sie werden wieder und wieder vergessen. Wie es auch ganz erstaunlich lange dauerte, bis die verschiedenen Ausbrüche in jeweils einer Region als *ein* Phänomen mit lokalen und zeitlichen Variationen erkannt wurde. So war es in Nordamerika, wo eigentlich erst der Ethnologe James Mooney sich so weit in die Situation der indianischen Stämme einfühlen konnte, daß er den Sinn ihres Verhaltens verstand. 1896 erschien sein nun klassisches Werk »The Ghost Dance Religion and the Sioux Outbreak of 1890«, was aber für die amerikanischen Verwaltungsbeamten noch entschieden zu früh war. Ein halbes Jahrhundert später hatten die Weißen in Melanesien auch nicht mehr Verständnis für das teils komische, teils beängstigende Treiben der Eingeborenen und ebensowenig für die Ethnologen, die solche Dinge ernsthaft studieren wollten.

Ein charakteristisches Beispiel für die Verständigungsschwierigkeiten auf *beiden* Seiten ist dies: Den Melanesiern war aufgefallen, daß die Weißen auf die Tische, von denen sie aßen, wie auch auf die Altäre in ihren Kirchen Blumen in Gläsern aufzustellen pflegten. Diese Blumen wurden täglich erneuert und hatten *offensichtlich* eine wichtige magische Bedeutung – warum sonst hätten die Weißen ihnen solche Aufmerksamkeit geschenkt? Folglich bezogen viele Cargo-Kulte »Blumen in Gläsern« (meistens Bierflaschen) in ihr neues Ritual ein. Tische wurden in der Mitte des Dorfes aufgestellt, weiße Tücher (die gewöhnliche Kleidung der Männer) wurden darüber gebreitet, Flaschen mit Blumen daraufgestellt. Ein australischer Beamter, der die Männer eines Dorfes am hellen Nachmittag schweigend und steif um so einen Tisch herumsitzen sah, empörte sich im Bericht an die vorgesetzte Behörde über dieses »idiotische« Verhalten. Er sah nicht, daß die Männer nur Engländer beim Nachmittagstee imitierten[7].

Ein solches Verhalten folgt einer inneren Logik. Im Rahmen dessen, was die Melanesier beobachten und wissen konnten, floß den Weißen ihr ganzer Reichtum und ihre Macht zu, ohne daß sie etwas anderes taten als Blumen in Gläsern auf Tische zu stellen und ähnliches. Warum sollte dieselbe Magie nicht auch für Melanesier wirken?

So konnten es die Weißen natürlich nicht sehen. Und unmöglich war für sie auch die Vorstellung, ihre eigenen Vorfahren oder – Gott behüte! – sie *selber* hätten je versucht, eine Abkürzung auf dem mühsamen Weg zum erwünschten Ziel zu finden, hätten je überirdische Mächte mit ihren irdischen Angelegenheiten bemüht, hätten je verzweifelte Anstrengungen gemacht, eine als unerträglich empfundene Situation durch Hoffnung, Glaube und Willen zu kontrollieren.

Wann ist eine Krise eine Krise?

Die Begriffe »Krise« und »Krisenkult« sind bisher oft verwendet, aber nicht näher bestimmt worden, bis auf die Andeutung, daß es sich um einen subjektiv und relativ definierten Begriff handelt, um eine »als unerträglich *empfundene* Situation« oder um eine als Krise empfundene Situation.

Was bewirkt aber, daß sich in einer Gemeinschaft das Gefühl verbreitet: wir treiben auf eine Katastrophe zu, was wir bisher geglaubt haben, stimmt nicht, was wir bisher getan haben, war falsch, so kann es nicht weitergehen! Was bewirkt, daß die einen sich fallen lassen, ihre Verpflichtungen vergessen, in den Tag hineinleben, ohne Rücksicht auf irgendwen, und daß andere angstvoll und aufgeregt alle Mittel versuchen, die vielleicht Abhilfe bringen könnten? Es sind nicht einfach Not, Hunger, Unterdrückung. Das kollektive Bewußtsein einer Krise entsteht nur, wenn *Veränderungen* wahrgenommen werden und die Möglichkeit, daß es auch anders sein könnte, als es ist. Deshalb lösen oft gerade erste Reform- und Verbesserungsversuche Revolutionen aus.

Der soziologische Begriff der »relativen Deprivation« (seit Robert Mertons Arbeiten von 1949/1957 viel gebraucht) macht die Tatsache verständlich, daß Krisenstimmungen nur zum Teil von einer objektiv feststellbaren Notlage bestimmt sind. »Relative Entbehrung« wird zum Beispiel empfunden, wenn die melanesischen Eingeborenen Macht und Reichtum der Weißen beobachten und ihre eigene Ohnmacht und Armut erkennen. »Relative Entbehrung« entsteht auch da, wo innerhalb einer Gesellschaft eine oder mehrere Gruppen im Vergleich zu anderen zurückfallen oder auf eine bisher als normal hingenommene Benachteiligung aufmerksam werden. »Relative Entbehrung« gibt es schließlich im Vergleich zu einem selbst erlebten und erinnerten früheren Zustand, der zumindest im Rückblick besser erscheint.

Dabei bedeutet »Entbehrung« nicht nur einen Mangel an materiellen Gütern. Die Melanesier entbehrten wie andere unterworfene Völker die Achtung ihrer Menschenwürde; in Afrika entbehren viele Menschen die alte, Sicherheit gewährende Autorität der Stammesorganisation; die Indianerkrieger entbehrten ihren Daseinssinn; und in Zeiten großer Veränderungen entbehrten die Menschen die verbindlichen Normen, die sie gerade abgestreift hatten. Als Entbehrung empfunden wird eine glaubhafte und annehmbare Deutung der Welt, mit der die Menschen leben können.

Alle bisher angeführten Beispiele von versuchter Krisenbewältigung waren messianistische und millenaristische Kulte, also Botschaften, die an einen ganzen Stamm oder ein ganzes Volk gerichtet waren und sowohl eine *individuelle* wie auch eine *kollektive* Erneuerung wollten. Oft aber ist die Antwort auf eine Krisensituation die Abkehr von der Welt und den Menschen, die nicht mehr zu retten sind, und die Hinwendung zu Gottesdienst und Erlösungsstreben innerhalb einer kleinen Gemeinschaft von Auserwählten. Die allgemeine Krise soll allein durch eine individuelle Erneuerung überwunden werden, aber eben nur für die wenigen Sehenden, Auserwählten, Gläubigen. Alle anderen werden, früher oder später, mit der Welt untergehen. Diese introvertierten Kultgemeinden sind mit sich selber beschäftigt. Sie sind wie Inseln des Friedens und des Heils inmitten einer See von Unruhe und Ratlosigkeit, Inseln, auf die sich diejenigen retten, die eine Bekehrung erfahren haben. Die Glaubwürdigkeit der erlebten Erleuchtung ist, wie Berger und Luckmann[8] es ausdrücken, abhängig von der religiösen Gemeinschaft: »Saulus kann in der Einsamkeit religiöser Ekstase zum Paulus geworden sein, aber er konnte nur im Kontext der christlichen Gemeinde, die ihn als solchen anerkannte und das ›neue Wesen‹ bestätigte, das nun seine Identität darstellte, auch Paulus *bleiben.*« Auch die Abkehr von der Welt und die Konzentration auf eine individuelle Erlösung sind somit an den kollektiven Aufbau einer neuen Wirklichkeit – an Kommunikation – gebunden. So gibt es auch keine feste Abgrenzung zwischen weltabgekehrten, introvertierten und messianistisch-millenaristischen Kulten, und die eine Form kann in die andere übergehen.

Mit dieser Beobachtung läßt sich die Annahme stützen, die Vielzahl der neuen Kulte in manchen Teilen der Welt sei eine Vorbereitung für messianistische Bewegungen. Es hat schon früher Zeiten gegeben, in denen ein solches religiöses Gären zu spüren war, zum Beispiel die Zeit, in der das Christentum entstand. Es soll aber hier nicht der Eindruck erweckt werden, als hätte wissenschaftliche Analyse die Bedingungen für die Entstehung und Entwicklung verschiedener Typen von religiösen Kulten und Bewegungen soweit geklärt, daß man nun irgendwelche Voraussagen machen könnte. Man kann nachträglich feststellen, daß unter bestimmten Umständen – zum Beispiel gewaltsamem Kontakt sehr verschiedener Kulturen – häufig nativistische religiöse Bewegungen entstehen oder daß eine weitgehende wirtschaftliche, soziale und kulturelle Verunsicherung mit dem Zusammenbruch traditioneller Normen, Werte und Autoritäten die Suche nach einer religiös legitimierten idealen Gesellschaft (dem Millenium) befördert, oder daß soziale Gruppen, die sich ihrer relativ schlechten Lage bewußt werden, in Kulten eine radikale und sofortige – subjektive – Änderung ihrer Lage erreichen, und daß in all solchen Situationen häufig Persönlichkeiten auftreten, die den unbestimmten Hoffnungen einen überzeugenden Ausdruck verleihen oder es jedenfalls versuchen. Doch, wie Bryan R. Wilson nach fünfhundert Seiten sorgfältigster Bemühungen feststellt, kommen die wissenschaftlichen Analysen einer kausalen Erklärung noch nicht einmal nahe.

Das braucht uns aber weder zu wundern noch zu enttäuschen, wenigstens dann nicht, wenn wir Entstehung und Entwicklung messianistischer Bewegungen als Kommunikationsprozesse verstehen, die schon deshalb nicht kausal zu erklären sind, weil jede Ursache zugleich eine Wirkung ist. Die ganzheitliche Betrachtungsweise ist zwar ungeeignet für Möchte-gern-Sozialingenieure, die solche (oder andere) Bewegungen initiieren oder verhindern würden, aber sie erlaubt uns Einblicke in unsere eigenen Denk- und Verhaltensweisen und eine gewisse Gefaßtheit gegenüber Phänomenen, die als seltsam, unheimlich, verrückt, unsinnig beschrieben werden.

Vielleicht läßt sich dies am besten an einigen Erscheinungen exemplifizieren, die in letzter Zeit relativ viel Aufmerksamkeit in den Medien erlangten: Besessenheitskulte in der Karibik und in Brasilien und die religiöse Szene in den Vereinigten Staaten.

»Gefundene« Geister, Symbole, Ideen, Riten

In dem Epilog zu dem von ihr 1973 herausgegebenen Sammelband »Religion, Altered States of Consciousness and Social Change« vergleicht Erika Bourguignon die Kulte der College-Jugend in den USA mit den Kunstwerken aus *objets trouvés*, aus zufällig gefundenen Gegenständen, die zu einem Muster zusammengefügt werden oder auch nur zu einer nachdenklich stimmenden Assemblage. Der gleiche »gierig synkretistische Charakter« zeigt sich bei den Kulten, die insbesondere in der Karibik und in Brasilien die schwierigen Modernisierungsprozesse als disharmonische Gegenstimmen begleiten.

Der genannte Band enthält eine Beschreibung des Umbanda-Kults in Sao Paulo: »Religiöse Innovation in einer Entwicklungsgesellschaft« von Esther Pressel. Umbanda kann als typisch gelten für eine Art von Kulten, die ihren Platz in sich entwickelnden Industriestaaten, inmitten moderner Großstädte und in der relativ wohlhabenden und aufsteigenden Mittelschicht finden. Gerade das berührt uns zunächst schockartig. Zum Beispiel das Bild einer vorwiegend spanisch-kreolisch aussehenden Matrone im eleganten Kleid, mit Schmuck behängt, die vom Geist eines toten alten Indianers – oder einer afrikanischen Gottheit – besessen ist: der Kopf ist zurückgeworfen, die Augen sind verdreht, der Mund steht offen, genauso, wie Bernini die heilige Theresa in ihrer Verzückung in Marmor darstellte, wie Vodu-Tänzer auf Haiti oder in Trance verfallene Mitglieder einer pfingstlichen Gemeinde aussehen. Den Schock bewirkt nicht das Bild eines Menschen in Trance, sondern die Vorstellung, daß es mit einer modernen Kamera, zwischen Bürohochhäusern und mit Autos verstopften Geschäftsstraßen aufgenommen wurde, daß die Frau in ihrer Betonsilo-Wohnung sicher die neuesten Küchenmaschinen hat, ihr Mann vielleicht Rechtsanwalt, Beamter oder Geschäftsmann ist, der mit Flugzeugen oder Atomkraftwerken zu tun hat, und sie selber einem *lebenden* alten Indianer wohl nicht die Hand reichen würde. Was sucht diese Frau in einem Kult, dessen Mitglieder von Geistern besessen werden?

Nach Esther Pressel ist Umbanda vor allem ein großstädtisches

Phänomen das in kleinere Städte vordringt, wenn die sozio-ökonomische Entwicklungswelle sie erreicht. Die Mitglieder kommen aus allen Schichten, doch die aufstrebende Unterschicht und die Mittelschicht herrschen vor, und etwa die Hälfte sind rein europäischer Abstammung. Zweimal pro Woche werden in den Zentren des Umbanda-Kults öffentlich spiritistische Sitzungen abgehalten. Bis zu Dreiviertel der Medien, die von Geistern besessen werden, sind Frauen. Aber die Männer spielen die Hauptrolle in der Organisation der Zentren und als Schlagzeuger bei der Begleitmusik. Die meisten Umbanda-Anhänger sind zwischen zwanzig und vierzig Jahre alt, einige auch älter.

Wie viele Umbanda-Anhänger oder Anhänger ähnlicher spiritistischer Kulte es in Sao Paulo oder in Brasilien gibt, läßt sich nicht feststellen, da die Organisationen nur lose sind, die Mitglieder oft wechseln und die meisten bei der Volkszählung angeben, Katholiken zu sein – und das sind sie auch ihrem eigenen Gefühl nach. Die Zentren gehen jedenfalls in die Tausende – vielleicht 4000 allein in Sao Paulo vor einem Jahrzehnt. Aber es gibt keine übergreifende nationale Organisation und keine Kultführer, die von mehr als ein paar dieser Zentren anerkannt werden.

Zu den zweimal wöchentlich stattfindenden Veranstaltungen kommen außer dem jeweiligen Kultführer die Medien, etwa 40 Frauen und Männer, die ihre Fähigkeit, einen Geist zu rufen, entwickelt haben; dazu kommen zwischen 75 und 150 Leute, die Hilfe suchen gegen Krankheiten, Liebeskummer, berufliche Enttäuschungen, Familienärger, Einsamkeit und alle Arten von Schwierigkeiten. Sie bekommen Rat von den Geistern. Fällt einer von ihnen selber in Trance, so wird ihm nahegelegt, die Fähigkeit auszubilden. Von einem Geist besessen zu werden, ist immer hilfreicher als nur die Diagnose und die Ratschläge durch das Medium entgegenzunehmen. Ein Medium der Geister zu sein, ist eine *Auszeichnung*.

Es gibt verschiedene Kategorien von Geistern, die sich verschieden verhalten und auch auf besondere Arten von Schwierigkeiten spezialisiert sind. Sie sind alle die Geister Verstorbener, bis auf eine Kategorie, die in Personaleinheit afrikanische Gottheiten und katholische Heilige sind. Die meisten Geister sind freundlich und hilfsbereit, aber es gibt auch eine Sorte von bösen Geistern, die für viel Unglück verantwortlich gemacht werden. Körperliche Leiden werden fast immer auf spirituelle Ursachen zurückgeführt.

Kompliziert, unbestimmt, verworren und von Zentrum zu Zentrum, von Medium zu Medium verschieden wie diese Vorstellungen sind, so ermöglichen sie doch gerade dadurch höchst individuelle Formen der Bewältigung solcher Schwierigkeiten, die für Menschen in einer ungefestigten und beunruhigenden Situation entstehen. Erweist sich der Rat des alten Indianers als nicht praktikabel, so hat vielleicht ein paar Tage später der Negersklave von einst ein besseres Rezept oder der fröhliche Geist eines toten Kindes. Und der Besuch des Umbanda-Zentrums bietet immer eine Gelegenheit, die Dinge auszusprechen, die einen bedrücken und die man nicht begreift. Besonders Streitigkeiten mit Familienangehörigen, Geliebten und Freunden werden mit Hilfe der Geister geschlichtet, ohne daß jemand gekränkt wird.

Die Trancezustände, die als Besessenheit durch den Geist eines Toten gedeutet werden, unterscheiden sich in ihren biologischen Grundlagen nicht von den dissoziierten Zuständen, die in anderem kulturellen Kontext anders interpretiert werden, zum Beispiel (wie in den Kapiteln I und IV beschrieben) als zeitweilige Loslösung der Seele vom Körper oder als intensiver Traum, oder himmlische Erleuchtung. Die Trennung des Bewußtseins von der Umgebung für Sekunden oder Stunden ist allerdings im Laboratorium schwer zu untersuchen, und die meisten Beobachtungen beschränken sich auf einen besonderen kulturellen Kontext und die Aussagen der Medien, die in diesem Kontext denken. Wie Pressel berichtet, machen aber die Umbanda-Medien auch ihre eigenen Beobachtungen und Vergleiche. So sagten ihre Informanten, daß höchstens ein Drittel der Medien im Zustand der Besessenheit *bewußtlos* seien, also in eine tiefe Trance verfielen. Nach ihren Beobachtungen schätzt Pressel den Anteil noch erheblich niedriger. Die anderen alternieren zwischen kurzer, tiefer und leichter Trance, bei der zwar Bewußtseinsveränderungen eintreten, aber die Außenwelt doch noch wahrgenommen wird. Daß Trancezustände unter geschickter Anleitung in der eingestimmten Gruppe von vielen Menschen leicht erlernt werden, die vorher von ihren Fähigkeiten keine Ahnung hatten, wurde schon gesagt. Auch daß einhellig die Befreiung von Streß und Frustrationsgefühlen berichtet wird. Erreicht wird also eine wenigstens zeitweilige Lösung individueller Probleme.

In einem Land wie Brasilien, das ganz auf technische Entwicklung setzt und dessen ohnehin schon sehr uneinheitliche Bevölkerung dadurch noch vielfältiger und gleichzeitig durch Urbanisierung, Agrarentwicklung und Industrialisierung noch mehr durcheinander gewürfelt wird, ist das Bedürfnis nach Hilfe bei der Bewältigung von individuellen Konflikten offensichtlich riesengroß. Esther Pressel[9] sagt: »Die große Bedeutung von Umbanda im modernen Brasilien liegt in seiner Vermittlerrolle zwischen den Makro-Veränderungen in der Gesamtgesellschaft und den Mikro-Veränderungen auf individueller Ebene.« Damit wird die *Funktion* von Umbanda und ähnlichen spiritistischen Kulten beschrieben. Es wird aber nicht erklärt, warum gerade solche und nicht etwa messianistisch-millenaristische Kulte, die auf Makro-Veränderungen religiöser und sozialer Art zielen, so viel Anklang finden.

Vielleicht besorgen Umbanda und ähnliche Kulte auf der individuellen Ebene einen klärenden Verständigungsprozeß über das, worauf sich das Gemisch von Rassen, Völkern, Religionen, Traditionen und Bestrebungen einmal wird einigen können. Vielleicht führen sie auf ihre Art die Verschmelzung von Indianischem, Afrikanischem, Alt- und Neu-Europäischem, Nordamerikanischem und auch etwas Japanischem mit der weltweiten modernen technischen Zivilisation weiter. Vielleicht selektieren sie aus all den gefundenen Geistern, Symbolen, Glaubens-Bruchstücken, Ritualen und Ekstasetechniken allmählich das, was als Grundlage einer neuen synkretistischen Religion dienen könnte. Auch alle bekannten Hochreligionen sind entstanden aus der Zusammenschau vieler alter Elemente mit einer neuen Botschaft. Es besteht kein Grund anzunehmen, daß dies nicht wieder geschehen könnte. Wann, wo und wie, das weiß allerdings niemand.

Es könnte auch in Nordamerika geschehen. Erika Bourguignon versucht die religiösen Bewegungen, welche die College-Jugend in den USA – und ihr Äquivalent in Europa – anziehen, in einen historischen Kontext zu stellen. Sie meint, es gäbe kaum wirklich neue Ideen unter ihnen und am auffälligsten sei, was aus aller Welt aufgenommen und kritiklos zusammengefügt werde. Gesucht wird ja das religiöse Erlebnis, nicht eine intellektuell ausgearbeitete und zusammenhängende Lehre, und was das Erlebnis auslöst und später befestigt, ist eher zufällig. Von Umbanda unterscheiden sich die Jugend-Kulte vor allem darin, daß sie sich als Alternativen zur Gesamtgesellschaft sehen, sich auf eine alters- und bildungsmäßig begrenzte Gruppe stützen und eine neue Lebensart, nicht Lösungen für die Probleme des Lebens suchen.

Bourguignons Analyse von 1973 zeigt wieder einmal die Schwierigkeit des Wissenschaftlers mit zeitgenössischen Phänomenen. Denn inzwischen lassen sich auch in Nordamerika religiöse Bewegungen beobachten, die den brasilianischen insofern ähnlich sind, als sie aus breit gestreuten, weithin akzeptierten, nämlich christlichen Vorstellungen erwachsen und eine Erneuerung der Gesellschaft, nicht eine Abwendung anstreben. Die ekstatische Bekehrung, die Wiedererweckung, die pfingstlichen Gaben des Heiligen Geistes treten jetzt aus der Verborgenheit in abgelegenen Gebirgsgegenden oder Gemeinden der Armen und Zurückgebliebenen hervor. Und zwar gleich ins Licht der Fernsehlampen und Bühnenscheinwerfer. Ich werde mich hüten, eine Prognose für die weitere Entwicklung zu machen.

Ich glaube aber sagen zu können, daß Bryan R. Wilson sich täuscht, wenn er im Epilog zu seiner Sektion von »Magie und dem Millennium« der Meinung – und der Hoffnung – Ausdruck gibt, in »avancierten« Gesellschaften würden die Erwartungen des Millenniums nur noch ganz am Rande weiterleben, auch wenn, bedauerlicherweise, vielleicht die *Reste* »unbezähmbarer« Irrationalität im menschlichen Geist erhalten blieben. Wenn es sich noch 1973 in einer der ehrwürdigen Gelehrtenstuben von Oxford so ansah, so erscheint jedenfalls mir die Lage fast ein Jahrzehnt später nach der anderen Richtung verändert. Die Unterschiede in der Bewertung[10] kommen wohl teilweise dadurch zustande, daß »Irrationalität«, »Magie« und »Heilserwartung« immer wieder neue Formen annehmen, sich in neue Worte und Begriffe kleiden, sich nicht zuletzt das Etikett »wissenschaftlich« umhängen.

Einer der Gründe für die ausdauernde Überlebenskraft von Heilserwartungen ist die Tatsache, daß »Magie« – trotz Wilsons gegenteiliger Behauptung – doch funktioniert oder zunächst zu funktionieren scheint. Sehr viele Menschen erfahren das selbst bei der Heilung ihrer psychosomatischen Leiden durch alle möglichen Mittel von Handauflegen über Gebete, altehrwürdige Kräuter, Schocktherapie, Geheimrezepte bis zu von modernst ausgebildeten Medizinern verabreichten Plazebos. Glaube und Zuversicht, woran sie sich auch klammern mögen, sind *nicht* wirkungslos. Es ist auch deutlich, daß zwischen der Heilung seelisch-körperlicher Leiden und der Hoffnung auf die Heilung sozialer und kultureller Leiden ein enger Zusammenhang besteht: fast immer legitimieren sich Kultführer und Propheten auch durch Krankenheilungen. Wer die Lahmen gehend und die Blinden sehend machen kann, dem glaubt man gern auch die Fähigkeit, die weiteren Probleme der Gesellschaft lösen zu können. Ist das »irrational«?

Auch die neu aufblühenden christlichen Gemeinschaften in den USA appellieren an die Sehnsucht nach körperlicher und seelischer Gesundheit, indem sie die Rückkehr zu einer einfacheren, verständlicheren Form des Glaubens, zum »fundamentalen« Wesen des Christentums versprechen. Gesundheit und das unmittelbare Erlebnis des Heiligen Geistes in einer eng verbundenen, kleinen Gemeinschaft werden angeboten: wie zur Zeit der frühchristlichen Gemeinden das Reden in Zungen (Glossolalia), die Deutung dieser Äußerungen, Weissagung und Prophetie.

Im ersten Brief des Apostels Paulus an die Korinther sind die Gaben aufgezählt, welche die göttliche Gnade verleihen kann: »Einem wird gegeben durch den Geist, zu reden von der Weisheit; dem andern wird gegeben, zu reden von der Erkenntnis nach demselben Geist; einem andern der Glaube an denselben Geist; einem andern, Wunder zu tun; einem andern Weissagung; einem andern, Geister zu unterscheiden; einem andern mancherlei Sprachen; einem andern, die Sprachen auszulegen.«

In einem Lande, das sich offiziell und privat zum größten Teil weiterhin zum Christentum bekennt, bedeutet eine Rückkehr zu den Ursprüngen soviel wie eine nativistische Erneuerungsbewegung unter Völkern, die von einer fremden Kultur überrannt wurden. Wohl auch eine Gegenbewegung zu den synkretistischen Kulten der Gebildeten. Mit der einfachen Religion wird, so läßt sich hoffen, das Leben insgesamt einfacher werden. Wenn die Hoffnung auch trügerisch ist, so doch nicht mehr als die Hoffnung, die *Geschichte* werde mit ihrer unausweichlichen Entwicklung einen Zustand sozialer Gerechtigkeit herbeiführen.

Die USA haben schon einmal (1740–1750) eine große »Erwekkungsbewegung« erlebt und stets viele örtlich begrenzte millenaristische Kulte beherbergt, von denen manche, wie die Adventisten, die Zeugen Jehovas oder die Mormonen, zu dauerhaften kirchlichen Organisationen geworden sind. Neu wäre es allerdings, wenn *ein* Prophet eine Mehrheit der heterogenen Bevölkerung zu seiner Botschaft bekehren könnte. Diese Möglichkeit erscheint fern. Weniger fern aber liegt eine Wandlung der Weltsicht und des Lebensstils in breiten Bevölkerungsschichten, die das Erlebnis ekstatischer Religiosität unter Anleitung kleiner Propheten in das Dasein von Arbeitern und Angestellten in einer Industriegesellschaft zu integrieren vermögen.

*

Die Ethnologie, die mit der Sammlung von exotischen Erscheinungen begann, entwickelte im 19. Jahrhundert eine Reihe von Theorien der stufenweisen Progressionen, in die sich die beobachteten Formen menschlicher Kulturen einordnen ließen, danach aber entschied man sich für eine Betrachtungsweise, die jede Kultur für sich gelten ließ und sie nicht in ein Entwicklungsschema zwängen wollte. Dabei wurde jedoch die jeweilige Kultur wie ein fertiges Gebilde betrachtet, statisch, fast unveränderlich. Die Faszination messianistischer-millenaristischer Bewegungen liegt darin, daß sie Kulturen im Umbruch zeigen. An ihnen kann man noch heute unmittelbar miterleben, wie kulturelle Veränderungen entscheidender Art vor sich gehen, wie Wahrheit und Wirklichkeit in kollektiver Anstrengung neu definiert werden und mit dem verschmelzen, was man die *harte* Wirklichkeit, auch »the boss reality« nennt. Die Fähigkeit der Menschen, ihre Vorstellungen von der Wirklichkeit durch Symbole auszudrücken und so mitteilbar zu machen, scheint ungebrochen, ihr Einfallsreichtum unerschöpflich, die Möglichkeiten kultureller Innovation noch groß – wenn auch nicht unbegrenzt. Einige kulturelle Denkmuster haben eine fatale Überlebenskraft. Ein neuer Tenskwatawa, der seinen Anhängern Unverwundbarkeit verspricht, findet – wie wir wissen sollten – immer wieder Glauben.

Kapitel VII

Einheit und Vielfalt

Leser, die mir bis hierher gefolgt sind, haben vielleicht manchmal das Gefühl »Kopf-er-dreht-sich« gehabt. Das liegt wohl an der hier verwendeten induktiven Methode: Beispiele aus Ethnologie und Vorgeschichtsforschung wurden vorgelegt, um die Vielfalt menschlicher Kulturen auf dem Grund der Einheit der Menschheit zu veranschaulichen. Die Beispiele bezogen sich auf religiöses Bewußtsein und Verhalten, also auf Aspekte der Kulturen, die besonders deutlich die Variationsbreite der Behandlung von Grundproblemen zeigen – eben das, was die Besonderheit der Menschen gegenüber allen anderen irdischen Lebewesen ausmacht.

Zum Schluß nun die zentralen Themen, losgelöst von den Beispielen. Lauter Fragen.

Religion – kann man das verstehen?

»Keine bloße Illusion« könne das einstimmige Gefühl der Gläubigen aller Zeiten sein, meinte der nicht-gläubige Emile Durkheim 1912 und machte es zum Grundsatz seiner soziologischen Studien, »daß die religiösen Glaubensansichten, wie fremdartig sie auch manchmal erscheinen mögen, ihre Wahrheit haben, die man entdecken muß«.[1] Heute führt die fortgesetzte Suche nach dieser Wahrheit mitten in den Brennpunkt geistiger Strömungen, wo Erkenntnistheorie, naturwissenschaftliche Forschung, ethische Ansprüche und lebendige innere Erfahrung zusammentreffen.

Doch wo soll man mit der Suche nach der Wahrheit religiöser Phänomene, welche die Gläubigen selber nicht kennen, beginnen?

Religion zu beschreiben, als wäre sie eine einheitliche Art von Erscheinungen, kommt nur den Leuten in den Sinn, die selber keine Religion haben. Abstrakte Definitionsversuche litten früher daran, daß sie zu eng gefaßt waren und an den Vorstellungen jüdisch-christlich erzogener Wissenschaftler klebten, während die heutigen sozialwissenschaftlichen Formulierungen im Bemühen um eine umfassende Definition, die auch funktionelle Äquivalente wie politische Ideologien oder philosophische Weltanschauungen miteinbezieht, ziemlich nichtssagend werden. Das kann kaum anders sein, da zum Wesen jeder Religion gehört, daß sie von den Gläubigen *erlebt* wird, daß sie sich daher in jeder Kultur und in jedem einzelnen Menschen anders und in jedem Augenblick wechselnd konstituiert.

Die Frage nach dem *Ursprung* der Religion, mit der sich die Denker des 19. Jahrhunderts beschäftigten, wird kaum noch gestellt. Man fragt höchstens noch danach, was es ist, das den Menschen Religion lebensnotwendig macht, und was es ist, das Religion als wesentliches Element von Kultur bedingt, und ob oder wie sich diese Beziehungen wandeln könnten. Damit ist auch die Frage nach einer *Evolution* der Religion, wie sie im 19. Jahrhundert debattiert wurde, erledigt: Eine eigene, geradlinige Entwicklung von Religion – etwa vom Animismus oder Schamanismus zum Monotheismus –, getrennt von der Entwicklung einzelner Kulturen, gibt es nicht. Religion existiert konkret im Bewußtsein von Individuen und in der kulturellen Gemeinschaft.

Religion findet ihren Ausdruck im *Mythos*, im *Ritual*, in der *Ethik*. Ist auch *Magie* ein Ausdruck von Religion? Ich glaube, ja, obwohl bekannte Gelehrte die Magie einmal als Vorstufe zur Religion, dann als degenerierte Religion oder auch als Gegen-Religion bezeichnet haben. Magie, der Versuch, mit geistigen Mitteln ein Geschehen zu beeinflussen, ist allgegenwärtig wie Religion. Wer von uns hat noch nie versucht, durch angestrengte Konzentration den einen wichtigen Telefonanruf herbeizuzwingen?

Mythos, Ritual, Ethik und Magie verkörpern in symbolischen Formen die religiöse Weltdeutung, die damit die Ursache des Verhaltens darstellt und zugleich auch seine Erklärung und Kontrolle. Das symbolische Verhalten aber erklärt und kontrolliert seinerseits das Bild von der Welt, das sich die Ausübenden machen: stimmt die Erfahrung mit dem überlieferten Bild nicht überein, so wird dieses – meist unbewußt und in winzigen Schritten – korrigiert.

Religiöse Erfahrung ist, wie jede Erfahrung, die sich im menschlichen Bewußtsein spiegelt, geprägt von der Persönlichkeit des Erlebenden, von seinen Anlagen, von seinen bisherigen Erfahrungen, von seiner augenblicklichen Situation. Zugleich ist sie sozial bestimmt. Religion als Weltdeutung und Verhalten existiert nur im sozialen und kulturellen Kontext, wird vom Kind durch die Aufnahme überlieferter Traditionen erlernt, wird durch das ständig erneuerte Zusammensein der Gläubigen erhalten oder manchmal auch verändert. Alle Religionen benutzen Gemeinsamkeit, um religiöses Erleben und Wissen hervorzurufen und zu stärken.

Einige *Grunderfahrungen* finden in vielerlei Abwandlungen Ausdruck: Die zeitweilige Loslösung des Bewußtseins vom Körper; sie wird allgemein im Traum erlebt, intensiv in visionären Ekstasen oder schamanistischen Seelenreisen, aber auch unter Drogeneinfluß und unter Umständen, die der modernen Medizin bekannt sind. Ziemlich allgemein ist die Überzeugung, daß etwas den Tod eines Menschen zunächst oder auf immer überlebt, etwas, das den Lebenden im Wachen und Träumen erscheint. Weit verbreitet, doch kulturspezifisch ist die Erfahrung von Besessenheit, vom Verlust des eigenen Willens und Bewußtseins durch das Eindringen von etwas Fremden. In allen Kulturen werden körperliche Krankheiten und Leiden mit Zuständen des Bewußtseins in Verbindung gebracht, überall schreibt man einzelnen Menschen besondere Heilkräfte zu. Immer findet sich auch der Gedanke, daß durch Bitten, Opfer oder Askese die Mächte, die stärker sind als der Mensch, freundlich gestimmt werden können; oder auch durch die Vermittlung jener besonderen Menschen, die wacher und empfindlicher sind als andere, die mehr sehen und hören, die Verantwortung übernehmen.

Diese Grunderfahrungen werden kulturell unterschiedlich – positiv oder negativ, als wichtig oder unwichtig – bewertet und entsprechend gefördert, ritualisiert und erklärt. Sie werden auch mit den Grundfragen in Verbindung gebracht, nach denen dieses Buch eingeteilt ist: der Stellung des Menschen im Kosmos, dem Wesen des Menschen, seinem Leiden und Sterben, seinem Bewußtsein, den besonderen Menschen, der Bewältigung von kollektiven Krisen. Die Fragen finden Antworten in den Erfahrungen, die geformt sind von den gestellten Fragen.

In größeren, strukturierten und gegliederten Gesellschaften ist es notwendig, den Grad der Institutionalisierung der Religion zu betrachten und ihre Beziehungen zu anderen Institutionen, Staat, Erziehungswesen, Militär, Wirtschaft und Wissenschaft. Diese Probleme, welche die Religionssoziologie seit langem beschäftigen, sind ganz besonders durch die Denkweise westlicher Wissenschaftler geprägt, bei denen der Begriff »Religion« stets die Vorstellung von hierarchisch geordneten Institutionen ähnlich der katholischen Kirche erweckt. Keine Hilfe zum Verständnis der Religion der Jivaro-Indianer!

Wo also ist mit der Suche nach der Wahrheit der religiösen Phänomene zu beginnen? Mir scheint, am besten bei der *Erfahrung*, der individuellen, durch eine Kulturgemeinschaft vermittelten und gedeuteten Erfahrung. Durch sie lebt die Religion und lebt weiter, entgegen so vielen Ankündigungen ihres baldigen Endes. Die jeweiligen Lehren und Formen sind wandelbar und sind zu ersetzen. Aus der mangelnden inneren Logik der meisten Theologien wollten Rationalisten ihre Unwahrheit beweisen, doch die Wahrheit der Religionen liegt in einer »Art Technik, die dem Menschen erlaubt, der Welt mit mehr Vertrauen zu begegnen«[1a], einer »Art Technik«, die eine andere als die Alltagswirklichkeit erfahrbar macht und Transaktionen mit den Mächten dieser anderen Wirklichkeit ermöglicht.

Die großen Entwürfe zu einer allgemeinen Religionstheorie von Edward B. Tylor, Karl Marx, Emile Durkheim, Max Weber, Georg Simmel, Sigmund Freud, Claude Lévi-Strauss und anderen sind immer wieder in ein Gestrüpp von widersprüchlichen Fakten geraten, in denen sie nach hoffnungsvollen Ansätzen steckenblieben. Die schillernde Vieldeutigkeit und Wandlungsfähigkeit religiöser Phänomene entzieht sich der Kategorisierung und Systematisierung. Vor allem aber zerstört die Operation einer Trennung von Religion und kulturellem Kontext beide und läßt uns nur tote Präparate zur Betrachtung.

Diese Bilanz nach fast dreißigjährigem Studium von Religionssoziologie und -ethnologie der Autorin ist nicht so negativ wie sie zunächst klingt. Sie läßt sich im Gegenteil durchaus positiv betrachten. Mit einer solchen Einstellung sollten auch die vorhergehenden Kapitel gelesen werden, denn die Vielgestaltigkeit und der Farbenreichtum, den das religiöse Bewußtsein der Menschen hervorbringt, ist eine der wichtigsten Grundlagen für ihr Dasein und ihr Überleben.

Kultur ist das selbstgeschaffene Organ menschlicher Gesellschaften, mit dem sie ihre Anpassung an Umwelt und Umweltveränderungen bewältigen, und Religion ist ein – soweit wir heute beurteilen können – unverzichtbarer Bestandteil der Kultur. Oder es ist so, daß wir die Aspekte der Kultur als Religion bezeichnen, die mit den schwierigen Beziehungen der Menschen zu den unsichtbaren, aber erlebten Mächten zu tun haben, die sie fürchten und auf die sie hoffen. Je wichtiger die Rolle des Unbekannten und Ungewissen in einer Kultur ist, um so dringender brauchen die Menschen einen Konsens über diesen bedrohlichen Teil ihrer Wirklichkeit. Je mehr Bereiche des Daseins die Angehörigen einer Kultur zu kennen und zu beherrschen glauben, um so weniger nötig ist ihnen die Einigung über Glaubensdinge, um so mehr können diese den individuellen Bedürfnissen überlassen bleiben. Heute weitet sich mit den zunehmenden Fragen nach den Bedingungen und Grenzen unserer rationalen Erkenntnisfähigkeit wieder das Bedürfnis nach einem Wissen, nach einer Wirklichkeit *anderer Art*. Die Geister kehren wieder, weil es viele unbesetzte Plätze gibt, die sie einnehmen können.

Wirklichkeit – was ist das?

Warum glauben wir, was wir glauben? Warum sehen wir die Welt und uns selber so, wie wir sie und uns sehen? Warum sagen wir: »Der Streß, der ist real, meine Kopfschmerzen sind real, aber der böse Blick, der ist Aberglaube, ist irreal!«? Woher wissen wir, was *wirklich* ist, außer den harten Gegenständen, an denen wir uns stoßen?

Der Begriff *Wirklichkeit* ist heute eigentlich nur noch in Anführungszeichen oder im Plural zu verwenden. Früher dachten die Philosophen und die Menschen, denen mystische Erfahrungen zuteil geworden waren, über die Wirklichkeit nach. Heute wird überall – in wissenschaftlichen Veröffentlichungen, in Romanen und Gedichten, in Filmen, in illustrierten Zeitschriften und Tageszeitungen – nach der Wirklichkeit gefragt, wie sie wirklich sei, ob wir das – vielleicht manchmal oder grundsätzlich nicht – wissen könnten. Ob sich die Überlegungen nun auf Kant, Hegel, Marx oder Wittgenstein berufen, auf die moderne Physik oder Biologie, auf klassische indische, chinesische, griechische, sufistisch-islamische Philosophien, auf die neuesten Erkenntnisse der Hirnforschung oder auf Erfahrungen mit Halluzinogenen und schamanistischen Praktiken, alle laufen sie darauf hinaus, die Wahrheit unserer Wahrnehmungen anzuzweifeln, die Bedingtheit unserer Erkenntnisfähigkeit festzustellen. Für die meisten Sozialwissenschaften, für Soziologie, Kommunikationswissenschaft und Ethnologie ist die soziale Determiniertheit der Vorstellungen von der Wirklichkeit zu einem zentralen Forschungsgegenstand geworden. Der Titel des Buches von Peter Berger und Thomas Luckmann »Die gesellschaftliche Konstruktion der Wirklichkeit« sagt es knapp: Was wir glauben, was wir für wirklich halten, wird durch die ständige Kommunikation zwischen Menschen, die in einer kulturellen Gemeinschaft leben, aufgebaut.

Der »Mann auf der Straße« in München hält durchaus andere Dinge für selbstverständlich »wirklich« als der Mann auf der Straße in Moskau, in Nairobi, Kalkutta oder Peking, oder gar der Mann auf dem Fußpfad im brasilianischen Urwald. Woher nimmt er seine Gewißheiten? Er nimmt sie aus seiner eigenen Erfahrung – zu einem Teil. Er nimmt sie aus der alltäglichen Routine seines gewohnten Lebens, die von den Institutionen seiner Gesellschaft bestimmt ist. Er nimmt sie aus dem, was ihm andere Menschen vom Augenblick seiner Geburt an durch ihr Verhalten, durch Gesten und Worte vermittelt haben. Daher nimmt er auch die Interpretationen seiner eigenen Erfahrungen. Zum Beispiel stößt ihn auf der Straße ein anderer Mann an und er *weiß*: »Der andere ist ein Feind, der mir Böses will!« oder er *weiß*: »Der andere war nur unaufmerksam!« oder er *weiß*: »Der Zusammenstoß bedeutet etwas, ist eine Mahnung, ein Omen!«

Es gibt Realitäten, an denen sich der Mensch hart stößt. Sie werden in der wissenschaftlichen Literatur »vorherrschende«, »überlegene« Wirklichkeit genannt oder »Wirklichkeit erster Ordnung«, oder etwas Ähnliches.[2] Das Aufeinanderprallen der beiden Körper auf der Straße, das ein unbeteiligter Beobachter beschreiben kann, das feststellbare Folgen wie blaue Flecken hat, ist eine solche Wirklichkeit erster Ordnung. Aber die Bedeutungen dieses Vorgangs, die beide Beteiligte ihm geben, sind etwas anderes, sind Wirklichkeiten zweiter Ordnung. Sie sind nicht weniger wichtig für das Verhalten der Menschen, aber sie sind für die beiden Männer nicht notwendigerweise dieselben. Wenn diese allerdings derselben Kultur angehören, werden sich ihre Ansichten über das, was da eben passiert ist, sehr ähnlich sein, das heißt, die beiden Männer können sich auch über eine Wirklichkeit zweiter Ordnung verständigen. Im Gegensatz zu einem Zusammenstoß, der sich, sagen wir einmal, in Kalkutta zwischen einem Touristen und einem Bettler ereignet oder auf einem Urwaldpfad zwischen einem Ethnologen und einem Eingeborenen.

Die Zahl der Wirklichkeiten, von denen die Wissenschaftler reden, vermehrt sich auf verwirrende Weise, seit sich die verschiedensten Disziplinen – von Physik bis Ethnopsychiatrie – damit befassen. Für die Variabilität von Kulturen sind wichtig: erstens die Unterscheidung von »geschlossenen Sinnstrukturen«, die das einmalige, relativ einheitliche Bild der Wirklichkeit einer jeden Kultur kennzeichnen. Zweitens die Unterscheidung von verschiedenen Sinnstrukturen innerhalb einer Kultur, wie der alltäglichen Lebenswelt, der Traumwelt, der Welt der Wissenschaft, der Welt religiöser Erfahrung. *Ob Realität als unteilbar betrachtet wird oder als Attribut mehrerer nebeneinander existierender Welten, das trennt Kulturen voneinander. Ob der alltäglichen Lebenswelt eine höhere oder die einzige Realität beigemessen wird oder umgekehrt, eine nicht-gewöhnliche Lebenswelt als die höhere oder die einzige Realität gilt, das trennt Kulturen voneinander.*

Diese Vorstellungen sind verbunden mit unterschiedlichen Einschätzungen der menschlichen Erkenntnisfähigkeit: Wenn ich annehme, die Wirklichkeit, die sich meinen Sinnen zeigt, sei *die* Wirklichkeit, dann kann ich hoffen, daß die Menschen sie eines Tages völlig erforscht haben werden. Nehme ich aber an, daß meine innere Wirklichkeit, meine Träume, Visionen, Ängste und Seelenreisen die gleiche oder eine höhere Wirklichkeit darstellen oder daß die Geister der Tiere, die Geister der Toten, Teufel und Engel eine nicht sinnlich erfahrbare, aber auf ihre Art ein zu mir in Beziehungen tretendes Dasein besitzen, dann muß ich mich wohl mit Stückwissen zufrieden geben. Und so geht auch heute das Eingeständnis der auf immer begrenzten menschlichen Erkenntnisfähigkeit mit der Vorstellung einher, daß zum Beispiel die wissenschaftlichen Gesetze nur innerhalb der von bestimmten Bedingungen begrenzten Welt der Wissenschaft gelten. Damit kehren wir zurück zu einer Bescheidenheit, die den meisten Kulturen angemessen schien und scheint.

Im vierten vorchristlichen Jahrhundert lehrte Platon in Athen, daß die sichtbare Welt der Dinge eine mindere, verächtliche Form der Wirklichkeit sei, die überwunden werden müßte. Er beschrieb die menschliche Situation in der Parabel von den in einer Höhle angeketteten Gefangenen, die nur die Schatten der wirklichen Dinge sehen können, und sie für die Wirklichkeit selber halten müssen. Erst im Tode, nun endlich befreit von dem Gefängnis des eigenen Körpers, werde die Seele die wahre Wirklichkeit erkennen, die Welt der unveränderlichen Ideen, die sie vorher nur manchmal ahne.

Die indische Priesterkaste der Brahmanen handelt nach dem Prinzip, daß alles, was eine Gemeinschaft von Gläubigen aufrichtig glaubt, für sie auch wirklich und wahr ist. Aber die von den Sinnen vermittelten Erscheinungen sind nur Illusionen, der »Schleier der Maya«.

In China legte der frühe Taoismus zu Platons Zeit seine Lehre in dem Buch Chuang Tzu nieder: Die Wirklichkeit ist das Ganze, und das Ganze ist ständig im Fluß. Alle Erscheinungen stehen in ständig wechselnden Beziehungen und verwandeln sich von einer in die andere. Deshalb kann es für die Menschen kein endgültiges Wissen geben. »*Tao* kann man nicht hören; was zu hören ist, ist nicht es. *Tao* kann man nicht sehen; was zu sehen ist, ist nicht es. Über *Tao* kann man nicht reden; worüber man redet, ist nicht es.«

Ein paar Beispiele, um daran zu erinnern, wie die Weisen in allen Teilen der Erde immer wieder zu dem Schluß kamen: Was wir Menschen sehen, hören, fühlen, ist nicht die wahre Wirklichkeit! Was in der westlichen Zivilisation bis vor wenigen Jahrzehnten geglaubt wurde – daß die Welt der Dinge wirklich und von den Naturwissenschaften nach und nach ganz zu erforschen sei –, das war etwas Ungewöhnliches. Noch ungewöhnlicher war das Unternehmen der Sozialwissenschaften, die in der Praxis so erfolgreichen Methoden der Naturwissenschaften auf den Menschen anzuwenden. Wenn es nur eine Wirklichkeit gab, dann mußte das, was aus einer anderen Welt zu kommen schien, Täuschung sein, die man bald entlarven würde. Mit dieser Einschätzung menschlicher Erkenntnisfähigkeit stand die westliche Zivilisation so gut wie allein da unter den Kulturen.

Doch diese Überzeugung, daß der Mensch in einer ganz besonderen Beziehung zur Natur steht, hat eine immerhin schon zweieinhalbtausend Jahre alte Vorgeschichte. Der amerikanische Sinologe Herrlee G. Creel[3] hat in einem seiner Aufsätze über den frühen Taoismus in China ihm die westliche intellektuelle Tradition gegenübergestellt, eben in bezug auf das Wesen des Menschen und sein Verhältnis zum Wesen des Universums. Aus der biblischen Schöpfungsgeschichte wie aus der platonischen Philosophie hat die westliche Tradition ihre Vorstellung bezogen, daß das eigentliche Wesen des Menschen *außerhalb* und *über* der Natur stehe. Nicht nur der Taoismus, sondern alle fernöstlichen Religionen beließen dagegen den Menschen dort, wo er sich auch vor dem Entstehen der Hochreligionen gesehen hatte: eingebunden in den Kreislauf der Natur, die ihrerseits beseelt war. Wie es im Buch Chuang Tzu heißt: »Alle die verschiedenen Arten von Dingen verwandeln sich eine in die andere durch die Veränderung der Formen. Ihr Anfang und Ende ist wie ein Ring, dessen Wahrheit (oder Prinzip) nicht zu erkennen ist.«

Creel zitiert einen anderen großen Sinologen, den Engländer Joseph Needham, der schon 1956 darauf hinwies, daß »die kürzlichen Entwicklungen in den Naturwissenschaften zu Ansichten führen, die einige bemerkenswerte Ähnlichkeiten mit denen des frühen Taoismus haben«. Und Creel fügt hinzu, daß dieses Denken »nicht die geringsten Konzessionen an menschliche Eitelkeit und Empfindsamkeit macht. Die eigentliche Natur des Universums hat gerade so viel und gerade so wenig Beziehung zu meinem Denken oder Bewußtsein wie zu dem kleinsten Kieselstein auf der Straße.«

Wie ein Kommentar dazu liest sich, was Hoimar von Ditfurth bei der Verleihung eines Preises für Wissenschaftspublizistik sagte. Er erklärte, wir würden gerade noch zur rechten Zeit daran erinnert, »daß der Mensch nicht Herr über die Natur ist, sondern nur eines ihrer unvollkommenen Produkte. Daran, daß die Wahrheit nicht zum legitimen Besitz der Menschen gehört. Daran, daß die biologische Evolution unser Gehirn nicht dazu geschaffen hat, uns die Erkenntnis der Wahrheit zu ermöglichen, sondern allein dazu, um uns als biologischen Organismen das Überleben in einer gefahrvollen Umwelt zu erleichtern.« Und dann führt Ditfurth als einen neuen wissenschaftlichen Fortschritt an: »der objektive Nachweis von der naturbedingten Begrenztheit unseres Erkenntnis- und Urteilsvermögens«.

Diese Formulierungen eines Wissenschaftspublizisten wurden wiedergegeben, um die rasche Verbreitung dieser Gedanken über das Wissenschaftsmilieu hinaus zu betonen. Die Autorin ist der Ansicht, daß bei diesen Feststellungen etwas Wichtiges ausgelassen wurde: Die Natur scheint oft recht verschwenderisch zu sein, und vielleicht kommt es so, daß unser Gehirn Überschüsse an Gedanken produziert, die unmittelbar nichts mit dem Überleben des einzelnen oder der Art zu tun haben – Spielmaterial, mit dem wir doch etwas in Händen haben, was keinem anderen Tier gegeben wurde.

Zwar schreiben auch Physiker und Philosophen von den Bedingungen der Wahrnehmung, doch stammen die Bücher, die in den letzten Jahren ein größeres Publikum erreichten, meistens von Neurologen oder von Psychologen, oder von Kommunikationswissenschaftlern wie Paul Watzlawick, der seine Beispiele auch aus Neurologie, Verhaltensforschung und Psychologie holt. Das bedeutet eine starke Konzentration auf die Begabungen und die Grenzen, welche die biologische Ausstattung verschiedenen Lebewesen – auch den Menschen – setzt. Dagegen finden die Möglichkeiten (kaum die Grenzen!), die fremde Kulturen uns zeigen, vor allem in esoterischen, therapeutisch orientierten Zirkeln Interesse.

Nun sind die Vergleiche zwischen den menschlichen Fähigkeiten und dem rudimentären Sprachvermögen von Schimpansen oder dem uns noch nicht zugänglichen Kommunikationssystem der Delphine zweifellos spannend; die Beobachtungen an hirnverletzten Menschen und die neurologischen Experimente gehen uns nur zu nahe; die Erfahrungen mit bewußtseinsverändernden Mitteln erschließen Unbewußtes auch der systematischen Forschung; dennoch sind diese Untersuchungen, die auf die Psychobiologie und Psychologie des einzelnen Organismus gerichtet sind, unvollständig in ihren Aussagen. Ich meine natürlich, daß wir vom Bewußtsein eines Menschen wenig wissen, wenn wir dieses Bewußtsein nicht im Kontext einer bestimmten Kultur sehen, die seine Beziehungen zur Umwelt vermittelt. Denn anders kommt es auf dieser Welt nicht vor.

Eine vergleichbare Reduktion stellt sich in der Humanethologie ein, in der den Menschen betreffenden Verhaltensforschung. Dabei ist die ganze Aufmerksamkeit auf die *Gemeinsamkeiten* zwischen menschlichen Organismen und zwischen menschlichen und tierischen Organismen konzentriert, auf die regelmäßig wiederholten Vorgänge und die Gesetzmäßigkeiten der biologischen Evolution.

Man studiert zum Beispiel die ersten Kontaktaufnahmen von neugeborenen beziehungsweise geschlüpften Graugänsen, Affen und Menschenkindern, die frühesten Anzeichen von Aggressivität und ihre Umstände oder die Mutter-Kind-Beziehungen. Sowohl in den Texten wie in den Bildserien findet man dargestellt, wie dieselben Gebärden des Grüßens, Drohens, Schützens, Fütterns und so weiter bei

Wölfen und Schimpansen, bei Buschleuten und europäischen Großstadtbewohnern und auch bei ihren Top-Politikern zu beobachten sind, und aus der Allgegenwart dieser Gebärden wird darauf geschlossen, daß die dazugehörigen Verhaltensmuster einen Selektionsvorteil bringen müssen, daß also Individuen mit diesem Repertoire mehr Nachkommen haben als andere und ihre Anlagen vermehren.

Aber was tut Irenäus Eibl-Eibesfeldt, der mit seiner hervorragenden Photoausrüstung die eindrucksvollsten Bildserien heimholt, mit all den Aufnahmen, die einmalige, ungewöhnliche, regelwidrige Verhaltensweisen zeigen oder solche, die kulturspezifisch sind? Von 1936 bis 1938 leisteten die Ethnologin Margaret Mead und der zunächst als Biologe ausgebildete Gregory Bateson auf Bali mit Kamera, Filmkamera und Notizbuch Pionierarbeit. Technische Mängel wurden durch eine unerhörte Arbeitsleistung ausgeglichen, die Margaret Mead in ihrer Autobiographie geschildert hat. Einige Szenen, die sie ihren Studenten vorzuführen pflegte, um ihnen die Entwicklung der besonderen balinesischen Persönlichkeit zu verdeutlichen, zeigten Mütter, wie sie ihre Dreijährigen absichtlich eifersüchtig machten, um sozusagen die seelische Nabelschnur ein für allemal zu durchschneiden. Sie schmusten mit einem jüngeren Kind, notfalls einem geliehenen, bis ihr eigenes vor Kummer und Zorn heulte, und dann lachten sie es aus. Oder sie brachten es sonst in eine Lage, wo es in hilfloser Wut schrie und strampelte – zur allgemeinen Erheiterung. Diese Kindheitserlebnisse prägen das Verhalten der Erwachsenen: niemals mehr aus den eigenen Gefühlen ein Spektakel für andere machen! Eine Bildersequenz zeigte die Folgen eines solchen Trainings an zwei Männern, die beim Stehlen erwischt worden waren. Sie saßen auf dem Boden inmitten der Dorfbewohner und hörten die Anklagen. Erst schlief der eine, dann auch der andere ein. Nicht aus Gleichgültigkeit! Sie zogen sich aus der unerträglich beschämenden Situation in ihr Inneres zurück. An das Mitgefühl der anderen zu appellieren war zwecklos – sie würden ja nur lachen, so, wie es die Mutter getan hatte!

Ist es nötig, für die Erhaltung der Art oder zur Anpassung an die Umwelt auf einer paradiesischen Insel wie Bali eine solche Charakterbildung zu entwickeln? Auf anderen Inseln, nicht weit entfernt, photographierte Margaret Mead eine Mutter, die sorgfältig ihr älteres Kind beachtet und liebkost, während sie ihrem Neugeborenen die Brust reicht. Auch solche elementaren Verhaltensweisen wie der Umgang einer Mutter mit ihrem Kind können von der Kultur stilisiert werden, und zwar nicht als Antwort auf Selektionsdruck aus der Umwelt. Die Vorstellung davon, wie sich ein Mensch verhalten sollte, macht sich teilweise selbständig, wird zur Ursache von Verhalten, wird zu einer der Bedingungen, die weitere Entscheidungen ermöglichen oder begrenzen.

Hier wird keineswegs das gemeinsame biologische Erbe der Menschheit für unwichtig erklärt, aber es scheint nötig, gelegentlich auch wieder daran zu erinnern, daß die Besonderheit des Menschen in seiner *Kulturfähigkeit* besteht, in der Variabilität, die unvergleichlich viel größer ist als die irgendwelcher Tiere und die auch noch ständig neue Formen hervorbringt – Formen von Kulturen, die auf die weitere biologische Entwicklung des Menschen entscheidenden Einfluß ausüben. Zum Beispiel über eine bewußte beschleunigende oder verlangsamende Steuerung des Bevölkerungswachstums.

In Amerika allgemeiner Diskussionsstoff, bei uns noch nicht so bekannt, sind die Soziobiologie und ihr Erfinder Edward O. Wilson[4], der »die neue Disziplin« als »das systematische Studium der biologischen Basis aller Formen von sozialem Verhalten in allen Arten von Organismen, einschließlich der Menschen« definiert. Mehr als die Ethologie, deren Wissen sie mit einbezieht, verleibt sich die Soziobiologie auch Ökologie und Genetik ein, um die biologischen Eigenschaften ganzer Gesellschaften zu studieren und wie sie sich durch Evolution ihrer Umwelt anpassen. Die Soziobiologie stützt sich weitgehend auf Vergleiche zwischen Arten sozialer Lebewesen, das heißt, da Wilson Insektenforscher ist, auf den Vergleich zwischen Ameisen-Gesellschaften und Menschen-Gesellschaften.

Wilson glaubt, das individuelle und kollektive Verhalten aller Lebewesen lasse sich aus dem Streben der »selbstsüchtigen« Gene der Individuen, sich fortzupflanzen, erklären. Schnippisch erklärt ein Soziologe dazu, daß dieser Anspruch nicht sehr überzeugend sei für einen Menschen, der sich freiwillig habe sterilisieren lassen. Wissenschaftliche Theorien, die auf der Basis einiger nachweisbarer Tatsachen versprechen, eine einfache, geradlinige Erklärung der Lebenswelt zu geben, üben aber vielfach dieselbe Anziehungskraft aus wie politische oder religiöse Heilsversprechen. Wenn wir, von all den widerstreitenden Behauptungen verunsichert, doch *etwas* als sicher annehmen könnten! Aber Gott durch Gene zu ersetzen, die genau wissen, wohin wir uns entwickeln sollen, ist nur kurzfristig befriedigend. Unter anderem zeigt sich sehr schnell, daß sich auf der soziobiologischen Theorie gegensätzliche ideologisch-politisch-ethische Positionen aufbauen lassen. Das hat die englische Moralphilosophin Mary Midgley einleuchtend auseinandergesetzt.

Dem biologischem Imperialismus von Wissenschaftlern wie Eibl-Eibesfeldt, der von der »Einsicht« schreibt, »daß man Kunst, Politik oder Gesellschaftsordnungen auch als Lebensäußerungen und damit als *biologische* Phänomene betrachten kann«, und Wilson, der aber auch die Religion nicht ausspart, kann man antworten: Ja sicher, aber diese Betrachtung zeigt nur *einen* Aspekt und wenn man den Bogen nicht zurückschlägt mit einer Biosoziologie und Bioethnologie (auf Englisch wäre das bioculturology), das heißt mit dem Studium der *kulturellen* Bedingungen biologischer Lebensäußerungen, dann werden uns diese Betrachtungen die Menschen nicht erklären.

Die Sozialwissenschaften haben das komplexe Wechselspiel zwischen sozio-kulturellem Verhalten und Physiologie meistenteils zur Kenntnis genommen, wenn auch noch nicht genügend integriert. Wir wissen, daß unsere Hormone unser sozio-kulturelles Verhalten beeinflussen, auch, daß unsere sozio-kulturellen Aktivitäten unseren Hormonausstoß beeinflussen. In diesem Buch war immer wieder die Rede von anderen Bewußtseinszuständen, die sicherlich eine neurophysiologische Basis haben, aber kulturell gefördert, unterdrückt und in bestimmte Ausdrucksformen geleitet werden. Auch die wahrscheinlich genetisch angelegten individuellen Unterschiede in der Begabung oder Neigung zu nicht-gewöhnlichen Bewußtseinszuständen spielten bei der Beschreibung von Schamanen und Messias-Gestalten eine Rolle, und auch da ist es so, daß diese individuellen Anlagen gefördert, unterdrückt und kanalisiert werden von der Kultur, in die der Mensch hineingeboren wurde.

Kurzum: wir sollten uns allmählich daran gewöhnen, sowohl die individuellen menschlichen Organismen als auch ihre sozio-kulturellen Gemeinschaften als Systeme zu betrachten, in denen jede Wirkung eine Rückwirkung hat und wir nirgends eine Stelle finden können, wo alles anfängt, von wo aus wir eine Kausalkette aufdröseln könnten.

Was macht den Menschen so besonders unter seinen Mitgeschöpfen? In den letzten Jahrzehnten haben systematische Forschungen ihm immer mehr von dem, was er früher für sich allein beanspruchte, weggenommen. Sogar die Weitergabe erlernter Verhaltensweisen, das heißt der Beginn einer kulturellen Tradition, konnte in Affengesellschaften nachgewiesen werden. Und doch hat die menschliche Entwicklung einmal einen einzigartigen Weg genommen. Seit bei der Spezies Mensch die kulturelle Evolution die biologische überholte und zu beeinflussen begann – wie bei der Steuerung des Fortpflanzungsverhaltens –, haben sich die Möglichkeiten des Menschseins vervielfacht. Kultur schwebt nicht als fremder »Überbau« über den biologisch programmierten Verhaltensweisen, sondern läßt aus ihnen ständig verwandelte und neue Muster entstehen.

Biologisch orientierte Wissenschaftler wie Eibl-Eibesfeldt[5] und Sigmund Freud glauben: »Die Kultur ist ihrem Wesen nach repressiv.« Gegen diese Auffassung wandte sich schon Emile Durkheim, vor allem in seiner Religionssoziologie: Ebenso wie jede Kultur bestimmte mögliche Verhaltensformen zu unterdrücken sucht, so fördert sie andere, und aus den individuellen Erfindungen entstehen ständig neue Verhaltensweisen, die den Mitgliedern und Nachfahren angeboten werden. Sowohl die von der Wissenschaft begonnene Rückbesinnung auf die animalische Seite des menschlichen Wesens wie die ebenfalls wissenschaftlich begleiteten Versuche, verlorene Formen der inneren Wahrnehmung wiederzufinden, sind solche Angebote. Wir haben sie alle nötig.

Sind Wilde doch bessere Menschen?

Wenn unsere überlieferten und erlernten Glaubenssätze fragwürdig werden, blicken wir uns nach neuen Antworten auf die ewigen Fragen um. Heutzutage ist das Angebot auf dem Markt der Ideen größer als je zuvor, aber die Situation ist nicht grundsätzlich neu. Auch der Einfall, bei den »Wilden«, den ursprünglichen, natürlichen, unverdorbenen Primitiven zu suchen, ist alles andere als neu. Allerdings wissen wir inzwischen manches über Wildbeuter, Garten- und einfache Ackerbauern – besonders über ihre Schwierigkeiten, ihre nicht unbedingt bewundernswerten Sitten –, was zum Beispiel Rousseau nicht wußte. Vor allem wissen wir von den großen Unterschieden, die auch zwischen den Kulturen von kleinen, technisch primitiven Gesellschaften bestehen.

Können wir also von den Wilden lernen? Von den uns mehr oder weniger attraktiv erscheinenden Versuchen der Menschen, sich irgendwo auf der Welt einzurichten? Die Ansicht, wir könnten viel lernen, gewinnt in Verbindung mit der ökologischen Bewegung und ihren Ablegern zusehends an Popularität.

Zwei Fragen sind vorab zu stellen: Können Menschen einer Kultur die einer anderen überhaupt verstehen? Und dürfen sie deren Verhalten beurteilen, bewerten? Auf beide Fragen geben die Ethnologen widersprüchliche Antworten:

»Mit den Augen der Eingeborenen zu sehen«, ist das Bemühen *einer* Art von Ethnologen, doch die *anderen* – die sagen, das ginge sowieso nicht – suchen nach objektiven Methoden der Beschreibung, die sich den naturwissenschaftlichen möglichst annähern.

Jede Kultur darf nur nach ihren eigenen Maßstäben gewertet werden, sagen die *einen*, aber die *anderen* betrachten es als unabweisbare Aufgabe der Wissenschaft, die Phänomene, also auch Kulturen, irgendwie sinnvoll zu ordnen und ihnen damit auch einen Stellenwert zuzuweisen.

In der Praxis zeigt sich, wie gewöhnlich, daß die Gegenpositionen *falsche Alternativen* darstellen.

Können Menschen verschiedener Kulturen einander verstehen? Mißverständnisse fallen einem schnell ein. Doch Dichter, Ethnologen und wer sonst sich Mühe gibt, bringen es immer wieder fertig, sich zumindest teilweise in das Bewußtsein fremder Menschen hineinzuversetzen, auch wenn zu der Fremdheit zwischen zwei Individualitäten die Fremdheit zwischen zwei Kulturen hinzutritt. Manche elementaren Gebärden – da hat Eibl-Eibesfeldt sicher recht – sind allen Menschen verständlich: das grüßende Lächeln, der demütig gesenkte Kopf, die bittend ausgestreckte Hand. Hunger, Durst und Müdigkeit sind überall bekannt, auch Freude und Angst. Wenn wir erst einmal darin unterwiesen worden sind, wie in einer fremden Kultur Freude oder Angst »richtig«, den Sitten gemäß unter verschiedenen Umständen auszudrücken sind, dann können wir das auch einigermaßen lernen, so, wie wir lernen können, den jeweils »richtigen« körperlichen Abstand von einem Gesprächspartner einzuhalten. Da alle heute lebenden Menschen der Spezies *homo sapiens* angehören, haben sie auch die – innerhalb einer bestimmten Variationsbreite – gleiche psychobiologische Ausstattung: Sie denken alle über sich selber und die Welt nach und bilden ihre Vorstellungen aus Erfahrung und Kommunikation. Sie wissen, daß es Menschen gibt, die andere Vorstellungen haben und sind nicht selten bereit, darüber zu sprechen. Auch Wildbeuter kennen den Unterschied zwischen der magischen Beschwörung der Geister des Wildes und der Wirkung eines gut gefertigten Bogens oder eines vergifteten Pfeils. Auch wir hätten lernen können, fast auf Kommando in Trance zu verfallen, wenn wir als Kleinkinder in einem bestimmten balinesischen Dorf abgesetzt worden wären. Es gibt immer wieder Menschen, die sich auch noch als Erwachsene so gut in eine fremde Kultur hineindenken und -fühlen, daß sie in ihre frühere nicht zurückkehren wollen.

Auch viele Ethnologen schließen in der Praxis Kompromisse zwischen der Beschreibung einer Kultur »von innen heraus« und einer an objektiven Maßstäben orientierten Beobachtung, wobei Verwandtschaftsbeziehungen, Produktionsweisen, Rituale, Schmuck oder Masken aufgezeichnet, katalogisiert und mit anderen verglichen werden können, ohne daß sich der Forscher persönlich engagiert; dagegen werden die Grundstimmung, die treibenden Motive, die lauernden Ängste wohl nur verstanden, wenn sie der Beobachter innerlich nachvollzieht. Die eindrucksvollsten ethnologischen Berichte haben etwas von einer Dichtung an sich. Das allerdings wird von den auf Wissenschaftlichkeit bedachten Ethnologen gerade nicht geschätzt.

Ist schon die Frage nach der Möglichkeit des Verstehens fremder Kulturen weder mit ja noch mit nein zu beantworten, so gibt es erst recht keine eindeutige Antwort auf die Frage, ob wir andere Kulturen als solche bewerten können oder dürfen. Denn ob wir wollen oder nicht, wir können nicht anders, als aus unserer Sicht Urteile abzugeben – wenigstens unausgesprochen! Da ist es wohl doch ehrlicher zuzugeben, daß wir nicht unparteiisch sind.

Zum Beispiel gab es Kulturen, in denen die Kopfjagd oder ein ritueller Kannibalismus Sitte waren. Wahrscheinlich hielten sich die meisten ihrer Mitglieder viel gewissenhafter an ihre Normen und religiösen Vorschriften, als das bei uns üblich ist, und somit waren sie als Individuen im Rahmen ihrer Vorstellungen und Gesetze moralisch gut. Trotzdem wird auch dem abgehärteten und bemühten Ethnologen, der so etwas miterlebt, unwohl. Puristen, radikale Verfechter einer Gleichwertigkeit aller Kulturen mögen das »ethnozentrische Arroganz« nennen oder intellektuellen Imperialismus – es ist auch menschlich. Neuerdings haben Ethnologen auf die Vorwürfe reagiert, indem sie ihre Schwächen offen darstellten, statt sie hinter wissenschaftlichem Jargon zu verbergen.

Ist es weniger ethnozentrisch, fremde Kulturen zu glorifizieren und bei ihnen all das Bewundernswerte zu sehen, was uns fehlt? Natürlich nicht. Es ist schon lange bekannt, daß viele Ethnologen und große Reisende die Schwierigkeiten, die sie mit der eigenen Kultur haben, in ferne Länder tragen. Auch das ist eine Form von Ausbeutung, ein neuer Kolonialismus, sagen junge Intellektuelle aus eben diesen Ländern. Aber nimmt man dem anderen, den man bewundert, denn immer etwas weg? Die seit Jahren geführte Diskussion über das Recht westlicher Wissenschaftler, die letzten noch einigermaßen selbständigen primitiven Kulturen zu studieren, hat einen merkwürdig bösen, kaltmoralisierenden Ton, als ginge es gar nicht um Menschen mit wechselnden Empfindungen und der Fähigkeit zu lernen und sich zu verständigen – auf beiden Seiten.

Jahrhundertelang wurden in Europa und Nordamerika die alten Ackerbauvölker als Erfinder der Zivilisation und der wahren Gesittung gefeiert. Heute aber erscheinen uns oft die Wildbeuter als die Menschen vor dem Sündenfall, von denen wir lernen müssen. Sie sind noch nicht auf die Idee gekommen, der Mensch stehe über der übrigen Natur und könne sie ohne Bedenken ausbeuten; sie verstehen noch, mit Pflanzen, Tieren und den Elementen umzugehen; sie halten ihre Bedürfnisse gering und teilen und tauschen ihre Jagdbeute; sie haben viel Zeit füreinander und für ihre Kinder; sie hören auf die inneren Stimmen und wandern in Welten, die uns verschlossen sind; sie wissen, daß der menschliche Körper nur gesund sein kann, wenn er im Einklang mit den Naturgesetzen bleibt.

Dies paradiesische Bild wird gestört durch Berichte von endlosen Stammeskriegen, von Bevölkerungskontrolle durch Tötung neugeborener, besonders weiblicher Kinder, von öffentlich praktizierter Grausamkeit als festliches Ritual, von Hilflosigkeit gegenüber zahlreichen Krankheiten und Parasiten, von Zank und Neid, von Hunger im Wechsel mit Verschwendung, von der Verachtung aller Nicht-Stammesgenossen, von Angst vor Mitmenschen und Übermenschlichen.

Können wir diese beiden Bilder zusammensehen, so daß sie zu einem verschmelzen? Sicher unterscheiden sich auch die Kulturen darin, was überwiegt – oder liegt das nur im Auge des Beobachters?

Eigentlich wollen wir nicht wissen, ob Menschen in anderen Kulturen besser *sind*, sondern ob sie besser *leben*, ob sie »mehr Lebensqualität« haben, wie das heute heißt. Wir möchten gern glauben, daß ein menschliches Leben ohne Ausbeutung der Natur auch glücklicher ist. Das könnte aber ein Irrtum sein. Es ist nicht gewiß, daß die biologische Evolution moralisch in unserem menschlichen Sinne ist und Wohlverhalten belohnt oder Fehlverhalten bestraft, so rasch, daß es auch die Täter trifft und nicht erst ihre Nachkommen!

In den letzten Jahren konnte die Vorgeschichtsforschung in Zusammenarbeit mit dem interdisziplinären Studium der letzten Wildbeuter das Leben unserer unmittelbaren Vorfahren in Europa von etwa 30000 v. Chr. an ziemlich genau beschreiben. Diese Menschen lebten gut: sie aßen gut, ohne sich sehr anstrengen zu müssen, wurden so groß wie die Menschen dann erst wieder in unserer Zeit, litten kaum an ansteckenden Krankheiten, weil sie so weit verstreut lebten, was wohl auch Kriege unnötig und unmöglich machte, hielten diese geringe Bevölkerungsdichte lange Zeit fast stabil (geschätzte Jahreswachstumsrate 0,001 Prozent), kooperierten bei sorgfältig geplanten Großwildjagden, hatten viel Zeit für handwerklich-spielerische Beschäftigungen und für Zeremonien magisch-religiösen Inhalts. Aber waren sie zufrieden?

In Kapitel II habe ich Spekulationen zu dieser Frage mitgeteilt, die sich auf einige Grabstätten und die reiche Höhlenkunst in Frankreich und Nordspanien stützen. Wenn einmal genauere Datierungen möglich werden, läßt sich vielleicht besser beurteilen, wann freudige symbolische Teilnahme an der Fruchtbarkeit der Tiere und wann Angst vor ausbleibendem Jagdglück oder Unfällen, wann Ungewißheit und Hilferufe an geheime Mächte die Zeremonien beherrschten. Die Vermutung hat viel für sich, daß die Menschen von damals, genau wie wir heutigen, kollektiv von Wellen der Hoffnung und der Furcht bewegt wurden, wie auch individuell von dem Auf und Ab der Gefühle, die der einzelne für so wichtig hält.

Waren diese Menschen *besser* in dem Sinn, der jetzt unsere Aufmerksamkeit fesselt, in ihrem Verhältnis zur Umwelt?

Unserem Bild von naturfrommen Wildbeutern entsprachen sie nicht. Sie trieben ganze Herden von Tieren in den Tod, mehr als sie verzehren konnten. Auch das Feuer gebrauchten sie rücksichtslos gegen Tier- und Pflanzenwelt. In den Mythen der australischen Eingeborenen zeigt sich, daß sie dies wußten[6]. Jahrtausendelang brannten sie Unterholz ab, um die Tiere herauszutreiben – in den Reservationen tun sie es noch heute. So wurde aus vielen Wäldern Grasland, feuerresistente Pflanzen verdrängten andere Arten, Wüsten breiteten sich aus. Früher wie heute hörten die Menschen mit ihren Tiere und Pflanzen vernichtenden Praktiken nicht auf, wenn die Nahrungsquellen zu versiegen *begannen*, sondern erst, wenn *nichts* mehr da war. Dieses ernüchternde Ergebnis der Forschung verlegt den Sündenfall der Menschheit weit zurück, vor die Zeit, als mit der Entwicklung von Ackerbau und Viehzucht vor rund 10000 Jahren auch die rasche Vermehrung der Menschheit einsetzte. Oder: es gab überhaupt keinen Sündenfall – die Menschen verhielten und verhalten sich ebenso wie die anderen Lebewesen, so, als ob sie keine Voraussicht hätten.

Dies ist die These, die Marvin Harris in seinem 1978 auch auf Deutsch erschienenen Buch »Kannibalen und Könige« mit Vehemenz vertritt. Er nennt seine Theorie »kulturellen Materialismus« und erklärt die Entstehung und Entwicklung menschlicher Kulturen aus drei zusammenwirkenden Faktoren: Fortpflanzungszwang, Produktionsintensivierung und Ausblutung der Umwelt. Darauf folgen neue Produktionsmethoden und eine Wiederholung der Spiralbewegung. Marx modernisiert durch Ökologie und kulturelle Evolutionstheorie. Kein Fortschritt der Menschheit, sondern Talfahrten und Aufstiege, die eigentlich nur in einer letzten und katastrophalen Talfahrt enden können. Aber da fällt Harris das bißchen Freiheit ein, das die Evolution den Menschen läßt. Er erinnert sich plötzlich daran, daß die Menschen ein Bewußtsein haben. Aber wo war das die ganze Zeit?

Vielleicht zeigt sich die Existenz von Bewußtsein darin, daß nicht alle Menschen die große Linie der Evolution mitmachten. Kulturen sind »Pseudo-Spezies«[7] genannt worden, besondere Ausbildungen der einen Spezies Mensch, die sich durch kollektive Eigenschaften voneinander weitgehend unterscheiden. »Pseudo«, weil die Unterschiede nicht durch genetische, sondern durch kulturelle Evolution entstanden sind und also nicht vererbt werden. Einige Pseudo-Spezies haben in ihren schwer zugänglichen ökologischen Nischen, zum Beispiel in Australien und in der Arktis, am Amazonas, im Kongo-Urwald und in der Kalahari-Wüste, aber wie die Schoschonen auch mitten zwischen anderen Pseudo-Spezies im mittleren Nordamerika, noch bis in die jüngste Vergangenheit bis zu 40000 Jahre alte Lebensformen bewahrt. Sie haben die Berg- und Talfahrten nicht mitgemacht. Sie sind die letzten Wildbeuter, von denen wir heute lernen möchten, wie der Mensch überleben kann. Sie haben, so berichten – ausnahmsweise einhellig – die Ethnologen, den Sündenfall nicht mitgemacht, oder sie haben ihn wieder überwunden, denn sie leben im Einklang mit ihrer natürlichen Umwelt. Oder lebten bis vor kurzem so.

Zu erklären wäre also das teilweise zähe Festhalten an einmal ausgebildeten Lebensformen. Solche Kulturen einfach als »zurückgeblieben« zu bezeichnen, wie das meistens getan wurde, ist keine Erklärung. Die schiere Intelligenz, die es erfordert, im ewigen Eis, im Dschungel oder in der Wüste mit einer sehr einfachen Technologie zu überleben, steht der nicht nach, die ein moderner Großstadtmensch braucht. Von moralischen Qualitäten wie Mut, Selbstdisziplin, Geduld mit anderen, Hilfsbereitschaft nicht zu reden.

Blieben jene Menschengemeinschaften bei ihrem Wildbeuterleben, denen eine besonders stabile Umwelt dies möglich machte? Oder die auf noch freie Gebiete ausweichen konnten, wo ein solches Leben weiterzuführen war? Fand Wandel immer nur unter äußerstem Druck statt?

Es könnte so sein: Jede Kultur schließt die Erklärungen und Begründungen für die tradierte Daseinsform mit ein. Um die Praxis des Jagens zu ändern, braucht man nicht nur eine neue Technik, sondern ebenso eine neue Vorstellung vom Wesen der Tiere, vom Willen der Geister, von dem was *richtig* ist. Um vom Jagen und Sammeln zum Halten von Haustieren und zum Anbau von Pflanzen überzugehen, braucht man nicht nur gewisse Kenntnisse – lange ehe sie Ackerbauern wurden, wußten die Menschen, daß Pflanzenanbau möglich war! –, man braucht neue Gottheiten. Technische Erfindungen werden nur verwendet und verbreitet, wenn sie sich in ein Weltbild einfügen lassen.

Es könnte so sein: Solange die gewohnte Weltdeutung ausreicht zur Erklärung dessen, was erklärt werden muß, so lange wird die Lebensweise nicht willentlich geändert. Und wenn es allen sichtbar talwärts geht, das Wild verschwindet oder die Wüste sich immer weiterfrißt, so wird doch die Lebensweise nicht geändert, ehe nicht jemand kommt, ein Messias, der den Willen der Übermenschlichen neu deuten kann, der die Katastrophe erklärt und Gesichte hat, die den Ausweg zeigen, und ehe nicht die Gemeinschaft die neue Botschaft angenommen hat.

Geschieht das nicht, dann stirbt im schlimmsten Fall diese Gesellschaft mit ihrer Kultur. Nicht nur Hochkulturen, von denen die Geschichte und großartige Ruinen berichten, sind untergegangen, sondern auch ungezählte kleine Kulturen, denen täglich noch weitere nachfolgen.

Dabei hat sich das Tempo im Laufe der überschaubaren Zeit zunehmend beschleunigt. Das läßt sich zunächst auf das einer Exponentialkurve folgende Wachstum der Erdbevölkerung zurückführen: Nicht nur mit der natürlichen Umwelt müssen sich die Kulturen auseinandersetzen, sondern mehr und mehr auch mit Menschen anderer Kulturen. Um die Länder des Nahen Ostens wird seit Jahrtausenden gekämpft.

Geschätztes Wachstum der Weltbevölkerung:

40000 v. Chr.	1 Million
10000 v. Chr.	10 Millionen
100	150–200 Millionen
1650	500–550 Millionen
1980	4415 Millionen
2000 (UN Schätzung)	6267 Millionen

Während die Bevölkerungsdichte zunimmt, verstärkt sich auch die Kommunikation zwischen den Menschen verschiedener Kulturen. Der Austausch von Innovationen stimuliert die Erfindungsgabe. Fremdes wird dem Eigenen angepaßt. Die Wahrnehmung des Fremden hilft, das Eigene besser zu begründen. Der Wettstreit der Götter bringt neue Götter hervor. Was einem empfundenen Bedürfnis entspricht, verbreitet sich mit der Schnelligkeit des Gerüchts.

Daß die mächtige westliche Zivilisation heute nach einer neuen Botschaft sucht, weil sie nicht imstande ist, ihre Lebensweise zu korrigieren, ist nur allzu deutlich. Da aber ein Konsens nirgends in Sicht ist und auch nicht herbeigewünscht werden kann, bleibt uns eine Zeit der Freiheit, die auch eine Zeit der Unsicherheit ist.

Zu diesen Unsicherheiten gehört, daß wir keinen unanfechtbaren Maßstab besitzen, um Kulturen zu bewerten. So können wir unsere Freiheit dazu benutzen, unseren Neigungen zu folgen. Wenn sie uns zu Lebensformen führen, die so weit wie möglich der unseren widersprechen – warum nicht?

»Seelenreise« steht hier als Kürzel für eine gewollte oder ungewollte Bewußtseinsveränderung. Für den Schamanen ist sie der Höhepunkt einer Krise, die Prüfung und der Beginn seiner Aufgabe als Heiler und Mittler zwischen den Menschen und den unsichtbaren Mächten; für andere Menschen ist sie die blitzartige Erkenntnis einer Wahrheit, die sie mit Worten nicht erklären können; für wieder andere das – oft erfolglose – Bemühen um ein Gewahrwerden der Stimmen aus dem eigenen Innern, die der Alltagslärm gewöhnlich übertönt.

Was geschieht, wenn in unserer zivilisierten Gesellschaft nicht nur einzelne Sonderlinge, sondern *viele* Menschen, die sonst nichts verbindet, versuchen auf Seelenreise zu gehen, ernsthaft oder leichtfertig, bewußt oder getrieben? Kann man rational über Irrationales sprechen?

Die öffentliche Diskussion ist sicherlich verwirrend, aber wohl auch eine Chance, über die Zäune der Gewohnheit zu schauen.

Da befürchtet ein Kommentator »eine neue Eiszeit der Vernunft«, die Vertreibung der Rationalität im Namen okkulter Weisheiten, er sieht eine Täuschungswilligkeit, die nach jeder neuen oder alten Lehre greift, sofern sie nur anders ist als unsere langweilige Alltagsvernunft.

Da erhoffen andere eine Erweiterung, eine Vervollständigung des Denkens durch das Bewußtmachen intuitiven Verstehens, ganzheitlicher Schau und der Fähigkeit, nicht-gewöhnliche Bewußtseinszustände kontrolliert herbeizuführen.

Alte und junge Linke, die sich für den technischen, sozialen und moralischen Fortschritt der Menschheit mitverantwortlich fühlen, sehen erbittert lauter finstere Ablenkungsmanöver – wahrscheinlich gesteuert von der Reaktion – in all der aufblühenden Irrationalität, besonders aber wenn das Infragestellen menschlicher Ratio auch *ihre* Rationalität in Frage stellt. In ihren Reihen zeigen sich ja bereits Wirkungen: Einzeln und in Gruppen (so zum Beispiel ein ganzer Verlag, der wohl seinen Lesern folgt) entdecken sie einen der Pfade aus der Alltagswelt der materiellen Interessen in eine Welt, zu der Zigeuner, Hexen oder Indianer den Weg zeigen oder ein Karl Marx im Lotus-Sitz und ein Schamane mit Fliegenpilzen. Kann es wahr sein, daß die letzten Wildbeuter das rechte Bewußtsein haben und besser daran wären, wenn sie kein neues lernen müßten?

Es gibt Philosophen – darunter so unterschiedliche Charaktere wie

Paul Feyerabend und Leszek Kolakowski – und Sozialwissenschaftler, die empfehlen, Studenten aus ihrem Glauben, es müßte auf alle Probleme und Fragen eine richtige Antwort geben, aufzuschrecken. Zweideutigkeit, Vieldeutigkeit gelten bei uns auf allen Gebieten als unpraktisch, als dysfunktional, als schlecht. In der chinesischen philosophischen Tradition sind mehrdeutige Aussagen, die zugleich etwas Nahes und etwas Fernes, etwas Oberflächliches und etwas Tiefes betreffen, ein Zeichen von Weisheit, auch von Eleganz des Ausdrucks. Mehrdeutige Aussagen sind immer auch das Eingeständnis, daß mein Wissen ein *Teil*wissen ist.

Es gibt andere Philosophen, die den christlichen Kirchen vorhalten, sie paßten sich noch immer an die Rationalität und Wissenschaftsgläubigkeit des 19. Jahrhunderts an, während inzwischen eine ganz andere Bewegung eingesetzt hat, der die Theologie gleichgültig, das emotionale Erlebnis allein wichtig ist. Der Philosoph Robert Spaemann zum Beispiel meint, die christlichen Kirchen müßten ihr Naturverständnis verteidigen. Er befürchtet eine Reanimisierung, das soll heißen eine Rückkehr zu Vorstellungen von einer beseelten Natur, eine Aufhebung der Trennung von Welt und Gott und der Trennung von Mensch und Natur. Es wäre allerdings eine folgenreiche Veränderung, wenn die westliche Zivilisation sich gerade von *den* Vorstellungen lossagen wollte, die – aus der biblischen Schöpfungsgeschichte und Platons Ideenlehre entwickelt – seit zweieinhalbtausend Jahren den Okzident beherrschen; wenn sich die Lehre durchsetzen sollte, daß eben diese Vorstellungen die Menschen auf einen Irrweg geführt haben, der letztlich zu ihrem Untergang führt.

Ethnologen sind aktive Teilnehmer an diesen Diskussionen, und manche scheuen sich nicht vor Ausflügen auf die Ebenen der Philosophie und Moraltheologie. Die ethnologische Forschung liefert Beweisstücke für widersprüchliche Ansichten, auch in Zusammenarbeit mit der Vorgeschichtsforschung, die das Leben der Menschen in den letzten 40000 Jahren durch Beobachtungen an noch vor kurzem oder heute noch lebenden steinzeitlichen Kulturen erhellt. Die Ethnologie hat als Wissenschaft auf einmal wieder eine aktuelle Bedeutung, ja, ein modisches Flair wie in ihren besten Tagen im 19. Jahrhundert.

Das kam für die Ethnologen völlig unerwartet in den frühen sechziger Jahren. Damals überraschten Studenten – vor allem an kalifornischen Universitäten – ihre Ethnologie- und Psychologieprofessoren mit Kenntnissen und eigenen Erfahrungen von nicht-gewöhnlichen Bewußtseinszuständen. Die psychedelische Woge schwappte hoch, schlug über besonders exponierten Fächern zusammen und brachte wohlgeordnete Lehrgebäude zum Einsturz. Es dauerte eine Weile, bis in dem Durcheinander eine neue Forschungsrichtung sichtbar wurde: der Versuch, mit wissenschaftlichen Methoden die Wirklichkeiten anderer Kulturen zu untersuchen, so, wie sie in ihnen erfahren werden. Neben den traditionellen Forschungen erschienen in rascher Folge Berichte über Ekstase, Trancezustände, ungewöhnliche Kräfte und Fähigkeiten. Dabei wurden die Ähnlichkeiten und die Verschiedenheiten zwischen solchen Bewußtseinszuständen herausgestellt, die – mit oder ohne bewußtseinsverändernde Pflanzen und Drogen – im Kontext eines religiösen Kults hervorgerufen oder um ihrer selbst willen durch Drogen induziert werden, oder die bei Menschen auftreten, die wir »psychisch krank« nennen.

Neue Spezialgebiete der Ethnologie, die in den USA »cultural anthropology« genannt wird, entstanden aus der Zusammenarbeit mit Psychologie, Medizin, Psychiatrie, Neurologie, Botanik und Pharmakologie. Zugleich verwischten sich die Grenzen zu Religionssoziologie und Religionsgeschichte. Denn gerade als man begann, die religiösen Trancezustände und schamanistischen Heilkräfte bei exotischen Primitiven mit neuem Ernst und Respekt zu untersuchen, bildeten sich überall in den Großstädten Hunderte kleiner religiöser Gruppen mit ekstatischen und therapeutischen Kulten, die nicht selten auch von primitiven und archaischen Traditionen borgten.

Manche Wissenschaftler wurden von diesen Entwicklungen völlig überrascht. Manche wehrten sich. So spricht der Vertreter eines »kulturellen Materialismus«, Marvin Harris[8], für viele Kollegen, wenn er in einer Diskussion mißmutig behauptet: »Wie sein mittelalterlicher Vorläufer ist unser moderner Hexenwahn nur dazu da, die Kräfte des Widerspruchs aufzuhalten und zu verwirren. Wie die ganze Gegenkultur hält er die Entwicklung rationaler politischer Verpflichtungen auf. Und das ist der Grund, warum er so populär ist bei dem wohlhabenderen Teil unserer Bevölkerung. Das ist der Grund, warum die Hexerei wiedergekehrt ist.«

Aber andere Forscher gingen an ihre Aufzeichnungen aus dem Feld und holten das heraus, was sie bis Ende der sechziger Jahre nicht zu veröffentlichen gewagt hatten: ihre Berichte von dem, was sie an ungewöhnlichen Bewußtseinszuständen miterlebt und was sie selber unter dem Einfluß exotischer Halluzinogene erfahren hatten. Carlos Castaneda hat mit seinen als Ethnographie ausgegebenen Entwicklungsromanen den Akademikern viele Peinlichkeiten verursacht, da auch sie ihn zuerst wörtlich genommen hatten, aber er hat auch viel für sie bewirkt: Der phantastische Erfolg seiner Bücher, vor allem bei Studenten, hat die Schranken durchbrochen, die es bis dahin einem Wissenschaftler unmöglich machten, seine Erfahrungen mit nicht-rationalen Zuständen auch nur zuzugeben.

Gordon Wasson[9], der größte Spezialist für halluzinogene Pilze spottete damals noch: »So kommt es nun, daß wir alle in zwei Klassen geteilt sind: diejenigen, die den (heiligen mexikanischen) Pilz gegessen haben und durch subjektive Erfahrung angeblich disqualifiziert sind, und diejenigen, die den Pilz nicht gegessen haben, und durch vollständige Unkenntnis des Gegenstandes disqualifiziert sind!« Heute ist es wohl eher umgekehrt: Wer als Ethnologe aus Südamerika zurückkommt, ohne mit der Einnahme halluzinogener Substanzen wütende Leibschmerzen, Übelkeit und oft gefährliche zeitliche und räumliche Desorientierung riskiert zu haben, ist schon disqualifiziert.

Anzumerken ist, daß Entsprechendes für diejenigen Psychologen gilt, die sich mit dem menschlichen Bewußtsein befassen. Besonders durch die ganz neuen Forschungsmöglichkeiten, die kontrollierte Experimente mit LSD eröffneten, hat sich die Wissenschaft auf Gebiete ausgedehnt, die man vorher im dunkeln liegen ließ.

Auf breiter Front gehen die Wissenschaften das Irrationale und das Unbewußte an oder vielmehr das, was bisher so genannt wurde. Vielleicht kommt es nur darauf an *wahrzunehmen*, was in unserem Gehirn – vornehmlich in der rechten Hemisphäre – die ganze Zeit vor sich geht und es mit unseren verbalen Äußerungen nicht völlig zu verdecken. Auch wenn die Sprachfähigkeit der bisher letzte wichtige evolutionäre Zuwachs ist, so ist es vielleicht doch weiser, nicht nur das in Worte gefaßte Denken für wirklich zu halten, nicht die Worte mit den Dingen zu verwechseln und auch nicht mit den Erfahrungen, die sie auszudrücken versuchen.

Vor siebenhundert Jahren bemerkte der englische Mönch Roger Bacon: »Es gibt zwei Methoden zu wissen: durch Argumentation und Erfahrung.« Von Zeit zu Zeit haben andere seinen Gedanken wiederholt, aber erst jetzt wird das unmittelbare, nicht durch Worte gefilterte Erfahren wiederentdeckt wie ein vergrabener Schatz.

Das Risiko, sich zu verirren, das Risiko, nichts zu finden als gewöhnliche Steine, trägt jeder selbst.

Haben wir eine Wahl?

Der derzeitige Stand unserer Wissenschaften sagt uns, daß wir nicht wissen können, ob wir und wieweit wir über unsere individuelle und kollektive Zukunft selber entscheiden. Das muß uns nicht daran hindern, an die Möglichkeit der Wahl zu *glauben*!

Als die Regenbogenschlange mit ihren Bewegungen die Landschaft Australiens geprägt hatte, als die rote Ameise den Tod in die Welt gebracht hatte, als die Ahnen sich aus der Welt der Lebenden zurückgezogen hatten, da standen diese Ereignisse als unumstößliche Gewißheiten für die Nachfahren fest. Man konnte noch so oft fragen: Warum? oder laut klagen – es gab keine andere Antwort.

Die Nachfahren der Regenbogenschlange und wir sind Menschen und schaffen uns Symbole, um unsere Wirklichkeit auszudrücken und mitteilbar zu machen. Mitteilbar für die Menschen, mit denen wir zusammenleben. So richten wir uns in der Welt ein, als ob sie für uns gemacht wäre. Die besondere Chance, die wir »Westler« haben, ist unser Zugang zu den Schöpfungen fremder Kulturen. Eine Chance, die wir nützen, vertun oder mißbrauchen können.

Anmerkungen

Einleitung

1 G. P. Murdock: The Common Denominator of Culture, in: Ralph Linton (Hrsg.): The Science of Man in the World Crisis. Columbia University Press, New York 1945, S. 124–142

Kap. 1

1 Krader: S. 108–112
2 Firth: S. 174–194
3 La Barre: S. 408
4 Radin (1957): S. 203–205
5 Toelken (1976): S. 11
6 Lange: S. 304
7 Stephen: S. 328
8 Opler: S. 276
9 Wallace: S. 78–92
10 Toelken (1969): S. 213
11 Radin (1975): S. 223, vgl. Radin (1957): S. 342–374
12 Tedlock u. Tedlock: S. xiii
13 Toelken (1976): S. 14
14 Deloria: S. 75
15 Deloria: S. 93 u. 96

Kap. II

1 Lévi-Strauss (1970) S. 124–141
2 Der populärste Vertreter der Misanthropen ist Robert Ardrey (African Genesis, 1961; *deutsch*: Adam kam aus Afrika, Molden, Wien 1967).
3 Siskind: S. 150f
4 Siskind: S. 155
5 Nach Marriott u. Rachlin: The Race between the Buffalo and Man, S. 151–154
6 Lévi-Strauss (1972): S. 3
7 Leeds, passim
8 Zitiert nach Leach, S. 39
9 Zitiert nach Leach, S. 48
Zu der Polemik vgl. Spiro, Montagu, Yengoyan
10 Yengoyan, passim
11 Maddock: S. 70
12 Bettelheim: S. 59 u. 197
13 Maddock: S. 114 u. 142
14 Devereux (1976): S. 376; S. 232
15 1975 waren es noch 34 Prozent der erwachsenen Bevölkerung im Bundesgebiet, die bestimmt glaubten, »daß die menschliche Seele unsterblich ist«. Aus Allensbacher Jahrbuch der Demoskopie 1976, S. 35.

Kap. III

1 Nach Marriott u. Rachlin: How Death Came to the World, S. 223–225
2 Eliade (1967/1974): S. 139–144
3 Maddock: S. 158–176
4 Evans-Pritchard: S. 316–317
5 Swanson: S. 97–120
6 Durkheim: S. 522–540
7 Gekürzt zitiert nach Dürkheim: S. 523f
8 Maddock: S. 158–176
9 Bohannan (1954/1964 u. 1966): passim
10 Middleton: S. 55–67 (Lugbara)
11 Winter: S. 30–34 u. 39–40 (Amba)
12 Mead (1977): S. 82–85
13 Nach Mead (1956): S. 396–7
14 Toelken (1976): S. 21–22
15 McCorkel: S. 3–11
16 Öffentliche Beichte in China vgl. Bauer: S. 166 u. 210; auf Manus vgl. Mead (1956): 323–325 u. 339–340; Mead (1977): S. 82–85; auf Neuguinea vgl. Worsley: S. 86–87 u. 213–214

Kap. IV

1 La Barre: S. 60
2 La Barre: S. 60
3 Zitiert nach O'Nell, Carl: S. 68
4 Zitiert nach O'Nell: S. 60
5 Zitiert nach Wallace: S. 59f
6 Nach Huxley, Francis: S. 268
7 Gekürzt nach H. Festing Jones, zitiert in Bateson: S. 313–314
8 Isaacs (Hrsg.): S. 230
9 Nach Bauer: S. 74–75
10 Vgl. u. a.: Blakeslee, Eccles, Restak, Sagan, die vom naturwissenschaftlichen Standpunkt aus die neuere Hirnforschung verständlich darlegen. Siehe auch Glossar »Bewußtseinszustände«.
11 Lee, Ornstein, Galin, Deikman u. Tart: S. 172
12 Ibid. S. 22
13 Ibid. S. 169
14 Ibid. S. 170
15 Goodman: S. 253–295
16 Bourguignon: Tabelle 1, S. 10f
17 Solecki: passim
18 Siegel: S. 42–47
19 Steller: S. 92–93
20 Mochtar u. Geerken: passim
21 Nach Wasson: S. 268 u. 287 (gekürzt)
22 Vgl. Furst, Furst (Hrsg.), Hofmann, Lewin, Schleiffer, Schultes u. Hofmann, Schmidbauer u. vom Scheidt, Völger.
23 Vgl. Fuchs et al. zu den heutigen physiologischen Untersuchungen; Gagliano zu den historischen Kontroversen; vgl. auch Stichwort »Kokain« in Schmidbauer u. vom Scheidt; Kapitel 51 und 53 in Völger (Hrsg).
24 Myerhoff: passim
25 Hofmann: S. 115
26 Vgl. u. a. Fernandez: S. 237–260; Schultes u. Hofmann: S. 112–115; Wilson: S. 150f, 380
27 Sahagún: Kap. VII, S. 130. Übertragung aus dem Nahuatl-Original ins Englische. Die deutsche Fassung stammt von der Autorin.
28 Zitiert nach Gagliano. Vgl. auch Texte in Schleiffer (Hrsg.): S. 64–75

Kap. V

1 Nach Bogoras: S. 445
2 Nach Balikci: S. 199
3 Krader: S. 112–120
4 Zur Kunst der Eiszeit in Europa und anderswo und zu unterschiedlichen Deutungs-

versuchen siehe u. a.: Drößler, Leroi-Gourhan, Lommel, Mazonowicz. Vgl. auch Isaacs zu australischen Felsmalereien.

5 Nach Boas: S. 41–45 (Autobiographie von Narr [Fool]) S. 1–41 (Autobiographie von Qa'selid)
Qa'selid ist die von Boas verwendete Schreibweise, die Lévi-Strauss verändert hat.

6 Lévi-Strauss (1969): S. 194

7 Lévi-Strauss (1969): S. 198

8 Paul: S. 150–165

9 Watson u. Guthrie: S. 26–34

10 Ornstein: Originalausgabe S. 29

11 Die autobiographischen Berichte von Black Elk, die John G. Neihardt und Joseph Epes Brown aufgeschrieben haben, wurden unter dem Namen Schwarzer Hirsch auf Deutsch veröffentlicht.

12 Carpenter: S. 417–426

13 Zitiert nach Joan Halifax: S. 90

14 Bogoras: S. 450–452

15 Schirokogorow: S. 41–96

16 Lewis: S. 189

Kap. VI

1 Die ständig weiterwachsende sozialwissenschaftliche Literatur über Messias-Gestalten und Krisenkulte hatte einen Pionier in W. D. Wallis (1918 u. 1943). Wichtig und/oder bekannt sind ferner: Barkun, Benz, Bleyler, Cohn, La Barre (1971) – eine enorme Bibliographie – Lanternari, Mühlmann, Schlosser, B. R. Wilson – sehr ausführlich, Worsley

2 Theodore Roosevelt: In Cowboy Land, Century Magazine, 46, No. 2 (June 1893), S. 1–283, zitiert nach La Barre (1970) S. 228–9

3 Wilson, Bryan R.: S. 133f

4 Berger (1980): S. 64

5 Zu den genannten allgemeinen Werken über Krisenkulte sind folgende Arbeiten über melanesische Cargo-Kulte zu nennen: Lawrence, Mead (1956), Schwarz, Worsley

6 Wilson, Bryan R.: S. 197

7 Worsley: S. 84

8 Berger und Luckmann: S. 158

9 Pressel: S. 312–313

10 Vgl. dazu die Herbst 1981 erschienene Sammlung von 65 Aufsätzen (in 2 Bänden): Der Wissenschaftler und das Irrationale, hgg. von Hans Peter Duerr.

1 Durkheim: S. 585. »Die Wahrheit«, die Durkheim entdeckte, war, verkürzt gesagt, daß die religiöse Verehrung der Gesellschaften einem Ideal dieser Gesellschaften selbst gilt – man könnte heute sagen: ihrer eigenen Kultur. Man muß Durkheims »Wahrheit« nicht akzeptieren, um ihm darin zuzustimmen, daß Religion »keine bloße Illusion« sei.

1a Durkheim: S. 263

2 U. a. Berger u. Luckmann: S. 23 f; Schütz: S. 42–44; Watzlawick: S. 142–143; Watzlawick (Hrsg.): S. 218 ff.

3 Creel: S. 25–36

4 E. O. Wilson (1978): Amerikanische Ausgabe, S. 230. Siehe auch Glossar.

5 Gesellschaftsordnung und menschliches Verhalten aus dem Blickwinkel der Evolution in: Für Klaus Piper zum 70. Geburtstag, München 1981: S. 59

6 Isaacs: S. 104; Clive Scollay u. Penny Tweedie: Arnhem Land Aboriginals Cling to Dreamtime, National Geographic, Nov. 1980, S. 644–663

7 Erikson: S. 251, 337–349

8 Harris (1974): S. 257–258

9 R. G. Wasson: The Divine Mushroom of Immortality in: P. T. Furst (Hrsg.): Flesh of the Gods, S. 191. (Nach einem Vortrag von 1970).

Bibliographie

Bahr, Donald M./Gregorio, Juan/Lopez, David I./Alvarez, Albert: Piman Shamanism and Staying Sickness. University of Arizona Press, Tucson 1974

Balikci, Asen: Shamanistic Behavior among the Netsilik Eskimos, in: John Middleton (Hrsg.): Magic, Witchcraft and Curing. Natural History Press, New York 1967

Barkun, Michael: Disaster and the Millennium. Yale Univerity Press, New Haven 1974. Vgl. Cohn, Lanternari, Lewis, Mülmann Wilson, Worsley

Bateson, Gregory: Steps to an Ecology of Mind. Collected Essays in Anthropology, Psychiatry, Evolution and Epistemology. Intertext Books, London 1972, New York 1972; *deutsch:* Ökologie des Geistes, Suhrkamp, Frankfurt 1981. Bateson ist im englischen Sprachbereich einer der einflußreichsten interdisziplinaren Denker: Er zeigt die Komplexität der Beziehungen zwischen Natur und Geist und die Möglichkeiten, sie zu verstehen.

Bauer, Wolfgang: China und die Hoffnung auf Glück. Hanser, München 1971

Benedict, Ruth: The Concept of the Guardian Spirit in North America, in: Memoirs of the American Anthropological Association 29, 1923

Benz, E. (Hrsg.): Messianische Kirchen, Sekten und Bewegungen im heutigen Afrika. Brill, Leiden 1965

Berger, Peter L.: Der Zwang zur Häresie – Religion in der pluralistischen Gesellschaft. S. Fischer, Frankfurt 1980

Berger, Peter L. und Luckmann, Thomas: Die gesellschaftliche Konstruktion der Wirklichkeit – Eine Theorie der Wissenssoziologie. S. Fischer, Frankfurt 1969. Die grundlegende theoretische Arbeit zweier Soziologen zum Thema menschlicher Wirklichkeiten. II. Abschnitt 2a: »Ursprünge symbolischer Universen« enthält eine theoretische Explikation der Beziehungen zwischen Tod, Individuum und Gesellschaft.

Bergson, Henri: Les deux sources de la morale et de la religion. Felix Alcan, Paris 1932[10]; *deutsch:* Die beiden Quellen der Moral und der Religion. Walter, Olten/Freiburg 1980

Bettelheim, Bruno: Symbolic Wounds. Free Press, New York 1954; *deutsch:* Die symbolischen Wunden – Pubertätsriten und der Neid des Mannes. Kindler, München 1975

BLAKESLEE, THOMAS R.: The Right Brain – A New Understanding of the Unconscious Mind and its Creative Powers. Doubleday, New York 1980

BLEYER, KARL EUGEN: Religion und Gesellschaft in Schwarzafrika – Sozialreligiöse Bewegungen und koloniale Situation. Kohlhammer, Stuttgart 1981

BOAS, FRANZ: The Religion of the Kwakiutl Indians. Columbia University Contributions to Anthropology, Vol. X, Part II, New York 1930

BOGORAS, VLADIMIR: The Chukchee. Jesup North Pacific Expedition, Vol. 7, American Museum of Natural History Memoirs, New York 1904

BOHANNAN, LAURA (Pseudonym Elenore Smith Bowen): Return to Laughter – An Anthropological Novel. Doubleday, New York 1964

BOHANNAN, LAURA: Der angsterfüllte Zauberer, in: Wilhelm Mühlmann und Ernst W. Müller (Hrsg.): Kulturanthropologie. Kiepenheuer & Witsch, Köln 1966

BOURGUIGNON, ERIKA (Hrsg.): Religion, Altered States of Consciousness and Social Change. Ohio State University Press, Columbus 1973. Wissenschaftliche Pionierarbeit eines Teams von Ethnologinnen, auf dem Wege zum rationalen Verständnis von Trancezuständen.

BOYD, DOUG: Rolling Thunder – A Personal Exploration into the Secret Healing Powers of an American Indian Medicine Man. R. Briggs/Random, New York 1974

BRONOWSKI, JACOB: Der Aufstieg des Menschen – Stationen unserer Entwicklungsgeschichte. Ullstein, Berlin 1976

BROWN, JOSEPH E.: The Sacred Pipe. Black Elk account of the Seven Rites of the Oglala Sioux. Penguin Books, New York 1971; *deutsch:* Schwarzer Hirsch: Die heilige Pfeife. Hgg. von J. E. Brown. Walter, Olten/Freiburg 1980

CARPENTER, EDMUND: Ohnainewk, Eskimo Hunter, in: JOSEPH B. CASAGRANDE (Hrsg.): In the Company of Man – Twenty Portraits of Anthropological Informants. Harper, New York 1960

CHOMSKY, NOAM: Regeln und Repräsentationen. Suhrkamp, Frankfurt 1981. Chomsky sucht nach den allen unterschiedlichen Sprachen zugrundeliegenden gemeinsamen Strukturen. Vgl. WHORF

COHN, NORMAN: The Pursuit of the Millennium – Revolutionary Millenarians and Mystical Anarchists of the Middle Ages. Rev. ed., Oxford University Press, New York 1970. Vgl. BARKUN, LANTERNARI, LEWIS, WILSON, WORSLEY

CREEL, HERRLEE G.: The great Clod, in: What is Taoism? And Other Studies in Chinese Cultural History. University of Chicago Press, Chicago 1970

DAWKINS, RICHARD: The Selfish Gene. Oxford University Press, London 1976; *deutsch:* Das egoistische Gen. Springer, Berlin 1978

DELORIA, VINE: God is Red. Dell Publishing, New York 1973 u. 1975

DE MILLE, RICHARD: Castaneda's Journey. Capra Press, Santa Barbara 1976; *deutsch:* Die Reise des Carlos Castaneda. Morzsinay, Bern 1980

DE MILLE, RICHARD (Hrsg.): The Don Juan Papers – Further Castaneda Controversies. Ross-Erikson, Santa Barbara 1980

DEVEREUX, GEORGES: Normal and Abnormal: The Key Problem of Psychiatric Anthropology, in: J. B. CASAGRANDE und T. GLADWIN (Hrsg.): Some Uses of Anthropology, Theoretical and Applied. Anthropological Society of Washington, Washington

D. C. 1956; *deutsch:* Das Normale und das Abnormale. Aufsätze zur allgemeinen Ethnopsychiatrie. Suhrkamp, Frankfurt 1974

DEVEREUX, GEORGES: Ethnopsychoanalyse. Psychoanalyse und Anthropologie als komplementäre Bezugsrahmen. Suhrkamp, Frankfurt 1978

DEVEREUX, GEORGES: A Study of Abortion in Primitive Societies. Rev. ed., International Universities Press, New York 1976

DOBZHANSKY, THEODOSIUS: Vererbung und Menschenbild. Nymphenburger Verlagshandlung, München 1968

DRÖSSLER, RUDOLF: Kunst der Eiszeit – Von Spanien bis Sibirien. Edition Tusch, Wien 1980. Eine neue Übersicht, die unterschiedliche Interpretationen der Funde berücksichtigt, sorgfältig illustriert.

DUERR, HANS PETER: Über die Grenzen einer seriösen Völkerkunde oder: Können Hexen fliegen? in: SCHMIED-KOWARZIK, WOLFDIETRICH und JUSTIN STAGL (Hrsg.): Grundfragen der Ethnologie – Beiträge zur gegenwärtigen Theoriediskussion. D. Reimer, Berlin 1981

DUERR, HANS PETER (Hrsg.): Der Wissenschaftler und das Irrationale. Bd. I: Beiträge aus Ethnologie und Kulturanthropologie, Bd. II: Beiträge aus Philosophie und Psychologie. Syndikat, Frankfurt 1981. Wer wissen will, was Philosophen und Sozialwissenschaftler heute zum Thema zu sagen haben, findet hier – ganz up to date – eine Überfülle. Diese zeugt vom lebhaften Interesse der Berufsdenker für andere Formen der Wahrnehmung.

DURKHEIM, EMILE: Les formes élémentaires de la vie religieuse. Presses universitaires, Paris 1912; *deutsch:* Die elementaren Formen des religiösen Lebens. Suhrkamp, Frankfurt 1981. Die Begründung einer Religionssoziologie bzw. -ethnologie, mit der sich insbesondere in den USA eine kaum noch übersehbare Sekundärliteratur auseinandersetzt und die weiterhin stimulierend wirkt. Die erste Übersetzung 70 Jahre nach Erscheinen kann das Versäumnis einer Diskussion wohl kaum noch ausgleichen.

ECCLES, JOHN C.: Das Gehirn des Menschen. Piper, München 1980

EIBL-EIBESFELDT, IRENÄUS: Liebe und Haß – Zur Naturgeschichte elementarer Verhaltensweisen. Piper, München 1970 u. 1980

EIBL-EIBESFELDT, IRENÄUS: Grundriß der vergleichenden Verhaltensforschung – Ethologie. Piper, München 1980[6]

EIBL-EIBESFELDT, IRENÄUS: Menschenforschung auf neuen Wegen – Die naturwissenschaftliche Betrachtung kultureller Verhaltensweisen. Molden, Wien 1976

ELIADE, MIRCEA: Gods, Goddesses and Myths of Creation. Harper & Row, New York 1967 u. 1974

ELIADE, MIRCEA: Le chamanisme et les techniques archaïques de l'extase. Payot, Paris 1951; *deutsch:* Schamanismus und archaische Ekstasetechnik. Suhrkamp, Frankfurt 1975

ERIKSON, ERIK H.: Ontogeny of Ritualization in Man. Philos. Trans Roy. Soc. London B, 251, 337–349

EVANS-PRITCHARD, E. E.: Social Anthropology and Other Essays. Free Press, Glencoe 1962 u. 1964

FAVRET-SAADA, JEANNE: Die Wörter, der Zauber, der Tod – Der Hexenglaube im Hainland von Westfrankreich. Suhrkamp, Frankfurt 1979. Vgl. SCHÖCK

FERNANDEZ, JAMES W.: Tabernanthe Iboga: Narcotic Ecstasis and the Work of the Ancestors, in: PETER T. FURST (Hrsg.): Flesh of the Gods. Praeger, New York 1972

FIRTH, RAYMOND: Tikopia Ritual and Belief. Beavon Press, Boston 1967

FREED, STANLEY A. und RUTH S.: Spirit Possession as Illness in a North Indian Village, in: JOHN MIDDLETON (Hrsg.): Magic, Witchcraft and Curing. Natural History Press, New York 1967

FUCHS, ANDREW et al.: Coca Chewing and High-Altitude Stress, in: Current Anthropology, Vol. 19, No 2 (June 1978), S. 277–291 und Vol. 20, No 2 (June 1979), S. 418–420. CA. A World Journal of the Science of Man, University of Chicago Press zeichnet sich dadurch aus, daß es Aufsätze zusammen mit Kritik von Kollegen und Verteidigung des Autors veröffentlicht.

FURST, PETER I. (Hrsg.): Flesh of the Gods – The Ritual Use of Hallucinogens. Praeger, New York 1972. Basiert auf einer Vortragsreihe an der Universität von Kalifornien in Los Angeles vom Frühjahr 1970, die den Durchbruch zur wissenschaftlichen Anerkennung eines neuen Forschungsgebietes brachte.

FURST, PETER I.: Hallucinogens and Culture. Chandler & Sharp, San Francisco 1976. Die bisher einzige Zusammenfassung unter kulturellen Aspekten. Eine Ethnologie und Kulturgeschichte der Halluzinogene.

GADAMER, HANS-GEORG/VOGLER, PAUL et al. (Hrsg.): Neue Anthropologie. Bd. IV: Kulturanthropologie. Thieme, Stuttgart 1973 und dtv, München 1973. Einzelne, zum Teil gewichtige Beiträge, aber keine allgemeine Einführung in das Fachgebiet.

GAGLIANO, JOSEPH: Coca and Popular Medicine in Peru – An Historical Analysis of Attitudes, in: S. TAX: Spirits, Shamans and Stars. Mouton, Den Haag 1979.

GOODMAN, FELICITAS D.: Anneliese Michel und ihre Dämonen. Christiana, Stein/Rh. 1980. Ein aufregendes Buch, das nicht die richtige Leserschaft erreicht zu haben scheint. – Der Exorzismus-»Fall« von Klingenberg in Franken in der Sicht einer Ethnologin.

HALIFAX, JOAN: Die andere Wirklichkeit der Schamanen – Erfahrungsberichte von Magiern, Medizinmännern und Visionären. Scherz, Bern 1981. Gruppenporträt in Selbstzeugnissen, aus dem die »schwarzen« Schamanen und die Trickster ausgeschlossen sind, was dem nur psychologischen Interesse der Herausgeberin entspricht.

HARNER, MICHAEL J. (Hrsg.): Hallucinogens and Shamanism. Oxford University Press, London 1973

HARNER, MICHAEL J.: Jivaro Souls, in: JOHN MIDDLETON (Hrsg.): Gods and Rituals. Natural History Press, New York 1967

HARRIS, MARVIN: Cows, Pigs, Wars and Witches – The Riddles of Culture. Random House, New York 1974. Besonders bemerkenswert die ökologisch-materialistische Erklärung von kämpferischem Messianismus und Hexenwesen.

HARRIS, MARVIN: Cannibals and Kings. Random House, New York 1977; *deutsch:* Kannibalen und Könige – Aufstieg und Niedergang der Menschheitskulturen. Umschau, Frankfurt 1978. Die Spezialität von Harris ist, alles zu erklären, was andere nicht erklären können, und so die kulturelle Evolution endlich klarzustellen.

HOFMANN, ALBERT: LSD – Mein Sorgenkind. Klett-Cotta, Stuttgart 1979

HUNTINGTON, RICHARD und METCALF, PETER: Celebrations of Death – The Anthropology of Mortuary Ritual. Cambridge University Press, Cambridge 1980

HUXLEY, ALDOUS: Die Pforten der Wahrnehmung/Himmel und Hölle. Piper, München 1981

HUXLEY, FRANCIS: The Way of the Sacred. Aldus Books, London 1974

ISAACS, JENNIFER (Hrsg.): Australian Dreaming – 40000 Years of Aboriginal History. Lansdowne Press, Sidney 1980

JOCHELSON, VLADIMIR: Religion and Myths of the Koryak. Jesup North Pacific Expedition, American Museum of Natural History Memoirs, New York 1905–1908

Koryak and Kamchadal Tales, hgg. von Dean S. Worth, Mouton, Im Haag 1961

JORGENSEN, JOSEPH G.: The Sun Dance Religion – Power for the Powerless. University of Chicago Press, Chicago 1972

JULES-ROSETTE, BENNETTA: African Apostles: Ritual and Conversion in the Curch of John Maranke. Cornell University Press, Ithaca 1975

JULES-ROSETTE, BENNETTA (Hrsg.): The New Religions of Africa. Ablex, Norwood, N. J. 1979

KLUCKHOHN, CLYDE: Navajo Witchcraft. Papers Peaboy Museum Vol. XXII, No 2, Cambridge, Mass. 1944

KRADER, LAWRENCE: Buryat Religion and Society, in: JOHN MIDDLETON (Hrsg.): Gods and Rituals. Natural History Press, New York 1967

KRANTZ, GROVER S.: Sapienization and Speech, in: Current Anthropology, Vol. 21, No 6 (December 1980), S. 773–792. Mit Kommentaren und Bibliographie.

KÜHN, HERBERT: Die Felsbilder Europas. Kohlhammer, Stuttgart 1971[3]

LA BARRE, WESTON: The Ghost Dance – The Origins of Religion. Doubleday, New York 1970. Prachtvolle Materialsammlung, welche die These vertritt, der unfertig geborene Mensch erhebe sich selbst zum Gott, um seine Schwäche zu kompensieren.

LA BARRE, WESTON: Materials for a History of Studies of Crisis Cults – A bibliographic Essay, in: Current Anthropology, Vol. 12, No 1 (February 1971), S. 3–44

LAGUERRE, MICHEL S.: Voodoo Heritage. Sage Publications, London 1980. Vodu-Lieder aus Haiti im Original mit englischer Übersetzung und Kommentar. Vgl. MÉTRAUX

LANGE, CHARLES: Cochiti. Southern Illinois University Press, Carbondale 1968

LANTERNARI, VITTORIO: Movimenti religiosi di libertà e di salvezza dei popoli. Nuova ed. riv. e ampliata. Feltrinelli, Milano 1974; *deutsch:* Religiöse Freiheits- und Heilsbewegungen unterdrückter Völker. Luchterhand, Neuwied 1968. Eine unsystematische Sammlung aller möglichen Bewegungen – nicht nur von »Unterdrückten«. Vgl. BARKUN, COHN, LEWIS, WILSON, WORSLEY

LAWRENCE, PETER: Road Belong Cargo – A Study of the Cargo Movement in the Southern Madang District in New Guinea. Manchester University Press, Manchester 1964

LEACH, EDMUND R.: Virgin Birth, in: Proceedings of the Royal Anthropological Institute for 1966, London. Polemik gegen Spiro u. a. mit Angabe historischer Quellen.

LEE, PHILIP R./ORNSTEIN, ROBERT E./GALIN, DAVID/DEIKHAN, ARTHUR/TART, CHARLES T.: Symposium on Consciousness. Viking Press, New York 1976

LEEDS, ANTHONY: Reindeer Herding and Chukchi Social Institutions, in: ANTHONY LEEDS und ANDREW P. VAYDA: Man, Culture and Animals – The Role of Animals in Human Ecological Adjustements. Publication No 78, AAAS, Washington D.C. 1965

LEROI-GOURHAN, ANDRÉ: Le geste et la parole. Paris 1964; *deutsch:* Hand und Wort – Die Evolution von Technik, Sprache und Kunst. Suhrkamp, Frankfurt 1980

LÉVI-STRAUSS, CLAUDE: Der Zauberer und seine Magie, in: Strukturale Anthropologie. Suhrkamp, Frankfurt 1969

LÉVI-STRAUSS, CLAUDE: Tristes Tropiques. Plon, Paris 1955; *deutsch:* Traurige Tropen – Indianer in Brasilien. Kiepenheuer & Witch, Köln 1970

LÉVI-STRAUSS, CLAUDE: Le Totémism aujourd' hui. Presses universitaires, Paris 1962; *deutsch:* Das Ende des Totemismus. Suhrkamp, Frankfurt 1972

LEWIN, LOUIS: Phantastika. Nachdruck von 1924, Volksverlag, Linden 1981. Das klassische Werk eines wahren Abenteurers des Bewußtseins, das zeigt, wie alt die Experimente mit dem Nicht-Gewöhnlichen sind.

LEWIS, IOAN M.: Ecstatic Religion – An Anthropolical Study of Spirit Possession and Shamanism. Pelican, London 1971. Verfolgt die Hypothese, daß »Besessenheit« sozialen Randgruppen und unterdrückten Völkern als Kompensation dient. Vgl. BARKUN, COHN, LANTERNARI, WILSON, WORSLEY

LOMMEL, ANDREAS: Schamanen und Medizinmänner – Magie und Mystik früher Kulturen. Callwey, München 1965 u. 1980. Psychologische und psychiatrische Aspekte stehen im Vordergrund, sozio-kulturelle werden vernachlässigt, der Gebrauch von Halluzinogenen wird nicht behandelt, künstlerische Äußerungen im Detail dargestellt.

MADDOCK, KENNETH: The Australian Aborigines – A Portrait of Their Society. Penguin Books, Australia/England 1972

MALINOWSKI, BRONISLAW: Argonauten des westlichen Pazifik. Syndikat, Frankfurt 1979

MALINOWSKI, BRONISLAW: Das Geschlechtsleben der Wilden in Nordwest-Melanesien. Syndikat, Frankfurt 1980

MALINOWSKI, BRONISLAW: Korallengärten und ihre Magie. Syndikat, Frankfurt 1981. Ein vierter Band ist in Vorbereitung.

MANNING, R. O.: Shamanism as a Profession in: A. BHARATI (Hrsg.): The Realm of the Extra-human. Mouton, Den Haag 1976

MARRIOTT, ALICE und RACHLIN, CAROL C.: American Indian Mythology. Mentor Book – New American Library, New York 1972

MAZONOWICZ, DOUGLAS: Voices from the Stone Age – A Search for Cave and Canyon Art. Crowell Co., New York 1974

MCCORKEL, JAMES: De-Westernizing Medicine – The Case of a Gandian Medical School, in: Comparative Civilizations Bulletin, Vol. 7, No 1–2, 1978

MEAD, MARGARET und BATESON, GREGORY: Balinese Character – A Photographic Analysis. New York Academy of Sciences, New York 1942 u. 1962

MEAD, MARGARET: New Lives for Old – Cultural Transformation – Manus, 1928–1953. W. Morrow, New York 1956

MEAD, MARGARET: Blackberry Winter. W. Morrow, New York 1972; *deutsch:* Brombeerblüten im Winter, Rowohlt, Reinbeck 1978

MEAD, MARGARET: Letters from the Field – 1925–1975. Harper & Row, New York 1977

MÉTRAUX, ALFRED: Le Vaudou haïtien. Gallimard, Paris 1958[3]; *englisch:* Voodoo in Haiti. Oxford University Press, New York 1958. Vgl. LAGUERRE

MICHAEL, HENRY N. (Hrsg.): Studies in Sibirian Shamanism. University of Toronto Press, Toronto 1963. Enthält Übersetzungen russischer Quellen.

MIDDLETON, JOHN: The Concept of Bewitching in Lugbara, in: ders. (Hrsg.): Magic, Witchcraft and Curing. Natural History Press, New York 1967

MIDGLEY, MARY: Beast and Man – The Roots of Human Nature. New American Library, New York 1978. E. O. Wilsons Sociobiology gegenüber zu unkritisch, aber scharfsinnig in der Darstellung ethischer und philosophischer Folgerungen.

MOCHTAR, SAID GHOLAM und GEERKEN, HARTMUT: Die Halluzinogene Muscarin und Ibotensäure im Mittleren Hindukusch – Ein Beitrag zur volksheilpraktischen Mykologie in Afghanistan, in: Afghanistan Journal Jg. 6, Heft 2, 1979, S. 63–65

MONTAGU, ASHLEY: Coming into Being among the Australian Aborigines – A Study of Procreative Beliefs. Routledge, London 1974²

MÜHLMANN, WILHELM E. et al.: Chiliasmus und Nativismus – Studien zur Psychologie, Soziologie und historischer Kasuistik der Umsturzbewegungen. Reimer, Berlin 1961

MURDOCK, GEORGE PETER: Human Relations Area Files. Ein Dokumentationszentrum, in dem über 500 Kulturen aus 50 Regionen der Erde zur statistischen Verwendung aufbereitet wurden. Gewöhnlich werden die 400 am besten dokumentierten Fälle oder Stichproben davon verwendet. Alle computergerechten Unterlagen an den Universitäten von Yale, Pittsburgh u. a. Laufende Veröffentlichungen: Ethnographic Atlas.

MURPHY, YOLANDA und ROBERT F.: Women of the Forest. Columbia University Press, New York 1974

MURVAR, VATRO: Messianism in Russia: Religious and Revolutionary, in: Journal for the Scientific Study of Religion, Vol. 10, No 4 (Winter 1971), S. 277–338

MYERHOFF, BARBARA G.: Peyote Hunt – The Sacred Journey of the Huichol Indians. Cornell University Press, Ithaca 1974; *deutsch:* Der Peyote Kult, Trikont, München 1981

NEIHARDT, JOHN G.: Schwarzer Hirsch (Black Elk): Ich rufe mein Volk. Leben, Traum und Untergang der Ogalalla-Sioux. dtv, München 1962

NIORADZE, GEORG: Der Schamanismus bei den sibirischen Völkern. Strecker & Schröder, Stuttgart 1925

O'NELL, CARL: Dreams, Culture and the Individual. Chandler & Sharp, San Francisco 1976

OPLER, MORRIS: An Apache Life Way. Chicago University Press, Chicago 1941

ORNSTEIN, ROBERT E.: The Psychology of Consciousness. Freeman & Co, San Francisco 1972; *deutsch:* Die Psychologie des Bewußtseins. S. Fischer, Frankfurt 1974 u. 1976. Ornstein ist führendes Mitglied einer Gruppe von Psychologen und Neurologen an kalifornischen Universitäten, die das menschliche Bewußtsein erforschen und dabei das esoterische Wissen vor allem östlicher Religionen über nicht-gewöhnliche Bewußtseinszustände miteinbeziehen.

PAUL, BENJAMIN D.: Mental Disorder and Self-Regulating Process in Culture – A Guatemalan Illustration, in: ROBERT HUNT (Hrsg.): Personalities and Cultures. Natural History Press, New York 1967

PFEIFFER, WOLFGANG M.: Transkulturelle Psychiatrie. Stuttgart 1971. Vgl. DEVEREUX, LA BARRE, ROSENHAN

PORTMANN, ADOLF: Biologie und Geist. Suhrkamp, Frankfurt 1973

PRESSEL, ESTHER: Umbanda in Sao Paulo – Religious Innovation in a Developing Society, in: ERIKA BOURGUIGNON (Hrsg.): Religion, Altered States of Consciousness and Social Change. Ohio State University Press, Columbus 1973

RADIN, PAUL: The Trickster – A Study in American Indian Mythology. Philosophic Library, New York 1956

RADIN, PAUL: Primitive Man as Philosopher. Dover, New York 1957[2]

RADIN, PAUL: Monotheism among American Indians, in: DENNIS und BARBARA TEDLOCK (Hrsg.): Teachings from the American Earth. Liveright, New York 1975

RASMUSSEN, KNUD: Across Arctic America – Narrative of the Fifth Thule Expedition. Putnam, New York 1927

RESTAK, RICHARD M.: The Brain – The Last Frontier. Doubleday, New York 1979; *deutsch:* Geist, Gehirn und Psyche – Psychobiologie, die letzte Herausforderung. Umschau, Frankfurt 1981. Im Gegensatz zu Ornstein u. a. beschränkt sich Restak auf die gewöhnlichen Gehirnfunktionen der Menschen in der modernen westlichen Zivilisation – nicht-gewöhnliche Bewußtseinszustände werden nur im Zusammenhang mit »Störungen«, »Krankheiten«, »Drogen« erwähnt.

ROSENHAN, DAVID L.: Gesund in kranker Umgebung, in: PAUL WATZLAWICK (Hrsg.): Die erfundene Wirklichkeit. Piper, München 1981. Vgl. DEVEREUX, LA BARRE, PFEIFFER

SAGAN, CARL: The Dragons of Eden. Random House, New York 1977; *deutsch:* Die Drachen von Eden – Spekulationen über die Evolution der menschlichen Intelligenz. Droemer/Knauer, München 1978

SAHAGÚN, FRAY BERNARDINO DE: General History of the Thimgs of New Spain. (Florentine Codex). Aus dem Nahuatl ins Englische übersetzt von Charles E. Dibble und Arthur J. O. Anderson. The School of American Research, Santa Fé, 1963

SCHIROKOGOROW, S. M.: Versuch einer Erforschung der Grundlagen des Schamanentums bei den Tungusen. Baessler-Archiv, Bd. 18, Heft 2, 1935, S. 41–96

SCHLEIFFER, HEDWIG: Sacred Narcotic Plants of the New World Indians – An Anthology of Texts from the 16th Century to date. Hafner Press, New York 1973

SCHLOSSER, KATESA: Propheten in Afrika. Limbach, Braunschweig 1949

SCHLOSSER, KATESA: Eingeborenenkirchen in Süd- und Südwest-Afrika. W. G. Mühlau, Kiel 1958

SCHMIDBAUER, WOLFGANG und VOM SCHEIDT, JÜRGEN: Handbuch der Rauschdrogen. Nymphenburger Verlagshandlung, München 1981[6]

SCHMIED-KOWARZIK und STAGL, JUSTIN (Hrsg.): Grundfragen der Ethnologie – Beiträge zur gegenwärtigen Theoriediskussion. D. Reimer, Berlin 1981. U. a. über die Ethik der Ethnographie, über die Erforschung gesellschaftlicher Wirklichkeit und über das Verstehen fremder Kulturen.

SCHÖCK, INGE: Hexenglaube in der Gegenwart – Empirische Untersuchungen in Südwestdeutschland. Tübinger Vereinigung für Volkskunde, Tübingen 1978. Vgl. FAVRET-SAADA

SCHULTES, RICHARD EVANS und HOFMANN, ALBERT: Pflanzen der Götter. Hallwag, Stuttgart 1980. Ein Nachschlage- und Lesebuch – reich illustriert – von den Top-Experten der Botanik und Chemie der Halluzinogene.

SCHÜTZ, ALFRED und LUCKMANN, THOMAS: Strukturen der Lebenswelt. Luchterhand, Neuwied 1975. Auf den Gedanken von Alfred Schütz baut der »Konstruktivismus« (vgl. Watzlawick, Berger und Luckmann) weitgehend auf.

SCHWARZ, THEODORE: The Paliau Movement in the Admiralty Islands, 1946–1954. American Museum of Natural History, New York 1962

SIEGEL, RONALD K.: Suchterscheinungen bei Tieren, in: Rausch und Realität – Drogen im Kulturvergleich. Bd. I, S. 42–47, Rautenstrauch-Joest-Museum für Völkerkunde, Köln 1981

SISKIND, JANET: To Hunt in the Morning. Oxford University Press, London 1973

SOLECKI, RALPH S.: Shanidar IV – A Neanderthal Flower Burial in Northern Iraq, in: Science, Vol. 190 (November 28, 1975), S. 880–881

SPAEMANN, ROBERT und LÖW, REINHARD: Die Frage Wozu? – Geschichte und Wiederentdeckung des teleologischen Denkens. Piper, München 1981

SPIRO, MELFORD E.: Virgin Birth, Parthenogenesis and Physiological Paternity – An Essay in Cultural Interpretation, in: Man (N. S.) 3 (1968), S. 242–261. Polemik gegen Leach

SPRACHWISSENSCHAFTLICHES COLLOQUIUM BONN (Hrsg.): Kultur und Zivilisation – Europäische Schlüsselwörter. Bd. III, Max Hueber, München 1967

STELLER, GEORG WILHELM: Beschreibung von dem Lande Kamtschatka, dessen Einwohnern, deren Sitten, Namen, Lebensart und verschiedenen Gewohnheiten. Leipzig 1774

STEPHEN, ALEXANDER: Hopi Journal. Hgg. von Elsie Clews Parsons, Columbia University Contributions to Anthropology 25, Vol. I, o. J. S. 328

SWANSON, GUY E.: The Birth of the Gods – The Origin of Primitive Beliefs. University of Michigan Press, Ann Arbor 1968. Einer der wenigen Versuche, Religionsethnologie quantitativ zu betreiben, und zwar mit Hilfe von Murdocks Human Relations Area Files.

TEDLOCK, BARBARA: The Clown's Way, in: DENNIS und BARBARA TEDLOCK (Hrsg.): Teaching from the American Earth – Indian Religion and Philosophy. Liveright, New York 1975

TEDLOCK, DENNIS und BARBARA: Teachings from the American Earth – Indian Religion and Philosophy. Liveright, New York 1975; *deutsch:* Über den Rand des tiefen Canyon: Lehren indianischer Schamanen. Diederichs, Düsseldorf 1978

TOELKEN, BARRE: Seeing with a Native Eye, in: WALTER HOLDEN CAPPS (Hrsg.): Seeing with a Native Eye. Harper & Row, New York 1976

TOELKEN, BARRE: The Pretty Language of Yellowman, in: Genre 2, No 3 (1969), S. 213

VIVELO, FRANK ROBERT: Handbuch der Kulturanthropologie. Eingeleitet und hgg. von Justin Stagl, Klett/Cotta, Stuttgart 1981. Diese aus dem Amerikanischen übersetzte Einführung für College-Studenten zeigt, warum das Fach sich in den USA breiter Beliebtheit erfreut.

VÖLGER, GISELA mit VON WELCK, KARIN und LEGNARO, ALDO: Rausch und Realität – Drogen im Kulturvergleich. Materialband 1 und 2 zur Ausstellung des Rautenstrauch-Joest-Museums für Völkerkunde, Köln 1981. Die zur Zeit umfangreichste ethnologische Einführung auf Deutsch.

WALLACE, ANTHONY F. C.: The Death and Rebirth of the Seneca. Random House, New York 1969 u. 1972

WALLIS, WILSON D.: Messiahs: Christian and Pagan. Boston 1918

WALLIS, WILSON D.: Messiahs, Their Role in Civilization. American Council on Public Affairs, Washington D. C. 1943. Die bahnbrechenden Werke zum Thema.

WASSON, R. GORDON: Soma – Divine Mushroom of Immortality. Harcourt, New York

1968. Alles über den Fliegenpilz – das liebevoll gestaltete Werk eines Mycophilen.
WASSON, R. GORDON/HOFMANN, ALBERT/RUCK, CARL A. P.: The Road to Eleusis – Unveiling the Secret of the Mysteries. Harcourt, New York 1978. Deutsche Ausgabe in Vorbereitung.
WATERS, FRANK und WHITE BEAR: Book of the Hopi. Viking Press, New York 1963; *deutsch:* Das Buch der Hopi. Diederichs, Düsseldorf 1981
WATSON, LAWRENCE C. und GUTHRIE, DIXON M.: A New Approach to Psychopathology – The Influence of Cultural Meanings of Consciousness, in: Journal for the Study of Consciousness, Vol. 5, No 1 (1972), S. 26–34
WATZLAWICK, PAUL: Wie wirklich ist die Wirklichkeit? Piper, München 1976. Die These: Unsere sogenannte Wirklichkeit ist ein Ergebnis von Kommunikation wird an Beispielen aus Verhaltensforschung, Psychologie und Informatik induktiv belegt. Wer Watzlawick noch nicht gelesen hat, sollte das nun nachholen.
WATZLAWICK, PAUL (Hrsg.): Die erfundene Wirklichkeit – Wie wissen wir, was wir zu wissen glauben? Beiträge zum Konstruktivismus. Piper, München 1981
WEIL, ANDREW: The Natural Mind – A New Way of Looking at Drugs and the Higher Consciousness. Houghton Mifflin, Boston 1972
WHITE, LYNN: The Historical Roots of Our Ecologic Crisis, in: Science, 155, (March 10, 1967), S. 1203–1207. Nachgedruckt in: J. und B. KLAITS (Hrsg.): Animals and Man in Historical Perspective. Harper & Row, New York 1974
WHORF, BENJAMIN LEE: Ein indianisches Modell des Universums, in: BARBARA und DENNIS TEDLOCK: Über den Rand des tiefen Canyon: Lehren indianischer Schamanen. Diederichs, Düsseldorf 1978. Whorf hat die Gedanken Wilhelm von Humboldts über die Beziehungen zwischen Sprachen und Vorstellungen empirisch weiterverfolgt. Es muß seinen Befunden nicht widersprechen, wenn CHOMSKY gemeinsame Tiefenstrukturen der Sprachen entdeckt.
WILSON, BRYAN R.: Magic and the Millennium – A Sociological Study of Religious Movements of Protest among Tribal and Third-World Peoples. Heinemann, London 1973. Eine massive Studie, ein heroischer Versuch, Ordnung in die Masse ähnlicher Phänomene zu bringen. Vgl. BARKUN, COHN, LANTERNARI, LEWIS, WORSLEY
WILSON, EDWARD O.: Sociobiology: The New Synthesis. Harvard University Press, Cambridge, Mass. 1975
WILSON, EDWARD O.: On Human Nature. Harvard University Press, Cambridge, Mass. 1978; *deutsch:* Biologie als Schicksal. Die soziobiologischen Grundlagen menschlichen Verhaltens. Ullstein, Berlin 1980.
Winter, Edward H.: Amba Religion, in: JOHN MIDDLETON (Hrsg.): Gods and Rituals. The Natural History Press, New York 1967
WORSLEY, PETER: The Trumpet Shall Sound. Shocken Books, New York 1968²; *deutsch:* Die Posaune wird erschallen – Cargo-Kulte in Melanesien. Suhrkamp, Frankfurt 1973. Im theoretischen Teil beschränkt sich Worsley nicht auf Melanesien. Deshalb vgl. BARKUN, COHN, LANTERNARI, LEWIS, WILSON. Das letzte Wort wird durch immer weitere Bewegungen und Krisenkulte unmöglich gemacht.
YENGOYAN, ARAM A.: Besprechung von Ashley Montagu: Coming into Being among the Australian Aborigines, in: Reviews in Anthropology, Vol. 5, No 1 (Winter 1978), S. 107–115, 146

Glossar

E = Einleitung, römische Zahlen verweisen auf Kapitel
* = Hinweis auf andere Begriffe im Glossar

Algonkin
Indianerstamm im heutigen Kanada (Quebec, Ontario), nach dem eine große Sprachfamilie genannt wird. Viele »Indianerworte« sind Algonkin-Worte, darunter auch Manitu* und Totem*.
I-28

Animismus
Der Glaube, daß alles in der Natur beseelt oder von Geistern bewohnt ist – Pflanzen, Tiere, Naturerscheinungen.
I-39 »Die ganze Natur lebt«. V-188 »Der Herr der Tiere«. VII-289

Anpassung, kulturelle
Der Prozeß der Anpassung an Umweltbedingungen oder der Veränderung der Umwelt durch kulturelle Gemeinschaften. Für Menschen entscheidend gegenüber der biologischen Anpassung an die Umwelt durch genetische Veränderungen und natürliche Selektion. Spezialfach: Kulturökologie.
E-15

Art
S. Spezies*
E-14

Besessenheit
Trancezustand*, interpretiert als Inbesitznahme durch einen Geist oder Gott, der sich gerufen oder ungerufen in einem Menschen verkörpert, meist nur zeitweilig. Ein besessener Mensch gilt als nicht verantwortlich für Worte und Taten. In Besessenheitskulten wird der Zustand ritualisiert und dient zur Therapie, Kommunikation und Festigung des Glaubens. I-35; IV-156; V-184, 201, VI-259 ff.

Bewußtseinszustände, andere, veränderte, nicht-gewöhnliche, dissoziierte u. a.
Spontan, durch Schock, rituelle Methoden oder Drogen hervorgerufene Trancezustände, in denen Ich-Grenzen überschritten werden, in denen innere Wahrnehmungen dominieren und äußere Wahrnehmungen teils ausgeschaltet, teils nicht auf die gewöhnliche Art verarbeitet werden. Die neurobiologischen Vorgänge sind noch ungeklärt. Gegenwärtig befassen sich Forschungen einerseits mit den chemischen Prozessen im Nervensystem, den Wirkungen verschiedener im Gehirn erzeugter Substanzen, die »Neu-

rotransmitter« genannt werden, und den Wirkungen chemisch ähnlicher, natürlich vorkommender oder synthetisierter Substanzen; andererseits wird untersucht, wie die verschiedenen Teile des menschlichen Gehirns miteinander bzw. gegeneinander funktionieren: einmal die drei evolutionsgeschichtlich nacheinander entstandenen Teile unseres Gehirns (R-Komplex oder »Reptilien-Gehirn«, limbisches System, Kortex oder Hirnrinde) und außerdem die beiden Hälften des Kortex. Nach den Untersuchungen von Roger Sperry (Nobel-Preis 1981 für seine Erforschung der »funktionellen Spezialisierung der Gehirnhemisphären«) läßt sich vermuten, daß veränderte Bewußtseinszustände mit einer Verlagerung der Dominanz von der linken zur rechten Großhirnhälfte zusammenhägen. Die humanwissenschaftlich orientierte Beobachtung und Beschreibung dieser Zustände und ihrer Begleitumstände in allen Kulturen, in Geschichte und Gegenwart, hat ebenfalls große Fortschritte gemacht. Zwei Haupttypen sind zu unterscheiden: zurückgezogene, stille Bewußtseinsveränderungen – wie die durch Meditation angestrebten – und ekstatische, übererregte, dissoziierte Zustände.
IV-passim; V-passim; VI-259ff

Bwiti-Kult

Synkretistischer, afrikanisch-christlicher Kult um die Einnahme eines Halluzinogens aus der Iboga(Eboka)-Wurzel. Die buschartige Pflanze wächst nur im tropischen westlichen Zentralafrika (Gabun und Kongo). Mitgliedern des Kultes wird politischer Einfluß zugeschrieben. IV-172ff

Cargo-Kult

Sammelbezeichnung für nativistische religiöse Bewegungen, die in der melanesischen Inselwelt um Neuguinea seit 1880, als die Europäer die Region unter sich aufteilten, immer wieder entstanden. »Cargo«, das heißt Ladung, steht als Symbol für die Güter der Weißen, die sich die Eingeborenen wünschten und mit Hilfe ihrer Ahnen zu bekommen hofften. S. a. Nativismus*, Millenarismus*
II-75; VI-244, 250

Epistemologie

Wissenstheorie, Erkenntnislehre, das Studium der Frage, wie wir Kenntnis von der Wirklichkeit erlangen und ob diese Kenntnis wahr ist.
IV-136, 179; VII-passim

Ethnie

Von griechisch ethnos = Volk. In der Ethnologie* werden Ethnien unterschiedlich definiert. Ethnien sind Völker oder Stämme, die sich selber eine gemeinsame Abstammung zuschreiben. Diese ist meist mythisch (z. B. die Sonnengöttin, ein Eulenpaar, ein Drachentöter, das erste Menschenpaar), und das Zusammengehörigkeitsgefühl beruht weitgehend auf der gemeisamen Kultur und Sprache. Die Begriffe Kultur* und Ethnie werden oft so verwendet, als ob sie deckungsgleich wären.

Ethnographie

Allgemeine und besondere (technologische, ökonomische, ökologische, politische, re-

ligiöse, soziale) Beschreibung von Ethnien mit den Methoden der Feldforschung vor Ort.
E-18f

Ethnohistorie
Studium heute nicht mehr kulturell selbständig existierender Ethnien aus der Urgeschichte und der jüngeren dokumentarisch belegten Vergangenheit sowie der Geschichte noch vorhandener schriftloser Völker.
E-12

Ethnologie
Bis zur Mitte dieses Jahrhunderts die Wissenschaft von den »primitiven« Ethnien, einschließlich der vorgeschichtlichen (= Völkerkunde). Jetzt mehr eingeschränkt auf theoretische Bearbeitung ethnographischen Materials. Der englische Begriff »social anthropology« und vor allem der amerikanische Begriff »cultural anthropology« für empirische wie theoretische Arbeiten dringen vor.
E-12, 19; II-95; VI-265; VII-281

Ethologie
Verhaltensforschung. Human-Ethologie: Erforschung menschlichen Verhaltens.
II-94; VII-276

Evolution, biologische
Die Entwicklung der Formen des Lebendigen aus anderen Formen, allgemein in Richtung größerer Komplexität; die Entwicklung der Arten (Spezies*) durch natürliche Selektion der Individuen und Gruppen von Individuen, die in bestimmten Umwelten überleben und sich vermehren können. S. Anpassung*
E-14; VII-276

Evolution, kulturelle
Die Entwicklung menschlicher Kulturen in Anpassung an verschiedene und wechselnde Umweltbedingungen durch Innovationen und Lernen von anderen Kulturen unter Selektionsdruck, *auch* durch die Konkurrenz anderer Kulturen. Für den homo sapiens hat die raschere kulturelle Evolution die langsame biologische überlagert und die natürliche Selektion weitgehend außer Kraft gesetzt.
E-14; II-66; VI-220 VII-270

Exorzismus
Rituelle Austreibung böser Geister oder Dämonen, die körperliche oder geistige Störungen verursachen, aus dem Körper der betroffenen Personen. In den meisten Gesellschaften, die diese Art von Besessenheit* kennen, gibt es dafür Spezialisten (Exorzisten). Im europäischen Katholizismus nur noch selten – nach Genehmigung durch den Bischof – durch einen Priester vorgenommen.
IV-156; V-201

Geisteskrankheit
Ein eigener Forschungszweig, die Ethnopsychiatrie, befaßt sich mit der Definition des

»Krankhaften« (Pathologischen) in anderen Kulturen, mit spezifischen Geisteskrankheiten und ihrer Behandlung usw.
Definition von V-208; VI-241
Behandlung von V-200
von Schamanen und religiösen Führern V-205, 208; VI-241

Glossolalia (Sprechen in Zungen)
Von griechisch glossa = Zunge, fremdes Wort und lalia = Sprechen.
Charakteristische Lautgebung (Vokalisation) im Zustand übererregter Bewußtseinsveränderung*. Bekannt aus der biblischen Pfingstgeschichte und den frühchristlichen Gemeinden sowie heutigen »Pfingstgemeinden«, aber auch aus vielen anderen Religionen. Tritt auch bei Einzelpersonen, z. B. Schamanen auf.
VI-264

Guardian Spirit (Schutzgeist)
Bei nordamerikanischen Indianern, aber auch in Südamerika und Ostsibirien ist die Vorstellung verbreitet, daß dem Menschen sein persönlicher Schutzgeist – meist ein Ahne oder ein Tiergeist – in einer Vision erscheint und von da an zur Hilfe gerufen werden kann.
I-30

Halluzination
Das Sehen, Hören, Fühlen, Riechen von etwas, das nicht da ist. Die auf diese Weise wahrgenommenen Dinge. Zum Beispiel: Träumen. Der Traum.
IV-136, 161; V-passim

Halluzinogene
Bestimmte Pflanzen sowie im Labor synthetisierte Wirkstoffe, die neurochemische Vorgänge im menschlichen Gehirn auslösen: Erlebt werden starke Gefühle wie bei spontanen Bewußtseinsveränderungen*, farbige, bewegte Bilder, Visionen. Halluzinogene werden von nur beruhigenden und nur erregenden Substanzen unterschieden.
IV-161 ff, 167; V-213; VII-290

Hexerei
als Ursache von Krankheit usw. eine sehr weit verbreitete Vorstellung, die auch in Ländern weiterlebt, wo der Hexenglaube öffentlicht geächtet ist. S. z. B. Jeanne Favret-Saada und Inge Schöck (Bibliographie). Große Unterschiede bestehen zwischen den Kulturen darin, wer als Hexer oder Hexe verdächtigt wird, aber es sind immer Menschen, nicht Geister.
III-113, 126; VI-227

Initiation
Rituelle Unterrichtung, Prüfung und Kennzeichnung von Initianden, die in eine geschlossene Gruppe – z. B. Kulte, Geheimgesellschaft, Krieger, erwachsene heiratsfähige Männer – aufgenommen werden sollen. Besonders verbreitet für männliche Jugendliche.
II-88; IV-173

Initiation von Schamanen
Einführung in die professionelle Ausübung der Schamanentätigkeit durch andere Schamanen oder »Medizingesellschaften«, meist eingeleitet durch ein Krisenerlebnis, wie schwere Krankheit oder Visionen.
V-191, 194; VI-222, 235

Irokesen
Liga oder Bund von fünf, später sechs indianischen Stämmen im Nordosten der heutigen USA: Seneca, Mohawk, Oneida, Cayuga, Onondaga, Tuscarora. Die Beschreibung ihrer Institutionen durch Lewis Henry Morgan (1851 und 1877) beeindruckte u. a. Marx und Engels.
I-28; IV-139; VI-219

Krisenkulte
S. Nativismus*, Millenarismus*, Cargo-Kulte*, Messianismus*
VI-passim

Kultur
Alle sozial erlernten und weitergegebenen Muster des Verhaltens, gegenseitiger Erwartungen, gemeinsamer Kenntnisse und Werte, welche die Individuen einer Gruppe gemeinsam besitzen, ausgedrückt in einem System von Symbolen.
Besondere wissenschaftliche Interessen haben zu zahlreichen weitergehenden Definitionen geführt. S. dazu u. a.: Sprachwissenschaftliches Colloquium Bonn: *Kultur und Zivilisation* (Bibliographie).
E-14; II-94; IV-150, 153; V-203, 208

LSD (Lysergsäurediäthylamid)
1938 von Dr. Albert Hofmann im Labor der Schweizer Pharma-Firma Sandoz synthetisierte Substanz, deren bewußtseinsverändernde Wirkung er 1943 zufällig an sich selbst entdeckte. Stärkstes der Halluzinogene, chemisch verwandt mit den Wirkstoffen von Pflanzen wie Peyote-Kaktus, Psilocybe-Pilze und Winden. Ausgangspunkt zahlreicher wissenschaftlicher Untersuchungen von Bewußtseinsveränderungen*. S. Hofmann (Bibliographie).
IV-171; VII-291

Magie
Alle Techniken, die Personen oder Ereignisse durch indirekte, symbolische, geistige Beeinflussung kontrollieren sollen. »Weiße« Magie wird gegen böse Geister und Krankheiten eingesetzt; »schwarze« Magie behauptet, durch die Beherrschung böser Geister Krankheit und Tod verursachen zu können.
III-113, 121, 124; VI-236; VII-268

Mana
Polynesisches Wort, das die Kraft bezeichnet, die allem Lebenden innewohnt und verehrt wird. Menschen besitzen mehr oder weniger Mana – durch eigene Bemühungen oder als Gabe. Vorstellungen von einer unpersönlichen heiligen Kraft sind weit verbrei-

tet. Verwandte Begriffe sind Wakan (Sioux)*, Orenda (Irokesen)*, Manitu (Algonkin)*, Charisma.
I-28

Manitu
Bezeichnet bei den Algonkin* sprechenden indianischen Stämmen das nicht personifizierte Heilige. Die übliche Übersetzung »Großer Geist« ist ein Kompromiß mit der Gottesvorstellung der europäischen Kolonisatoren. Vgl. Wakan*, Orenda*, Mana*
I-28, 50

Messianismus
Religiöse Bewegungen, die von einem Menschen begründet und geführt werden, der einen unmittelbaren göttlichen Auftrag verkündet und den seine Anhänger als »Gesalbten Gottes«, als den Erlöser anerkennen – im Gegensatz zum Propheten, der nur »an Gottes Stelle redet«.
VI-passim

Millenarismus
Religiöse Bewegungen, die ähnlich der christlichen Vorstellung vom »Tausendjährigen Reich« (Millennium) der Erwartung eines baldigen Weltuntergangs mit darauf folgender Erneuerung der Gemeinschaft der Auserwählten in einer Art Paradies Ausdruck geben. Dasselbe: Chiliasmus, von griechisch chilion = Tausend. S. auch Cargo-Kulte*.
VI-251

Mystizismus
Die Suche nach der Vereinigung des Menschen mit Gott oder dem Göttlichen durch Kontemplation, Askese und spirituelle Übungen.
I-52; IV-152
Erotische und andere Symbolik: I-53

Nativismus
Bezeichnung für religiöse oder politisch-religiöse Bewegungen, die ein »Zurück zu den Ursprüngen« und Traditionen als Befreiung von mehr oder minder gewaltsamer kultureller Überfremdung propagieren. S. auch Cargo-Kulte*.
IV-174; VI-253, 264

Neurologie
Das wissenschaftliche Studium der Anatomie und Physiologie des Nervensystems, das beim Menschen die Großhirnrinde (Kortex) einschließt.
IV-passim; VII-271

Orenda
Bezeichnet bei den indianischen Irokesenstämmen das nicht personifizierte Heilige in der Welt, das sich als Kraft in allen natürlichen Dingen und Vorgängen und in Menschen manifestieren kann. Vgl. Mana*, Manitu*, Wakan*.
I-28; VI-221, 231

Primitive Kulturen
Mangels eines besseren Wortes bezeichnet »primitiv« = einfach die mit einer relativ einfachen Technologie ausgestatteten und relativ kleinen (bis zu Stammesverbänden) Gesellschaften und ihre Kulturen im Verhältnis zu technologisch und politisch weiterentwickelten »traditionellen« und »modernen« Gesellschaften und ihren »Kulturen«. Der Begriff bezieht sich nicht auf ihre vorgeschichtlichen Vorgänger, die noch weniger entwickelt waren. Über die Werte, die sozialen und moralischen Verhaltensweisen sowie die kreativen Kräfte »primitiver« Kulturen sagt der Begriff nichts aus, da kein direkter Zusammenhang mit der technologischen Entwicklung bekannt ist.
passim

Pueblo
Spanisch: Dorf. Pueblo-Indianer werden die seit mindestens tausend Jahren seßhaften Ackerbauern im Südwesten der USA (Arizona und Neu-Mexiko) genannt, die in Lehmhäusern in Dörfern leben, u. a. die Hopi, die Zuni und die Tewa. Sie haben mehr als andere Stämme ihre Kultur bewahren können.
I-44

Quäker (Society of Friends)
Christliche Sekte, im 17. Jahrhundert in England entstanden, verfolgt und in Amerika zur Blüte gelangt. Individualisten, Pazifisten mit mystischen Neigungen und dem Priestertum aller Männer und Frauen, glauben sie, daß auch Nicht-Christen erlöst werden können.
VI-229, 230, 231, 238

Schamanen
Tungusisches Wort umstrittener Herkunft, das die ekstatischen Heiler und Geistesbeschwörer bezeichnet, zunächst nur in Sibirien, jetzt auf alle ähnlichen Personen einst und heute angewandt. Der Schamane versetzt sich in Trance, um Ursache und Behandlung von Leiden zu erkennen und um zu weissagen.
I-32; III-121, 122f; V-passim

Seele
Vieldeutiger Begriff, der in irgendeiner Form in fast allen Kulturen auftaucht zur Bezeichnung des geistigen oder den Tod überlebenden Elements in Menschen und anderen Lebewesen: als die geistige, moralische oder emotionale Natur des Menschen.
I-24; III-110; IV-137; V-184

Soziobiologie
Das wissenschaftliche Studium der biologischen Basis aller Formen sozialen Verhaltens bei allen Arten von Organismen, einschließlich des Menschen.
II-94; VII-278

Spezies (Art)
Eine Population eng verwandter oder ähnlicher Organismen, die sich gewöhnlich untereinander fortpflanzen, aber nicht mit Mitgliedern anderer Spezies.
E-14

Pseudo-Spezies
Von Erik H. Erikson eingeführte Bezeichnung für Kulturen. Spezies sind unwiderruflich genetisch verschieden, während die unterschiedlichsten Kulturen Muster oder einzelne Züge aus gespeicherten Traditionen weitergeben bzw. aufnehmen können. Und zwar, weil jedes einzelne Mitglied einer Kultur ihre Traditionen erst lernt und unter Umständen auch verwerfen oder verlernen kann. So können Kulturen die sie tragende Bevölkerung überleben, wenn sie von anderen Bevölkerungen übernommen werden, während genetisch übermittelte Eigenschaften mit der betreffenden Population untergehen.
E-14; VII-285

Sprache
Ein System von Zeichen und Symbolen zur Vermittlung von Informationen. Die menschliche Sprachfähigkeit entwickelt sich beim Säugling zugleich mit der Lateralisation des Gehirns (Funktionsteilung zwischen links und rechts) in der linken Gehirnhälfte sowie mit dem Abstieg des Kehlkopfes gegen Ende des ersten Lebensjahres.
Sprache – Kommunikation – Kultur II-66
Sprache und Denken IV-150; VII-291 vgl. Chomsky, Whorf
Sprache und Mystik I-53; IV-152; VI-243
Sprache und Evolution II-66
Sprache und Religion I-23 f

Totem
Tierart, Pflanze oder Naturerscheinung, die als mythischer Ahnherr oder Schutzgeist einer menschlichen Gruppe (z. B. Clan, Medizingesellschaft) angesehen und verehrt wird. Das Wort, das aus der Algonkin*-Sprache stammt, wird u. a. auch auf ähnliche Vorstellungen in Australien angewandt.
Totemismus wird nicht mehr als eine einheitliche primitive Form von Religion angesehen wie bei Durkheim. Vgl. Lévi-Strauss (Bibliographie)
I-33; II-75

Trance
S. Bewußtseinszustände*

Trickster
Englisch: einer, der andere mit Tricks hereinlegt. Archetypische Figur, die in den Mythen vieler Kulturen auftaucht, z. B. als Rabe in Sibirien und Nordamerika, als Coyote in Mittelamerika, als Fuchs und als menschlicher Schelm in Europa, Afrika und Polynesien.
I-47

Vodu (Wodu)
Französisch: vaudou, Englisch: voodoo
Christlich-afrikanische Religion der Schwarzen auf Haiti. Rituelle Besessenheit* durch Loa, vorwiegend freundliche Geister und Gottheiten, steht im Mittelpunkt des Kultes.
I-36

Völkerkunde
S. Ethnologie*

Wakan
Bezeichnet bei den Dakota-Sioux-Indianern das nicht personifizierte Heilige, das sich als Kraft in allen natürlichen Dingen und Vorgängen und in Menschen manifestieren kann.
I-28, 50

Bildnachweis

Bayrische Staatsbibliothek, München: 2, 26, 29;
The British Museum, London: 10, 13, 14, 25, 27, 30;
Colorphoto Hans Hinz, Allschwil: 22;
Peter T. Furst, Albany: 23;
Douglas Mazonowicz, Gallery of Prehistoric Art, New York: 20, 28;
The Metropolitan Museum of Art, New York:
7: Gift of Nathan Cummings, 1965;
8: The Michael C. Rockefeller Collection, Gift of Mr. and Mrs. John J. Klejman, 1962;
11: The Michael C. Rockefeller Memorial Collection, Gift of Nelson A. Rockefeller, 1961;
16: Fletcher Fund, 1972;
34: The Michael C. Rockefeller Collection. Request of Nelson A. Rockefeller, 1979;
37: Bell Fund, 1971;
Photographic Courtesy, Museum of the American Indian, Heye Foundation, New York: 3, 4, 6, 9, 15, 18, 24, 31, 32, 35, 36;
Collection, The Museum of Modern Art, New York: 1;
SIQUEIROS, David Alfaro.
Ethnography. (1939)
Duco on composition board, 48⅛×32⅜″ (122,2×82,2 cm).
Collection, The Museum of Modern Art, New York.
Abby Aldrich Rockefeller Fund.
Museum für Völkerkunde, Frankfurt: 12, 19;
Rautenstrauch-Joest-Museum, Köln: 17;
Staatliches Museum für Völkerkunde, München: 5, 21;